大学赤本シリーズ

435

早稲田大学

人間科学部・スポーツ科学部

教学社

はしがき

おかげさまで，大学入試の「赤本」は，今年で創刊70周年を迎えました。

これまで，入試問題や資料をご提供いただいた大学関係者各位，掲載許可をいただいた著作権者の皆様，各科目の解答や対策の執筆にあたられた先生方，そして，赤本を使用してくださったすべての読者の皆様に，厚く御礼を申し上げます。

以下に，創刊初期の「赤本」のはしがきを引用します。これからも引き続き，受験生の目標の達成や，夢の実現を応援してまいります。

本書を活用して，入試本番では持てる力を存分に発揮されることを心より願っています。

編者しるす

＊　＊　＊

学問の塔にあこがれのまなざしをもって，それぞれの志望する大学の門をたたかんとしている受験生諸君！　人間として生まれてきた私たちは，自己の欲するままに，美しく，強く，そして何よりも人間らしく生きることをねがっている。しかし，一朝一夕にして，この純粋なのぞみが達せられることはない。私たちの行く手には，絶えずさまざまな試練がまちかまえている。この試練を克服していくところに，私たちのねがう真に人間的な世界がはじめて開かれてくるのである。

人生最初の最大の試練として，諸君の眼前に大学入試がある。この大学入試は，精神的にも身体的にも，大きな苦痛を感ぜしめるであろう。あるスポーツに熟達するには，たゆみなき，はげしい練習を積み重ねることが必要であるように，私たちは，計画的・持続的な努力を払うことによって，この試練を克服し，次の一歩を踏みだすことができる。厳しい試練を経たのちに，はじめて満足すべき成果を獲得できるのである。

本書は最近の入学試験の問題に，それぞれ解答を付し，さらに問題をふかく分析することによって，その大学独特の傾向や対策をさぐろうとした。本書を一般の参考書とあわせて使用し，まとはずれのない，効果的な受験勉強をされるよう期待したい。

（昭和35年版「赤本」はしがきより）

挑む人の、いちばんの味方

赤本創刊70周年

1954 年に大学入試の過去問題集を刊行してから 70 年。赤本は大学に入りたいと思う受験生を応援しつづけてきました。これからも，苦しいとき落ち込むときにそばで支える存在でいたいと思います。

そして，勉強をすること，自分で道を決めること，努力が実ること，これらの喜びを読者の皆さんが感じることができるよう，伴走をつづけます。

そもそも赤本とは…

受験生のための大学入試の過去問題集！

70年の歴史を誇る赤本は，500点を超える刊行点数で全都道府県の370大学以上を網羅しており，過去問の代名詞として受験生の必須アイテムとなっています。

…………… なぜ受験に過去問が必要なのか？ ……………

大学入試は大学によって問題形式や頻出分野が大きく異なるからです。

赤本の掲載内容

傾向と対策

これまでの出題内容から，問題の「**傾向**」を分析し，来年度の入試に向けて具体的な「**対策**」の方法を紹介しています。

問題編・解答編

- 年度ごとに問題とその解答を掲載しています。
- 「**問題編**」ではその年度の試験概要を確認したうえで，実際に出題された過去問に取り組むことができます。
- 「**解答編**」には高校・予備校の先生方による解答が載っています。

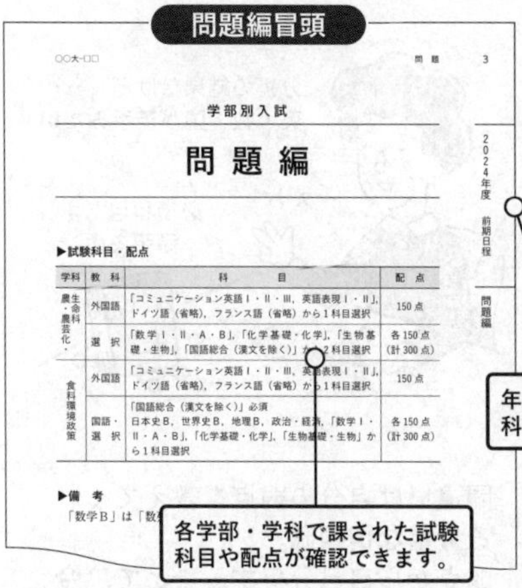

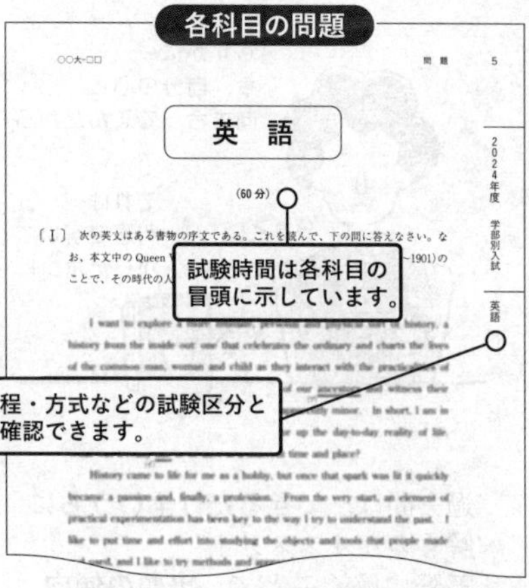

2024年度から
見やすい
デザインに！

他にも，大学の基本情報や，先輩受験生の合格体験記，
在学生からのメッセージなどが載っていることがあります。

掲載内容について

著作権上の理由やその他編集上の都合により問題や解答の一部を割愛している場合があります。
なお，指定校推薦入試，社会人入試，編入学試験，帰国生入試などの特別入試，英語以外の外国語科目，商業・工業科目は，原則として掲載しておりません。また試験科目は変更される場合がありますので，あらかじめご了承ください。

受験勉強は

過去問に始まり，

STEP 1

なにはともあれ

まずは解いてみる

しずかに…
今，自分の心と
向き合ってるんだから
ムーン
それは
問題を解いて
からだホン!

過去問は，**できるだけ早いうちに解く**のがオススメ！
実際に解くことで，**出題の傾向，問題のレベル，今の自分の実力**がつかめます。

STEP 2

じっくり具体的に

弱点を分析する

分析の結果だけど
英・数・国が苦手みたい
スリー
必須科目だホン
頑張るホン

間違いは自分の弱点を教えてくれる**貴重な情報源**。
弱点から自己分析することで，**今の自分に足りない力や苦手な分野**が見えてくるはず！

合格者があかす 赤本の使い方

傾向と対策を熟読

（Fさん／国立大合格）

大学の出題傾向を調べるために，赤本に載っている「傾向と対策」を熟読しました。

繰り返し解く

（Tさん／国立大合格）

１周目は問題のレベル確認，２周目は苦手や頻出分野の確認に，３周目は合格点を目指して，と過去問は繰り返し解くことが大切です。

過去問に終わる。

STEP 3

志望校にあわせて

苦手分野の重点対策

明日からはみんなで頑張るよ！
参考書も！ 問題集も！
よろしくね！
呼んだ？
なにを!?
どこから!?
グッ
グッ

参考書や問題集を活用して，苦手分野の**重点対策**をしていきます。**過去問を指針**に，合格へ向けた具体的な学習計画を立てましょう！

STEP 1 ▶ 2 ▶ 3

サイクルが大事！

実践を繰り返す

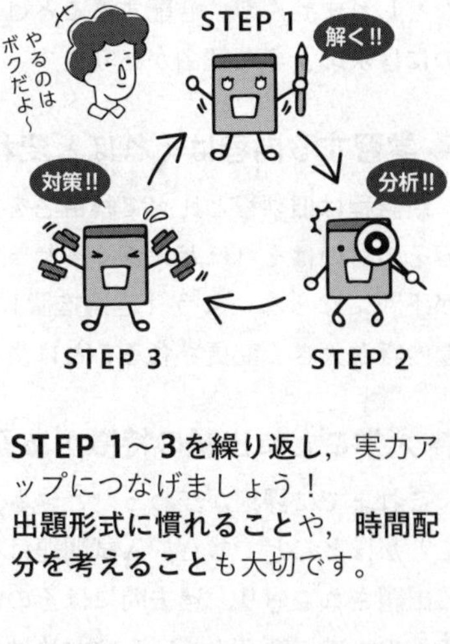
やるのはボクだよ～
STEP 1
解く!!
分析!!
対策!!
STEP 3
STEP 2

STEP 1～3を繰り返し，実力アップにつなげましょう！**出題形式に慣れること**や，**時間配分を考えること**も大切です。

目標点を決める

(Yさん／私立大合格)

赤本によっては合格者最低点が載っているので，それを見て目標点を決めるのもよいです。

時間配分を確認

(Kさん／私立大学合格)

赤本は時間配分や解く順番を決めるために使いました。

添削してもらう

(Sさん／私立大学合格)

記述式の問題は先生に添削してもらうことで自分の弱点に気づけると思います。

新課程入試 Q&A

2022 年度から新しい学習指導要領（新課程）での授業が始まり，2025 年度の入試は，新課程に基づいて行われる最初の入試となります。ここでは，赤本での新課程入試の対策について，よくある疑問にお答えします。

Q1. 赤本は新課程入試の対策に使えますか？

A. もちろん使えます！

旧課程入試の過去問が新課程入試の対策に役に立つのか疑問に思う人もいるかもしれませんが，心配することはありません。旧課程入試の過去問が役立つのには次のような理由があります。

● 学習する内容はそれほど変わらない

新課程は旧課程と比べて科目名を中心とした変更はありますが，学習する内容そのものはそれほど大きく変わっていません。また，多くの大学で，既卒生が不利にならないよう「経過措置」がとられます（Q３参照）。したがって，出題内容が大きく変更されることは少ないとみられます。

● 大学ごとに出題の特徴がある

これまでに課程が変わったときも，各大学の出題の特徴は大きく変わらないことがほとんどでした。入試問題は各大学のアドミッション・ポリシーに沿って出題されており，過去問にはその特徴がよく表れています。過去問を研究してその大学に特有の傾向をつかめば，最適な対策をとることができます。

出題の特徴の例	・英作文問題の出題の有無 ・論述問題の出題（字数制限の有無や長さ） ・計算過程の記述の有無

新課程入試の対策も，赤本で過去問に取り組むところから始めましょう。

Q2. 赤本を使う上での注意点はありますか？

A. 志望大学の入試科目を確認しましょう。

過去問を解く前に，過去の出題科目（問題編冒頭の表）と2025年度の募集要項とを比べて，課される内容に変更がないかを確認しましょう。ポイントは以下のとおりです。科目名が変わっていても，実際は旧課程の内容とほとんど同様のものもあります。

英語・国語	科目名は変更されているが，実質的には変更なし。 **▶▶ ただし，リスニングや古文・漢文の有無は要確認。**
地歴	科目名が変更され，「歴史総合」「地理総合」が新設。 **▶▶ 新設科目の有無に注意。ただし，「経過措置」(Q３参照)により内容は大きく変わらないことも多い。**
公民	「現代社会」が廃止され，「公共」が新設。 **▶▶「公共」は実質的には「現代社会」と大きく変わらない。**
数学	科目が再編され，「数学C」が新設。 **▶▶「数学」全体としての内容は大きく変わらないが，出題科目と単元の変更に注意。**
理科	科目名も学習内容も大きな変更なし。

数学については，科目名だけでなく，どの単元が含まれているかも確認が必要です。例えば，出題科目が次のように変わったとします。

旧課程	「数学Ⅰ・数学Ⅱ・数学A・数学B（数列・ベクトル）」
新課程	「数学Ⅰ・数学Ⅱ・数学A・**数学B（数列）・数学C（ベクトル）**」

この場合，新課程では「数学C」が増えていますが，単元は「ベクトル」のみのため，実質的には旧課程とほぼ同じであり，過去問をそのまま役立てることができます。

Q3. 「経過措置」とは何ですか？

A. 既卒の旧課程履修者への対応です。

多くの大学では，既卒の旧課程履修者が不利にならないように，出題において「経過措置」が実施されます。措置の有無や内容は大学によって異なるので，募集要項や大学のウェブサイトなどで確認しておきましょう。

○旧課程履修者への経過措置の例

- 旧課程履修者にも配慮した出題を行う。
- 新・旧課程の共通の範囲から出題する。
- 新課程と旧課程の共通の内容を出題し，共通範囲のみでの出題が困難な場合は，旧課程の範囲からの問題を用意し，選択解答とする。

例えば，地歴の出題科目が次のように変わったとします。

旧課程	「日本史 B」「世界史 B」から１科目選択
新課程	「**歴史総合**，日本史探究」「**歴史総合**，世界史探究」から１科目選択※ ※旧課程履修者に不利益が生じることのないように配慮する。

「歴史総合」は新課程で新設された科目で，旧課程履修者には見慣れないものですが，上記のような経過措置がとられた場合，新課程入試でも旧課程と同様の学習内容で受験することができます。

要チェックだホン

新課程の情報は WEB もチェック！
より詳しい解説が赤本ウェブサイトで見られます。
https://akahon.net/shinkatei/

科目名が変更される教科・科目

	旧課程	新課程
国語	国語総合	現代の国語
	国語表現	言語文化
	現代文A	論理国語
	現代文B	文学国語
	古典A	国語表現
	古典B	古典探究
地歴	日本史A	歴史総合
	日本史B	日本史探究
	世界史A	世界史探究
	世界史B	地理総合
	地理A	地理探究
	地理B	
公民	現代社会	公共
	倫理	倫理
	政治・経済	政治・経済
数学	数学Ⅰ	数学Ⅰ
	数学Ⅱ	数学Ⅱ
	数学Ⅲ	数学Ⅲ
	数学A	数学A
	数学B	数学B
	数学活用	数学C
外国語	コミュニケーション英語基礎	英語コミュニケーションⅠ
	コミュニケーション英語Ⅰ	英語コミュニケーションⅡ
	コミュニケーション英語Ⅱ	英語コミュニケーションⅢ
	コミュニケーション英語Ⅲ	論理・表現Ⅰ
	英語表現Ⅰ	論理・表現Ⅱ
	英語表現Ⅱ	論理・表現Ⅲ
	英語会話	
情報	社会と情報	情報Ⅰ
	情報の科学	情報Ⅱ

目　次

解答編

※問題編は別冊

サンプル問題

2024年度

2023 年度

2022 年度

2021 年度

掲載内容についてのお断り

- 一般選抜の改革に伴ってスポーツ科学部で 2025 年度より実施の「総合問題」について，大学から公表されたサンプル問題を掲載しています。
- 人間科学部の一般選抜（共通テスト＋数学選抜方式）は 2023・2024 年度のみ掲載しています。
- 新思考入試（地域連携型），公募制学校推薦入試（FACT 選抜）は掲載していません。
- 著作権の都合上，下記の問題文および全訳を省略しています。

  2024 年度：人間科学部「英語」Ⅰ(iii)・(v)

  2022 年度：人間科学部「英語」Ⅰ(iv)・(vii)

UNIVERSITY GUIDE

大学情報

基本情報

沿革

1882（明治 15）　大隈重信が東京専門学校を開校

1902（明治 35）　早稲田大学と改称

1904（明治 37）　専門学校令による大学となる

1920（大正 9）　大学令による大学となり，政治経済学部・法学部・文学部・商学部・理工学部を設置

1922（大正 11）早慶ラグビー定期戦開始。アインシュタイン来校

1927（昭和 2）大隈講堂落成

1949（昭和 24）　新制早稲田大学 11 学部（政治経済学部・法学部・文学部・教育学部・商学部・理工学部〔各第一・第二／教育学部除く〕）発足

1962（昭和 37）米国司法長官ロバート・ケネディ来校

1966（昭和 41）　社会科学部を設置

1974（昭和 49）エジプト調査隊，マルカタ遺跡の発掘

1987（昭和 62）　人間科学部を設置

1993（平成 5）ビル・クリントン米国大統領来校

2003（平成 15）	スポーツ科学部を設置
2004（平成 16）	国際教養学部を設置
2007（平成 19）	創立 125 周年。第一・第二文学部を文化構想学部・文学部に，理工学部を基幹理工学部・創造理工学部・先進理工学部に改組再編
2009（平成 21）	社会科学部が昼間部に移行

シンボル

1906（明治 39）年に「弧形の稲葉の上に大学の二字を置く」という校章の原型が作られ，創立 125 周年を機に伝統のシンボルである校章・角帽・早稲田レッドをモチーフとし，現在の早稲田シンボルがデザインされました。

早稲田大学について

早稲田大学の教育の基本理念を示す文書としての教旨は，高田早苗，坪内逍遥，天野為之，市島謙吉，浮田和民，松平康国などにより草案が作成されました。その後，教旨は初代総長・大隈重信の校閲を経て 1913（大正 2）年の創立 30 周年記念祝典において宣言され，今日の早稲田の校風を醸成するに至っています。

早稲田大学教旨

早稲田大学は学問の独立を全うし学問の活用を効し
模範国民を造就するを以て建学の本旨と為す

早稲田大学は**学問の独立**を本旨と為すを以て
之が自由討究を主とし
常に独創の研鑽に力め以て
世界の学問に裨補せん事を期す

早稲田大学は**学問の活用**を本旨と為すを以て
学理を学理として研究すると共に
之を実際に応用するの道を講し以て
時世の進運に資せん事を期す

早稲田大学は**模範国民の造就**を本旨と為すを以て
個性を尊重し　身家を発達し　国家社会を利済し
併せて広く世界に活動す可き人格を養成せん事を期す

教旨の概要

◎学問の独立

学問の独立は**在野精神**や**反骨の精神**などの校風と結び合います。早稲田大学は，自主独立の精神をもつ近代的国民の養成を理想とし，権力や時勢に左右されない科学的な教育・研究を行うことを掲げています。

◎学問の活用

歴史上，日本が近代国家をめざすため，学問は現実に活かしうるもの，すなわち近代化に貢献するものであることが求められました。これが学問の活用です。ただし，早稲田大学はこの学問の活用を安易な実用主義ではなく，**進取の精神**として教育の大きな柱の一つとしました。

◎模範国民の造就

早稲田大学は庶民の教育を主眼として創設されました。このことが反映された理念が模範国民の造就です。模範国民の造就は，グローバリゼーションが進展する現代にも通ずる理念であり，豊かな人間性をもった地球市民の育成と解釈されます。

早稲田大学校歌

作詞　相馬御風
作曲　東儀鉄笛

一、
都の西北　早稲田の森に
聳ゆる甍は　われらが母校
われらが日ごろの　抱負を知るや
進取の精神　学の独立
現世を忘れぬ　久遠の理想
かがやくわれらが　行手を見よや
わせだ　わせだ　わせだ　わせだ
わせだ　わせだ　わせだ

二、
東西古今の　文化のうしほ
一つに渦巻く　大島国の
大なる使命を　担ひて立てる
われらが行手は　窮り知らず
やがても久遠の　理想の影は
あまねく天下に　輝き布かん
わせだ　わせだ　わせだ　わせだ
わせだ　わせだ　わせだ

三、
あれ見よかしこの　常磐の森は
心のふるさと　われらが母校
集り散じて　人は変れど
仰ぐは同じき　理想の光
いざ声そろへて　空もとどろに
われらが母校の　名をばたたへん
わせだ　わせだ　わせだ　わせだ
わせだ　わせだ　わせだ

学部・学科の構成

（注）下記内容は 2024 年 4 月時点のもので，改組・新設等により変更される場合があります。

大　学

●政治経済学部　早稲田キャンパス

政治学科

経済学科

国際政治経済学科

●法学部　早稲田キャンパス

法律主専攻（司法・法律専門職，企業・渉外法務，国際・公共政策）

●教育学部　早稲田キャンパス

教育学科（教育学専攻〈教育学専修，生涯教育学専修，教育心理学専修〉，初等教育学専攻）

国語国文学科

英語英文学科

社会科（地理歴史専修，公共市民学専修）

理学科（生物学専修，地球科学専修）

数学科

複合文化学科

●商学部　早稲田キャンパス

経営トラック，会計トラック，マーケティングトラック，ファイナンストラック，保険・リスクマネジメントトラック，ビジネスエコノミクストラック

●社会科学部　早稲田キャンパス

社会科学科（『平和・国際協力』コース，『多文化社会・共生』コース，『サスティナビリティ』コース，『コミュニティ・社会デザイン』コース，『組織・社会イノベーション』コース）

●国際教養学部　早稲田キャンパス

国際教養学科

●文化構想学部 戸山キャンパス

文化構想学科（多元文化論系，複合文化論系，表象・メディア論系，文芸・ジャーナリズム論系，現代人間論系，社会構築論系）

●文学部 戸山キャンパス

文学科（哲学コース，東洋哲学コース，心理学コース，社会学コース，教育学コース，日本語日本文学コース，中国語中国文学コース，英文学コース，フランス語フランス文学コース，ドイツ語ドイツ文学コース，ロシア語ロシア文学コース，演劇映像コース，美術史コース，日本史コース，アジア史コース，西洋史コース，考古学コース，中東・イスラーム研究コース）

●基幹理工学部 西早稲田キャンパス

数学科
応用数理学科
機械科学・航空宇宙学科
電子物理システム学科
情報理工学科
情報通信学科
表現工学科

●創造理工学部 西早稲田キャンパス

建築学科
総合機械工学科
経営システム工学科
社会環境工学科
環境資源工学科
※学科を横断する組織として「社会文化領域」を設置。

●先進理工学部 西早稲田キャンパス

物理学科
応用物理学科
化学・生命化学科
応用化学科
生命医科学科
電気・情報生命工学科

●**人間科学部**　所沢キャンパス

人間環境科学科

健康福祉科学科

人間情報科学科

●**スポーツ科学部**　所沢キャンパス／一部の授業は東伏見キャンパス

スポーツ科学科（スポーツ医科学コース，健康スポーツコース，トレーナーコース，スポーツコーチングコース，スポーツビジネスコース，スポーツ文化コース）

（備考）学科・専攻・コース等に分属する年次はそれぞれ異なる。

大学院

政治学研究科 / 経済学研究科 / 法学研究科（法科大学院）/ 文学研究科 / 商学研究科 / 基幹理工学研究科 / 創造理工学研究科 / 先進理工学研究科 / 教育学研究科 / 人間科学研究科 / 社会科学研究科 / スポーツ科学研究科 / 国際コミュニケーション研究科 / アジア太平洋研究科 / 日本語教育研究科 / 情報生産システム研究科 / 会計研究科 / 環境・エネルギー研究科 / 経営管理研究科（WBS）

教育の特徴

早稲田大学には，各学部の講義やカリキュラムのほか，グローバルエデュケーションセンター（GEC）により設置された科目や教育プログラムもあります。GEC の設置科目はすべて学部・学年を問わず自由に履修でき，国内外の幅広く多様な分野で活躍するための「第二の強み」を作ることができます。GEC の教育プログラムは 4 つに大別されます。

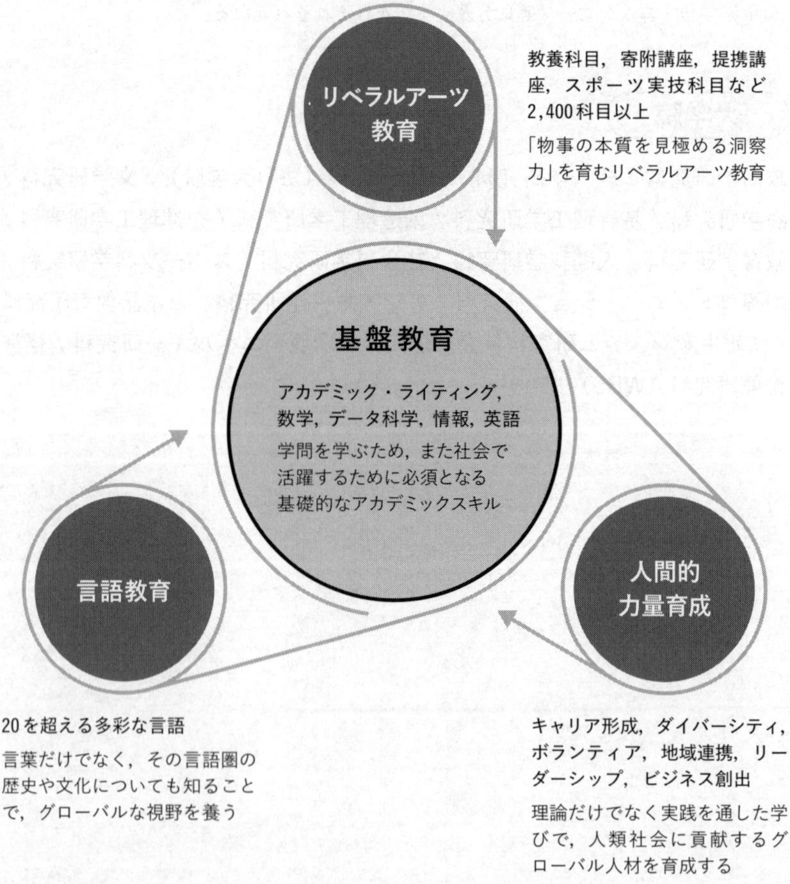
リベラルアーツ教育
教養科目，寄附講座，提携講座，スポーツ実技科目など 2,400科目以上
「物事の本質を見極める洞察力」を育むリベラルアーツ教育
基盤教育
アカデミック・ライティング，数学，データ科学，情報，英語
学問を学ぶため，また社会で活躍するために必須となる基礎的なアカデミックスキル
言語教育
20を超える多彩な言語
言葉だけでなく，その言語圏の歴史や文化についても知ることで，グローバルな視野を養う
人間的力量育成
キャリア形成，ダイバーシティ，ボランティア，地域連携，リーダーシップ，ビジネス創出
理論だけでなく実践を通した学びで，人類社会に貢献するグローバル人材を育成する

イベント情報

早稲田大学は，高校生・受験生に向けた情報発信の機会として，全国各地においてイベントを実施しています。

◎キャンパスツアー

キャンパスの雰囲気を体感できるイベントです。在学生ならではの声や説明を聞くことができ，モチベーションUPにつながります。

対面型ツアー／オンライン型ツアー

◎オープンキャンパス

例年7～8月頃に東京をはじめ，仙台・大阪・広島・福岡にて実施されています。学生団体によるパフォーマンスも必見です。

◎進学相談会・説明会

全国100カ所近くで開催されています。

受験生応援サイト「DISCOVER WASEDA」

講義体験や詳細な学部・学科紹介，キャンパスライフ，施設紹介，合格体験記といった様々な動画コンテンツが掲載されています。

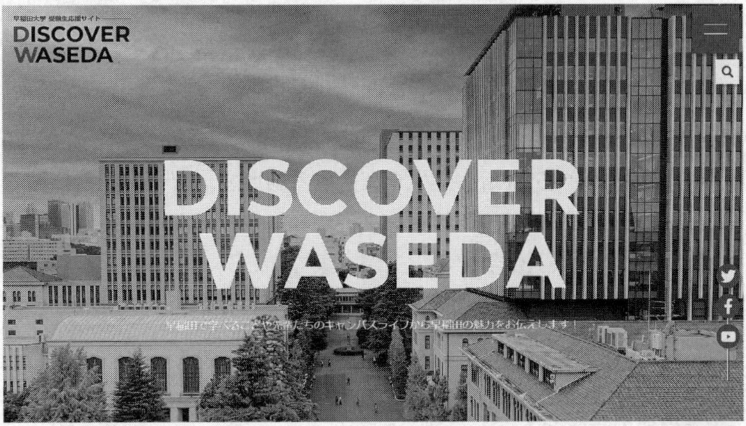

DISCOVER WASEDA
https://discover.w.waseda.jp ▶

奨学金情報

奨学金には，大学が独自に設置しているものから，公的団体・民間団体が設置しているものまで多くの種類が存在します。そのうち，早稲田大学が独自に設置している学内奨学金は約150種類に上り，すべて卒業後に返還する必要のない給付型の奨学金です。申請の時期や条件はそれぞれ異なりますが，ここでは，入学前に特に知っておきたい早稲田大学の学内奨学金を取り上げます。（本書編集時点の情報です。）

◎めざせ！ 都の西北奨学金 入学前

首都圏の一都三県（東京都・埼玉県・千葉県・神奈川県）以外の国内高校・中等教育学校出身者を対象とした奨学金です。採用候補者数は1200人と学内の奨学金の中でも最大で選考結果は入学前に通知されます。

給付額⇨年額45～70万円　収入・所得条件⇨1,000万円未満※

※給与・年金収入のみの場合。

◎大隈記念奨学金 入学前 入学後

入学試験の成績，または入学後の学業成績を考慮して学部ごとに選考・給付されます。公募を経て選考される一部の学部を除き，基本的には事前申請が不要な奨学金です。

給付額⇨年額40万円（原則）　収入・所得条件⇨なし

◎早稲田の栄光奨学金 入学後

入学後に海外留学を目指す学生を支援する制度で，留学出願前に選考から発表まで行われます。留学センターが募集する，大学間協定によるプログラムで半期以上留学する学生が対象です。

給付額⇨半期：50万円，1年以上：110万円　収入・所得条件⇨800万円未満※

※給与・年金収入のみの場合。

その他の奨学金も含む詳細な情報は，
大学Webサイト及びその中の奨学金情報誌を
ご確認ください。

大学ウェブサイト
（奨学金情報）
▼

入試データ

入学試験の名称・定義

〔凡例〕

●：必須　　—：不要　　▲：以下の注意事項を参照

※1 英語以外の外国語を選択する場合に必要
※2 数学を選択する場合に必要
※3 提出しなくても出願可能（提出しない場合は，加点なしの扱い）
※4 出願時に「スポーツ競技歴調査書」「スポーツ競技成績証明書」の提出が必要

一般選抜

早稲田大学の試験場において試験を受ける必要が**ある**入試。

学　部	入試制度	共通テスト	英語4技能テスト	大学での試験
政治経済学部	一般	●	—	●
法　学　部	一般	▲※1※2	—	●
教育学部*	一般（A方式）	▲※1	—	●
	一般（B方式）	▲※1	—	●
	一般（C方式）	●	—	●
	一般（D方式）	●	—	●
商　学　部	一般（地歴・公民型）	▲※1	—	●
	一般（数学型）	▲※1	—	●
	一般（英語4技能テスト利用型）	▲※1	●	●
社会科学部	一般	—	—	●
国際教養学部	一般	●	▲※3	●
文化構想学部	一般	▲※1	—	●
	一般（英語4技能テスト利用方式）	—	●	●
	一般（共通テスト利用方式）	●	—	●

（表つづく）

学　部	入試制度	共通テスト	英語４技能テスト	大学での試験
文　学　部	一般	▲※1	—	●
	一般（英語４技能テスト利用方式）	—	●	●
	一般（共通テスト利用方式）	●	—	●
基幹理工学部	一般	—	—	●
創造理工学部	一般	—	—	●
先進理工学部	一般	—	—	●
人間科学部	一般	—	—	●
	一般（共通テスト＋数学選抜方式）	●	—	●
スポーツ科学部	一般（共通テスト＋小論文方式）	●	—	●

＊教育学部の 2022・2021 年度については，下記の通りの実施であった。

学　部	入試制度	共通テスト	英語４技能スコア	大学での試験
教　育　学　部	一般	—	—	●

大学入学共通テスト利用入試

早稲田大学の試験場において試験を受ける必要が**ない**入試。

学　部	入試制度	共通テスト	英語４技能テスト	大学での試験
政治経済学部	共テ利用（共通テストのみ方式）	●	—	—
法　学　部	共テ利用（共通テストのみ方式）	●	—	—
社会科学部	共テ利用（共通テストのみ方式）	●	—	—
人間科学部	共テ利用（共通テストのみ方式）	●	—	—
スポーツ科学部	共テ利用（共通テストのみ方式）	●	—	—
	共テ利用（共通テスト＋競技歴方式）	●※4	—	—

入試状況（競争率・合格最低点など）

○基幹理工学部は学系単位の募集。各学系から進級できる学科は次の通り。

学系Ⅰ：数学科，応用数理学科

学系Ⅱ：応用数理学科，機械科学・航空宇宙学科，電子物理システム学科，情報理工学科，情報通信学科

学系Ⅲ：情報理工学科，情報通信学科，表現工学科

○先進理工学部は第一志望学科の志願者数・合格者数を表記。合格最低点は，「第二志望学科」合格者の最低点を除く。

○合格者数に補欠合格者は含まない。

○競争率は受験者数÷合格者数で算出。ただし，共通テスト利用入試（共通テストのみ方式）の競争率は志願者数÷合格者数で算出。

○合格最低点は正規・補欠合格者の最低総合点であり，基幹理工・創造理工・先進理工学部を除き，成績標準化後の点数となっている。成績標準化とは，受験する科目間で難易度による差が生じないように，個々の科目において得点を調整する仕組みのこと。

○2022年度以前の教育学部理学科地球科学専修志願者で，理科の地学選択者については，理学科50名のうち若干名を「地学選択者募集枠」として理科の他の科目選択者とは別枠で判定を行っている。合格最低点欄の〈　〉内は地学選択者募集枠の合格最低点を示す。

○基幹理工学部・創造理工学部の「得意科目選考」の合格最低点は除く。

〈基準点について〉

○教育学部：すべての科目に合格基準点が設けられており，基準点に満たない場合は不合格となる。また，以下の学科は，それぞれ次のような条件を特定科目の合格基準点としている。

国語国文学科⇨「国語」：国語国文学科の全受験者の平均点

英語英文学科⇨「英語」：英語英文学科の全受験者の平均点

数学科⇨「数学」：数学科の全受験者の平均点

○商学部：英語4技能テスト利用型では，国語，地歴・公民または数学それぞれにおいて合格基準点が設けられており，基準点に満たない場合は不合格となる。

○スポーツ科学部：小論文が基準点に満たない場合は不合格となる。

2024 年度一般選抜・共通テスト利用入試

大学ホームページ（2024 年 3 月 12 日付）より。

2024 年度合格最低点については本書編集段階では未公表のため，大学公表の資料でご確認ください。

学部・学科・専攻等					募集人員	志願者数	受験者数	合格者数	競争率
政治経済	一般	政治			100	1,005	846	294	2.9
		経済			140	1,269	995	318	3.1
		国際政治経済			60	402	327	148	2.2
	共通テスト	政治			15	401	—	133	3.0
		経済			25	1,672	—	606	2.8
		国際政治経済			10	293	—	103	2.8
法	一般				350	4,346	3,809	703	5.4
	共通テスト				100	2,044	—	567	3.6
教育	一般（A方式・B方式）	教育	教育学	教育学	95	1,008	934	100	9.3
				生涯教育学		1,123	1,046	76	13.8
				教育心理学		632	578	57	10.1
			初等教育学		20	355	333	30	11.1
		国語国文			80	1,308	1,226	179	6.8
		英語英文			80	1,379	1,269	318	4.0
		社会	地理歴史		140	1,712	1,609	207	7.8
			公共市民学			1,464	1,413	255	5.5
		理	地球科学		20	704	625	86	7.3
		数			45	841	757	132	5.7
		複合文化			40	924	865	110	7.9
	一般（C方式）	教育	教育学	教育学	20	22	19	5	3.8
				生涯教育学		41	35	15	2.3
				教育心理学		22	19	9	2.1
			初等教育学		5	9	7	3	2.3
		国語国文			15	61	54	15	3.6
		英語英文			15	106	92	42	2.2
		社会	地理歴史		25	52	47	22	2.1
			公共市民学			38	35	16	2.2

（表つづく）

学部・学科・専攻等				募集人員	志願者数	受験者数	合格者数	競争率
教育	一般（C方式）	理	生物学	15	235	116	51	2.3
			地球科学	5	41	34	13	2.6
		数		10	127	71	38	1.9
		複合文化		10	87	72	12	6.0
	一般（D方式）	理	生物学	10	160	145	31	4.7
商	一般	地歴・公民型		355	7,730	7,039	695	10.1
		数学型		150	2,752	2,329	400	5.8
		英語4技能テスト利用型		30	412	359	76	4.7
社会科学	一般			450	8,864	7,833	869	9.0
	共通テスト			50	1,384	—	361	3.8
国際教養	一般			175	1,352	1,229	380	3.2
文化構想	一般	一般		370	6,898	6,618	783	8.5
		英語4技能テスト利用方式		70	2,410	2,355	339	6.9
		共通テスト利用方式		35	1,123	993	206	4.8
文	一般	一般		340	7,755	7,330	860	8.5
		英語4技能テスト利用方式		50	2,375	2,307	326	7.1
		共通テスト利用方式		25	1,057	873	191	4.6
基幹理工	一般	学系Ⅰ		45	581	524	189	2.8
		学系Ⅱ		210	2,822	2,534	703	3.6
		学系Ⅲ		65	1,128	1,032	205	5.0
創造理工	一般	建築		80	763	675	176	3.8
		総合機械工		80	1,029	931	217	4.3
		経営システム工		70	660	594	148	4.0
		社会環境工		50	452	412	113	3.6
		環境資源工		35	370	338	94	3.6
先進理工	一般	物理		30	798	735	195	3.8
		応用物理		55	457	422	134	3.1
		化学・生命化		35	391	355	103	3.4
		応用化		75	1,196	1,097	303	3.6
		生命医科		30	827	724	148	4.9
		電気・情報生命工		75	517	465	133	3.5

（表つづく）

学部・学科・専攻等				募集人員	志願者数	受験者数	合格者数	競争率
人間科学	一般	一般	人間環境科	115	2,180	1,973	320	6.2
			健康福祉科	125	2,124	1,977	296	6.7
			人間情報科	100	1,528	1,358	200	6.8
		数学選抜方式	人間環境科	15	236	223	59	3.8
			健康福祉科	15	162	153	44	3.5
			人間情報科	15	258	242	70	3.5
	共通テスト		人間環境科	5	452	—	102	4.4
			健康福祉科	5	233	—	77	3.0
			人間情報科	5	352	—	99	3.6
スポーツ科学	一般			150	1,090	914	303	3.0
	共通テスト	共通テストのみ方式		50	460	—	93	4.9
		競技歴方式		50	359	—	141	2.5

2023 年度一般選抜・共通テスト利用入試

学部	方式	学科	専攻等	募集人員	志願者数	受験者数	合格者数	競争率	合格最低点／満点
政治経済	一般	政治		100	824	708	260	2.7	151.5/200
		経済		140	1,481	1,192	322	3.7	159.0/200
		国際政治経済		60	561	462	131	3.5	158.5/200
	共通テスト	政治		15	358	—	103	3.5	—
		経済		25	1,632	—	467	3.5	
		国際政治経済		10	353	—	111	3.2	
法	一般			350	4,780	4,269	811	5.3	90.25/150
	共通テスト			100	1,836	—	510	3.6	—
教育	一般（A方式・B方式）	教育	教育学 教育学	95	942	867	112	7.7	93.682/150
			教育学 生涯教育学		687	655	114	5.7	90.002/150
			教育学 教育心理学		722	677	64	10.6	94.023/150
			初等教育学	20	632	590	40	14.8	92.795/150
		国語国文		80	1,194	1,120	199	5.6	106.451/150
		英語英文		80	1,642	1,520	328	4.6	107.858/150
		社会	地理歴史	140	1,929	1,827	217	8.4	97.546/150
			公共市民学		1,771	1,686	248	6.8	94.899/150
		理	地球科学	20	670	597	94	6.4	89.272/150
		数		45	903	806	149	5.4	122.042/150
		複合文化		40	1,216	1,130	129	8.8	117.045/150
	一般（C方式）	教育	教育学 教育学	20	35	27	9	3.0	173.200/240
			教育学 生涯教育学		21	21	10	2.1	155.700/240
			教育学 教育心理学		15	15	6	2.5	167.000/240
			初等教育学	5	13	13	2	6.5	170.200/240
		国語国文		15	66	60	17	3.5	185.500/240
		英語英文		15	78	66	32	2.1	168.200/240
		社会	地理歴史	25	61	58	26	2.2	175.400/240
			公共市民学		57	51	20	2.6	182.000/240

（表つづく）

学部・学科・専攻等				募集人員	志願者数	受験者数	合格者数	競争率	合格最低点／満点
教育	一般（C方式）	理	生物学	15	199	129	76	1.7	148.000/240
			地球科学	5	36	35	10	3.5	176.700/240
		数		10	91	74	27	2.7	121.500/240
		複合文化		10	45	41	22	1.9	163.700/240
	一般（D方式）	理	生物学	10	204	191	51	3.7	150.300/240
商	一般	地歴・公民型		355	7,949	7,286	656	11.1	131.6/200
		数学型		150	2,490	2,129	370	5.8	109.05/180
		英語4技能テスト利用型		30	279	246	63	3.9	127/205
社会科学	一般			450	8,862	7,855	826	9.5	78.92/130
	共通テスト			50	1,329	—	355	3.7	—
国際教養	一般			175	1,357	1,222	304	4.0	142.8/200
文化構想	一般	一般		370	7,353	7,049	736	9.6	131.7/200
		英語4技能テスト利用方式		70	2,694	2,622	355	7.4	85/125
		共通テスト利用方式		35	1,164	992	217	4.6	146/200
文	一般	一般		340	7,592	7,110	840	8.5	129.8/200
		英語4技能テスト利用方式		50	2,429	2,339	332	7.0	85/125
		共通テスト利用方式		25	1,115	875	203	4.3	146/200
基幹理工	一般	学系Ⅰ		45	509	463	177	2.6	190/360
		学系Ⅱ		210	3,048	2,796	640	4.4	206/360
		学系Ⅲ		65	1,079	993	194	5.1	199/360
創造理工	一般	建築		80	768	697	169	4.1	196/400
		総合機械工		80	988	909	267	3.4	179/360
		経営システム工		70	629	584	154	3.8	191/360
		社会環境工		50	507	452	129	3.5	184/360
		環境資源工		35	280	259	90	2.9	180/360
先進理工	一般	物理		30	738	668	145	4.6	205/360
		応用物理		55	565	517	119	4.3	188/360
		化学・生命化		35	379	345	119	2.9	194/360
		応用化		75	1,060	962	325	3.0	195/360
		生命医科		30	736	637	170	3.7	196/360
		電気・情報生命工		75	557	509	147	3.5	188/360

（表つづく）

学部・学科・専攻等				募集人員	志願者数	受験者数	合格者数	競争率	合格最低点／満点
人間科学	一般	一　般	人間環境科	115	1,977	1,794	283	6.3	87.40/150
			健康福祉科	125	2,038	1,865	273	6.8	85.72/150
			人間情報科	100	1,951	1,761	221	8.0	86.92/150
		数学選抜方式	人間環境科	15	166	161	66	2.4	276.7/500
			健康福祉科	15	204	194	46	4.2	282.2/500
			人間情報科	15	240	232	74	3.1	296.0/500
	共通テスト		人間環境科	5	343	—	90	3.8	—
			健康福祉科	5	366	—	92	4.0	
			人間情報科	5	387	—	92	4.2	
スポーツ科学	一般			150	972	804	257	3.1	159.9/250
	共通テスト	共通テストのみ方式		50	455	—	92	4.9	—
		競技歴方式		50	270	—	143	1.9	—

（備考）合格最低点欄の「—」は非公表を示す。

2022 年度一般選抜・共通テスト利用入試

学部・学科・専攻等					募集人員	志願者数	受験者数	合格者数	競争率	合格最低点／満点
政治経済	一般	政治			100	908	781	252	3.1	152/200
		経済			140	1,470	1,170	312	3.8	155/200
		国際政治経済			60	523	424	133	3.2	155.5/200
	共通テスト	政治			15	297	—	85	3.5	—
		経済			25	1,365	—	466	2.9	
		国際政治経済			10	309	—	89	3.5	
法	一般				350	4,709	4,136	754	5.5	89.895/150
	共通テスト				100	1,942	—	550	3.5	—
教育	一般	教育	教育学	教育学	100	950	889	106	8.4	95.160/150
				生涯教育学		1,286	1,221	94	13.0	96.741/150
				教育心理学		691	623	65	9.6	95.679/150
			初等教育学		20	444	408	39	10.5	93.047/150
		国語国文			80	1,389	1,312	190	6.9	106.903/150
		英語英文			80	2,020	1,871	340	5.5	110.163/150
		社会	地理歴史		145	2,057	1,929	228	8.5	97.443/150
			公共市民学			2,100	2,002	275	7.3	96.009/150
		理	生物学		50	554	503	122	4.1	85.250/150
			地球科学			687	610	98	6.2	86.571/150 〈83.250〉
		数			45	903	818	178	4.6	120/150
		複合文化			40	1,427	1,326	150	8.8	114.255/150
商	一般	地歴・公民型			355	8,230	7,601	694	11.0	130.6/200
		数学型			150	2,648	2,276	366	6.2	109.4/180
		英語 4 技能テスト利用型			30	899	774	80	9.7	133.7/205
社会科学	一般				450	9,166	8,082	823	9.8	89.451/130
	共通テスト				50	1,132	—	305	3.7	—
国際教養	一般				175	1,521	1,387	342	4.1	151.1/200
文化構想	一般	一般			370	7,755	7,443	832	8.9	134/200
		英語 4 技能テスト利用方式			70	3,004	2,929	375	7.8	85.5/125
		共通テスト利用方式			35	1,183	957	203	4.7	142.5/200

（表つづく）

学部・学科・専攻等				募集人員	志願者数	受験者数	合格者数	競争率	合格最低点／満点
文	一般		一般	340	8,070	7,532	741	10.2	131.9/200
			英語4技能テスト利用方式	50	2,646	2,545	332	7.7	86.5/125
			共通テスト利用方式	25	1,130	862	170	5.1	148/200
基幹理工	一般		学系Ⅰ	45	615	559	142	3.9	178/360
			学系Ⅱ	210	2,962	2,675	673	4.0	181/360
			学系Ⅲ	65	967	886	165	5.4	176/360
創造理工	一般		建築	80	759	684	151	4.5	185/400
			総合機械工	80	968	875	240	3.6	161/360
			経営システム工	70	682	623	158	3.9	178/360
			社会環境工	50	464	416	133	3.1	163/360
			環境資源工	35	239	222	62	3.6	163/360
先進理工	一般		物理	30	697	643	162	4.0	196/360
			応用物理	55	471	432	143	3.0	176/360
			化学・生命化	35	437	388	120	3.2	175/360
			応用化	75	1,173	1,059	259	4.1	180/360
			生命医科	30	695	589	146	4.0	186/360
			電気・情報生命工	75	594	543	138	3.9	172/360
人間科学	一般	一般	人間環境科	115	1,845	1,671	242	6.9	88.5/150
			健康福祉科	125	1,923	1,757	266	6.6	85.5/150
			人間情報科	100	1,921	1,715	252	6.8	87/150
		数学選抜方式	人間環境科	15	135	126	48	2.6	306.1/500
			健康福祉科	15	111	106	41	2.6	293.5/500
			人間情報科	15	239	227	75	3.0	321.9/500
	共通テスト		人間環境科	5	266	—	85	3.1	—
			健康福祉科	5	198	—	77	2.6	
			人間情報科	5	273	—	98	2.8	
スポーツ科学	一般			150	988	847	223	3.8	163/250
	共通テスト		共通テストのみ方式	50	475	—	109	4.4	—
			競技歴方式	50	331	—	119	2.8	—

（備考）合格最低点欄の「—」は非公表を示す。

2021 年度一般選抜・共通テスト利用入試

学部・学科・専攻等			募集人員	志願者数	受験者数	合格者数	競争率	合格最低点／満点
政治経済	一般	政治	100	870	738	261	2.8	148/200
		経済	140	2,137	1,725	331	5.2	156/200
		国際政治経済	60	488	387	138	2.8	151/200
	共通テスト	政治	15	382	—	104	3.7	—
		経済	25	1,478	—	418	3.5	
		国際政治経済	10	314	—	113	2.8	
法	一般		350	4,797	4,262	738	5.8	90.295/150
	共通テスト		100	2,187	—	487	4.5	—
教育	一般	教育 教育学 教育学	100	1,440	1,345	77	17.5	97.688/150
		教育 教育学 生涯教育学		876	835	76	11.0	93.818/150
		教育 教育学 教育心理学		521	484	59	8.2	95.653/150
		教育 初等教育学	20	378	344	30	11.5	92.096/150
		国語国文	80	1,260	1,195	166	7.2	107.224/150
		英語英文	80	1,959	1,834	290	6.3	110.955/150
		社会 地理歴史	145	2,089	1,974	214	9.2	97.496/150
		社会 公共市民学		1,630	1,558	244	6.4	95.140/150
		理 生物学	50	454	395	89	4.4	86.245/150
		理 地球科学		676	612	112	5.5	87.495/150〈84.495〉
		数	45	823	739	173	4.3	118.962/150
		複合文化	40	933	880	142	6.2	112.554/150
商	一般	地歴・公民型	355	8,537	7,980	681	11.7	131.35/200
		数学型	150	2,518	2,205	419	5.3	107.60/180
		英語 4 技能テスト利用型	30	250	214	66	3.2	120.05/205
社会科学	一般		450	8,773	7,883	739	10.7	78.62/130
	共通テスト		50	1,485	—	214	6.9	—
国際教養	一般		175	1,622	1,498	330	4.5	155.94/200
文化構想	一般	一般	430	7,551	7,273	702	10.4	130.6/200
		英語 4 技能テスト利用方式	70	2,585	2,532	340	7.4	85/125
		共通テスト利用方式	35	1,348	1,146	172	6.7	149.5/200

（表つづく）

学部・学科・専攻等				募集人員	志願者数	受験者数	合格者数	競争率	合格最低点／満点
文	一般	一般		390	7,814	7,374	715	10.3	130.8/200
		英語4技能テスト利用方式		50	2,321	2,239	243	9.2	87.5/125
		共通テスト利用方式		25	1,281	1,037	162	6.4	150/200
基幹理工	一般	学系Ⅰ		45	444	403	150	2.7	198/360
		学系Ⅱ		210	2,937	2,689	576	4.7	219/360
		学系Ⅲ		65	908	823	169	4.9	213/360
創造理工	一般	建築		80	686	634	141	4.5	218/400
		総合機械工		80	874	806	215	3.7	192/360
		経営システム工		70	721	662	146	4.5	206/360
		社会環境工		50	394	374	106	3.5	202/360
		環境資源工		35	273	260	67	3.9	202/360
先進理工	一般	物理		30	713	661	139	4.8	229/360
		応用物理		55	402	370	125	3.0	210/360
		化学・生命化		35	392	359	116	3.1	206/360
		応用化		75	1,123	1,029	308	3.3	209/360
		生命医科		30	829	716	132	5.4	219/360
		電気・情報生命工		75	573	524	154	3.4	198/360
人間科学	一般	一般	人間環境科	115	1,916	1,745	190	9.2	87.620/150
			健康福祉科	125	2,043	1,894	244	7.8	85.601/150
			人間情報科	100	1,407	1,270	161	7.9	85.616/150
		数学選抜方式	人間環境科	15	189	182	43	4.2	—
			健康福祉科	15	137	134	36	3.7	—
			人間情報科	15	196	186	51	3.6	—
	共通テスト		人間環境科	5	421	—	77	5.5	
			健康福祉科	5	296	—	76	3.9	—
			人間情報科	5	370	—	72	5.1	
スポーツ科学	一般			150	842	686	195	3.5	159.7/250
	共通テスト	共通テストのみ方式		50	482	—	96	5.0	—
		競技歴方式		50	314	—	122	2.6	—

（備考）合格最低点欄の「—」は非公表を示す。

募集要項の入手方法

一般選抜・大学入学共通テスト利用入試の出願方法は「WEB 出願」です。詳細情報につきましては，入学センター Web サイトにて 11 月上旬公開予定の入学試験要項をご確認ください。

問い合わせ先

早稲田大学 入学センター
〒169-8050　東京都新宿区西早稲田 1－6－1
TEL　(03)3203-4331(直)
MAIL　nyusi@list.waseda.jp
Web サイト　https://www.waseda.jp/inst/admission/

早稲田大学のテレメールによる資料請求方法

スマートフォンから　QRコードからアクセスしガイダンスに従ってご請求ください。
パソコンから　教学社 赤本ウェブサイト(akahon.net)から請求できます。

大学所在地

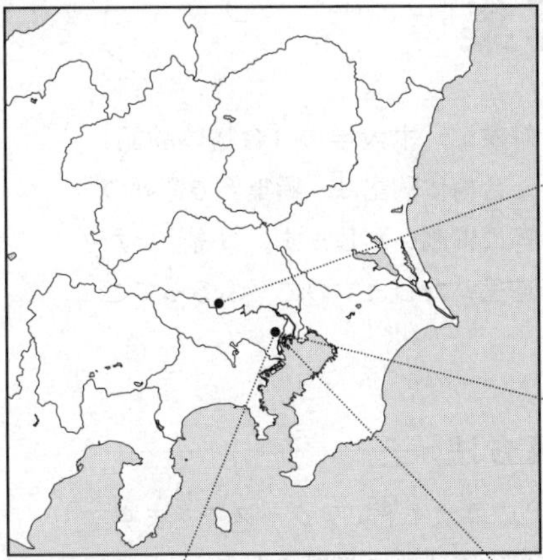

所沢キャンパス

西早稲田キャンパス

早稲田キャンパス

戸山キャンパス

早稲田キャンパス	〒169-8050	東京都新宿区西早稲田 1 - 6 - 1
戸山キャンパス	〒162-8644	東京都新宿区戸山 1 - 24 - 1
西早稲田キャンパス	〒169-8555	東京都新宿区大久保 3 - 4 - 1
所沢キャンパス	〒359-1192	埼玉県所沢市三ヶ島 2 - 579 - 15

早稲田大学を
空から
見てみよう！

各キャンパスの
空撮映像はこちら ▶

合格体験記
募集

2025 年春に入学される方を対象に，本大学の「合格体験記」を募集します。お寄せいただいた合格体験記は，編集部で選考の上，小社刊行物やウェブサイト等に掲載いたします。お寄せいただいた方には小社規定の謝礼を進呈いたしますので，ふるってご応募ください。

応募方法

下記 URL または QR コードより応募サイトにアクセスできます。
ウェブフォームに必要事項をご記入の上，ご応募ください。
折り返し執筆要領をメールにてお送りします。
※入学が決まっている一大学のみ応募できます。

☞ http://akahon.net/exp/

応募の締め切り

総合型選抜・学校推薦型選抜 …… 2025年 2 月 23日
私立大学の一般選抜 …… 2025年 3 月 10日
国公立大学の一般選抜 …… 2025年 3 月 24日

受験にまつわる川柳を募集します。
入選者には賞品を進呈！
ふるってご応募ください。

応募方法　http://akahon.net/senryu/　にアクセス！☞

気になること、聞いてみました！

在学生メッセージ

大学ってどんなところ？　大学生活ってどんな感じ？
ちょっと気になることを，在学生に聞いてみました。

以下の内容は 2020～2023 年度入学生のアンケート回答に基づくものです。ここで触れられている内容は今後変更となる場合もありますのでご注意ください。

メッセージを書いてくれた先輩　［政治経済学部］M.K. さん　［法学部］W.S. さん
［文化構想学部］K.M. さん　［教育学部］S.T. さん
［商学部］W.S. さん　［国際教養学部］M.G. さん
［文学部］H.K. さん　N.M. さん　［人間科学部］R.T. さん

大学生になったと実感！

自分のための勉強ができるようになったこと。高校生のときは定期テストや受験のための勉強しかしていなかったのですが，大学に入ってからは自分の好きな勉強を自分のためにできるようになり，とても充実しています。（W.S. さん／法）

自分で自由に履修を組めることです。高校生までと違い，必修の授業以外は興味のある授業を自分で選べます。履修登録はかなり手こずりましたが，自分の興味や関心と照らし合わせながらオリジナルの時間割を考えるのはとても楽しいです。（N.M. さん／文）

高校生の頃は親が管理するようなことも，大学生になるとすべて自分で管理するようになり，社会に出たなと実感した。また，高校生までの狭いコミュニティとまったく異なるところがある。早稲田大学は１つの小さな世界のようなところで，キャンパス内やキャンパス周辺を歩いているだけで日本語以外の言語が必ず耳に飛び込んでくる。そのような環境にずっと触れるため，考え方や世界の見方がいい意味ですべて変わった。今まで生きてきた自分の中で一番好きな自分に出会えるところが大学だと思う。（K.M. さん／文化構想）

大学生活に必要なもの

軽くて使いやすいパソコンです。毎日授業がありパソコンを持ち歩くので，とにかく軽いものが良い！ Windows か Mac かは学部・学科で指定されていないのであれば好きなほうを選んで良いと思います！ iPhone とつなぐことができるので私は Mac がお気に入りです！（S.T. さん／教育）

大学生になって一番必要だと感じたものは自己管理能力です。特に，私の通う国際教養学部は必修授業が少なく，同じ授業を受けている友達が少ないため，どの授業でどのような課題が出ているかなど，しっかりと自分自身で把握しておかなければ単位を落としかねません。私は今までスケジュール帳を使うことはあまりなかったのですが，大学生になり，授業の情報やバイト，友達との約束などをまとめて管理することが必要不可欠となったので，スケジュールアプリを使い始め，とても重宝しています。（M.G. さん／国際教養）

この授業がおもしろい！

英会話の授業です。学生が英語力別に分けられ，ランダムに 3，4 人のグループを組まれます。1 グループにつき 1 人の講師がついて，100 分間英語だけで会話をします。文法を間違えたときや何と言っていいかわからないとき，会話に詰まったときなどに講師が手助けしてくれます。最初は私には難しすぎると思っていましたが，意外と英語が話せるようになり楽しかったです。また，少人数のためグループでも仲良くなれて，一緒に昼

ご飯を食べていました。(M.K. さん／政治経済)

ジェンダー論の授業が興味深かったです。高校までは，科目として習うことがありませんでしたが，「ジェンダーとは何か」という基本的な問いから，社会で起きている問題（ジェンダーレストイレは必要か，など）についてのディスカッションを通して，他の学生の考え方を知ることができました。(H.K. さん／文)

心理学概論です。心理学の歴史と研究方法の特徴を学んだ後に，心は発達的にどのように形成されるのか，人が環境についての情報を入手するための心の働き，欲求や願望の充足を求めるときの心の動き方，経験を蓄積し利用する心の仕組み，困難な場面に直面したときの心の動き方と心の使い方などについて学ぶ授業です。もともと心理学に興味はあったのですが，この授業を通してより一層心理学に対する興味・関心が深まりました。(R.T. さん／人間科学)

大学の学びで困ったこと＆対処法

大学の課題はレポート形式になっていることが多く，疑問提起が抽象的で答え方に困ることがあります。同じ授業を履修している学生に話しかけてコミュニティを作っておくことで，課題の意味を話し合ったり考えを深め合ったりできます。(H.K. さん／文)

レポートの締め切りやテストの日程などのスケジュール管理が大変だったことです。スケジュールが自分で把握できていないとテスト期間に悲惨なことになります。私はテストやレポートについての連絡を教授から受け取ったらすぐにスマホのカレンダーアプリに登録するようにしています。(N.M. さん／文)

部活・サークル活動

国際交流のサークルに入っています。人数が多いため，自分の都合が合う日程でイベントに参加することができます。また，海外からの留学生と英語や他の言語で交流したり，同じような興味をもつ日本人学生とも交流したり，と新たな出会いがたくさんあります。（H.K. さん／文）

受験生に向けて早稲田を紹介する雑誌を出版したり，学園祭で受験生の相談に乗ったりするサークルに入っています。活動は週に 1 回ですが，他の日でもサークルの友達と遊んだりご飯を食べに行ったりすることが多いです。みんなで早慶戦を見に行ったり，合宿でスキーをするなどイベントも充実しています。（N.M. さん／文）

私は現在，特撮評議会というサークルに入っています。主な活動内容は，基本的に週に 2 回，歴代の特撮作品を視聴することです。仮面ライダーやスーパー戦隊をはじめとした様々な特撮作品を視聴しています。また，夏休みには静岡県の別荘を貸し切って特撮作品を見まくる合宿を行います。特撮好きの人にとってはうってつけのサークルだと思うので，特撮に興味のある人はぜひ来てください!!（R.T. さん／人間科学）

交友関係は？

語学の授業ではクラスがあり，いつも近くの席に座るような友達が自然とできました。クラス会をしたり，ご飯に行ったりして，より仲が深まりました。（W.S. さん／法）

入学前の学科のオリエンテーションの後，一緒にご飯を食べに行って仲良くなりました。他にも授業ごとに仲の良い友達を作っておくと，授業が楽しみになり，また重い課題が出た際に協力できるのでおススメです。「隣いいですか？」「何年生ですか？」「学部どちらですか？」等なんでもいいので勇気をもって話しかけてみましょう！ 仲の良い友達が欲しいと

みんな思っているはず！（S.T. さん／教育）

いま「これ」を頑張っています

アフリカにインターンシップに行く予定なので，英語力を伸ばすために外国人ゲストが多く訪れるホテルや飲食店で働いています。また，日本のことをもっとよく知りたいので国内を夜行バスで旅行しています。車中泊の弾丸旅行なので少し大変ですが，安価で旅行できることが最大の魅力です。体力的にも今しかできないことだと思うので楽しみます！（M.K. さん／政治経済）

英語とスペイン語の勉強です。複合文化学科では第二外国語ではなく専門外国語という位置付けで英語以外の外国語を学びます。体育の授業で留学生と仲良くなったことで，自分も留学したいという思いが強まりました。まだ行き先を決められていないので英語とスペイン語の両方に力を入れて取り組んでいます！（S.T. さん／教育）

塾講師のアルバイトを頑張っています。授業準備は大変ですが，自分の受験の経験を活かしながらどのように教えたらわかりやすいかを考えるのは楽しいです。保護者への電話がけなどもするので社会に出る前の良い勉強になっています。（N.M. さん／文）

普段の生活で気をつけていることや心掛けていること

スキマ時間の活用です。大学生は自由な時間が多いため油を売ってしまいがちになります。空きコマや移動時間は話題の本や興味のある分野の専門書を読んだり英語の勉強をしたりして，少し進化した自分になれるようにしています！ もちろん空き時間が合う友達とご飯に行ったり，新宿にショッピングに出かけたりもします！ せっかくのスキマ時間は何かで充実させることを目標に，１人でスマホを触ってばかりで時間が経ってしま

うことがないように気をつけています。（S.T. さん／教育）

無理に周りに合わせる必要など一切ない。自分らしく自分の考えを貫くように心掛けている。また，勉学と遊びは完全に切り離して考えている。遊ぶときは遊ぶ，学ぶときは学ぶ。そう考えることで自分のモチベーションを日々高めている。（K.M. さん／文化構想）

おススメ・お気に入りスポット

早稲田大学周辺のご飯屋さんがとても気に入っています。学生割引があったり，スタンプラリーを行ったりしているので楽しいです。また，授業終わりに友達と気軽に行けるのでとても便利です。（W.S. さん／法）

文キャンの食堂です。授業の後，空きコマに友達と行ってゆっくり課題を進めたり，おしゃべりしたりできます。テラス席は太陽光が入るように天井がガラスになっているため開放感があります。お昼時にはとっても混むため，早い時間帯や，お昼時を過ぎた時間帯に使うのがおススメです。（H.K. さん／文）

大隈庭園という早稲田キャンパスの隣にある庭園が気に入っています。天気が良い日はポカポカしてとても気持ちが良いです。空きコマに少しお昼寝をしたり，そこでご飯を食べることもできます。（N.M. さん／文）

入学してよかった！

いろいろな授業，いろいろな人に恵まれているところが好きです。早稲田大学の卒業生に声をかけていただいて，アフリカでインターンシップをすることにもなりました。授業の選択肢も多く，乗馬の授業や国際協力の授業，法学部や文学部の授業，教員免許取得のための授業など，様々な授業があります。選択肢が多すぎて最初は戸惑うこともあるかと思いますが，どんな人でも自分らしく楽しむことができる環境が整っているところが私にとっては早稲田大学の一番好きなところです。（M.K. さん／政治経済）

全国各地から学生が集まり，海外からの留学生も多いため，多様性に満ちあふれているところです。様々なバックグラウンドをもつ人たちと話していく中で，多角的な視点から物事を捉えることができるようになります。また，自分よりもレベルの高い友人たちと切磋琢磨することで，これまでに味わったことのないような緊張感，そして充実感を得られます。（W.S. さん／商）

高校生のときに「これ」をやっておけばよかった

学校行事に積極的に参加することです。大学では，クラス全員で何かを行う，ということはなくなります。そのため，学校行事を高校生のうちに全力で楽しむことが重要だと思います。大学に入ったときに後悔がないような高校生時代を送ってほしいです。（H.K. さん／文）

英語を話す力を養うことだと思います。高校では大学受験を突破するための英語力を鍛えていましたが，大学生になると，もちろんそれらの力も重要なのですが，少人数制の英語の授業などで英語を使ってコミュニケーションを取ることが多くなるため，英語を話す力のほうが求められます。私は高校時代，スピーキングのトレーニングをあまりしなかったので，英会話の授業で詰まってしまうことがしばしばありました。高校生のときに英語を話す力をつけるための訓練をしていれば，より円滑に英会話を進められていたのではないかと感じました。（R.T. さん／人間科学）

合格体験記

みごと合格を手にした先輩に，入試突破のためのカギを伺いました。
入試までの限られた時間を有効に活用するために，ぜひ役立ててください。

（注）ここでの内容は，先輩方が受験された当時のものです。2025 年度入試では当てはまらないこともありますのでご注意ください。

・アドバイスをお寄せいただいた先輩・

Message

T.I. さん 人間科学部（健康福祉科学科）
一般選抜（文系方式）2024 年度合格，東京都出身

自分に不足しているものと，それを補うためにどうしたらいいかを考えることが合格のポイントです。嫌だなと思う単元から勉強をしました。できないから嫌だなと感じるのであり，やらないからできないのです。自分と向き合うことは苦しいですが，これが最短の合格への道だと思います。そして，最後の入試まで自分を信じきることを絶対にやめないでください。つらい毎日はとても長く感じるかもしれません。しかし，努力した経験は今後かけがえのないものになります。

R.T. さん　人間科学部（健康福祉科学科）
一般選抜（文系方式）2023 年度合格，群馬県出身

受験勉強は長く辛い戦いであり，不安や焦りを感じることもあると思います。しかし，何かを乗り超えた経験は必ず今後の人生の糧になります。結果は，自分の努力次第だと思うので，最後の 1 秒まで諦めずに頑張ってください!!

その他の合格大学　明治大（文），中央大（文），東洋大（社会〈共通テスト利用〉）

W.T. さん　人間科学部（健康福祉科学科）
一般選抜 2021 年度合格，神奈川県出身

地道にコツコツと勉強を続けたことが合格のポイントです。高校 2 年生の 11 月頃から本格的に受験に向けた勉強を始めたので，努力が積み重なって，本番までに合格する力をつけることができました。辛くて苦しいことがたくさんあると思いますが，志望校に合格する日を思い描いて最後まで必死でやりきってください。

その他の合格大学　信州大（人文），明治大（法，文），立教大（社会，経済），学習院大（経済）

入試なんでもQ&A

受験生のみなさんからよく寄せられる，
入試に関する疑問・質問に答えていただきました。

Q 「赤本」の効果的な使い方を教えてください。

A 夏までは自分の実力を知るために力試しで解いていました。12月からは2日で1年分解くと決めて，復習とそれを補うために参考書を読むのを含めて2日で完結させることを繰り返しました。また，効果的な使い方として，自分の得点率を一覧にして見たときに，出来が悪かった年度や大問に印をつけて，定期的に解き直すことです。解けなくてもよい問題は確かにありますが，本番までに理解しなくてよい部分はありません。現代文も英語の長文も，最初はどんなに時間がかかってもよいので，一読して内容を理解できるまで読み返すべきだと思います。

(T.I. さん／人間科学)

A 私は高校2年生の2，3月頃に志望大学の過去問を時間を気にせず1年分解き，志望大学との距離や問題の傾向などを知りました。本格的に赤本を解き始めたのは高校3年生の11月頃からで，時間を決めて，本番に近い形式で取り組んでいました。問題を解いて終わりにするのではなく，「赤本で問題を解く→答え合わせ→復習」のサイクルを意識するといいと思います。特に早稲田大学の問題は，過去に出題された問題が違った形で出題されることが多いので，できれば3～10年分ほどこなしておくことを推奨します。

(R.T. さん／人間科学)

Q　1年間の学習スケジュールはどのようなものでしたか？

A　3月から6月までは，英検準1級レベルの英単語帳を読んで，『早稲田の英語』（教学社）を解き続けていました。単語帳は1日1章ずつ120語を覚え，とりあえず1周終わったら，次の日からは1日に1冊すべて読んでいました。他にも英文解釈や文法の参考書をそれぞれ1周し，覚えられない部分は毎日少しずつ音読していました。また，世界史の教科書をとにかく読み込みました。完全に覚えきっていなくても，とりあえず読み進めることを意識しました。7月からは本腰を入れて勉強を始めました。早稲田大学の過去問を3年ずつ解き，傾向や自分の得意・不得意を軽く把握しました。この間も英単語帳や世界史の教科書は並行して読んでいました。負担が多くなるように感じますが，慣れた参考書を読むことは自分を安心させることができました。そして受験の直前まで，試験の休み時間も過去問を解き続けました。本番では，直前に解いていた問題に関連したことが出題されるということが本当にあります。参考書で基礎を固めて自分の不足を補うことは大切ですが，結局は試験に出る問題に正解しなければ合格することはできません。そのためには，過去問で傾向を知る必要があります。　（T.I. さん／人間科学）

Q　時間をうまく使うために，どのような工夫をしていましたか？

A　付箋を活用することです。私は，英単語とその意味や日本史の暗記事項を付箋に書いて家中の至る所に貼っていました。そうすることでいつでも目に付くので，絶え間なく英単語を暗記することができました。その付箋をクリアファイルに入れて，お風呂にも持って入っていました。また，登下校時や通塾中は，英単語や英熟語の参考書を片手に移動していました。ほんの少しの隙間時間でも活用することを心がけていました。どんなわずかな時間でも暗記事項を覚える時間に充てたことが，とてもよかったと思います。　（W.T. さん／人間科学）

Q　早稲田大学を攻略する上で，特に重要な科目は何ですか？その科目に対してどのような勉強をしましたか？

A　英語だと思います。私は，高校３年生の夏休みが終わるまでに，『速読英単語 必修編』（Ｚ会）や『英文法・語法 Vintage 3rd Edition』（いいずな書店）を使って単語や文法を固めて，夏休み明けからは毎日必ず１つ長文を読むようにしていました。長文を読む際には，まず設問で何を問われているかを確認した上で，文構造（S，V，O，C，M）を意識しつつ，解答の根拠を探りながら読み進めていました。また，早稲田大学人間科学部の英語の問題は，過去に出題された問題が違った形で出されることがしばしばあるので，３～10 年分ほど解きました。

（R.T. さん／人間科学）

Q　苦手な科目はどのように克服しましたか？

A　私は国語（特に古文）が苦手科目だったので，『読んで見て聞いて覚える 重要古文単語 315』（桐原書店）や古典文法の参考書などを使って基礎固めを徹底しました。古文単語や助詞，助動詞の意味を知っていれば解ける問題が古文には意外に多いと感じていたので，まずは参考書を用いて助詞，助動詞の意味をほぼすべて暗記しました。古文単語に関しては，単語帳を１周して終わりにするのではなく，隙間時間を使って繰り返し，すぐに単語の意味が出てくるまで反復しました。また，枕詞などの和歌の知識も重要だと思ったので，インプットとアウトプットを繰り返しました。

（R.T. さん／人間科学）

Q 模試の上手な活用法を教えてください。

A 私は毎回の模試で目標点を定めて，それに向かって勉強のモチベーションを保っていました。その目標点を取るためには何をすればよいのかを自分なりに考え，目標に向かって勉強するのです。また，友だちと点数を競い合うのも勉強のモチベーションになると思います。そして，模試が終了したらしっかりと復習することが大切です。志望校判定には踊らされすぎないことも，とても重要なことだと思います。

（W.T. さん／人間科学）

Q 併願をする大学を決める上で重視したことは何ですか？
また，注意すべき点があれば教えてください。

A 第一志望校の学部・学科と試験科目が同様の大学・学部・学科を併願しました。また，体力をもたせるため，連続受験は 3 日までにしました。そして，2 科目受験の大学を入れることで，体力的に厳しくならないように配慮しました。第一志望校が長い連続受験の最終日になることも避けるべきだと思います。また，組んだ日程は，高校や塾・予備校の先生などに見てもらうと良いアドバイスをいただけると思います。

（W.T. さん／人間科学）

Q 試験当日の試験場の雰囲気はどのようなものでしたか？
注意点等があれば教えてください。

A できるだけ早く到着することをおすすめします。トイレの位置の把握や，持ち物の確認を行ってください。試験官は試験開始 15 分から 20 分前に来て，参考書をしまうようアナウンスします。緊張のほぐし方としては，自分は絶対に受かると思い続けることです。自分は何があっても絶対に受かる，どれだけ勉強したと思ってるんだ！と傲慢になればなるほどよいと思います。

（T.I. さん／人間科学）

Q 普段の生活のなかで気をつけていたことを教えてください。

A 食事は腹7分目で抑えるようにしていました。満腹まで食べなかったとしても，その後にラムネを食べたり水を飲んだりするとお腹が膨れてしまい眠くなったり勉強の効率が落ちたりするため，なるべくあと2時間でお腹が空くくらいの状態を保つようにしていました。睡眠は自分の適正な睡眠時間を知ることが大切です。また，起きる時間を固定することも大切です。起きる時間がバラバラだと食事やお風呂の時間がずれて，結果的にまとまった勉強時間をとりにくくなってしまいます。そして，毎日有酸素運動をしていました。直前期に勉強してばかりの日が続くと体力が落ちます。本番は大学まで行かなければならないうえに，緊張した空間で試験を受けなければいけないので，体力がないと本来の力を発揮しきれません。定期的にある程度の運動をしておくと，しっかり眠ることができるし，本番のための体力を保つこともできます。 (T.I. さん／人間科学)

Q 受験生へアドバイスをお願いします。

A 自分と向き合うことが大切です。嫌だと思うものから先に勉強するべきです。怖い，めんどうくさいからやらずに得意教科のみを伸ばすのは，不得意を放置するのと同じです。できないことを少しずつ改善していった先に合格があります。また，どんなに頑張っても直前になるともっと頑張れたかもしれないと後悔してしまいそうになりますが，最後は「願えば叶う」です。勉強してきた自分を信じてください。落ちたらどうしようではなく，受かるために何をしたらいいかだけを考えてください。不安で仕方ない毎日も，すべてが終われば昔を思い出せないくらいの日々が待っています。がんばれ！ (T.I. さん／人間科学)

科目別攻略アドバイス

みごと入試を突破された先輩に，独自の攻略法や
おすすめの参考書・問題集を，科目ごとに紹介していただきました。

英　語

自分なりの長文の読み方を確立することが大切です。どの程度読んだら設問を解き始めるか，わからない単語をどのように処理するか，文意をつかめなかった場合にどこまで読み戻るか，などの解決方法をある程度決めておくと，本番で焦らず読み進められます。また，英単語は簡単なものは早めに固めておいて，英検準１級もしくはそれ以上の単語にも触れておくべきです。下記おすすめ参考書は，よく早稲田大学で問われる単語が本当に多いです。　（T.I. さん／人間科学）

おすすめ参考書　『キクタン【Super】12000 語レベル』（アルク）

過去問演習で出題形式に慣れることです。人間科学部の英語は他とはかなり違った形式だと思います。過去問を解くことと復習することを通して，問題を解く力をつけていきましょう。正誤問題は専用の問題集を買って徹底的に鍛えるのがよいと思います。　（W.T. さん／人間科学）

おすすめ参考書　『スーパー講義 英文法・語法 正誤問題』（河合出版）

国　語

現代文は設問が何を問うているのか，その根拠は本文のどこにあるのか，それを言い換えている選択肢はどれか，を意識して解き進めることが重要です。古文・漢文は基礎事項を繰り返し覚えた上で，演習を繰り返すといいと思います。　（R.T. さん／人間科学）

おすすめ参考書　『読んで見て聞いて覚える 重要古文単語 315』（桐原書店）

TREND & STEPS

傾向と対策

科目ごとに問題の「傾向」を分析し，具体的にどのような「対策」をすればよいか紹介しています。まずは出題内容をまとめた分析表を見て，試験の概要を把握しましょう。

注　意

「傾向と対策」で示している，出題科目・出題範囲・試験時間等については，2024 年度までに実施された入試の内容に基づいています。2025 年度入試の選抜方法については，各大学が発表する学生募集要項を必ずご確認ください。

来年度の変更点

2025 年度入試では，以下の変更が予定されている（本書編集時点）。

〔人間科学部〕

- 文系方式／理系方式：従来の学部独自試験のみの方式から，大学入学共通テストと学部独自試験を組み合わせる「国英型」「数英型」の方式に変更される。
- 共通テスト＋数学選抜方式が，「数学選抜方式」に名称変更となる。

〔スポーツ科学部〕

- 従来の小論文に代えて，「総合問題（データの読み取りや小論文を含む〈120 分・100 点〉）」が課される。

人間科学部

英　語

年度	番号	項　目	内　容
2024 ●	〔1〕	読　　解	内容説明，空所補充，主題
	〔2〕	文法・語彙	空所補充
	〔3〕	文法・語彙	誤り指摘
2023 ●	〔1〕	読　　解	空所補充，内容説明，主題
	〔2〕	文法・語彙	空所補充
	〔3〕	文法・語彙	誤り指摘
2022 ●	〔1〕	読　　解	内容説明，主題
	〔2〕	文法・語彙	空所補充
	〔3〕	文法・語彙	誤り指摘
2021 ●	〔1〕	読　　解	内容説明，同意表現，主題
	〔2〕	文法・語彙	空所補充
	〔3〕	文法・語彙	誤り指摘

（注）●印は全問，◑印は一部マークシート方式採用であることを表す。

読解英文の主題

年度	番　号	類　別	主　題	語　数
2024	〔1〕(i)	科学論	空飛ぶサンショウウオ	約 250 語
	(ii)	科学論	加齢に伴う味覚の変化	約 350 語
	(iii)	科学論	節水と再生可能エネルギーの創出を同時に行う方法	約 370 語
	(iv)	科学論	歌声だけに反応するニューロンの発見	約 360 語
	(v)	科学論	電解質を取り入れた水分補給の重要性	約 310 語
	(vi)	科学論	食習慣を変えると寿命が延びる	約 330 語
	(vii)	言語論	パイロットは飛行の安全性を高めるために世界共通言語を使用する	約 370 語
	(viii)	歴　史	文字の発明の歴史	約 410 語

2023	〔1〕(i)	社会論	クラフトビール業界の人種多様性	約 230 語
	(ii)	文化論	ブラウン郡州立公園が国家歴史登録財に登録	約 240 語
	(iii)	歴　史	アメリカ大陸に初めて渡ったイヌの歴史	約 310 語
	(iv)	科学論	最初に発見されたブラックホール	約 290 語
	(v)	社会論	デジタルウェルビーイングとは？	約 330 語
	(vi)	科学論	Sans Forgetica は記憶を向上させない	約 190 語
	(vii)	科学論	明晰夢の実験	約 280 語
	(viii)	歴　史	オーストラリア最古の岩壁画	約 320 語
2022	〔1〕(i)	科学論	音楽と認識能力	約 220 語
	(ii)	科学論	温暖化がコマツグミの渡りの時期を早める	約 250 語
	(iii)	言語論	翻訳する訳語がなければどうなるか？	約 250 語
	(iv)	科学論	イカは暗闇の中どうやってコミュニケーションをとっているのか？	約 210 語
	(v)	社会論	アラスカの図書館は標本を貸し出す	約 230 語
	(vi)	科学論	ケトンを使った食事は脳細胞を保護する	約 230 語
	(vii)	科学論	音楽が運動を容易にする	約 250 語
	(viii)	科学論	新種の鳥に似た恐竜	約 300 語
2021	〔1〕(i)	社会論	大学生にとってのオンライン授業	約 260 語
	(ii)	社会論	フェイスブックの二要素認証の問題点	約 220 語
	(iii)	科学論	2つのクレーターと思しき構造物	約 300 語
	(iv)	社会論	携帯電話依存症	約 300 語
	(v)	教育論	LGBT についての教育	約 260 語
	(vi)	言語論	発音と食べ物の関係	約 320 語
	(vii)	社会論	電動スクーターによるけが	約 180 語
	(viii)	社会論	未成年者にたばこ製品を売る小売業者を告発する当局	約 170 語

傾向　英文量多く，題材は専門的内容，語彙もハイレベル 未知の語にもたじろがない文脈把握力が不可欠

01　基本情報

試験時間：90 分。

大問構成：８種類の英文からなる読解問題１題，空所補充問題１題，誤り指摘問題１題の，計３題。

解答形式：全問マークシート法による選択式。

02 出題内容

①　読解問題

200～400 語程度の英文が 8 種類ある。設問は，英問英答形式でそれぞれ 3，4 問ずつあり，内容説明・主題・同意表現などの問題で構成されている。2023・2024 年度は空所補充も出題されている。英問の部分は，What，Who，Why，How，Which などで始まる疑問文形式が基本で，具体的には the best title，the main idea を問うものや，個別の理由や方法などをたずねるもの，NOT の形で本文に書かれていないものを選ばせるものなどがある。また，選択肢の中には Not enough information given，All of the above，None of the above のように，その他の選択肢をすべて検討し，その一つ一つの正誤を判断しなくてはいけないような設定のものもある。人間科学部特有の出題形式と言える。

テーマについてみると，科学論や医学論などの自然科学系のテーマが多いが，社会論，教育論，言語論，歴史など社会科学系のテーマも出題される。年度によってその割合は変わるが，この 2 つが大きなテーマであると言える。2021 年度は社会科学系，2022 年度は自然科学系が中心であったが，2023 年度は自然科学系と社会科学系が半々，2024 年度は自然科学系が中心であった。自然科学系であろうと社会科学系であろうと，人間科学部の読解問題は，固有名詞や学会名，専門的な用語などが多く含まれているので，訳せない部分もかなりあると思ったほうがよい。ただ，その部分が訳せないからといって設問が解けないということはない。とにかく，細部にこだわりすぎると時間が足りなくなるのは必然だ。慎重になるのは当然だが，一つ一つにあまり時間をかけすぎないよう気をつけたい。

分量については，中程度の長さの英文とはいえ，8 種類もあるので時間的にはかなり厳しいと思われる。

②　文法・語彙問題

空所補充問題

短文の空所に選択肢から前置詞や副詞などを選ばせる問題。同じ語を繰り返して使うことができ，何も補う必要のない場合もあるので，正解の選択肢を選ぶのはなかなか大変である。前置詞自体の傾向としては，大きく 2 つに分類される。熟語の中の前置詞を問うものと，前置詞を単独で問うものである。以前は前置詞を単独で問うものが多かったが，最近は熟語の中の前置詞を問うものがほとんどと言える。

誤り指摘問題

短文にＡ～Ｄの下線が引かれていて，その中のどれが誤った表現を含んだ部分かを選ばせる問題。誤りがない場合はＥを選ばせるので，受験生にはなかなか悩ましい問題だと言える。ただ，誤りがない場合はそれほど多くはない。下線部は動詞が多いが，多岐にわたる文法，語法などが問われている。文法の知識を問う問題が基本だが，熟語を含めた語彙問題もある。前置詞などを入れる空所補充問題である〔２〕と同様に，〔３〕でも前置詞がポイントになっていることが多いので，前置詞に関連する知識はしっかり頭に入れておきたい。

03　難易度と時間配分

〔１〕の読解問題は，一つ一つの英文は量が少なく，一部の固有名詞とやや専門的な内容を除くと，文法や構文もそれほど難解ではないため，手も足も出ないということはない。ただ，全部で８種類の英文があることから，迅速かつ正確な処理能力が求められる。本文の内容を把握し，設問意図を的確にとらえて選ぶこと。難易度は，年度により多少の差はあるものの，それほど大きな変化はない。

〔２〕は前置詞や副詞などの空所補充という特徴的な出題であり，難問もしばしば出題されている。2021 年度は人間科学部の今までの問題の中で一番平易であったが，2022 年度以降は少しずつ難しくなっている印象だ。

〔３〕の誤り指摘問題は，正確で細かい文法・語法の知識が必要となるため，やはり高い水準の英語力が要求される。例年，正誤の判定に迷う箇所が必ずあると思ってよい。とはいえ，基本的な知識を問う問題もたくさんあるので，そこをしっかりおさえておくこと。〔２〕とは違い，こちらの難易度はあまり揺れ動くことはなく，2024 年度も例年並みと言えそうだ。

特徴的な出題形式はかなり長い間変わっていない。90 分の試験時間で，８種類の読解問題にかけられる時間は１つあたり８分程度になるだろう。

細部にこだわりすぎると時間が足りなくなるので，一つ一つにあまり時間をかけすぎないように気をつけたい。過去の問題を実際に時間を計って解いてみて，全体の時間配分を検討しておこう。

対策

01 読解問題対策

科学論・医学論などの自然科学系のテーマや，社会論・教育論・言語論などの社会科学系のテーマに強くなろう。こうしたテーマの英文では，背景知識があると内容を理解しやすい。普段英文を読む際に，上記のテーマが出てきたら，語彙と内容を覚えておくとよい。また，社会科学系の時事的な話題を取り上げた英文も多いので，普段から新聞などをよく読み，さまざまな分野の知識を身につけておくことも有効である。『大学入試 ぐんぐん読める英語長文』（教学社）など，入試頻出の英文やテーマを扱った問題集を活用してもよいだろう。

中程度の長さの英文とはいえ，8種類もある上，設問も選択肢もすべて英文なので，最初から丁寧に読んでいると時間不足になる恐れがある。選択肢の英文を先に読んで，何が問われているかを確認してから本文を読み始めるようにしよう。問われていることを頭に入れながら読むと，読んでいる途中で該当箇所がわかることがある。

また，できるかぎり多くの過去問を解くことによって，人間科学部の問題に慣れておきたい。最終的には，90分という時間を定めて，最初から最後まで実戦形式で解くようにしよう。

02 前置詞対策

普段から，文法や読解問題を復習する際に，熟語を含めた前置詞に注目し，その用法や意味を理解し覚えていこう。例年，人間科学部の前置詞問題は，多くの受験生が知らないであろう熟語表現が出題される。したがって，文法の前置詞の項目で扱う用法・意味だけでは足りないことがままある。特に長文を読む際には，流れの中で前置詞を理解するようにすると，活きた用法・意味をつかむことができるだろう。

前置詞問題も過去問にできるだけ多くあたっておくこと。どの程度のレベルのどのような用法・意味の前置詞が出題されやすいかがわかってくるだろう。同じような問題になるべく多く触れて，訓練をしておきたい。

03 文法・語彙対策

基礎～標準レベルの文法・語彙をしっかりおさえるようにしよう。確実な知識があれば自信をもって素早く解答することができる。大変だが曖昧にしておかず，正確にきちんと覚えておきたい。

また，〔3〕の誤り指摘問題では，以前は名詞に引かれた下線部がポイントとなることが多かったが，最近は動詞を中心とした下線部の文法が問われることが増えてきた。動詞の語法，時制，数の一致，自動詞・他動詞，能動態・受動態，助動詞の有無など，動詞に関わる項目にも気をつけて勉強しておくとよいだろう。

この対策としても，やはり過去問をひたすら解くことが大切である。過去問を解くことによって，誤った部分に気づく訓練になり，どのような文法事項が問われることが多いかを把握することが可能になる。できれば，社会科学部や，法学部の誤り指摘問題なども解いてみるとよい。読解，前置詞，文法・語彙対策全体として『早稲田の英語』（教学社）をやってみるとよい。他学部の問題と解説もあるので，特に多くの学部を併願する受験生には大いに役立つはずだ。

Check!

早稲田「英語」におすすめの参考書

✓『大学入試 ぐんぐん読める英語長文』（教学社）
✓『早稲田の英語』（教学社）

赤本チャンネルで早稲田特別講座を公開中

実力派講師による傾向分析・解説・勉強法をチェック →

数　学

▶理系方式

年度	番号	項　目	内　容
2024 ●	〔1〕	小 問 3 問	(1)関数の最小値 (2)不等式が表す領域の面積 (3)指数関数についての値
	〔2〕	確　率	袋から玉を取り出すときの条件付き確率
	〔3〕	ベクトル	空間におけるベクトルの大きさの2乗の値
	〔4〕	微 分 法	空間における線分の長さの和の最小値
	〔5〕	微・積分法	曲線における点の軌跡の長さと極限値
2023 ●	〔1〕	小 問 3 問	(1)2数が互いに素となる確率 (2)整式の値 (3)対数についての不等式
	〔2〕	図形と方程式	対数の不等式を満たす整数の組
	〔3〕	ベクトル	空間における線分の長さの最小値
	〔4〕	微・積分法	回転体の体積
	〔5〕	ベクトル	空間における線分の通過領域の体積
2022 ●	〔1〕	小 問 3 問	(1)命題・数列の和　(2)2次関数・場合の数　(3)三角関数の値
	〔2〕	三角関数	不等式を満たす角の範囲
	〔3〕	ベクトル	空間における線分の長さの和の最小値
	〔4〕	微・積分法	回転体の体積の最大値
	〔5〕	複素数平面	複素数平面における曲線で囲まれる部分の面積
2021 ●	〔1〕	確　率	8人を2人組4組にする確率
	〔2〕	小 問 3 問	(1)定積分で求める面積　(2)三角形の面積　(3) n 進法
	〔3〕	数　列	不等式で表される領域内の整数の組の個数
	〔4〕	複素数平面	点を回転移動させていくときの点の座標の極限値
	〔5〕	2 次 曲 線	双曲線とその接線に関わる図形の面積

(注)　●印は全問，◐印は一部マークシート方式採用であることを表す。

出題範囲の変更

2025 年度入試より，数学は新教育課程での実施となります。詳細については，大学から発表される募集要項等で必ずご確認ください（以下は本書編集時点の情報）。

2024 年度（旧教育課程）	2025 年度（新教育課程）
数学Ⅰ・Ⅱ・Ⅲ・A・B（「確率分布と統計的な推測」を除く）	数学Ⅰ・Ⅱ・Ⅲ・A・B（「数学と社会生活」を除く）・C（「数学的な表現の工夫」を除く）

旧教育課程履修者への経過措置

2025 年度入試のみ新教育課程と旧教育課程の共通範囲から出題する。

傾向　各分野の標準的・典型的問題が並ぶ　独特の解答形式に慣れることが大切

01　基本情報

試験時間：60 分。

大問構成：大問 5 題。〔 1 〕〜〔 3 〕は理系・文系共通問題。

解答形式：全問マークシート法で，答えに応じて 1 つの解答欄にマイナス符号，十の位の数値，一の位の数値を組み合わせて −59 から 59 をマークするという独特の形式である。

02　出題内容

頻出分野は微・積分法で，毎年ほぼ必ず出題されている。他にベクトル，確率，数列，複素数平面も頻出である。計算問題は，指数・対数関数，三角比や三角関数を扱うものが頻出である。

03　難易度と時間配分

標準レベルの典型的な問題が数多く出題されており，問題集などで類題を見かけるものも多く，方針が立たない問題はほとんどないであろう。

しかし，そのようなレベルの問題であっても試験時間 60 分に対し 5 題であるので，時間的に余裕はまったくない。まずはざっと問題に目を通し，おおよその時間配分も考えながら，手のつけやすいものから確実に仕上げていこう。手際よく処理できるように計算力をつけておく必要がある。

対策

01 基礎の徹底を図って標準的な問題の完全マスターを

各大問の難易度にかなり幅があるが，難問は出題されていないので，標準レベルの問題を確実に解けるようにしておくことが肝心である。教科書傍用問題集などを繰り返し解いて，解法を身につけたい。自分で問題集を購入する場合には，解法・解説が詳しいものを選ぶこと。そして，丁寧に答え合わせをして着実に理解を深めながら進めていくこと。普段の学習では他大学の受験のことも考慮して，記述式で出題されてもそれに耐えうるような学習をしておくべきだが，過去問演習も含めて試験の際には，マークシート法での出題では思考過程は問われず結果だけを答えればよいということを強く意識して解答しよう。仕上げ用問題集としては『厳選！ 大学入試数学問題集 理系 272』（河合出版）がおすすめである。

02 計算力をつける

マークシート法の問題では結果のみが問われており，計算ミスをしてしまうと点が得られない。したがって，迅速かつ正確な計算力を養っておくことが大切となる。そのためには，普段から要領のよい解法をとることを意識することと，簡単な計算でも手を抜かず，自分の力で最後まで計算して答えを出すことを習慣づけること。さらに，検算の習慣をつけたり，簡単に計算できるような方法を工夫することも心がけたい。『数Ⅲ（極限，級数，微分，積分）試験に出る計算演習』（河合出版）がおすすめである。

03 不得意分野をなくす

出題範囲の幅広い項目から出題されているので，まずは不得意分野をなくすことが大切である。基本的・典型的な解法はひととおりマスターしておくこと。その上で，頻出分野である微・積分法，ベクトル，確率，数列，複素数平面，三角比と三角関数，指数・対数関数をしっかり演習しておこう。過去に出題された問題の分野，内容が似た形で出題されやすい傾向があるので，本書や他学部の過去問で研究するとよい。

04 独特な解答形式に慣れておこう

マークシート法での出題で，答えに応じて1つの解答欄にマイナス符号，十の位の数値，一の位の数値を組み合わせて−59から59をマークする形式である。また，分数の形で解答する場合は，分母の数値はできるだけ小さい自然数とし，負の分数を答えるときには−の符号を分子につけることになる。本書で過去問の演習をしながら，独特な解答形式に慣れていこう。問題冒頭の〔注意事項〕を参考にして，どのようにマークするのかをイメージしておくことが肝要である。もともと時間が足りない上に，マークすることに手間取ると確実に時間不足になってしまう。

05 時間を意識した演習をしよう

〔傾向〕の項でも述べたように，60分で5題と時間に追われる試験になることは確実であるので，普段の問題演習のときから常に時間を意識して解答していこう。時間内に解き切れなければ時間を延長して解答を続けていけばよいが，それを意識しているかいないかで大きな違いとなるだろう。

早稲田「数学」におすすめの参考書 Check!

✓『厳選！ 大学入試数学問題集 理系272』
✓『数Ⅲ（極限，級数，微分，積分）試験に出る計算演習』（いずれも河合出版）

▶共通テスト＋数学選抜方式

年度	番号	項目	内容
2024	〔1〕	小問3問	(1) $x^{2032}-194x^{2024}+x^{2016}$ の値 (2)確率 (3)三角関数の相互関係，加法定理
	〔2〕	2次関数	2次方程式が異なる2つの整数解をもつための条件
	〔3〕	小問2問	(1)正弦定理・余弦定理 (2)指数関数・対数関数を含む連立不等式
	〔4〕	2次関数，微分法，数列	$f_n(x)=\sum_{k=0}^{n}(-1)^k(k+1)x^{n-k}$ で定められた関数の最小値
	〔5〕	微・積分法	定積分で表された関数の最小値
2023	〔1〕	小問3問	(1)カードを選ぶときの確率 (2)円と放物線で囲まれた部分の面積 (3) $\sin\theta$，$\cos\theta$ の2次式で表された関数の最大・最小
	〔2〕	整数の性質	ガウス記号を含む連立方程式　✓証明
	〔3〕	小問2問	(1)累乗の大小比較 (2)渦巻き状に数字を並べてできる数列
	〔4〕	三角関数，2次関数	三角比を含む方程式を満たす定数 k の範囲，不等式 $(x+a)(x+1)\leqq 2$ を満たす整数 x の個数
	〔5〕	微分法，極限	曲線 $y=\left(\frac{\log x}{x}\right)^n$ の接線と極限値
2022	〔1〕	小問3問	(1)4次方程式 (2)正弦定理 (3)放物線とその接線で囲まれた部分の面積
	〔2〕	2次関数，積分法	絶対値を含んだ関数のグラフと x 軸で囲まれた部分の面積
	〔3〕	小問3問	(1)8枚のカードを並べるときの確率 (2)対数方程式 (3)ベクトルの大きさの最小値
	〔4〕	整数の性質	不定方程式の整数解
	〔5〕	積分法，極限	三角関数・対数関数を含む定積分と無限級数
2021	〔1〕	小問3問	(1)確率 (2) $3x+\frac{1}{x^3}\,(x>0)$ の最小値 (3)連立不等式の整数解
	〔2〕	図形と計量，微分法	正方形ABCDの紙を用いてできる三角錐，円錐の体積
	〔3〕	小問3問	(1)2つの放物線とそれらの共通接線で囲まれた部分の面積 (2)正六角形の内部の点Pを頂点とする三角形の面積 (3)隣接3項間漸化式
	〔4〕	数列	Σの公式
	〔5〕	空間図形	回転体の体積

(注)〔4〕〔5〕はいずれか1題を選択。
　　2021・2022年度は本書には掲載していない。

出題範囲の変更

2025 年度入試より，数学は新教育課程での実施となります。詳細については，大学から発表される募集要項等で必ずご確認ください（以下は本書編集時点の情報）。

2024 年度（旧教育課程）	2025 年度（新教育課程）
数学Ⅰ・Ⅱ・Ⅲ・A・B（「確率分布と統計的な推測」を除く） ※設問の選択により，上記出題範囲のうち数学Ⅲを除く範囲のみでの解答も可能。	数学Ⅰ・Ⅱ・Ⅲ・A・B（「数学と社会生活」を除く）・C（「数学的な表現の工夫」を除く） ※設問の選択により，上記出題範囲のうち数学Ⅲを除く範囲のみでの解答も可能。

旧教育課程履修者への経過措置

2025 年度入試のみ新教育課程と旧教育課程の共通範囲から出題する。

傾向　各分野の典型問題～やや難度の高い問題が出題される　論理的な記述力が求められる全問記述式

01　基本情報

試験時間：120 分。

大問構成：大問 5 題。〔1〕～〔3〕は必須問題で，〔4〕〔5〕は選択問題。

解答形式：全問記述式。

02　出題内容

全分野からまんべんなく出題されるが，特に確率，微・積分法に関する出題が目立っている。2021～2024 年度は〔1〕〔3〕が小問集合であった。

03　難易度と時間配分

基本的な問題から典型問題・やや難度の高い問題まで幅広く出題されており，解きやすいと思われるが，全問記述式であるから論理的な記述力が求められる。試験時間は 120 分であり，時間的余裕は十分にある。

対策

01 基礎の徹底を図り，標準的な問題を完全にマスターしよう

これまでのところ難問は出題されていないので，まずは教科書の章末問題レベルの問題を確実に理解した後，標準レベルの問題集（『大学への数学 1対1対応の演習』シリーズ（東京出版）など）をひととおり終わらせることが大切である。やや難度の高い問題も出題されるが，標準的な問題をマスターしていれば十分に対応できる。

02 確実な記述力を身につけよう

全問記述式なので，論理的かつ簡潔に答案を作成する力が問われる。学校の先生に添削してもらうなどの対策を行うこと。独りよがりではなく，相手（＝採点者）に伝わるような答案作りが大切である。

03 不得意分野をなくそう

全分野からまんべんなく出題されるので，苦手分野から逃れることはできない。苦手分野については，基本的な問題から始めて，標準レベルの問題まで解けるよう演習を積むこと。

04 「数学Ⅲ」の知識を活かそう

必須問題は「数学Ⅰ・Ⅱ・A・B・C」の知識のみで解答できる内容であるが，「数学Ⅲ」の知識を活かせる問題も存在する。理系の受験生（「数学Ⅲ」既習者）は，選択問題だけでなく必須問題においても「数学Ⅲ」の知識を活かせるというアドバンテージがあることを忘れずに。

早稲田「数学」におすすめの参考書

Check!

✓『大学への数学 1対1対応の演習』シリーズ（東京出版）

国　語

年度	番号	種　類	内　容
2024 ◑	〔1〕	現　代　文	内容説明，内容真偽，空所補充，図式，具体例 **記述**：空所補充，箇所指摘
	〔2〕	古　　文	語意，文法，口語訳，和歌解釈，内容説明，内容真偽
	〔3〕	漢　　文	漢詩の形式，内容説明，押韻，内容真偽
2023 ◑	〔1〕	現　代　文	内容説明，内容真偽，空所補充 **記述**：語意，空所補充，箇所指摘，主題（35 字）
	〔2〕	古　　文	和歌解釈，文法，和歌修辞，語意，空所補充，口語訳，内容真偽
	〔3〕	漢　　文	書き下し文，空所補充，口語訳，内容真偽
2022 ◑	〔1〕	現　代　文	空所補充，内容説明，内容真偽 **記述**：箇所指摘，内容説明（5 字）
	〔2〕	古　　文	人物指摘，内容説明，語意，空所補充，口語訳，内容真偽
	〔3〕	漢　　文	語意，口語訳，書き下し文，訓点，内容説明
2021 ◑	〔1〕	現　代　文	空所補充，内容説明，内容真偽 **記述**：箇所指摘
	〔2〕	古　　文	箇所指摘，人物指摘，内容説明，空所補充，内容真偽
	〔3〕	漢　　文	書き下し文，口語訳，内容説明，内容真偽

（注）●印は全問，◑印は一部マークシート方式採用であることを表す。

出典内容一覧

年度	番号	類　別	出　典
2024	〔1〕	評　論	「人新世における AI・ロボット」西垣通
	〔2〕	説　話	「沙石集」無住
	〔3〕	漢　詩	「小寒食舟中作」杜甫
2023	〔1〕	評　論	A．「〈自然な科学〉としての進化論」吉川浩満 B．「考古学と進化論」中尾央
	〔2〕	歌　論	「無名抄」鴨長明
	〔3〕	思　想	「貞観政要」呉兢

2022	〔1〕	評　論	「ヨーロッパ認識論における『パラダイムの変更』」竹田青嗣
	〔2〕	説　話	「宇治拾遺物語」
	〔3〕	説　話	「桑華蒙求」木下㕣定
2021	〔1〕	評　論	「データ，情報，人間」北野圭介
	〔2〕	随　筆	「北越雪譜」鈴木牧之
	〔3〕	史　伝	「列仙伝」劉向

傾向　現代文：評論の正確な読解力を養おう
古文・漢文：基本的知識を蓄え応用力をつける

01　基本情報

試験時間：60分。

大問構成：現代文１題，古文１題，漢文１題の計３題。

解答形式：マーク式と記述式の併用で，現代文の一部で記述式が出題されている。

02　出題内容

①　現代文

例年，評論が出題されている。哲学，社会・経済論，文化・言語論など，人間科学部にふさわしい内容の文章が出題されている。2024年度は，同一評論から抜き出された２つの文章を読んで答える形式であった。

設問では，内容説明を中心として，空所補充，内容真偽，箇所指摘などが出題されている。内容説明の選択肢は本文との綿密な照合や，本文ならびに選択肢の深い読解が要求されるものが多い。2024年度は内容に沿った具体例や図式を答えさせるものもあり，注目される。

②　古　文

ジャンルや時代に偏りなく，さまざまな作品が出題されている。設問は，基本的な知識を問う文法，語意などに加え，読解力を問う口語訳や人物指摘，内容説明，内容真偽などがあり，古文に対する基本的な知識とその応用力が求められている。和歌を含んだ文章の場合は，和歌についての知識や解釈を問う設問が出題されている。

③ 漢 文

古文同様，さまざまな時代のさまざまなジャンルの文章が出題されている。2024 年度は漢詩が出題された。設問は，訓点・書き下し文や口語訳など，漢文の基礎知識を問うものが中心であるが，内容説明や内容真偽の設問も出題されている。2024 年度のように，漢詩についての知識や解釈を問う設問が出題されることもある。

03 難易度と時間配分

現代文は，用語のニュアンスにまでおよぶ綿密な読み取りと，文脈に沿って論旨を的確に把握する読解力が試される問題である。古文・漢文については，広い範囲にわたる基本的な知識が問われているが，和歌や漢詩が含まれる文章の出題が多い。いずれの場合も，本文の読解に手間どる可能性があり，設問数の多さも考慮すると，時間内にすべてを解くのはかなり大変である。

本文の長さと設問の数から考えて，60 分の試験時間なので，現代文 35 分，古文 15 分，漢文 10 分くらいが目安になるだろう。知識問題の多い古文・漢文を先に終わらせ，現代文になるべく多くの時間が取れるように時間を配分したい。

対策

01 現代文

抽象的な内容を含む文章を的確に読解する力が求められる。新書や文庫，新聞の文化欄などで，特に人間という存在をテーマとしたものを中心に，さまざまな分野の評論や随筆を数多く読んでおこう。まず速読で論理構成の大きな流れをつかみ，次に精読してしっかり内容を把握する練習を重ねるとよい。精読の際，段落ごとの内容，段落間の論理的関係など，文脈を把握するように注意すること。意味段落ごとの要約やわかりにくい表現の言い換え，用語の対比・分類なども，問題文の主旨をすばやく把握する練習になるだろう。文や段落間の論理的関係は，接続語が端的に表している場合が多い。接続語をチェックしながら読む習慣をつけておこう。

選択肢の微妙なニュアンスの差異を見分けるために，人間科学部の過去問に加えて，『大学入試 全レベル問題集現代文〈5 私大最難関レベル〉』(旺文社) などを利用して練習を重ねよう。その際，正解がわかればよしとせずに，他の選択肢はどこが誤っているのか，正答は本文のどこにその根拠があるのかを徹底的に読み解くこと。

よくわからない漢字や語句の意味は，そのつど辞書や国語便覧の用語一覧などで調べておくこと。評論によく用いられる語句，特に抽象的な意味をもった語句について，語彙を増やしておく必要がある。

02 古文・漢文

古文では，基本的な文法力・単語力をつけておくことが大前提。頻出の文法問題に対しては，用言の活用，助動詞の接続や意味用法，敬語の用法，係り結びや副詞の呼応などの文法事項を早いうちに完璧に理解しておきたい。単語は重要語に目を通した上で，各語が実際の文章の中でどのような用例に当てはまるかを判別する練習を重ねることが大切である。また，多くの文章を読み，幅広いジャンルの作品に対応できる力もつけておきたい。敬語の種類や敬意の対象をおさえながら，話の展開や人物関係などをしっかりと読み取ることを心がけよう。和歌が取り上げられることも多いので，和歌の基本的な知識をおさえておくこと。さらには，歌枕，十二支による方角や時刻の表し方，行事や生活習慣など，古典の背景となっている事柄についても国語便覧などを利用して確かめておくこと。『大学入試 知らなきゃ解けない古文常識・和歌』（教学社）などの問題集での練習も行っておきたい。

漢文は，訓点や句形などの基本事項をマスターした上で，問題集を１冊用意してさまざまなジャンルの文章にふれていこう。白文に返り点を打つ問題や漢詩の知識を問う設問の対策も必要である。

03 読解力

解答する力となるのは基礎的知識とそれを応用した読解力である。マークシート法での練習だけでなく，記述式の問題も含めて広く問題にあたり，直感ではなく論理的な根拠に基づいた解答を心がけよう。

難関校過去問シリーズ『早稲田の国語』（教学社）を利用して，早稲田大学の他学部の問題にもあたっておきたい。共通テストの過去問もよい練習材料になる。これらを利用して実戦的な練習を積んでいこう。

早稲田「国語」におすすめの参考書

Check!

- ✓『大学入試 全レベル問題集現代文〈5 私大最難関レベル〉』（旺文社）
- ✓『大学入試 知らなきゃ解けない古文常識・和歌』（教学社）
- ✓『早稲田の国語』（教学社）

スポーツ科学部

総合問題

スポーツ科学部では，2025 年度より「小論文」に代えて「総合問題」が課される予定です（本書編集時点)。

▶総合問題

年度	番号	内　容
サンプル問題	〔1〕	**生活時間配分と余暇活動** ⊘表 空所補充，内容真偽
	〔2〕	**体力・運動能力と生活状況** ⊘グラフ 内容真偽，空所補充，情報分析
	〔3〕	**経験や勘と科学の関係** 意見論述（1000 字）

（注）　早稲田大学ウェブサイトにて 2023 年 7 月 24 日に公開。

▶（参考）小論文

年度	番号	内　容
2024	〔1〕	**〈この世からスポーツがなくなったらどうなるか〉について論じる** 意見論述（1000 字）
2023	〔1〕	**〈退屈の意味〉について論じる** 意見論述（1000 字）
2022	〔1〕	**ヒトの二足走行と四足走行の 100 m 走の世界記録の推移** ⊘グラフ 意見論述（1000 字）
2021	〔1〕	**スポーツに関するある円グラフについて論述する** ⊘グラフ 意見論述（1000 字）

傾向　スポーツ科学を踏まえた論述を心がけよう　資料分析とテーマ論述の両方に対応を

01　基本情報

スポーツ科学部では，2025 年度より一般選抜の個別試験を「小論文」から「総合問題」に変更する予定である。2023 年 7 月に公表された「総合問題」のサンプル問題の概要は以下の通り。

試験時間：120 分。

大問構成：大問 3 題。

解答形式：〔1〕・〔2〕は選択式，〔3〕は 601 字以上 1000 字以内の意見論述。解答用紙の形式は公表されていない。

なお，2024 年度までの「小論文」は大問 1 題，試験時間は 90 分で，601 字以上 1000 字以内の意見論述が出題されていた。

02　出題内容

従来の「小論文」では，2021・2022 年度はグラフを分析したうえで論述する問題，2023・2024 年度は提示されたテーマについて意見を論述する問題が出題されていた。一方，2025 年度から課される「総合問題」のサンプル問題は，〔1〕表の分析，〔2〕複数のグラフ分析，〔3〕テーマ提示型小論文（意見論述）の 3 題の構成であった。〔1〕・〔2〕は資料分析という点では小論文の 2021・2022 年度を踏襲しているが，論述ではなく選択式の設問であり，総合問題タイプの出題になっている。〔3〕は 2023・2024 年度の「小論文」で出題されたテーマ提示型意見論述の形式そのままであり，論述字数も 601 字以上 1000 字以内と同じである。

いずれも，出題内容は学部の性質を反映したスポーツや運動に関するものが主流である。答案作成にあたっては，ただスポーツのことのみを考えるのではなく，社会全体の中でスポーツおよびそれに類するものをいかに位置づけるかなどといった視野からの意見展開が求められている。

なお，サンプル問題の詳しい出題内容は以下の通り。

〔1〕は生活時間の配分や余暇活動に関する問題。資料として表が 1 つ

提示され，必要な項目や数値を選択する問題，表から読み取り・推論可能な命題を選択する問題で構成されている。この大問に関して，大学発表の〔出題意図・ねらい〕では，「データを読み取り，類推する総合的な思考力を評価する」とされている。もちろん解答の際にはそうした「総合的な思考力」以外にも，生活時間に関する常識やスポーツに関する興味・関心が正誤に影響する作問となっており，学校等の通常の学習で得られる学力だけでなく，総合的な学力・思考力が重視されていると考えられる。

〔2〕は運動能力と生活状況に関する問題。資料として表題のついた5つのグラフが提示され，分析に基づく〈正・誤・判別不能〉の判別問題，グラフに関連する文章内の空所補充問題，調査結果を踏まえた判別問題で構成されている。〔出題意図・ねらい〕では，「複数の図表を正確に読み取り，図表から情報を正しく読み取る力及び図表の情報を組み合わせて用いる力を問う」とされている。

〔3〕は経験や勘と科学の関係に関する問題。「経験や勘」と「科学」という，一見相いれないと思えるものの間に関係性を見出し，積極的・発展的な意味づけが行えるかどうかが重視されていると推測される。〔出題意図・ねらい〕では，「スポーツ科学を志す受験生に対し，自身の常識ないし認識を踏まえつつ，スポーツ科学の持つ学際性を理解し，スポーツを取り巻く様々な事象を多面的に捉える論述を通じて，思考力，判断力，表現力を問う」とされている。

03 難易度と時間配分

設問のねらいを的確に見抜いて解答を作成するのは難しい。普段から，スポーツやそれに類する事柄について，さらに，それらを取り巻く社会的環境について関心をもち，また，それらを科学的＝論理的思考で捉える多角的な視点をもつことが重要である。

「総合問題」のサンプル問題では，各大問ともに，難易度自体は標準的であった。ただし，図表の分析や論理的類推に関しては慣れが必要であり，これまで以上に分析や推論に時間を取られる可能性が高いので，そうした点を踏まえたうえで，意識して時間配分をしていく必要がある。

2024年度までの「小論文」では試験時間90分であったが，「総合問題」

のサンプル問題では120分になっている。〔3〕が「小論文」の出題形式そのままだったことから，想定としての時間配分は〔1〕・〔2〕をあわせて30分，〔3〕で90分となるかもしれないが，現実的に考えれば，見直しの時間も含めて〔1〕・〔2〕で50分程度，〔3〕で70分程度を目安として考えるのが妥当だろう。自分の得意・不得意を自覚して，バランスの取れた時間配分を心がけたい。

対策

01 自分に求められている資質を知る

早稲田大学スポーツ科学部の出題においては，〈資質の確認〉という意図・傾向が顕著である。大学のホームページやパンフレットなどで「ディプロマ・ポリシー」「カリキュラム・ポリシー」「アドミッション・ポリシー」などを確認し，その意図を踏まえたうえで記述を行う，といった意識をもって問題に取り組むことが重要である。

02 スポーツに関する視野を広げる

サンプル問題（総合問題）の〔出題意図・ねらい〕を見ると，「総合的」「健康」「生活習慣」「スポーツ科学部にとって基本的な知識」「スポーツという行為への関心」「社会背景への関心」「学際的総合科学」といった言葉が多く用いられている。スポーツに関して，図表分析を含めて科学的に関心をもち，主体的に学びつつ，スポーツを〈健康・体力〉〈生活習慣〉〈社会背景〉〈生活状況〉といったさまざまな側面から総合的・多角的に捉える能力があることを，早稲田大学スポーツ科学部は入学者の条件として重視していることがよくわかる。日頃からこうした点を意識しながらスポーツ活動に従事するとともに，スポーツに関する本を積極的に読んでスポーツに関する視野を広げておくことが重要となる。近年に出版されたもののなかで，ぜひ読んでおくべき本としては，玉木正之『今こそ「スポーツとは何か？」を考えてみよう！』（春陽堂書店），山本敦久『ポスト・スポーツの時代』（岩波書店）などがある。

03 知識を蓄えよう

健康・身体・医療・文化などとスポーツとの関連について考え，意見論述をするためには，スポーツに関連するさまざまな知識を蓄える必要がある。基本的な文献としては「保健体育」の教科書がよい手引きとなる。もちろんスポーツ関連の書籍も参考になる。

そうした基本的な観点以上に，社会的時事的問題とスポーツとの関わりを考えるための知識を身につけることも不可欠である。さらにこれらの事象を科学的＝論理的また数理的に捉える思考も養成しておく必要がある。その意味では，スポーツの諸問題にどういう切り口を見つけ掘り下げるかを教えてくれるような文献に触れておくことも有益だろう。阿部潔『スポーツの魅惑とメディアの誘惑』（世界思想社）のように，実際に社会とスポーツの関係について踏み込んだ考察に触れて知識の活かし方を学ぶこともあっていい。同じような意味で，スポーツ科学部の出題テーマと近しい話題を特集している雑誌『現代スポーツ評論』（創文企画）も挙げられる。スポーツをめぐる論理的かつ社会的視点を学べるだろう。

04 資料分析の訓練を積む

資料から何らかの傾向や問題点を見出すという訓練を日頃から積んでおくことが望ましい。医療・看護系，環境系，教育系などで，図表の分析を要求する小論文または総合問題が出題されている。そうした学部の赤本を使い，標準的なレベルの過去問を解いてみて，解答例や解説を参照しながら自己の分析力や論理的思考力の確認を行うとよい。

05 文章作成力を養成しよう

テーマ提示型の意見論述の出題が継続される可能性は高い。したがって過去問を利用して，長文かつ論理的に破綻のない文章を書く訓練が必要になる。そのような訓練を行う際には，どのようにして書くのかという問題意識をもって臨もう。この姿勢があるからこそ，ある論点を深く掘り下げるために対比する，あるいは分析するという工夫が生まれるのである。同じような話題をただ引き延ばしているだけでは考察は深まらないし，論述も平板になってしまう。小論文を書くためのトピック的な知識はもちろん必要ではあるが，小論文の書き方についても目を配る必要がある。

また，書いた答案はできるかぎり添削してもらう機会をもちたい。ひとりよがりの弊を避け必要な知識を補うためである。話し言葉の癖をそのまま答案に持ち込まないためにも，一度は添削してもらおう。添削された答案は改めて書き直し，表現・内容・構成のブラッシュアップをしておこう。

06 テーマに対する理解を深める

2020年度に〈科学とは疑うこと〉，2023年度に〈退屈の意味〉，2024年度に〈スポーツのない世界〉といったテーマが出題されている。これらはいずれも〈常識的な理解を相対化する／物事の二面性・多面性を総合的に認識する〉という特徴がある。サンプル問題（総合問題）として出題された〈経験や勘と科学の関係〉に関しても，こうした傾向が堅持されていることがわかる。スポーツに限らず，あたりまえのことが実はあたりまえではない，物事には多様な側面・多様なつながり方がある，といったものの見方や考え方を身につけ，それをスポーツに応用して考えるようにしよう。「小論文」の過去問にあたることは，その意味でも有用である。

07 出題パターンの予期せぬ変更に備えよう

サンプル問題はあくまで「サンプル」であって，次年度の問題がサンプル通りに出題されるというわけではない。図表の分析が求められる可能性は高いが，選択式の空所補充や内容真偽のかたちで出題されるとは限らない。記述式で答えを求められる可能性もあるだろう。そうしたさまざまな可能性を検討しつつ，〈もしこの空所補充を記述で求められたら？〉といった想定をもとにして，自分なりに答えを書いてみるといった準備も重要である。

サンプル問題

解答編

スポーツ科学部：一般選抜

解答編

総合問題

1 解答　**問題1.** オ　**問題2.** ウ　**問題3.** エ　**問題4.** イ

解説

《生活時間配分と余暇活動》

社会生活基本調査の結果をもとに，データを読み取り，類推する総合的な思考力を評価する問題である。

問題1. まず，選択肢から，AとCには「仕事」か「睡眠」のどちらかが入る。Cは女性で3時間（＝180分）未満であるので，これが「睡眠」とは考えられず，Aが「睡眠」でCが「仕事」となる。「仕事」に費やす時間はもっと長いという印象があるかもしれないが，調査対象が「日本における15歳以上の人」であり，このなかには学生や退職後の人々も含むことや，表の一番上にある「平日，土曜日を平均した」という条件から，一般的な週休二日のフルタイム労働者の平日の労働時間より短くなるのは当然である。「学業」の時間も短いが，これも学生以外の人々も含んだ平均だからである。

ここで選択肢はエ・オ・カに絞られる。「休養・くつろぎ」と「趣味・娯楽」の区別をつけるのは難しいので，Bより先にDを検討するのがよい。Dには「通勤・通学」か「休養・くつろぎ」が入る。注目すべきは，Dの時間が年々増加傾向にあり，特に2021年の伸びが顕著であることである。2021年は新型コロナウイルス感染症まん延の影響で外出が減少していたため，これが「通勤・通学」であるとは考えられず，Dは「休養・くつろぎ」となる。ここで選択肢はオ・カに絞られる。

最後にBを検討する。Bには「通勤・通学」か「趣味・娯楽」が入る。Bの時間は，男女平均では30分強，男性は40分前後で女性は20分強である。男性の方が女性よりかなり長いが，その差は年々縮まっている(2001年では女性は男性の約半分だったが，2016年では約58%，2021年では約60%になっている)。また，2021年は男女ともに短くなっている。男女差が大きいこと，差は少しずつ縮まっていること，2021年（前述のようにコロナ禍）に短くなったこと，これら3点を考慮に入れると，「通勤・通学」が入ると類推できる。

また，表の項目の並ぶ順序を見てみよう。A（「睡眠」が入る）が一番上で，次が食事であるが，この二つは生きていくうえで必須の項目である。以下，「買い物」までが生活するうえで基本的な項目であり，その下の「移動（通勤・通学を除く）」以下は余暇に行う活動になる。この並びを考えても，「食事」の下でC（「仕事」が入る）と「学業」の上にあるBは「通勤・通学」が入るのが自然である。

問題2． スポーツに関しては，この20年の間，数値が大きく変化するような要因や出来事は想定できない。コロナ禍では，ウォーキングやサイクリングといった，屋外で人が密集せずに行うスポーツは，行動制限があるなかでの運動不足解消のため増えたとも考えられるが，逆に屋内で行うスポーツや，屋外であっても大勢の人が密集・密接して行うスポーツは自粛され減ったと考えられ，差し引きするとそれほどの増減はなかったと類推できる。よって，数値の変動が最も小さいウを正解とする。

問題3． a．2001年から2016年までを見ると，99・100・99・101と，最大でも2分の差しかない。コロナ禍で外食が減ったとしても，食事にかける時間自体にさほど変わりはないと考えられる。したがって，2021年の数値はウ・エの「100」が妥当である。

b．選択肢によれば「22」か「29」が入る。コロナ禍で外出を控える傾向が強かったため，2021年は他の年に比べて移動する時間は減ったと想定できる。よって，イ・エ・オの「22」が妥当である。この時点で正解はエと判断できる。

c．2001年から2016年にかけて減少傾向である点を押さえる。この間に視聴の対象はテレビ・ラジオ・新聞・雑誌からインターネット・YouTube・SNS・スマホゲームへと移行したと想定できる。よって2021

年も，コロナ禍で家にいる時間が増えたとはいえ，その時間はこの項目には使われず，減少傾向は変わらないと類推する。イ・エ・オの「132」が妥当である。

d．交際・付き合いに関しては，コロナ禍で2021年は大きく減少したと想定できるが，選択肢は「10」か「7」しかなく，いずれにせよ2016年の「17」からは減っていて決め手に欠ける。

問題4． 1．男性の「家事」時間の増加は表より確認できる。そして5年ごとの「増加率」に関して，女性は増加ではなく減少していることが表より確認できる（つまり増加率はマイナス＝負の増加率）。ここから「増加率の平均も……男性のほうが大きい」は正しい内容である。

2．男性の「育児」時間がわずかに増加していることは表より確認できる。また，2021年を除けば女性の「育児」時間も減少傾向がみられないことも表より確認できる。そして男性と女性の「育児」時間の推移を比べてみると，圧倒的に女性の時間のほうが多く，差が一番少ない2021年でも男性は女性の3分の1以下である。ここから「男性が大きく貢献しているとは言えない」は正しい内容である。

3．「家事」「育児」「買い物」のいずれの時間の推移を見ても，依然として女性の負担のほうが大きく，「家庭負担の男女差は次回調査において解消する」と断言できるデータは存在しない。よって，正しくない内容である。

4．まず，「すべての行動の時間割合の推移を総合」という作業が具体的にどのような作業を意味するのかが不明であるし，「孤独化」の定義も不明である。たとえば，「交際・付き合い」の時間はたしかに減ってはいるが，その分家族と過ごす時間が増えているのかもしれず，「孤独化」したかどうかは読み取れない。よって，正しくない内容である。

5．「15歳以上」という条件を踏まえて考えれば，高齢者（通常は65歳以上）の人々の生活時間に限定した傾向や推移を，与えられた表から読み取ることは不可能である。よって，正しい内容である。

　したがって，正解は「1，2，5」とするイとなる。

2 — 解答

問題1． **ア**—×　**イ**—△　**ウ**—×　**エ**—△　**オ**—×

問題2． (A)—3　(B)—2　(C)—4

問題３． イ

問題４． イ・オ・コ

解説

《体力・運動能力と生活状況》

　複数の図表を正確に読み取る力や，図表の情報を組み合わせて用いる力を問う問題である。

問題１．ア．［朝食の摂取状況の経年変化］を見ると，「毎日食べる」以外の回答をした生徒の割合は，平成24年度を境にして男女ともに増加傾向にあることがわかる。よって×。

イ． 睡眠時間の経年変化を確認できる図は存在しない。よって△。

ウ．［学習以外のスクリーンタイムの経年変化］の図を見ると，平成29年度以降３時間以上の層が男女とも増加していることが確認できる。一方「１時間未満の割合の減少幅」については，図の「１時間未満」の領域を見ると，減少し続けてはいるが，「減少幅が大きくなっている」とはいえないことが一見してわかる。よって×だが，減少幅を細かく見てみると，男子では14.1%→（2.1減で）12.0%→（2.5減で）9.5%→（1.0減で）8.5%→（２年で2.2減，１年換算なら1.1減で）6.3%→（0.8減で）5.5%，女子では17.1%→（2.6減で）14.5%→（1.6減で）12.9%→（1.3減で）11.6%→（２年で3.1減，１年換算なら1.55減で）8.5%→（1.1減で）7.4%となり，大きくなっているとはいえない。さらに，念のため，設問文の「減少幅」が〈前回に比べてどの程度減ったか〉を意味する場合にそなえて，減少率を計算してみる。たとえば，14.1から2.1減った場合は$\frac{2.1}{14.1}\times 100$で約15%減となる。男子では約15%減→約21%減→約11%減→約26%（１年あたり約13%）減→約13%減，女子では約15%減→約11%減→約10%減→約27%（１年あたり約13%）減→約13%減となり，こちらでも大きくなっているとはいえない。

エ．［体力合計点の経年変化］と［学習以外のスクリーンタイムの経年変化］の図は別個の図であって，スクリーンタイムのグループ別の体力合計点はわからない。よって△。

オ．［肥満・痩身別にみた体力の総合評価の割合］の図を見ると，肥満・痩身の生徒は普通の生徒と比べて総合評価のＤ・Ｅ群の割合が高く，Ａ・

B群の割合が低いことがわかる。よって×。

問題２．(A)　［体力合計点の経年変化］の図を見ると，令和３年度は令和元年度より低下，令和４年度は令和３年度より低下となっているので，この情報を，空欄を含めた文脈に当てはめると３．「低下」が正解。

(B)　(A)に「低下」を入れた結果，(B)の前は体力の低下傾向を述べた内容となる。体力の低下傾向を受けて，「(　B　)に向けた取組の強化が求められる」のだから，２．「体力向上」が正解。

(C)　リード文に「体力・運動能力と生活状況等の調査結果」とある。「体力・運動能力」と「生活状況」が関連付けられており，「生活状況」は，具体的には「スクリーンタイム」「朝食の摂取状況」である。よって，これらの「生活状況」を示す４．「生活習慣」が正解。

問題３．空欄の前段落の文章からキーワードを拾ってみると，「保健体育の授業が楽しくなるためには」「楽しさを感じる経験」「保健体育の授業が楽しい」「運動が好き」「卒業後も運動したい」などが確認できる。これらは，①体育（運動）の楽しさ，②卒業後も含めた継続的な運動，の２つの要素に分類できる。そして①がイの「運動やスポーツを楽しめる」，②がイの「豊かなスポーツライフ」にそれぞれ対応している。よって，イが正解。

問題４．「大問２の各図に示された調査結果をふまえ」とあることから，各図で示されていない項目を挙げているア・ウ・エ・カ（肥満傾向児についての図はあるが，「痩せの増加」についての図はない）・キ・ク・ケは不適切。よって，正解は各図で示されているイ・オ・コである。いずれも，「平成30年以降の体力合計点の経年変化」=〈低下傾向〉の要因として考えられる項目である。念のため，図だけでなく問題２の文章まで広げて見てみても，睡眠時間（ア・ウ），オリンピック・パラリンピック（エ），痩せの増加（カ）については述べられていない。新型コロナウイルスについての言及はあるが，「感染者の増加」（キ）ではなく，「感染症まん延の影響」（=感染したかどうかにかかわらず，行動制限の影響を受けたこと）であるからキも述べられていない。「運動が好き」な者（ク）の絶対数もわからない。ケについては，「１週間の総運動時間が420分以上の生徒の割合」が増加している，と問題２の文で述べられており，これが「運動習慣の確立」とも解釈できるが，「運動習慣の確立」が要因ならば体力合計点は増加するはずであるので，ケも〈低下傾向〉の「要因」としては考えられない。

3　解答例

経験や勘は科学ではないのだろうか？　この問いに対して私は「科学ではないとも言えるし，科学であるとも言える」と答える。より厳密には「経験や勘を科学にできるかどうかは私たちの考え方次第である」というのがこの問いに対する答えだと私は考える。

科学が成立するために必要な条件として，私は普遍性，法則性，再現可能性の３つを挙げる。いつどこでも通用し，数式のような形で法則化でき，何回やっても同じ結果が出る。これらの条件により客観性が担保されたものが科学である。一方，経験や勘はどうだろうか。経験や勘は特定の個人に属する固有のものであり，他人が全く同じ仕方で共有するのは不可能である。また説明困難なことや法則化しづらい内容が重視されるので再現可能性が低く，人や条件によって結果が異なる。このように普遍性，法則性，再現可能性に乏しい経験や勘は科学と相いれない関係にあり，共有できる要素はないように見える。

しかし，そうした経験や勘を「科学的視点」で捉え直すことで科学の領域に取り込むことは可能である。経験や勘を語る個々人の声に耳を傾け，そこに共通性を見いだせれば，経験の集積は科学の一部となり得る。勘として語られる事柄を既存の科学的知見に重ね合わせ，隠れた法則性を掘り当てられれば，勘と呼ばれる事柄の集積を科学として扱うことも可能である。経験や勘を科学に生かすために大切なことは，先入観にとらわれずに対象を多面的に捉えられるかどうかであると私は考える。

もともと経験や勘には普遍化や法則化の萌芽がある。人が経験や勘という言葉を用いて何かを語るのは，自己の体験の「法則化」であり，そこには経験や勘を異なる状況下でも同様に働かせたいという思いがある。その試みは科学の営みと変わらない。個人のレベルではうまく説明できないものや厳密に法則化しづらいものに学問としての科学が光を当て，その仕組みを学問の言葉で説明し直し，学問的なレベルで法則化できれば，経験や勘の価値も向上するし科学の中身も豊かになるはずである。

経験や勘を「経験的科学」として捉え直すことができるのが，「学問的科学」の強みであると私は思う。既存の科学の枠に閉じこもらず，経験や勘の持つ意味を大事にし，そこから得たものを再び広く人々に還元しようとする心構えが，これから科学を学ぶ人には求められるだろう。もちろん私も例外ではない。(601 字以上 1000 字以内)

解説

《経験や勘と科学の関係》

スポーツ科学の学際性を理解し，対象を多面的な視野で捉える論述を通して，思考力・判断力・表現力を問う問題である。

まず，ものごとを多面的視野で捉えることが大事である。「経験や勘は科学ではないのだろうか？」という問いは，「経験や勘は科学か？」という問いとは〈問い方〉が少し異なる。「経験や勘は科学か？」と問われる場合，通常は「科学だ」「科学ではない」という選択を行い，その理由・根拠を考える，という順番で思考が進んでいく。しかし「経験や勘は科学ではないのだろうか？」という問いの中には〈経験や勘は科学ではないと思われているが，本当は科学なのではないか？〉という隠れたメッセージが含まれていると理解できる。つまり，求められているのは，経験や勘の持つ〈非科学／科学〉という二面性を明らかにした上で「科学」として捉え直す，ということなのだと考えられる。

では，どうすれば経験や勘を「科学」として捉え直すことができるのだろうか。そのためには以下の３点を確認する必要がある。

①科学とは何か？　科学の条件とは何か？
②経験や勘はどういう意味で「科学」ではないのか？
③経験や勘はどういう意味で「科学」と言えるのか？

科学の条件を決めなければ，そもそも経験や勘が「科学」であるかどうかを判別することはできない。そのためにまず科学の持っている条件を考える必要がある。次にその条件を踏まえて，経験や勘がどういう点で科学の条件を満たしていないかを考える必要がある。そして最後に，経験や勘がどういう意味で科学の条件を満たしていると言えるかを考えるのである。

このようにして，科学の条件を基準にして経験や勘を多面的視野で捉えることが可能になる。ものごとを多面的視野で捉えることは，今回の論文テーマに限らず，どのような対象を捉える際にも重要である。

次に，「なぜこれが問われているのか？」を考えるのも重要である。小論文の目的の１つに〈資質を問う〉ということがある。採点者は小論文を通して受験生の資質を確認し，この学部にふさわしい人材かどうかを判定する。論文のテーマが一見自分の学部とは無関係なものに見えても，その背後にはこうした目的があり，書かれた論文には受験生の資質が多かれ少なかれ反映するようになっている。

サンプル問題の「出題意図・ねらい」には，以下のような記述がある。

「スポーツ科学は……異種の基礎科学を融合させて新たな実践科学的側面を創出する『学際的総合科学』という特性を持つ……。大問３は，スポーツ科学を志す受験生に対し，自身の常識ないし認識を踏まえつつ，スポーツ科学の持つ学際性を理解し，スポーツを取り巻く様々な事象を多面的に捉える論述を通じて，思考力，判断力，表現力を問う」（※下線は解説執筆者による）

このように，対象を多面的に捉え，いろいろなものを融合させて，新しい科学のあり方を創出できるような人材を大学の側が求めており，そうした目的を反映した設問を作ったことが，この記述から理解できる。

したがって大事なのは，スポーツ科学部を目指す受験生（あなた）がどういう資質を持つべきなのかを日頃から考えておく，ということなのである。実際にスポーツ科学の分野で行われていることを見聞きしたり，大学のパンフレットや文献などを調べたりすることは，必要な資質が何であるのかを理解するために大いに役立つ。

最後に書き方について述べる。先述したように，今回のテーマについて論理的に「論」を組み立てるためには

①科学とは何か？　科学の条件とは何か？

②経験や勘はどういう意味で「科学」ではないのか？

③経験や勘はどういう意味で「科学」と言えるのか？

をはっきりさせる必要がある。一般的に「科学」の成立条件として考えられているものに〈普遍性，法則性，再現可能性〉の３つがある（他にも「合理性」「論理性」などが考えられる）。一方，「経験や勘」は通常，そうした条件を持っていないと考えられている。そして実際の，スポーツ科学が扱う対象である「スポーツ」には「経験や勘」の果たす役割が大きい。トレーナー，選手，コーチ，監督などが「経験や勘」に基づいて発する言葉には非合理的・非科学的に見える側面が多くある。こうした「自身の常

識ないし認識を踏まえ」て，①と②の記述を行うことで「科学」と「経験や勘」の相違点を明確にするのが第1の作業となる。

次に，「経験や勘」に対して①で提示した条件を当てはめることが可能かどうかを考える。そしてそこに普遍化・法則化という論理的過程を見出すことで③を提示し，「科学」と「経験や勘」の共通点を明確にするのが第2の作業となる。

そして結論として，「スポーツ科学」という分野が異種の基礎科学を融合させて新たな実践科学的側面を創出する「学際的総合科学」であることを踏まえ，「経験や勘」を「科学」と結び付ける発想こそが，大学から自分に求められていることなのだ，と理解した上で，科学を学ぶ者（自分を含む）が持つべき「心構え」について言及するのが第3の作業となる。〔解答例〕はこうした点を踏まえて記述を行った。

講評

2025年度一般選抜の個別試験（総合問題）のイメージとして，大学が作成したサンプル問題である。

1 は生活時間・余暇時間の経年変化の表をさまざまな観点から分析し，類推する問題。与えられた表の情報と生活時間に関する常識を重ね合わせて，妥当な推論を行えるかどうかがポイント。各設問とも決して難しいわけではないが，複数の情報を考慮に入れて分析する必要があり，慣れていないと困惑する可能性がある。

2 は複数の図に関して，各図の特徴の把握と複数の図の関係の把握，図に関連する文についての内容類推，そしてこれらの図から読み取れるテーマに関する要因の把握など，さまざまな観点から分析・類推を要求する問題。〈図〉〈図と図〉〈図と文〉〈テーマと要因〉といった形で与えられた資料を存分に活用して受験生の総合的・論理的思考の確認を行おうとする問題作成者の意図を十分に感じるものであった。設問に関しても，問題1のように「図からはわからないもの」という選択肢を用意し，単なる正誤にとどまらない思考の柔軟性を求めるものがあった。

3 はテーマ提示型の小論文であった。内容は〈経験や勘と科学の関係〉を問うものであり，スポーツ科学部が求める〈学際性の理解〉，〈様々な事象を多面的に捉える能力〉，〈思考力・判断力・表現力〉といった資質の確認を行うのにふさわしい出題であった。スポーツには個人の経験や勘が占める割合が多くあり，そうしたものを〈科学〉から切り離して〈科学研究〉を行っても，スポーツ科学自体は痩せ細るばかりであるし，スポーツの実践的な側面に還元できるものも少ない。これまで科学とは相いれないと思っていたさまざまな事象を科学的に捉え直してみたり，関係性が薄いと思っていた他の科学分野の考えを積極的に取り入れたりすることによって，スポーツ科学をより実り多いものにすることができる。大学はそれを可能にする人材を欲しがっているのだ，という意識を持ってスポーツ科学のあり方を考えることが適切な記述を行う手がかりになる。

2024年度

解答編

人間科学部：一般選抜（文系方式・理系方式）

解答編

英語

I 解答

(i) 1 —(C)　2 —(D)　3 —(D)　4 —(D)
(ii) 5 —(D)　6 —(A)　7 —(D)
(iii) 8 —(D)　9 —(D)　10—(A)
(iv) 11—(D)　12—(C)　13—(A)
(v) 14—(D)　15—(A)　16—(C)
(vi) 17—(A)　18—(C)　19—(C)
(vii) 20—(D)　21—(D)　22—(D)
(viii) 23—(B)　24—(C)　25—(D)

全訳

(i) **《空飛ぶサンショウウオ》**

1　ほとんどのサンショウウオは小川の中や岩や丸太の下に棲んでいるが，ワンダリングサラマンダー（*Aneides vagrans*）は空を高く飛んで生活する。この体長 13 センチメートルの両生類は，生涯の多くの時間，またはすべての時間を，世界で最も高い木の一つである海岸沿いのセコイアの木の森で過ごす。今では実験室での研究によって，ワンダリングサラマンダーがスカイダイバーのように手足を広げることによって落下を遅らせて，ジャンプして降りていくことが判明している。

2　ワンダリングサラマンダーの空中での能力を調べるために，研究者たちは，登る能力が異なる他の 3 種に加えて数匹のワンダリングサラマンダーを研究室に持ち込んだ。彼らは，それらの動物を風洞に入れ，ファンを上向きに吹き付けて，落下する様子を再現した。ワンダリングサラマンダーと，その親戚にあたる樹上サンショウウオ（*A. lugubris*）はどちらも，

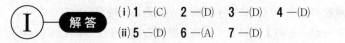

自由落下時のスカイダイバーのようにたびたび手足を広げて抗力を最大にした。これによって，彼らの降下が最大で10％も遅くなったと，研究者たちは現在カレントバイオロジー誌で報告している。そうしたサンショウウオたちは滑空し，脚と尾を小刻みに動かすことによって，さまざまな方向に向きを変えることもあった。対照的に，登る能力は知られていないスペックルドブラックサンショウウオ（*A. flavipunctatus*）と，地上に生息するモントレーエンサティーナ（*Ensatina eschscholtzii*）は時には何とか滑空することもあったが，あまり制御はできていなかった。

[3] スカイダイビングは，捕食者を避ける効果的な方法にもなりうる。また，木を下向きに移動する効率的な方法であるかもしれない。研究者たちは現在，皮膚の飛膜のような飛行に対する明らかな適応を持たないワンダリングサラマンダーが，どのようにして滑空を助ける揚力を生み出しているのかということを突き止めるために，コンピュータモデルを使って飛行行動を研究している。

(ii) **《加齢に伴う味覚の変化》**

[1] 科学者たちは，赤ん坊や幼児が甘い味を強く好むということを発見した。この好みは，かつては進化上の利点であった。果物や蜂蜜から得られる糖は，複合炭水化物の素早い供給源であった。そして，甘く熟した果物はより多くの栄養価を人に与えた。

[2] 思春期後期には，甘い食べ物への好みが減退する。そして，10代の後半，20代前半の人々は，自分が甘い風船ガムや甘いイチゴドロップにもはや関心がないことに気づく。しかし，私たちは年を取るにつれて，食料品のプロフィールに依存しなくなっていく。記憶と知覚によって，私たちは新しい食べ物を試し，それが好きになることさえある。「私たちが成長し，さまざまな味に触れるときに，多くの学習が行われている。私たちはさまざまな味をさまざまな結果に関連付ける」と，フィラデルフィアのモネル化学感覚センターのナンシー＝E.ローソンは述べている。たとえば，ある人は苦い味が害ではなく，芽キャベツはベーコンドレッシングで和えると本当においしいと学ぶかもしれない。このことが，さらに苦い味を試すきっかけになるかもしれない。逆に，油っぽいタキートを食べた後に気分が悪くなると，将来そのような食べ物を避けるようになるかもしれない。

この進化する味覚によって，特定の食品が手に入らなかったり，新しい食品が導入されたりするといった環境の変化に人は適応できるようになると，ローソンは述べている。「私たちの感覚は卓越したものだ。生涯を通じて常に変化している」とローソンは言う。「これによって，システムが環境に反応し，適切な種類の行動を刺激できるようになる」

3　加齢に伴って皮膚細胞の健全な補充がなされなくなるのと同様に，味覚細胞も加齢に伴って減少すると，ローソンは述べている。女性の場合，40歳を過ぎると味覚細胞の機能が衰退し，数が減少し始める。男性の場合，その変化は50代から始まる。加齢とともに，嗅覚も次第に低下していく。味の感覚の多くは香りから来るもので，この感覚を失うと人の喜びが減少する可能性がある。しかし，こうした変化は徐々に進行するもので，重大なものではない。ローソンは，人は年を取っても適応し，食べ物を味わって食べることを楽しむことができると述べている。問題は，特定の薬が味覚細胞を妨害する場合である。

(iii)　**《節水と再生可能エネルギーの創出を同時に行う方法》**

著作権の都合上，省略。

著作権の都合上，省略。

(iv) **《歌声だけに反応するニューロンの発見》**

① マサチューセッツ工科大学の研究者らは，脳の聴覚皮質に位置するある特定の一連のニューロンが，歌には反応するが話し声や器楽のような他の音には反応しないことを発見した。研究共著者のサム＝ノーマン・エニュレ（元 MIT の研究者で，今ではロチェスター大学医療センターで神経科学の教授）は，「この研究によって，脳内では器楽と声楽の間に区別があることを示している」と，『ニュー・サイエンティスト』誌のジェイソン＝アルン・ムルゲスに語った。

② 研究チームは，脳の表面に直接電極を配置して脳の活動を記録するプロセスである皮質脳波検査法（ECoG）として知られる技術を用いて音に対する神経反応を測定した。MIT の発表によると，皮質脳波検査法は，その侵襲性を理由として通常は人間には行われないが，発作を治療するために手術を控えているてんかん患者を監視するために使われる。患者はすでに監視されていても，研究に参加するかどうかを，強制されるわけではなく，選択することができる。

[3]　研究者たちは，トイレの水洗音，車の騒音，器楽，話し声，そして歌声を含む165種類の異なる音に対する15人の参加者の反応を検査した。『ニュー・サイエンティスト』誌によると，一部のニューロンは，器楽や話し声にもわずかには反応したが，ほとんど歌声だけに反応した。その研究は今週の『カレントバイオロジー』誌に掲載された。

[4]「歌声はほとんどすべての人間が生まれつき持っている唯一の楽器なので，私たちと人間の歌との関係は他の種類の音楽とはかなり異なるものだと思うのかもしれない」と，ユニバーシティ・カレッジ・ロンドンの認知神経科学教授であるソフィー＝スコットが，その研究には参加はしていないものの，『ガーディアン』紙のニコラ＝デービスに語っている。

[5]　発表によると，研究者たちは，各電極が記録したデータを生成した神経細胞集団の種類を推測することを可能にする新たな統計手法を開発した。「この手法を一連のデータに適用したときに，歌だけに反応する神経の反応パターンが浮かび上がった」と，この研究の筆頭著者であるノーマン・エニュレが声明の中で述べている。「これは本当に予期していなかった発見だったので，探そうとは思っていない潜在的に真新しいものを明らかにするという，まさにこの手法の目的を大いに正当化するものである」

(v) **《電解質を取り入れた水分補給の重要性》**

著作権の都合上，省略。

著作権の都合上，省略。

(vi)　《食習慣を変えると寿命が延びる》

1　新しく発表された研究によると，食べるものを変えることによって，特に若いうちにそれを始めれば，寿命が最長で13年延びる可能性があるということだ。この研究によって，赤身の肉，加工食品を中心とした「典型的な西洋の食事」を，赤身肉や加工肉を減らしてより多くの果物や野菜，豆類，全粒穀物，ナッツ類などを食べることに重点を置いた「最適化された食事」に置き換えた場合，男性または女性の寿命に起こりうることのモデルが作り出された。

2　火曜日に学術誌『プロス・メディシン』に掲載された研究結果によると，女性が20歳で最適な食事を始めれば，寿命が10年強延びる可能性があるという。20歳からより健康的な食事をとり始めた男性は，寿命が13年延びる可能性がある。より健康的な食習慣を重視すれば，高齢の大人の寿命でさえ延びる可能性があると，研究で述べられた。60歳で始めても，女性の寿命が8年延びる可能性がある。60歳でより健康的な食習慣を始めた男性であれば，寿命が9年近く延びるかもしれない。植物ベースの食生活は80歳の人であっても恩恵をもたらす可能性があると，研究で述べられており，男性も女性も食事の変更により約3.5年間寿命が延びる可能性があるとのことだ。「食事の質を改良することによって慢性的な病気や早死にのリスクが減るという考えは以前から確立されており，慢性疾患と早死にが減れば余命が延びるのは完全に筋が通っている」と，この研究には参加していないが，予防医学，ライフスタイル医学，栄養学の専門家であるデービッド＝カッツ博士は述べた。

3　カッツは，根拠に基づいたライフスタイル医学を専門とする世界的な専門家連合であるTrue Health Initiativeという非営利団体の創設者かつ会長である。「彼らが『最適な』食事だと定義しているものは完全に最適というわけではなく，単に『典型的な』ものよりもはるかによいというだけだ」とカッツは言った。食習慣は「さらに改善され，さらに大きな利点をもたらす」可能性があると感じているとカッツは付け加えた。「私の印象では，彼らの『かなり改善された』食習慣でも，かなりの量の肉と乳製品を摂取してしまっている」とカッツは述べた。

(vii)　**《パイロットは飛行の安全性を高めるために世界共通言語を使用する》**

1　パイロットと航空管制官の間の誤解は大惨事を招きかねないので，共通言語の形成により，飛行がはるかに安全になった。あなたが米国の空港から海外の目的地へと向かう飛行機を利用する場合，それがパリであれ，ボゴタであれ，北京であれ，その飛行機のパイロットが目的地の国の地上の管制官と話している言語は同じであり，それが英語であると知れば驚くかもしれない。しかし，それは乗客であるあなたにはあまりわかるタイプの英語ではない。「中央管制室，パパ，ノーベンバー，ツリー・ナイナー・ファイフ，アット，ツリー・ツリー・ゼロ」というように数字，頭字語，難解な用語が満載である。その理由は，2003年に国際民間航空機関によって採用された一連の基準と推奨慣行によると，国際線のパイロットとその路線の航空管制官は，無線で通信するときに，航空英語として知られる専門的な言語を話すことが求められているということだ。

2　ウェスタン・シドニー大学の言語学者であり，『航空英語：パイロットと航空管制官のための共通言語』の共同著者の一人であるドミニク＝エスティバルによると，パイロットの伝達の方法は，1900年代初頭に初めて無線機を使い始めて以来進化してきたという。初めは，彼らはモールス信号の一種の簡易版であるQ符号を用いていたが，最終的には文字を打つのではなく，文字を話すようになった。二つの世界大戦の間に，パイロットは，誰かが文字を聞き間違えないように，各文字に暗号語が割り当てられた国際電気電信連合の表音文字――たとえば「アルファ」がA，「ブラボー」がBを表す――を使用し始めた。

③ 航空英語は，ほとんどの人が話すような言語ほど多くの単語や語句は全く持ち合わせていないが，いくつかの点で，はるかに複雑で微妙なニュアンスを持つ。パイロットと管制官の間の誤解は大惨事を招きかねないので，航空英語は標準的な語法に依存している。エスティバルは，これを「可能な限り使用されるべき，規定されたかなり制約のある一連の語句」だと，メールの文章の中で定義している。2014年のAerosavvy.comの記事の説明で，数字の発音であっても，最適な明瞭さのために正確な基準に従うべきであり，たとえば数字の4は「FOW-er」と発音され，3は「h」なしで「tree」となる。

出典追記：'Tree-niner-fife': The Global Language of Pilots, HowStuffWorks by Patrick J. Kiger

(viii) 《文字の発明の歴史》

① 「百聞は一見に如かず」というフレーズの起源については少し議論の余地がある。それは古代中国の哲学者である孔子によって作られた格言だと信じる人もいれば，20世紀の変わり目に広告業界によって作り出された最近の言い回しだという人もいる。しかし，その起源が何であれ，このフレーズには疑問が生じる。もし芸術が言葉以上のものを表現できるのであれば，なぜアルファベットが発明されたのだろうか。そして，その問いに対する答えはいまだに少し頭を悩ませる難題である。

② 文字は人間の歴史上比較的最近の発明であり，わずか約5,000年前に発展した。それまでの何万年もの間，歴史はたいてい口頭で伝承されてきた。「文字の創造は人類に歴史を与えた出来事である」と，リディア＝ウィルソンはBBCの新しいドキュメンタリー『文字の隠された歴史』で述べている。ウィルソンは，ケンブリッジ大学コンピュータ研究所の研究員で，ニューヨーク市立大学のラルフ・バンチ国際問題研究所の客員教授である。「私たちの祖先が，耳ではなく目のために何かを書き始めたきっかけは何

だったのだろうか」と彼女は問う。

3　考古学者は，アルファベットが発明される前は，「書かれた」コミュニケーションは象形文字として知られる絵の形で行われていたことを私たちに教えてくれた。これらは紀元前 3100 年頃に，歴史を理解する方法としてではなく，都市国家の台頭時における商取引を文字で記録するための方法として誕生したと考えられている。学者は「文明の発祥地」と考えられているメソポタミアが，文字を含む多くの歴史を変える発明や概念の発祥の地であると考えている。

4　しかし，象形文字は読むには複雑で，ほんの一部の筆記者たちだけが特定の文字を表す何千もの表現を解読できたと考えられている。厳密な時期と方法は明らかではないが，研究者が言うには，紀元前 2000 年頃のある時期――紀元前 1900 年から 1700 年の間――に，より多くの人々の読み書きを可能にしたアルファベット体系が開発されたということだ。

5　「誰かがこの件に関して，他の人が認識できるものを表す絵を描くこともできるが，それと同時に，そうした記号をその見た目を表す〈音〉のためだけに使い，音が描き出されて，絵から切り離すことができると思いついたときに，大きな飛躍が見られたのだ」と，大英博物館のアーヴィング＝フィンケルはドキュメンタリーの中で述べている。「そして，この大きな飛躍はかなり単純で，子どもでも思いつきそうな出来事であったが，それでも永続的で大きな重要性を持っているのだ」

解説

(i) **1.**「なぜワンダリングサラマンダーは落下している間，手足を広げるのか？」

(C)「降下の速度を遅らせる」が正解。

第 1 段最終文（Now, a …）に「手足を広げることによって落下を遅らせて，ジャンプして降りていく」とあり，第 2 段第 3・4 文（Both the … Current Biology.）でワンダリングサラマンダーの飛行の様子について「自由落下時のスカイダイバーのようにたびたび手足を広げて抗力を最大にした。これによって，彼らの降下が最大で 10％も遅くなった」と述べられている。つまり「手足を広げることによって降下の速度が遅くなった」ということなので，この内容に合う(C)が正解。(A)「捕食者を避ける」は，第 3 段第 1 文（Skydiving could be …）に「スカイダイビングは，捕食者を避ける効果的な方法にもなりうる」とあるが，本文では可能性について言及しているだけで理由としては書かれていないので不適。(B)の「より速く降りる」は本文で「速く」ではなく「遅く」とあるので不正解。(D)「上記すべて」は，(A)と(B)が不適なので不正解。

2.「どのようにして一部のサンショウウオは落下している間に方向を変えるのか？」

(D)「小刻みに動く」が正解。

第2段第5文（Other times, …）に「そうしたサンショウウオたちは滑空し，脚と尾を小刻みに動かすことによって，さまざまな方向に向きを変えることもあった」とあるので，本問で問われている「方向を変える方法」とは「脚と尾を小刻みに動かすこと」であり，この言い換えとなる(D)が正しい。第2段第3文（Both the …）に，サンショウウオが「手足を広げて」空中を降下すると書かれているが「手足を曲げて」とは書かれていないので，(A)の「（手足などを）曲げる」は不適。(B)「横断する」はどこにも書かれていないので不適。(C)「手足をいっぱいに伸ばす」については「方向を変える」方法としては述べられていないので不適。

3.「以下のうち，サンショウウオの能力を最も正確に説明しているものはどれか？」

(D)「ワンダリングサラマンダーと樹上サンショウウオは似たような空中での能力を持つ」が正解。

第2段第3文（Both the …）に，「ワンダリングサラマンダーと，その親戚にあたる樹上サンショウウオはどちらも，自由落下時のスカイダイバーのようにたびたび手足を広げて抗力を最大にした」とあり，この空中での能力の共通点が述べられていることから考える。(A)「樹上サンショウウオはモントレーエンサティーナよりも速く降下することができる」については，同段に，前者は降下時に手足を広げて降下を遅らせると述べられているが，後者に関してはそのような記述がないので，前者の方が降下は遅いと推測できることから，不適である。(B)「モントレーエンサティーナは，スペックルドブラックサンショウウオほど落下を制御できない」については，同段最終文（In contrast, …）に両者がともに落下を制御できないことが書かれているので不適。同文の at best は「せいぜい」という意味で，否定的なニュアンスで用いられる点に注意しよう。(C)「スペックルドブラックサンショウウオは，モントレーエンサティーナよりも速く木を降りる」については，両者のどちらが木を速く降りるか，について書かれていないので不適。

4.「ワンダリングサラマンダーはどのようにしてその名前が付けられたか？」

(D)「十分な情報が与えられていない」が正解。

同動物に関する名前のルーツはどこにも書かれていない。他の選択肢はそれぞれ，(A)「捕食者を避ける能力」，(B)「スカイダイバーのように手足を広げること」，(C)「登る能力」という意味。

(ii) **5.**「甘い食べ物は幼い子どもにどのように利益をもたらした可能性があるか？」

(D)「上記すべて」が正解。

第1段の内容は，子どもは自らが好む糖を多く含む食べ物を複合炭水化物の供給源とし，それが栄養価をもたらすということなので，(A)「複合炭水化物」と(C)「栄養価」は正しい。また，「この好みが進化上の利点であった」と述べられていることから(B)「進化上の利点」も正しい。

6.「第2段の（　A　）とマークされた空所に入れるのに最適な単語を選べ」

(A)「減少する」が正解。

「思春期後期には，甘い食べ物への好みが（　　）」の空所補充。直後に「10代の後半，20代前半の人々は，自分が甘い風船ガムや甘いイチゴドロップにもはや関心がないことに気づく」とあることから，甘い食べ物を好まなくなっていくことがわかる。よって，(B)「増加する」，(C)「ピークに達する」，(D)「上記のいずれでもない」ではなく，(A)が正しい。

7.「私たちの味覚の好みは年を取るにつれてどのように変わる可能性があるか？」

(D)「上記すべて」が正解。

第2段第5・6文（“As we grow … in Philadelphia.）に「私たちが成長し，さまざまな味に触れるときに，多くの学習が行われている。私たちはさまざまな味をさまざまな結果に関連付ける」とあり，この内容と一致する(A)「味をその結果と関連付ける」は正しい。同段第7文（A person, …）に「苦い味が害ではない…と学ぶかもしれない」とあるが，これは(B)

「苦みに対する耐性の増加」と(C)「特定の食べ物が有害ではないと学ぶ」の内容に一致する。

(iii) **8.**「以下のうち，TIDプロジェクトの正確な説明ではないものはどれか？」

(D)「上記のいずれでもない」が正解。

TIDの大きな特徴は，開放型用水路に太陽光パネルでふたをするということ。これに関して，第1段第1文にfirst-of-its-kindとあるので，(C)「この種類としては初めて」は正しい。同段第2文（Turlock Irrigation …）にfirst-in-the-nationとあるので，(A)「国内初」も正しい。第4段第3文（But constructing …）に「用水路の保護対策として太陽光パネルを建設することは新しいアイデアだ」とあることから(B)「世界初」も正しい。

9.「この提案されたプロジェクトのユニークな点は何か？」

(D)「運河を保護するために太陽光パネルを利用する」が正解。

設問文のuniqueは「他には見られない」ということ。第4段第3文（But constructing …）の… is a new ideaのnew「新しい」は「これまでになかった」という意味でuniqueと同義語であり，同文の主部である「用水路の保護対策として太陽光パネルを建設すること」が該当箇所。この内容と一致するのが(D)である。(A)「いくつかの深刻な水利用問題を解決すること」は，同段第4文（It won't …）に「西部の深刻な水利用問題…を解決するものではない」と書かれているので不適。(B)「太陽電池アレイの周囲の空間を最大限に生かす」は，同段第1文（Figuring out …）に「全く新しいことではない」こととして書かれているので不適。(C)「気候変動の脅威を解決する」は，同段第4文（It won't …）に「気候変動が水の供給にもたらすますます増加する脅威を解決するものではない」と書かれているので不適。

10.「水と太陽光パネルという二つの要素がどのように連携するかを説明していないものは，以下のうちどれか？」

(A)「パネルが水の汚染を防ぐ」が正解。

「汚染」に関する内容はどこにも書かれていないので，(A)が正解である。第2段最終文（And these …）に，開放型の（屋根がついていない）運河の欠陥として「水の一部が蒸発する」とあり，直後の第3段第1文（Covering all …）に，運河を太陽光パネルで覆うことによって節水できる，ということが書かれていることから，ここでいう節水とは蒸発を防ぐことだとわかる。よって，(B)「太陽光パネルによって蒸発が減る」は本文の内容と一致する。第３段最終文（The water's …）に，「太陽光パネルは非常に暑い日には若干効率が低下するので，水の冷却効果によって太陽光パネルがより効果的に作動するのに役立つ可能性がある」とあり，(C)「水路は太陽光パネルの冷却に役立つ」も本文の内容と一致する。(D)は「上記のいずれでもない」という意味。

(iv) 11.「文脈によると，第２段の（　A　）と記された空所に入る最も適切な語は以下のうちどれか？」

(D)「上記すべて」が正解。

該当箇所は「患者はすでに監視されていても，研究に参加するかどうかを，強制されるわけではなく，（　A　）することができる」という文脈で，「強制される」と対照的な意味のものが入ると推測しよう。(A)「同意する」，(B)「選ぶ」，(C)「選ぶ」はいずれもその条件に合う。

12.「なぜ ECoG プロセスは人にはほとんど使われないのか？」

(C)「脳手術を必要とする」が正解。

第２段第２文（Electrocorticography is …）に，ECoG プロセスが使われない理由として「皮質脳波検査法は，その侵襲性を理由として通常は人間には行われない」とある。invasiveness「侵襲性」のままでは理解しにくいが，その形容詞形 invasive は「(治療などが）患部の切開を伴う」という意味なので，because of its invasiveness の品詞を転換して言い換えて because it is invasive「それ（＝皮質脳波検査法）は患部の切開を伴う」と考えるとわかりやすい。また，第２段第１文（The research …）で「脳の表面に直接電極を配置して脳の活動を記録するプロセス」と説明されていることからも推測することができる。つまりは「手術が必要」ということなので，(C)が正解。(A)「てんかんの発作を引き起こす可能性がある」は ECoG プロセスが使われない理由としては述べられていない。(B)「実行するのに多額の費用がかかる」は記述なし。(D)は「上記のいずれでもない」という意味。

13.「この文章の要旨は何か？」

(A)「脳の一部が歌声によって活性化される」が正解。

この文章では，第１段で「歌声だけに反応するニューロンの発見」について書かれており，第2～5段はその発見に至る実験の方法，結果，分析が書かれているので，第1段の内容が全体の要旨といえる。(B)「研究者はある脳機能が例外であると知る」，(C)「科学者は脳が音をどのように処理するかを研究する」，(D)「神経反応を研究するという課題」はいずれも「歌声」という大切な要素が欠けているので不適。

(v) **14.**「脱水症状の最も深刻な副作用は何か？」

(D)「十分な情報は与えられていない」が正解。

第1段最終文（Dehydration comes…）に副作用の例として side effects like mental fog, overeating and even higher stroke risk「意識混濁，過食，さらには脳卒中のリスクの上昇などの副作用」と書かれているが，どれが最も深刻な副作用であるかは書かれていない。同文の even は単に思いがけないことや驚きを強調する表現で，even がついているからといって higher stroke risk が最も深刻であるとは言い切れないので注意しよう。(A)は「意識混濁」，(B)は「過食」，(C)は「脳卒中」という意味。

15.「以下のうち，水分補給の役に立たない可能性があるものはどれか？」

(A)「コーヒー」が正解。

第2段第1文（There are…）に「水分補給を継続するための健康的な方法はたくさんある」と述べられており，続く同段第2文（You can…）にその具体的な方法が述べられている。「スイカ，トマト，豆類など，体に水分を与える食べ物を積極的に摂取してもよい」とあることから，(B)「生の果物」と(D)「トマト」は水分補給の役に立つ。第2段最後から2文目（One 2015…）に「水だけよりも他の飲み物の方が水分補給の効果が高い可能性」が述べられており，次の文に「牛乳，紅茶，オレンジジュースの方が水分補給効果はわずかに高く」とあり，紅茶が水より水分補給の効果が高いのだから，(C)の「紅茶」も水分補給の役に立つとわかる。本文のどこにも，コーヒーが水分補給の役に立つとは述べられていない。

16.「脱水症状を避ける最善の方法は何か？」

(C)「水分を補給する食べ物と水を組み合わせて摂取する」が正解。

第2段第2文（You can…）に，水分補給を継続するための健康的な方法として，水を少しずつ飲むか，果物などを摂取することが述べられていることから考えよう。また，第3段第2文（But it's…）に「特に高強度の運動をしているのであれば，一日を通して電解質も取り入れることが重要である」とあり，「特に」という言い方から，通常時であれ，水だけではなく他の食品や飲料を摂取することが脱水症状を避ける最善の方法だと考えられる。(A)「高強度の運動を避ける」に関しては，第３段第２文(But it's …）に「高強度の運動」に関して述べられているが，それが脱水症状を避ける方法とは述べられていないので不適。脱水症状を避ける方法として当然ながら(B)「大量の水を飲むこと」が予想されるが，第２段第４文（Chugging as …）に「一日中できるだけ多くの水をがぶ飲みするのは，水分補給の最善の方法でも，最も効率のよい方法でもなさそうだ」とあり，続く同段第５・６文（There is … and potassium.）にも水分過剰の危険性が述べられているので，(B)も不適。同段最終文（They found …）に「ビールはわずかに水分補給効果が低いと判明した」とあるが，(D)の「アルコール飲料の摂取を減らす」が脱水症状を避ける方法としては述べられていないので，これも不正解。

(vi) **17.**「カッツ博士は研究での食事についてどう思っているか？」

(A)「よりよい」が正解。

第３段第２文（“What they …）に，カッツ博士の発言として「彼らが『最適な』食事だと定義しているものは完全に最適というわけではなく，単に『典型的な』ものよりもはるかによいというだけだ」とあるので，(C)「最適である」ではなく(A)が正しい。(B)considerable「(量が）相当な，注目に値する」という単語は同段最終文（My impression …）に使われているが，「肉と乳製品の量」が多いことを述べているのであって，本問で問われている食事全体に関する記述ではないので不正解。(D)「典型的である」に関しても，同段第２文（“What they …）からわかるように，実験で使われた食事とは異なる対照的な食事を「典型的な」食事であると述べているので不正解。ちなみに，ここでいう「典型的な」食事とは第１段第２文（The study …）で紹介されている typical Western diet「典型的な西洋の食事」のことである。

18.「『最適化された食事』から最も恩恵を受けるのはどの集団か？」

(C)「より若い男性」が正解。

第２段の実験をまとめると，最適化された食事に変えるのが 20 歳であれば，寿命の延びは女性なら 10 年強，男性なら 13 年である。60 歳であれば女性なら８年，男性なら９年近く寿命が延びる。以上のことから，寿命が最も延びるのは若い男性だとわかる。他の選択肢はそれぞれ，(A)「80歳の人々」，(B)「より高齢の女性」，(D)「より若い女性」という意味。

19.「提案されている『最適化された食事』をとる場合，しないことは何か？」

(C)「肉を，果物，野菜，豆類，穀物，ナッツ類に置き換える」が正解。

第1段第2文（The study …）に「赤身の肉，加工食品を中心とした『典型的な西洋の食事』を，赤身肉や加工肉を減らしてより多くの果物や野菜，豆類，全粒穀物，ナッツ類などを食べることに重点を置いた『最適化された食事』に置き換えた」とあるので，「最適化された食事」とは大まかにいえば肉を減らして果物，野菜を増やすということ。注意すべきなのは，肉を〈食べない〉とは書かれていない点である。(C)は肉を食べないことを意味する。他の選択肢はそれぞれ，(A)「肉や加工食品よりも植物性の食品に焦点を当てる」，(B)「植物性食品を増やし，肉や加工食品を減らす」，(D)「赤身の肉から果物と野菜に重点を移す」という意味で，いずれも肉を〈食べない〉とは述べていない点で(C)と異なる。

(vii) 20.「以下のうち，航空英語の目標ではないものはどれか？」

(D)「時間を節約する」が正解。

航空英語（Aviation English）に関しては第2段以降に述べられている。第2段最終文（Between the …）に航空英語の発達過程において，その目的が to avoid having someone mishear a letter「誰かが文字を聞き間違えないように」するためであったことが書かれており，これが(A)「誤解を避ける」と一致する。航空英語の特徴として第3段第1文（Aviation English …）に，その語彙の少なさが述べられており，続く同段第2文（Because a …）に「標準的な語法に依存している」とあることから，容易な言語であることが推察される。この内容が(B)「コミュニケーションを容易にする」と一致する。同文に航空英語の簡素化の理由として，「パイロットと管制官の間の誤解は大惨事を招きかねない」ことが挙げられており，(C)「安全性の確保」も航空英語の目的といえる。(D)に関しては述べられていない。

21.「以下のうち，航空英語を最もよく表すものはどれか？」

(D)「上記すべて」が正解。

第3段第1文（Aviation English …）に航空英語の特徴として，語彙数は多くないが，通常の言語と比べて「はるかに複雑で微妙なニュアンスがある」と述べられているので，(A)「複雑な」は正しい。第1段第2文（You might …）に，国際線の飛行機のパイロットは他の国の管制官と英語で話す，と書かれているので，(B)「国際的な」も正しい。第3段第2文（Because a …）に航空英語の特徴として「可能な限り使用されるべき，規定されたかなり制約のある一連の語句」とあり，さまざまな決まり事によって誤解や聞き間違いを防ぐ工夫がされていることがうかがえる。この内容を言い換えた(C)「実用的な」も正しい。

22.「この文章の最適なタイトルは何か？」

(D)「パイロットは飛行の安全性を高めるために世界共通言語を使用する」が正解。

タイトルを選択する問題では文章を通して述べられていること（メインテーマ）を盛り込んだものを選ぶことを意識する。第1段では〈航空英語により飛行がはるかに安全になった〉ということが述べられており，第2段では〈飛行の安全性と航空英語の形成過程の関係〉，第3段では〈飛行の安全性を確保するための航空英語の特徴〉が述べられている。つまり，〈飛行の安全性を確保するための航空英語〉が全体のテーマであり，この内容と一致するのが(D)である。(A)「航空英語は乗客が乗務員と会話をするのに役立つ」は，航空英語と乗客の会話は無関係なので不適。(B)「簡素化されたモールス信号が航空旅行の安全性をどのように変えたか」は文章のメインテーマである「航空英語」の言及がないので不適。ちなみに，第2段第2文（Initially, they …）にあるように，モールス信号を簡素化したものはQ符号であり，それが使われていたのは航空英語が発展する前のことである。(C)「国際言語は異文化コミュニケーションを促進する」は，航空業界に全く関係のないタイトルになってしまうので不適。

(viii) **23.**「象形文字はもともとどのように使われていたか？」

(B)「商売を記録する」が正解。

第3段第2文（They are …）に象形文字の用途として「歴史を理解する方法としてではなく，都市国家の台頭時における商取引を文字で記録するための方法として誕生したと考えられている」という記述があることから考えるとよい。(A)「歴史を記録する」に関しては同文で否定されているので誤り。(C)「ニュースを記録する」はどこにも書かれていないので誤り。

(D)は「上記すべて」という意味。

24.「筆記によるコミュニケーションのアルファベット体系が開発された結果は何か？」

(C)「より多くの人が読み書きできるようになった」が正解。

第4段第2文（While it's …）に「より多くの人々の読み書きを可能にしたアルファベット体系が開発された」とあることから，アルファベット体系が開発された結果は多くの人々が読み書きできるようになったことであるとわかる。(A)「離れた場所でのコミュニケーションが容易になった」はどこにも書かれていないので不適。第3段第2文（They are …）に，アルファベットが開発された目的は歴史を理解することではないと書かれているので，(B)「歴史がより簡単に記録された」は不適。第4段第1文（But hieroglyphics …）に，象形文字は筆記者たちだけが解読できたとあり，同段第2文（While it's …）に，アルファベットは多くの人が読み書きできたということが書かれているが，アルファベットの開発に伴って(D)「筆記者が必要ではなくなった」とは書かれていないので，これも不適。

25.「筆記コミュニケーションにおける象形文字からアルファベット体系への移行はどのように説明されているか？」

(D)「上記すべて」が正解。

第4段では，筆記コミュニケーションの方法が，象形文字からアルファベット体系に変わったことが書かれており，第5段第1文の文頭の The giant leap「大きな飛躍」が，その変化を指していると理解しよう。この点で(B)「大きな飛躍」は正しいとわかる。同段最終文（“And, this …）に「この大きな飛躍はかなり単純で，子どもでも思いつきそうな出来事であったが，それでも大きくて永続的な重要性を持っている」とあるので，(A)「概念的に単純」と(C)「重要である」も正しい。

語句・構文

(i)**（第1段）**　salamander「サンショウウオ」 These 13-centimeter-long amphibians「この体長13センチメートルの両生類」とはワンダリングサラマンダーのこと。some of the tallest trees は redwoods「セコイア」の説明。slowing ～ は分詞構文の付帯状況。

（第2段）　aerial「空気の，空中の」 along with ～「～に加えて」 vary in ～「～において異なる」 a wind tunnel に続く with ～ は付帯状況で，

with O C の形で tunnel の状況を説明している。a fan が O，blowing 以下が C にあたる。the arboreal salamander（*A. lugubris*）は its relative の内容を説明する同格句。maximizing drag は分詞構文の付帯状況。This slowed … の This は前文の「自由落下時のスカイダイバーのようにたびたび手足を広げて抗力を最大にする」という内容を指している。as much as ～ は「～ほども多く」の意味で多さを強調する。at best「せいぜい」

（第 3 段） ダッシュ（―）の間は wandering salamanders を補足的に説明している関係詞節。*A* such as *B* は「*B* のような *A*」の意味。ここでは obvious adaptations for flight が *A*，flaps of skin が *B* にあたる。

(ii) **（第 1 段）** observe that ～「～と述べる」 toddler「よちよち歩きの幼児」 This preference は前文の「赤ん坊や幼児が示す甘い味に対する強い好み」を指す。ripe「熟している」 nutritional「栄養上の」

（第 2 段） adolescence「思春期」 care for ～「～に関心がある」 sugary「砂糖でできた，甘い」 bubblegum「風船ガム」 reliant on ～「～をあてにして」 get exposed to ～「～に触れる」 associate *A* with *B*「*A* を *B* と関連付ける」 sprout「新芽」 Brussels sprout は「芽キャベツ」の意味。toss *A* with *B*「*A* を *B* と軽く混ぜ合わせる」 devour「～をむさぼり食う」 grease-blotted「油まみれの」blot は「～にしみをつける」という意味。palate「好み，口蓋」 This evolving palate は，前文までに述べられている，好きではなかったものが好きになったり特定の食べ物が苦手になったりする，加齢に伴う味覚の変化を指す。最後から 2 文目（They are …）の They は直前文の Our senses を指す。This allows の This は，直前文で述べられている人生を通して起きる味覚の変化を指す。the system「そのシステム」は感覚系統を指す。stimulate「～を刺激する，促進する」

（第 3 段） replenish「再び一杯になる」 robustly「たくましく」 diminish「減る，減らす」 atrophy「委縮する，（機能などが）衰退する」 dwindle「次第に低下する」 this sense は The sense of smell を指す。medication「薬剤」

(iii) **（第 1 段）** utility「公共事業，公共設備」 first-of-its-kind ～「この種

類では初の～」 irrigation「灌漑，水を引くこと」 grant「補助金」 コンマの後ろの which の先行詞は the first-in-the-nation project である。whammy「のろい，一撃」

(第 2 段) wend *one's* way「ゆっくり進む」 that comprise … の関係代名詞 that の先行詞は canals である。comprise「～から成る」 aqueduct「送水路」 transport O from *A* to *B* は「O を *A* から *B* に輸送する」の意で，water supply が目的語，*A* が the Sierra … the state，*B* が reservoirs … farms である。reservoir「貯水池」 dual「二重の」 count はここでは自動詞で「重要である」という意味。flaw「欠陥」 最終文のコロンの後にある They は同文の these exposed canals を指す。evaporate「蒸発する」

(第 3 段) cover *A* with *B*「*A* を *B* で覆う」

(第 4 段) solar array「太陽電池アレイ」 agrivoltaics「アグリボルタイクス」の agri- は「農業」を意味し，voltaic は「電気の」という意味。deploy「～を配置する」 it does represent … の it は，文頭の It と同じくその前文の constructing solar … irrigation canals を指し，does は動詞の強調表現で用いられ「実際に，本当に」という意味。represent はここでは「～の典型となる」という意味。stare ～ down「～をにらみつけておとなしくさせる」 postdoctoral「博士号取得後の」

(iv) **(第 1 段)** neuron「神経単位，ニューロン」 auditory「聴覚の」 cortex「皮質」〈S say to *A* ～.〉が〈～, say S, to *A*.〉という語順になっている。neuroscience「神経科学」

(第 2 段) using 以下は分詞構文で measured を修飾し，「～を使って…を測定した」と解釈する。electrocorticography「皮質脳波（検査法）」 コンマの後ろの a process から文末の brain's surface までは electrocorticography を説明する同格句。electrode「電極」 invasiveness「侵襲性」 epilepsy「てんかん」 be about to *do*「まさに～しようとする」 seizure「発作」 per「～に従って，～を通じて」

(第 3 段) flush「(トイレの水が) さっと流れる」 exclusively「もっぱら」

(第 4 段) be born with ～「～を持って生まれる，生まれつき～が備わっている」 relative to～「～と比べて」 cognitive「認知の」 関係代名詞 who の先行詞は a professor である。このように，少し離れた名詞を先行詞にすることもある点に注意しよう。

(第 5 段) statistical「統計の」 infer「～を推測する」 lead author「筆頭著者」 the whole point of～「まさに～の目的」 コンマの後ろの which は関係代名詞で，先行詞は the whole point of the approach である。novel「真新しい」

(v) **(第 1 段)** hydrate「～に水分を与える」 everything from *A* to *B*「*A* から *B* に至るあらゆること」 elasticity「弾力性」 chronic「慢性的な」 dehydration「脱水症状」 a slew of～「多くの～」 nasty「ひどい」 side effect「副作用」 mental fog「意識混濁」とは，精神的な疲労を感じ集中できないこと。stroke「脳卒中」

(第 2 段) reusable「再利用できる」 sip「少しずつ飲む」 munch「むしゃむしゃ食べる」 that said「たとえそうでも」 chug「一気に飲む」 overdo「～をやりすぎる」 There is such a thing as～「～のようなものがある」 overhydration「水分過剰」 what is called「いわゆる」 hyponatremia「低ナトリウム血症」 コンマの後ろの where 以下は hyponatremia を先行詞とする関係副詞節。flush out～「～を洗い流す，～を追い出す」 electrolyte「電解質」 sodium「ナトリウム」 potassium「カリウム」 第 7 文（This causes…）の文頭の This は前文の，低ナトリウム血症になって必要な電解質やナトリウムを排出してしまうことを指す。swell「膨張する」 nausea「吐き気」 vomit「吐く」 dizziness「めまい」

(第 3 段) in summary「要約すると」 mix in～「～を混ぜる」 intensity「強度」

(vi) **(第 1 段)** add *A* to *B*「*A* を *B* に加える」 up to～「最大で～」 longevity「寿命」 replace *A* with *B* は「*A* を *B* と取り換える」という意味。ここでは *A* が a "typical… processed foods, *B* が an "optimized… and nuts である。optimized「最適化された」 legume「豆」 whole grain「全粒穀物」

(第 2 段) dietary「食事の，規定食の」 The notion that … の that は，notion の内容を説明する同格節を導く that。chronic「慢性的な」 premature「早すぎる」 stand to reason「筋が通る」 preventive「予防の」

(第 3 段) founder「設立者」 第 1 文の 2 つ目のコンマの後ろは the nonprofit True Health Initiative を説明する同格句。coalition「連立政府，連合体」 a whole lot は比較級を強調して「はるかに～」という意味。confer「～を与える」

(vii) **(第 1 段)** catastrophe「大惨事」 common language「共通言語」 ダッシュ（—）で挟まれた箇所は挿入句。ここでは some international destination の補足説明をしている。regardless of ～「～とは無関係に」 those countries は Paris, Bogota or Beijing を指す。the same language, English はコンマの前後の名詞同士が同格関係で「同じ言語，つまり英語」と解釈する。you, the passenger も同格関係で「あなた，つまり乗客」と解釈する。be laden with ～「～でいっぱいの」 acronym「頭字語」 arcane「難解な」 terminology「専門用語」 Papa November tree-niner-fife at tree-tree-zero は「パパ，ノーベンバー，ツリー・ナイナー・ファイフ，アット，ツリー・ツリー・ゼロ」と言っているが，これはそれぞれの単語が一つの文字や数字を表す航空英語の例。Papa＝P, November＝N，tree＝3，niner＝9，fife＝5，zero＝0 を表す。Aviation English「航空英語」

(第 2 段) linguist「言語学者」 co-author「共著者」 co- は「共同」という意味。lingua franca「(異なる言語を話す人々の間の）国際共通語」 initially「はじめは」 the Q Code「Q 符号」の直後のコンマで挟まれた語句は Q Code を説明する同格句。Morse code「モールス信号」とは，短点（・）と長点（—）を組み合わせて文字を表現する文字コードのこと。phonetic「表音の」 in which 以下は直前の名詞を説明する関係詞節。be assigned to ～「～に割り当てられる」 ダッシュ（—）で挟まれた語句は直前の関係詞節の内容を補足説明している。mishear「～を聞き間違える」

(第 3 段) anywhere near ～「～に近い，～の近くのどこかに」

nuanced「(種々の) ニュアンスを含む」 phraseology「語法」 define O as C「OをCと定義する」 ここではOにあたるのが関係代名詞のwhichで前に移動している。prescribed「規定された」 constrained「ぎこちない，制約の多い」 insofar as～「～する限り」 optimum「最適の」 clarity「明快さ」

(viii) **(第1段)** proverb「格言」 Confucius「孔子」は古代中国の哲学者。turn of phrase「言い回し」 beg「～を求める」 head scratcher「難題」 scratchは「(爪などで) かく，引っかく」という意味なので，直訳は「人に頭をかかせるもの」。

(第2段) hand down～「～を (子孫などに) 伝える」 orally「口頭で」 research associate「助手，研究員」

(第3段) archaeologist「考古学者」 hieroglyphic「象形文字」 第2文文頭のTheyは「象形文字」を指す。cradleは「揺りかご」の意味だが，よく比喩的に用いられ，しばしば「何かが発展する初期段階でそれをサポートするもの」というニュアンスで用いられる。

(第4段) scribe「筆記者」 decipher「～を解読する」 millennium「1000年間」 BCE「紀元前」=BC

(第5段) leap「飛躍」 conceive of～「～と思いつく」 第1文のコンマの後ろのthat節はconceiveの目的語。conceive that SV「～と思う」 occur to～「～の心に思い浮かぶ」 lasting「長く続く」

II 解答

26―(G) **27**―(J) **28**―(G) **29**―(I) **30**―(F) **31**―(J) **32**―(L) **33**―(D) **34**―(B) **35**―(I) **36**―(C) **37**―(E) **38**―(A) **39**―(K) **40**―(A)

解説

26.「ロバートは奇抜な話をすることで知られていたので，私たちは彼が言ったことを眉に唾をつけて聞いた」

正解は(G)。with a grain of saltで「割引いて，話半分に」の意味。

27.「私が申請時に提供した情報は，私の知る限りでは正確です」

正解は(J)。to the best of *one's* knowledgeで「～の知る限りでは」の意味。

28.「予期せぬ出来事のため，劇場の研修生が舞台に出演するように求められた」

正解は(G)。turn of events で「風の吹きまわし，出来事の変化」の意味。

29.「タローは，出版業で新しい仕事を始めるためにボストンに向かって出発した」

正解は(I)。set out（for ～）で「（～に向かって）出発する」の意味。

30.「その孤独好きな作家は，プライバシーを守るために脚光を浴びることを避けた」

正解は(F)。in the limelight で「脚光を浴びて」の意味。

31.「一部の新興アジア諸国は最近の貿易交渉で注目されている」

正解は(J)。be〔come〕to the fore で「目立ってくる，重要になる」という意味。fore は forward と関連のある語で，「前部」という意味。

32.「子どもが欲しいものを何でも与えることによって，子どもを甘やかすことになるでしょう」

正解は(L)。spoil は「（人）を甘やかす」という意味。前置詞，副詞は不要。

33.「雇用主は職場での怪我に対して従業員に補償すべきだ」

正解は(D)。compensate for ～ で「～を償う」という意味。

34.「ダニエルは，まさに家を出ようとしているときに，ストーブをつけっぱなしにしていることを思い出した」

正解は(B)。be（just）about to *do* で「（まさに）～しようとしている」という意味。

35.「その不注意な両親は，子どもが制御を失い，店内を走り回っていることに気づいていなかった」

正解は(I)。out of control で「制御できない」という意味。

36.「ジョンは少しずつお金をためて，ついに新しい車を買うことができた」

正解は(C)。bit by bit で「少しずつ」という意味。little by little も「少しずつ」という意味。

37.「マリアは体重を減らしたかったので，お菓子を控えて毎日運動することを誓った」

正解は(E)。abstain from ～ で「～を慎む」という意味。

38.「イチローは，新品のプラグインハイブリッド車のハンドルを握って興奮していた」

正解は(A)。at〔behind〕the wheel で「ハンドルを取って，運転して」という意味。brand-new は「真新しい」という意味。plug in ～は「～を電源につなぐ」という意味で，a plug-in hybrid car とは外部から充電できるハイブリッド車のこと。

39.「生徒たちは，正午までにグループのプロジェクトを提出するという締め切りに直面していた」

正解は(K)。(be) up against ～で「(困難・敵など) にぶつかって，直面して」という意味。

40.「アキコは，今ではオフィスで働き始めて１カ月たつので，ずっと気楽に感じているようだ」

正解は(A)。at ease で「気楽な，安心して」という意味。

III　解答　**41**－B　**42**－C　**43**－B　**44**－A　**45**－E　**46**－A　**47**－C　**48**－B　**49**－E　**50**－D

解説

41.「その激怒した母親は，息子に宿題をやらせようとしても無駄だと結論付けた」

正解はB。there is no point in *doing* で「～しても無駄だ」という意味なので，it を there に変える。A は conclude that SV で「～と結論付ける」という語法で問題はない。C の try to *do* は 2023 年度に続く出題で「～しようとする」という意味。通例は「～しようとするができない」というニュアンスで使う。また force *A* to *do* で「*A* に～を強いる」という意味。

42.「その会社の新しい社長は，さまざまな労働組合に対応するのに多くの問題を抱えることになるだろう」

正解はC。「多くの～」を表す場合，名詞が可算名詞であれば many ～，不可算名詞であれば much ～となる。ここでは much の後ろに可算名詞扱いで複数形の troubles が用いられているので不適。much trouble とすべき。A は company の所有格の形で問題はない。B では単純未来の will が用いられており，話し手の判断を含んで「(きっと) ～だろう」という意味。Dは have trouble *doing*「〜するのに苦労する」の一部で dealing と *doing* の形が用いられているので問題ない。deal with 〜 で「〜に対処する」という意味。

43.「日本の公共交通機関の優先座席は『シルバーシート』と呼ばれている」

正解はB。前置詞 for の後ろなので名詞を用いるべきで，「高齢者」という意味の the aged，または the elderly に変えるべき。the の後ろに形容詞を用いて名詞的に「〜な人々」という意味に解釈する語法がある。ちなみに，「若者」であれば the young と表す。

44.「ジューンは，自分が町を代表して郡の祭りに選ばれたとわかってとても喜んでいた」

正解はA。please は他動詞で「(人) を喜ばせる」という意味。これから派生した分詞は pleasing なら「(人に) 喜びを与える」，pleased なら「喜びを与えられる」つまり「喜ぶ」という意味。ここでは主語の June が代表に選ばれたことによって「喜びを与えられた存在」なので pleased とするのが正しい。Bの find out 〜 は「〜と知る」という意味。Cの had been chosen は正しい形。時制の一致によって，述語動詞が現在形から過去形になると，that 節の動詞が過去形から had *done* の形になる。たとえば「私は彼がキャプテンに選ばれたのでうれしい」なら I am happy that he was chosen captain. だが，「〜うれしかった」なら I was happy that he had been chosen captain. となる。Dの represent は「〜を代表する」という意味。

45.「昨年起こったことなのに，オリビアは両親に仕事を失ったことを伝えることができていない」

正解はE。Aの it は「仕事を失ったこと」を指す。it は通例前述の内容を指すが，この文のように従属節の代名詞が後続の主節の名詞を指すこともある。although は接続詞で「〜だが，〜にもかかわらず」という意味。節内に主語，述語があり，意味的にも語法的にも問題はない。Bの unable は be unable to *do* という形で用いて「〜することができない」という意味。名詞の前で使うことはできず，補語の位置で用いる形容詞。Cの tell は tell *A* about 〜 で「*A*（人）に〜について伝える」という意味。

46.「私は，私たちの 25 周年記念のために，会社の近くにすばらしい新しいインド料理のレストランを見つけた」

正解はA。動作動詞の現在形は「普段すること」を表す。この文でfindという現在形を用いると「私は普段…レストランを見つける」というおかしな意味の文になるので，過去形のfoundにすべき。Bは形容詞の語順に気を付けなければならない。英語では形容詞を並べる場合，「数量，評価，サイズ，温度，新旧，形，色，起源，材質，目的」という順番で並べるのが原則。ここではfantasticが「評価」，newが「新旧」，Indianが「起源」を表し，ルール通りの語順になっているので問題ない。大まかには「主観的な形容詞が先，客観的な形容詞が後」となると知っておくとよい。Cのnearは前置詞で「～の近くに」という意味で使う。副詞で用いる場合はtoをつけてShe came near to him.「彼女は彼に近寄った」というように用いるが，本問では前置詞で用いており，適切な語法である。Dのforは特定の目的や行事に対して用いる「～のために」という意味の語法。ここではfor our 25th anniversaryで「私たちの25周年記念のために」という意味。

47.「考古学者は日常的に用いられる多くの品物を発見したが，その中には江戸時代に使われたものもあった」

正解はC。関係代名詞は名詞に置き換えて元の文を考えるとよい。ここではsome of them were used…「それらの一部は…使われた」が元の文で，themを関係代名詞に変える。元の文で所有格で用いられているならwhoseでよいが目的格として用いられているのでwhichに変えるべき。例えばtheir items were used…が元の文であればwhose items were used…となる。Bのfor daily useは「日常的に用いるために」という意味の表現。例えばWe have a water filter for daily use.「私たちは日常的に使うための浄水器を持っている」というように用いる。Dは主語のsome of whichのwhichがitemsを指し複数扱いなので，wereのままで正しい。

48.「マネージャーは，新しいスタジアムの設備は，少なくとも１カ月は現場にないと主張した」

正解はB。equipmentは「（集合的に）設備」という意味の不可算名詞なので，本問のようにequipmentsと複数形にするのは誤り。Aはclaim (that)～で「～であると主張する」という意味。ここではthatが省略されている。Cの on site は「現場で」という意味の慣用的表現で，たとえば The construction crew is working on site.「建設クルーは現場で作業している」というように用いる。Dの for は期間を表す用法で「～の間」という意味。at least は「少なくとも」という意味。

49.「子どもたちは騒々しく歩いて，次々と教室に入って授業を始めた」

正解はE。Aの noisily は副詞で「騒々しく」の意。ここでは walked を修飾する。Bの one after another は「続々と」という意味の慣用表現。Cの into … は walked とつながって「歩いて…に入っていく」という意味。Dの lesson は「授業」の意味。

50.「ジェニーは，今朝は特に早く目覚めて，少し散歩をして太陽が昇るのを見た」

正解はD。「日の出」は文としては the sun rises，名詞句としては the sunrise という。rise は動詞では自動詞として用いて，名詞でも同形で用いられるが，「日の出」の場合は sun rise と分けるのではなく sunrise とつなげて表現する。raise は動詞では他動詞として用いる。名詞としては「昇給，あげること」という意味では用いるが，「日の出」の意味では用いられない。ここでは，the sun raise となっており，raise という他動詞の後に目的語がないので文法的に不適であり，意味的にも「太陽があげる」では意味が通じない。the sunrise とすべき。Aの woke は wake の過去形である。「目覚める」は wake up，「目覚めた」は woke up となる。Bの especially は early を修飾して「とりわけ，際立って」という意味。Cの to は to 不定詞の副詞的用法で，「～するために V する」という意味。前から訳して「V して～する」とほぼ同意で，訳すとすればここでは後者の方がわかりやすい。

講評

2024 年度も大問 3 題の出題で，設問形式も例年どおりⅠは読解問題，Ⅱは前置詞などを入れる空所補充問題，Ⅲは誤り指摘問題となっていた。難易度は，Ⅰは 2023 年度と比べて長文自体の読みやすさは変わらず，選択肢の選びやすさは簡単になったと言えるかもしれないが，全体で語数が 2 割程度増加したので，普段から多くの文章を読むトレーニングを積んでいない受験生にとってはタフな問題だったと言えよう。Ⅱは年度によりかなり振れ幅があるが，2023 年度と同様，以前と比べて難化している印象がある。Ⅲは例年と同レベルで，この大問はこれまでのところ，難易度に変化はないと言えそうだ。

Ⅰの読解問題は，8つの中程度の長さの英文を読んでそれぞれの設問に答えるもの。設問も選択肢もすべて英語で，内容説明が多く，それ以外は主題などである。2023 年度は空所補充が5問出題されたのが，2024 年度は2問に減少した点が形式的な変更点と言える。英文のテーマは，例年自然科学系と社会科学系の2つが大きなテーマで，年度により比重が変化する。2024 年度は自然科学系寄りである。研究者の研究結果を述べたものが多いので，一部に難しい語彙が使われている。2024 年度は(iii)，(vii)，(viii)あたりがかなりの難単語や固有名詞などを含み，読みにくかった。内容も専門的と言えよう。また，どの分野にしろ，時事的なテーマが多いのも人間科学部の特徴である。ただ，科学論特有の展開パターンを読み取れば読みやすいと言える。科学論では実験の話がよく扱われるが，実験の「目的，方法，結果，結論」が順に述べられることが多いと理解していればさらに読みやすいだろう。2024 年度で言えば(i)，(iii)，(iv)，(vi)でみられる展開パターンである。内容説明問題の選択肢は比較的短く，本文の語句を大幅に言い換えているのではなくそのままの言葉が用いられていることが多い。設問は各文章につき3，4問である。また，「上記すべて」「上記のいずれでもない」「十分な情報が与えられていない」という選択肢が設定されている場合があるのも特徴的である。このタイプの設問に答える場合，すべての選択肢を正確に吟味しないといけないので，多くの時間を取られてしまうと思っておくとよい。

Ⅱの空所補充問題は，前置詞などの空所補充で，「補う必要なし」の選択肢も設定されているのが特徴である。熟語の中の前置詞の知識を問う問題がほとんどである。副詞を問うものや，動詞の語法を問う問題も出題されている。2021 年度は2つ程度しか難問はなかったが，2022 年度は4問程度が難しく，2023 年度は難問がもう少し多かった。2024 年度はさらに難問が増えた。具体的には a grain of salt，to the best of *one's* knowledge，turn of events，in the limelight，be〔come〕to the fore，be up against ～ などである。特に前半に難問が続いたので戸惑った受験生が多いのではないだろうか。対照的に，spoil，compensate for ～，abstain from ～など，標準的な動詞の語法の問題も出題されたのは大きな変化といってよいだろう。このような変化に対応するため，固定観念をもたずに柔軟に対応することが重要であろう。

Ⅲの誤り指摘問題は，NO ERROR の選択肢が用意されているのは 2024 年度も同じであった。この形式は受験生にとってはなかなか厄介で，悩んでしまったり誤りを見落としてしまったりといったことが起こりうる。間違っている箇所が必ずあれば気づきやすいが，すべて間違っているとは限らないというのは，判断を鈍らせる厄介な要因となる。自信をもってそれぞれの正誤を判断できるだけの正確な知識が必要となる。出題項目にそれほど偏りはないので，結局ほとんどの項目に関して正確な知識が必要ということになる。受験生にとってはなかなかハードな問題であろう。例えば，判断が難しかったと思われる 45 でいえば，先行する従属節中の代名詞が主節の名詞を指すことはできるのか，has been は正しい形・時制か，unable は人を主語にして使える形容詞か，tell の語法にはどのようなものがあるか，具体的には tell＋人＋about ～という形は可能なのか，といったように各下線部を検証していくわけである。難問と言われるレベルはこのようなものであることを認識してほしい。また，NO ERROR かどうかを見極めるのは困難と言えそうだ。この種の気づきにくい問題は必ずあり軽視はできないが，他の受験生も悩むところなので，まずは解きやすい問題でミスをしないことが大切となる。

数　学

◀理系方式▶

1

発想

(1)　$x(x+1)(x+2)(x+3)=x^4+6x^3+11x^2+6x$ として，x で微分して増減を調べ，最小値を求めることができる場合はそれも1つの解法である。本問では，まず計算の工夫を考えてみよう。$x(x+1)(x+2)(x+3)$ を展開するときに，$x(x+3)$ と $(x+1)(x+2)$ をそれぞれ組にして要領よく整理していく方法があったことを思い出そう。

(2)　x^2 に符号違いの a を代入しても，$-a$ を代入しても同じ値 a^2 を返してくる。y^2，$|x|$，$|y|$ についても同様である。よって，連立不等式で表される領域は x 軸に関しても，y 軸に関しても対称であることがわかる。

(3)　指数にある x と y を大きくして扱うには対数をとることも1つの解法である。本問では左辺をかけると指数は多項式に，右辺をかけると10のべき乗になることに着目する。

解答　**ア.** -1　**イ.** 16　**ウ.** 8　**エ.** 10

解説

《小問3問》

(1)
$$x(x+1)(x+2)(x+3)=x(x+3)\{(x+1)(x+2)\}$$
$$=(x^2+3x)(x^2+3x+2)$$

$t=x^2+3x$ とおくと

$$x(x+1)(x+2)(x+3)=t(t+2)=t^2+2t$$

と表される。これを $f(t)=t^2+2t$ とおくと

$$f(t)=(t+1)^2-1$$

であり，t については

$$t=\left(x+\frac{3}{2}\right)^2-\frac{9}{4}$$

となるので，x が実数であるとき，t のとり得る値の範囲は

$$t\geqq -\frac{9}{4}$$

したがって

$$f(t)=(t+1)^2-1 \quad \left(t\geqq -\frac{9}{4}\right)$$

の最小値を求める。

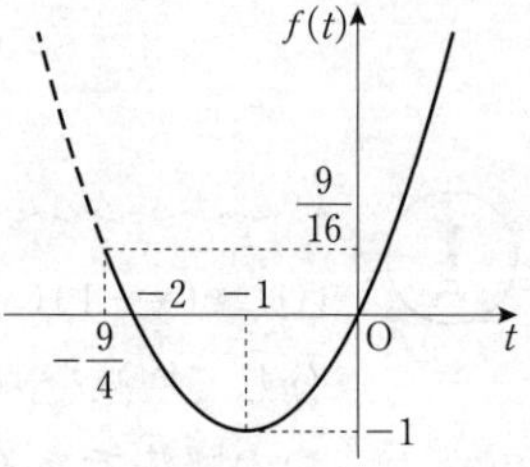

$f(t)$ つまり $x(x+1)(x+2)(x+3)$ の最小値は　-1　（→ア）

(2)　$x^2+y^2\leqq 4|x|+4|y|$ が表す領域は x 軸，y 軸に関して対称なので，$x\geqq 0$ かつ $y\geqq 0$ の範囲で考えると

$$|x|=x,\ |y|=y$$

であるから

$$x^2+y^2\leqq 4x+4y$$

$$(x-2)^2+(y-2)^2\leqq 8$$

これは中心が点 $(2,\ 2)$，半径 $2\sqrt{2}$ の円の周と内部を表す。

$x^2\leqq y^2$ が表す領域も x 軸，y 軸に関して対称なので，$x\geqq 0$ かつ $y\geqq 0$ の範囲で考えると

$$(y+x)(y-x)\geqq 0$$

において，$y+x\geqq 0$ なので $y-x\geqq 0$ より $y\geqq x$ となり，直線 $y=x$ 上を含め上側を表す。

これらが表す領域は次の左図の網かけ部分のようになる。

網かけ部分の面積は

$$\frac{1}{2}(2\sqrt{2})^2\cdot\frac{\pi}{2}+\frac{1}{2}\cdot 4\cdot 2=4+2\pi$$

求める面積（次の右図の網かけ部分）はこれを 4 倍して

$16+8\pi$　（→イ・ウ）

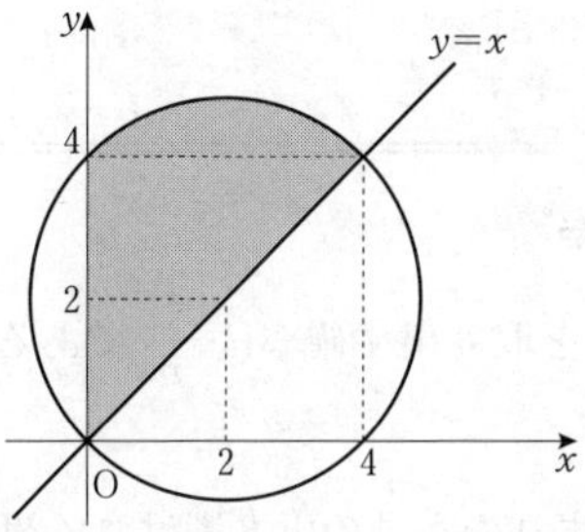

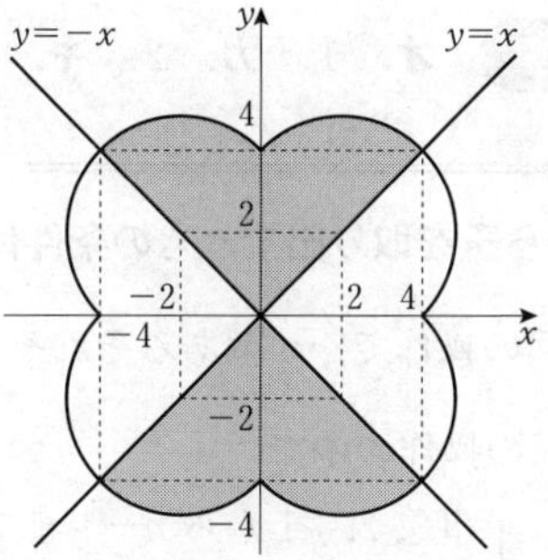

(3)　$10^x=25$，$100^y=400$ のとき，それぞれの常用対数をとると

$$x=\log_{10}25=2\log_{10}5$$

$2y=\log_{10}400$ より　　$y=1+\log_{10}2$

よって

$$\begin{aligned}3x+6y-2&=6\log_{10}5+6+6\log_{10}2-2\\&=4+6(\log_{10}2+\log_{10}5)\\&=4+6\log_{10}10\\&=10\quad(\to エ)\end{aligned}$$

別解　$10^x=25$，$100^y(=10^{2y})=400$ のとき，それぞれを 3 乗してかけると

$$(10^x)^3\times(10^{2y})^3=(25)^3\times(400)^3$$

まとめると

$$10^{3x+6y}=(10^4)^3=10^{12}$$

両辺に 10^{-2} をかけると

$$10^{3x+6y-2}=10^{10}$$

底が 10 で等しいので指数を比較すると

$$3x+6y-2=10$$

②

発想

一般的に n のままで解き進めていけるのであれば $P(n)$ を n で表してから，n に 3，50 を代入すると要領よい。難しければ $P(3)$ を具体的に求めてから，$P(50)$ を求めるときに考え方を拡張すればよい。

解答 **オ.** 1 **カ.** 2 **キ.** 2 **ク.** 51

解説

《袋から玉を取り出すときの条件付き確率》

1回の操作で，n 個あるそれぞれの玉を取り出す確率は $\dfrac{1}{n}$ である。

n 回の操作の中で

$$\begin{cases} \text{事象}\,A：1\,\text{から}\,n-1\,\text{までのいずれの番号の玉も選ばれる事象} \\ \text{事象}\,B：\text{番号が}\,n\,\text{の玉が選ばれる事象} \end{cases}$$

とおく。

事象 A には次の2つの場合がある。

$$\begin{cases} \text{事象}\,A_1：1\,\text{から}\,n\,\text{までのいずれの番号の玉も選ばれる事象} \\ \text{事象}\,A_2：1\,\text{から}\,n-1\,\text{までのいずれの番号の玉も選ばれて，}n \\ \qquad\quad\ \text{を選ばない事象} \end{cases}$$

事象 X の確率を $Q(X)$ とすれば

$$Q(A_1)=n!\left(\frac{1}{n}\right)^n=\frac{n!}{n^n}$$

$Q(A_2)$ について，1から $n-1$ までのいずれかの番号の玉を2回選び，それが何回目に出るかを考えて

$$Q(A_2)={}_{n-1}\mathrm{C}_1\cdot{}_n\mathrm{C}_2(n-2)!\left(\frac{1}{n}\right)^n=\frac{n!(n-1)}{2n^n}$$

よって

$$Q(A)=Q(A_1)+Q(A_2)=\frac{(n+1)!}{2n^n}$$

$$Q(A\cap B)=Q(A_1)=\frac{n!}{n^n}$$

となるので，条件付き確率 $P(n)$ は

$$P(n)=\frac{Q(A\cap B)}{Q(A)}=\frac{\dfrac{n!}{n^n}}{\dfrac{(n+1)!}{2n^n}}=\frac{2}{n+1}$$

したがって

$n=3$ のとき　　$P(3)=\dfrac{2}{3+1}=\dfrac{1}{2}$　（→オ・カ）

$n=50$ のとき　　$P(50)=\dfrac{2}{50+1}=\dfrac{2}{51}$　（→キ・ク）

参考　〔解説〕のように一般的な n で解き始めることが難しければ次のようにしてみよう。

1回の操作で，3個あるそれぞれの玉を取り出す確率は $\dfrac{1}{3}$ である。

3回の操作の中で

$$\begin{cases}\text{事象 } A\text{：1 から 2 までのいずれの番号の玉も選ばれる事象}\\ \text{事象 } B\text{：番号が 3 の玉が選ばれる事象}\end{cases}$$

とおく。

事象 A には次の3つの場合がある。

$$\begin{cases}\text{事象 } A_1\text{：1 が 1 回，2 が 2 回選ばれる事象}\\ \text{事象 } A_2\text{：1 が 2 回，2 が 1 回選ばれる事象}\\ \text{事象 } A_3\text{：1 が 1 回，2 が 1 回，3 が 1 回選ばれる事象}\end{cases}$$

$$\begin{cases}Q(A_1)={}_3\mathrm{C}_2\dfrac{1}{3}\left(\dfrac{1}{3}\right)^2=\dfrac{1}{9}\\ Q(A_2)={}_3\mathrm{C}_1\left(\dfrac{1}{3}\right)^2\dfrac{1}{3}=\dfrac{1}{9}\\ Q(A_3)=3!\dfrac{1}{3}\cdot\dfrac{1}{3}\cdot\dfrac{1}{3}=\dfrac{2}{9}\end{cases}$$

よって

$$Q(A)=Q(A_1)+Q(A_2)+Q(A_3)=\frac{1}{9}+\frac{1}{9}+\frac{2}{9}=\frac{4}{9}$$

$$Q(A\cap B)=Q(A_3)=\frac{2}{9}$$

となるので，条件付き確率 $P(3)$ は

$$P(3)=\frac{Q(A\cap B)}{Q(A)}=\frac{\frac{2}{9}}{\frac{4}{9}}=\frac{1}{2}$$

$n=3$ のときはこれでよいが $n=50$ のときはこのように細かく場合分けすることはできないので，事象 A_1 と A_2 を 1 から 2 までのいずれかの番号の玉を 2 回選び，それが何回目に出るかを考えて，$Q(A_1)+Q(A_2)$ に当たるものを

$$ {}_2\mathrm{C}_1\cdot{}_3\mathrm{C}_2\cdot\frac{1}{3}\cdot\left(\frac{1}{3}\right)^2=\frac{2}{9} $$

と考えると $n=50$ の場合につなげることができる。それは〔解説〕の n に 50 を代入したものになる。

③

発想

空間において条件に合うように座標を設定する解法とベクトルの大きさと直交している条件に注目して座標を設定しない解法が考えられる。

解答 **ケ.** -1 **コ.** 11 **サ.** 5 **シ.** 11 **ス.** 24 **セ.** 11

解説

《空間におけるベクトルの大きさの 2 乗の値》

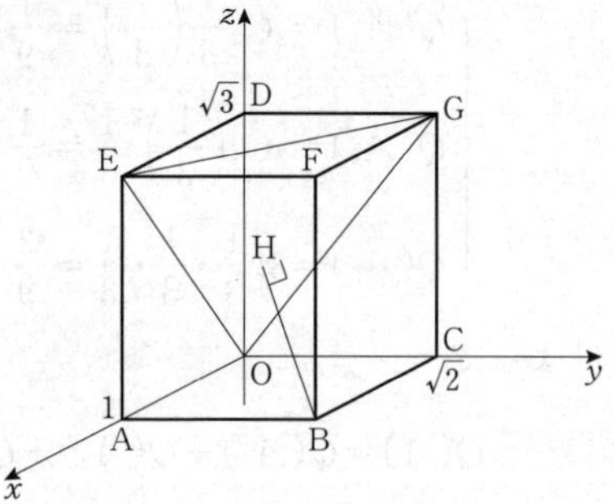

$$\overrightarrow{\mathrm{BH}}\perp\text{平面 OEG}$$

であるから

$$\begin{cases}\overrightarrow{\mathrm{BH}}\perp\overrightarrow{\mathrm{OE}}\\ \overrightarrow{\mathrm{BH}}\perp\overrightarrow{\mathrm{OG}}\end{cases}$$

よって

$$\begin{cases}\overrightarrow{\mathrm{BH}}\cdot\overrightarrow{\mathrm{OE}}=0\\ \overrightarrow{\mathrm{BH}}\cdot\overrightarrow{\mathrm{OG}}=0\end{cases}$$

ここで

$$\overrightarrow{\mathrm{OH}}=p\overrightarrow{\mathrm{OE}}+q\overrightarrow{\mathrm{OG}}\quad\cdots\cdots①$$

とおくと

$$\begin{aligned}\overrightarrow{\mathrm{OH}}&=p(\overrightarrow{\mathrm{OA}}+\overrightarrow{\mathrm{OD}})+q(\overrightarrow{\mathrm{OC}}+\overrightarrow{\mathrm{OD}})\\&=p\overrightarrow{\mathrm{OA}}+q\overrightarrow{\mathrm{OC}}+(p+q)\overrightarrow{\mathrm{OD}}\end{aligned}$$

よって

$$\begin{aligned}\overrightarrow{\mathrm{BH}}&=\overrightarrow{\mathrm{OH}}-\overrightarrow{\mathrm{OB}}=\overrightarrow{\mathrm{OH}}-\overrightarrow{\mathrm{OA}}-\overrightarrow{\mathrm{OC}}\\&=(p-1)\overrightarrow{\mathrm{OA}}+(q-1)\overrightarrow{\mathrm{OC}}+(p+q)\overrightarrow{\mathrm{OD}}\quad\cdots\cdots②\end{aligned}$$

となるので

$$\begin{cases}\{(p-1)\overrightarrow{\mathrm{OA}}+(q-1)\overrightarrow{\mathrm{OC}}+(p+q)\overrightarrow{\mathrm{OD}}\}\cdot(\overrightarrow{\mathrm{OA}}+\overrightarrow{\mathrm{OD}})=0\\ \{(p-1)\overrightarrow{\mathrm{OA}}+(q-1)\overrightarrow{\mathrm{OC}}+(p+q)\overrightarrow{\mathrm{OD}}\}\cdot(\overrightarrow{\mathrm{OC}}+\overrightarrow{\mathrm{OD}})=0\end{cases}$$

直交するベクトルの内積は 0 なので

$$\begin{cases}(p-1)|\overrightarrow{\mathrm{OA}}|^2+(p+q)|\overrightarrow{\mathrm{OD}}|^2=0\\ (q-1)|\overrightarrow{\mathrm{OC}}|^2+(p+q)|\overrightarrow{\mathrm{OD}}|^2=0\end{cases}$$

$|\overrightarrow{\mathrm{OA}}|^2=1$, $|\overrightarrow{\mathrm{OC}}|^2=2$, $|\overrightarrow{\mathrm{OD}}|^2=3$ であるから

$$\begin{cases}(p-1)\cdot 1+(p+q)\cdot 3=0\\ (q-1)\cdot 2+(p+q)\cdot 3=0\end{cases}$$

$$\begin{cases}4p+3q-1=0\\ 3p+5q-2=0\end{cases}$$

$$\begin{cases}p=-\dfrac{1}{11}\\ q=\dfrac{5}{11}\end{cases}$$

したがって，これらを①に代入すると

$$\overrightarrow{\mathrm{OH}}=\frac{-1}{11}\overrightarrow{\mathrm{OE}}+\frac{5}{11}\overrightarrow{\mathrm{OG}}\quad(\to ケ\sim シ)$$

$p=-\dfrac{1}{11}$，$q=\dfrac{5}{11}$ を②に代入すると

$$\overrightarrow{\mathrm{BH}}=-\frac{12}{11}\overrightarrow{\mathrm{OA}}-\frac{6}{11}\overrightarrow{\mathrm{OC}}+\frac{4}{11}\overrightarrow{\mathrm{OD}}=\frac{2}{11}(-6\overrightarrow{\mathrm{OA}}-3\overrightarrow{\mathrm{OC}}+2\overrightarrow{\mathrm{OD}})$$

$$\begin{aligned}|\overrightarrow{\mathrm{BH}}|^2&=\left(\frac{2}{11}\right)^2(36|\overrightarrow{\mathrm{OA}}|^2+9|\overrightarrow{\mathrm{OC}}|^2+4|\overrightarrow{\mathrm{OD}}|^2)\\ &=\left(\frac{2}{11}\right)^2(36\cdot 1+9\cdot 2+4\cdot 3)\\ &=\frac{24}{11}\quad(\to ス・セ)\end{aligned}$$

参考1　条件を満たすように O(0, 0, 0)，A(1, 0, 0)，B(1, $\sqrt{2}$, 0)，C(0, $\sqrt{2}$, 0)，D(0, 0, $\sqrt{3}$)，E(1, 0, $\sqrt{3}$)，F(1, $\sqrt{2}$, $\sqrt{3}$)，G(0, $\sqrt{2}$, $\sqrt{3}$) などとおいてベクトルの成分について考えていくこともできる。

参考2　「垂線の足」という用語が教科書に載らなくなり久しい。教科書

では，「点Bから3点O，E，Gを含む平面に垂線を下ろし，交点をHとする」「点Bから3点O，E，Gを含む平面に垂線BHを下ろす」などとしている。

④

発想

まずは，xy 平面上を自由に動く2つの点PとQの位置を確定しよう。xy 平面上で点 $(1,\ 0,\ 0)$ を中心とする円周上のどこに点Pをとっても AP は一定である。同様にして点 $(2,\ \sqrt{3},\ 0)$ を中心とする円周上のどこに点Qをとっても BQ は一定である。

$l=\mathrm{AP}+\mathrm{BQ}+\dfrac{\mathrm{PQ}}{2}$ を最小とすることを考えよう。

解答 ソ．3 タ．3 チ．1 ツ．3

解説

《空間における線分の長さの和の最小値》

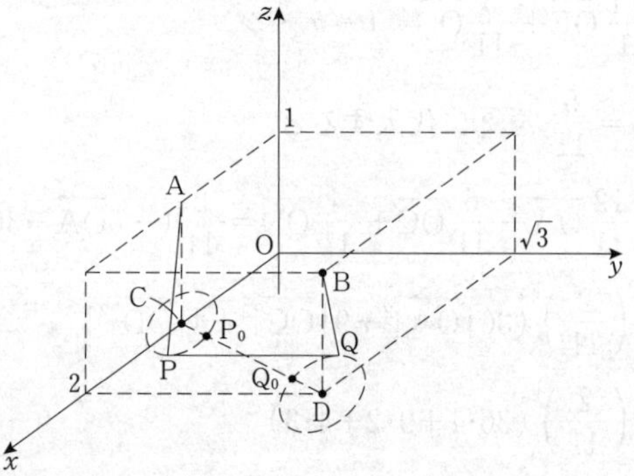

点 $(1,\ 0,\ 0)$ を点C，点 $(2,\ \sqrt{3},\ 0)$ を点Dとおく。

$$\mathrm{CD}=\sqrt{(2-1)^2+(\sqrt{3}-0)^2}=2$$

$$\mathrm{AD}=\sqrt{1^2+2^2}=\sqrt{5}$$

同様に　　$\mathrm{BC}=\sqrt{5}$

$\mathrm{AP}=s\ (s\geqq 1)$，$\mathrm{BQ}=t\ (t\geqq 1)$ とおく。

$l=\mathrm{AP}+\mathrm{BQ}+\dfrac{\mathrm{PQ}}{2}$ を最小にすることを考える。

xy 平面上で点Cを中心として点Pを通る円 C_1 上であればどこに点Pをとっても $\mathrm{AP}=s$ であり，点Dを中心として点Qを通る円 C_2 上であればどこに点Qをとっても $\mathrm{BQ}=t$ である。直線CDと円 C_1 の交点を点 $\mathrm{P_0}$，直線CDと円 C_2 の交点を点 $\mathrm{Q_0}$ とおく。ただし，$\mathrm{AP}=s=1$ のときPはCと一致しており，それを点 $\mathrm{P_0}$ とする。$\mathrm{BQ}=t=1$ のときQはDと一致しており，それを点 $\mathrm{Q_0}$ とする。このとき

$$l=\mathrm{AP}+\mathrm{BQ}+\frac{1}{2}\mathrm{PQ}$$

$$\geqq \mathrm{AP_0}+\mathrm{BQ_0}+\frac{1}{2}\mathrm{P_0Q_0}\quad\left(\because\quad \text{PQが最小のとき }\frac{1}{2}\text{PQも最小より}\right)$$

等号が成り立つのはC，$\mathrm{P_0}$，$\mathrm{Q_0}$，Dが一直線上に並んでいるときである。以下では，この場合について考える。

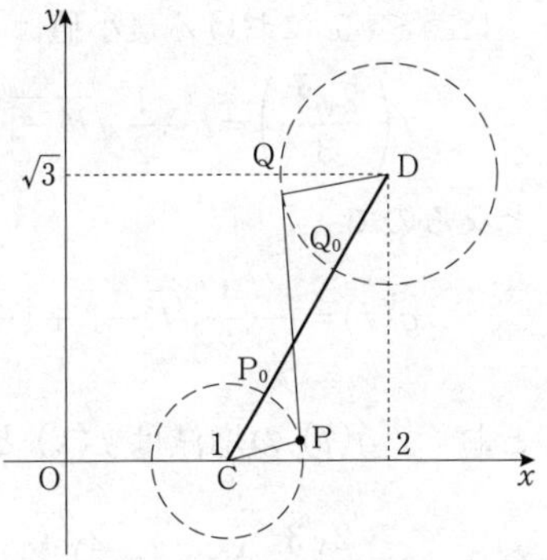

直線CDの方程式は

$$y=\frac{\sqrt{3}-0}{2-1}(x-1)$$

$$y=\sqrt{3}\,x-\sqrt{3}$$

よって，PとQを通る xy 平面上の直線の方程式は

$$y=\sqrt{3}\,x-\sqrt{3}\quad(\to ソ・タ)$$

このとき，$\mathrm{CP_0}+\mathrm{P_0Q_0}+\mathrm{Q_0D}=2$，$\mathrm{CP_0}=\sqrt{s^2-1}$，$\mathrm{DQ_0}=\sqrt{t^2-1}$ なので，s，t は

$$1\leqq s\leqq\sqrt{5},\ 1\leqq t\leqq\sqrt{5},\ 0\leqq\sqrt{s^2-1}+\sqrt{t^2-1}\leqq 2\quad\cdots\cdots①$$

を満たす。

$$l=\mathrm{AP_0}+\mathrm{BQ_0}+\frac{1}{2}\mathrm{P_0Q_0}$$

$$=\mathrm{AP_0}+\mathrm{BQ_0}+\frac{1}{2}(\mathrm{CD}-\mathrm{CP_0}-\mathrm{DQ_0})$$

$$=s+t+\frac{1}{2}(2-\sqrt{s^2-1}-\sqrt{t^2-1})$$

$$=s+t-\frac{1}{2}\sqrt{s^2-1}-\frac{1}{2}\sqrt{t^2-1}+1$$

ここで，t を定数とみなして

$$f(s)=s-\frac{1}{2}\sqrt{s^2-1}+t-\frac{1}{2}\sqrt{t^2-1}+1$$

とおく。

$$f'(s)=1-\frac{s}{2\sqrt{s^2-1}}=\frac{2\sqrt{s^2-1}-s}{2\sqrt{s^2-1}}$$

$$=\frac{3s^2-4}{2\sqrt{s^2-1}\,(2\sqrt{s^2-1}+s)}=\frac{3\left(s+\frac{2\sqrt{3}}{3}\right)\left(s-\frac{2\sqrt{3}}{3}\right)}{2\sqrt{s^2-1}\,(2\sqrt{s^2-1}+s)}$$

$1\leqq s\leqq\sqrt{5}$ より，$f(s)$ の増減は右のようになる。

s	1	…	$\frac{2\sqrt{3}}{3}$	…	$\sqrt{5}$
$f'(s)$		$-$	0	$+$	
$f(s)$		↘	極小	↗	

$1\leqq s\leqq\sqrt{5}$ における最小値は

$$f\left(\frac{2\sqrt{3}}{3}\right)=t-\frac{1}{2}\sqrt{t^2-1}+1+\frac{\sqrt{3}}{2}$$

となるので

$$g(t)=t-\frac{1}{2}\sqrt{t^2-1}+1+\frac{\sqrt{3}}{2}$$

とおく。$g(t)$ の増減は $f(s)$ と同様で，$t=\frac{2\sqrt{3}}{3}$ のときに極小で最小となり，$s=\frac{2\sqrt{3}}{3}$ かつ $t=\frac{2\sqrt{3}}{3}$ は①を満たす。

$$g\left(\frac{2\sqrt{3}}{3}\right)=1+\sqrt{3}$$

したがって，l の最小値は　$1+\sqrt{3}$　（→チ・ツ）

5

発想

原点を中心とする半径 n の円 C_n の中心角 t に対応する弧の長さと円 C の点Pが移動する距離は等しいことに注目しよう。

解答　**テ．** 4　**ト．** 8

解説

《曲線における点の軌跡の長さと極限値》

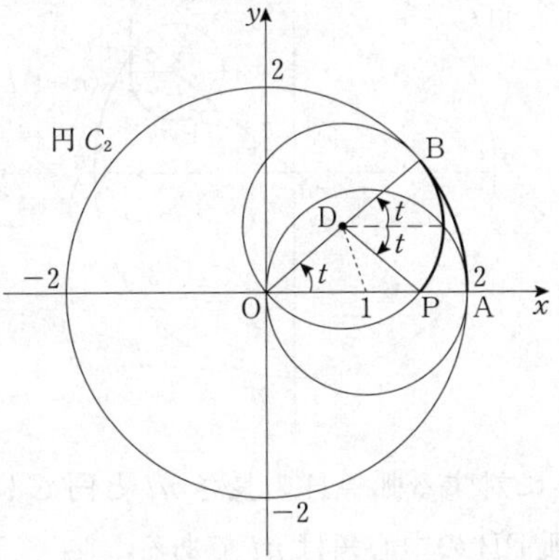

円 C の中心を点 D とおく。また，$\mathrm{A}(2,\ 0)$，$\mathrm{B}(2\cos t,\ 2\sin t)$ とする。

円 C_2 の中心角 t に対する弧 AB の長さ $2t$ と円 C における弧 PB の長さは等しいので，弧 PB の中心角は $2t$ である。時刻 t における点 P の座標を $(x,\ y)$ として

$$\overrightarrow{\mathrm{OP}}=\overrightarrow{\mathrm{OD}}+\overrightarrow{\mathrm{DP}}$$
$$=(\cos t,\ \sin t)+(\cos(-t),\ \sin(-t))$$
$$=(2\cos t,\ 0)$$

$$\begin{cases} x=2\cos t \\ y=0 \end{cases}$$

$$\begin{cases} \dfrac{dx}{dt}=-2\sin t \\ \dfrac{dy}{dt}=0 \end{cases}$$

よって

$$L_2=\int_0^{\pi}\sqrt{\left(\frac{dx}{dt}\right)^2+\left(\frac{dy}{dt}\right)^2}\,dt=\int_0^{\pi}\sqrt{4\sin^2 t}\,dt$$
$$=\int_0^{\pi}2\sin t\,dt\quad(\because\quad 0\leqq t\leqq\pi \text{ において } 2\sin t\geqq 0)$$
$$=\Big[2(-\cos t)\Big]_0^{\pi}=-2(-1-1)$$
$$=4\quad(\to テ)$$

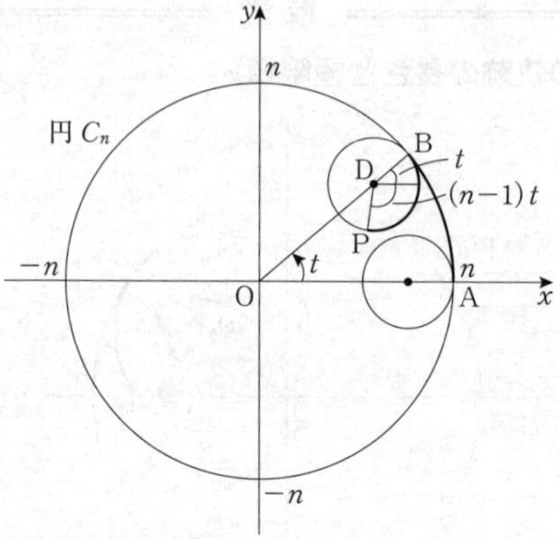

円 C_n の中心角 t に対する弧ABの長さ nt と円 C における弧PBの長さは等しいので，弧PBの中心角は nt である。

$$\begin{aligned}\overrightarrow{\mathrm{OP}}&=\overrightarrow{\mathrm{OD}}+\overrightarrow{\mathrm{DP}}\\&=((n-1)\cos t,\ (n-1)\sin t)\\&\qquad+(\cos\{-(n-1)t\},\ \sin\{-(n-1)t\})\\&=((n-1)\cos t+\cos(n-1)t,\ (n-1)\sin t-\sin(n-1)t)\end{aligned}$$

$$\begin{cases}x=(n-1)\cos t+\cos(n-1)t\\ y=(n-1)\sin t-\sin(n-1)t\end{cases}$$

$$\begin{cases}\dfrac{dx}{dt}=-(n-1)\sin t-(n-1)\sin(n-1)t\\[2mm] \dfrac{dy}{dt}=(n-1)\cos t-(n-1)\cos(n-1)t\end{cases}$$

よって

$$\begin{aligned}L_n&=\int_0^{\frac{2\pi}{n}}\sqrt{\left(\frac{dx}{dt}\right)^2+\left(\frac{dy}{dt}\right)^2}\,dt\\&=\int_0^{\frac{2\pi}{n}}\sqrt{\{-(n-1)\sin t-(n-1)\sin(n-1)t\}^2+\{(n-1)\cos t-(n-1)\cos(n-1)t\}^2}\,dt\\&=\int_0^{\frac{2\pi}{n}}(n-1)\sqrt{2-2\{\cos t\cos(n-1)t-\sin t\sin(n-1)t\}}\,dt\\&=\int_0^{\frac{2\pi}{n}}(n-1)\sqrt{2(1-\cos nt)}\,dt\\&=\int_0^{\frac{2\pi}{n}}(n-1)\sqrt{2\cdot 2\sin^2\frac{nt}{2}}\,dt\end{aligned}$$

$$=\int_0^{\frac{2\pi}{n}}(n-1)\cdot 2\sin\frac{nt}{2}dt$$

$$\left(\because\quad 0\leqq t\leqq\frac{2\pi}{n}\text{ において }2\sin\frac{nt}{2}\geqq 0\right)$$

$$=\left[-2(n-1)\frac{2}{n}\cos\frac{nt}{2}\right]_0^{\frac{2\pi}{n}}$$

$$=-\frac{4(n-1)}{n}(\cos\pi-\cos 0)$$

$$=\frac{8(n-1)}{n}$$

したがって

$$\lim_{n\to\infty}L_n=\lim_{n\to\infty}\frac{8(n-1)}{n}=\lim_{n\to\infty}8\left(1-\frac{1}{n}\right)$$

$$=8\quad(\to ト)$$

講評

2024 年度も例年通り，試験時間 60 分で大問 5 題，全問マークシート法の出題であった。問題冒頭の〔注意事項〕にある通り，マークシート法は独自の形式なので塗り方をマスターしておくこと。

1　小問集合である。(1)は上手に計算すると 2 次関数の最小値の問題に帰着する。(2)は x 軸と y 軸に関して対称な領域の面積の問題である。(3)は指数関数についての値を求める問題である。3 問とも易しめ～やや易しめのレベルの問題である。

2　袋から玉を取り出すときの条件付き確率の問題である。できれば，一般から具体への流れがつくれたら要領よく解答できる。

3　ベクトルの大きさの 2 乗の値を求める問題である。垂直なベクトルの内積の値を 0 に置き換えて要領よく計算するとよい。

4　空間での線分の長さの和の最小値を求める問題である。2 変数の関数の最小値の問題となるので，一方を固定して処理するとよい。

5　曲線における点の軌跡の長さと極限値を求める問題である。ベクトルを利用して，$\overrightarrow{\mathrm{OP}}$ の成分から点 P の座標を求める。曲線の長さを求めるる公式の利用の仕方もマスターしておこう。
　2〜5は標準レベルの問題である。

と問二十二は知識に関する設問で、きわめて易しい。問二十一は、対句にかかわる設問だとわかれば、「如」「似」の意味用法や主語、動詞などが把握できる。標準レベル。問二十三は、全体にわたる内容真偽の設問。ただ誤答となる選択肢の中には明らかに主題に反する語句が含まれており、見きわめは易しい。標準レベル。

全体を通して見ると、分量的にもレベル的にも現代文の比重が非常に大きいことがわかる。前述の①～③のような、速読・速解の力が必要である。と同時に、即答しやすい古文・漢文から先に手をつける、あるいは、小問数に応じた時間配分をするなど、試験時間の割り振りに配慮したい。

講評

現代文、古文・漢文各一題、計三題で時間は六十分。形式は、マーク式と記述式の併用となっている。

一の現代文は、情報学者である西垣通の編著からの出題。同一の論文から二カ所が抜き出されており、かなりの長文。主題は、AI・ロボットと人間の知能および倫理規範とのかかわりである。主題に沿って、①段落ごとに概略をまとめながら読み進め、②カタカナ用語や先行理論を対比的に分類・整理し、③いくつかの具体例から逆に、学術用語の定義を把握すること。問一は、理由を尋ねているが、傍線部を言い換えて説明する設問。選択肢の違いが明らかであり、やや易のレベル。問二・問五は、説明されている概念を対比的に読み取ればよく、やや易。問六も、「対比的な語句」という設問条件に従えばすぐに正解に至る。問七は、解答になる箇所が傍線部と離れており、探すのにやや手間取る。標準レベル。問三と問十は、日常的な具体例を選択する設問。問三はやや難、問十は標準のレベル。問八は、図形モデルを選択する新傾向の設問。標準レベル。問九も標準レベル。問四・問十一は、読解に関する情報処理能力を要する。やや難のレベル。

二の古文は、無住の説話集『沙石集』が出典。離縁された女が示す夫への情愛について、三つのエピソードを含む。和歌がやや難解だが、用語や文法上に困難な点はない。人物関係も単純で読み取りやすい。問十二・問十三は、基本的な語で、やや易のレベル。問十四の文法問題もやや易。問十五は、設問部までに至る話の展開を把握すれば、対処できる。やや易。問十六は基本的な句法に基づく訳出を求める。これもやや易。問十七は、「袖」と「涙」の関連を古典常識として知っていれば、選択肢は限られる。標準レベル。問十八の内容説明はやや易のレベル。問十九は、三つのエピソード全体にわたる内容真偽の設問。選択肢を細部まで読み込んで本文と対応させる必要があり、やや難のレベルである。

三の漢文は、杜甫の漢詩が出典。設問は、押韻や対句など漢詩の基本的な知識にかかわる内容が中心である。問二十ハ、「純然たる心象風景を言葉にした」が不適切。最終句に「愁ひて直北を看れば」とあるように、船中から実際に真っすぐ北を「看」ている。「蝶」も「鷗」も舟中からの実景である。

ニ、「二句でまとまった意味をなす」という原則からすれば、二句目は、一句目の「佳辰」（＝「佳」は〝よい、めでたい〟の意。「辰」は〝日柄、朝〟の意）、すなわち「めでたい節句の日」の様子を描いたことになる。（注）にある、「隠几」「蕭条」「鶡冠」の説明から「わびしく隠者のかぶり物をかぶっている現状」は適切な説明である。「それが作者の理想とは隔たっている」は、明示されていないが、最終句の「愁ひて直北を看れば是れ長安」から、「愁ひ」（＝異郷の地で老境を迎えたやるせない悲しみの心情）の現状と、はるかに隔たった長安にはせる思いが結んでいることは明らか。よってニは正解。なお、「詩聖」と称される杜甫は、安史の乱で都長安を出てから流浪の生涯を送った。この詩はその最晩年の作。

ホ、「春景色に対する喜び」が不適切。第四句の「老年花霧中に看るに似たり」という老いの嘆きに合わない。「蕭条」や「愁」の語句にもふさわしくない。また、「旅の目的地へいち早く到着したいという強い願望」も尾聯（第七句、第八句）の、老境の「愁」のうちに「万余里」隔たった「長安」を想う気持ちに反する。

へ、「四句（二句＋二句）＋三句」という漢詩の訓読の原則に従えば、頸聯（第五句、第六句）の「娟娟たる」は「戯蝶」の、「片片たる」は「軽鷗」のそれぞれ形容句。「舟中」にある作者が「目にした蝶と鷗が描かれる」ことに間違いはない。「自由自在に空を飛ぶ彼ら」も「娟娟」「片片」の（注）や「過る」「下る」という動作性のある語句から明らか。また、「思うに任せぬ我が身」は、「猶寒」「蕭条」「愁」などの語に現れている。ただ、「対照的に、…彼らへの憧れ」は、直接的には描かれていない。しかし、ニで触れたように、老境を迎えて「几に隠り」「鶡冠を戴（き）」つつ「愁ひ」を抱く作者と現況の対比とすることは可能である。よって、へは正解。

に訓読することになる。「船」が〝天上に坐っているよう（に揺れている）〟の意であり、「花」が〝霧の中で看るよう（にぼんやり見える）〟の意である。「春水」、「老年」はそれぞれの原因、すなわち〝春の増水のために（揺れている）〟、〝年老いたために（ぼんやり見える）〟という意を表している。以上、対句と対応する語句の意味を踏まえたロが正解。

イ、「春霞につつまれて…見えない」が、「似」の働きをおさえていない。また、「まるで天国に昇ったかの心地」は、「船が」揺れる様子を表現していない。

ハ、「老木に咲く花」が、対になる語句をおさえていない。「老年」である作者と「花」とを混同している。また、「船室に坐っていると」も「天上に坐するがごとく」に合わない。

ニ、「爽快そのもの」がこの漢詩にはふさわしくない内容。この詩は、「寒」「老年」「蕭条」「愁」など、老境にあるうら寂しさを詠んだものである。

ホ、「往来する船が」が、作者自身が乗っている船が揺れていることに当たらない。また、「色とりどりの色彩が空中にちりばめられたかのよう」は「花霧中に看るに似たり」の〝霧の中で見るようだ〟という意に合わない。

問二十二　押韻（決まった箇所に同じ韻〈音読みした末尾の音《おと》が同じ〉の文字をおくこと）は、偶数句末が原則で、七言の場合は初句末にも押韻する。この漢詩は七言律詩であり、「寒」「冠」「看」「湍」が、いずれも「―an」という韻をそろえている。空欄aの末尾の文字の韻は、「―an」となる必要があり、末尾に「安」の文字を持つイが正解。

問二十三　イ、「静態的に描写し」が不適切。「（戯）蝶は…過り」、「（軽）鷗は…下る」とあるように、「蝶」「鷗」の動作する様子が描かれている。

ロ、「異郷で迎える節句」が不適切。題名は「小寒食舟中の作」であり、（注）には、「小寒食」が「寒食」の節句の翌日だと説明がある。「節句」は昨日済んでいるのである。「瑞々しい作者の感性」も「花霧中に看るに似たり」という老いの実感に合わない。

几《き》に隠《よ》り蕭条《せうでう》として鶡冠《かつくわん》を戴く
春水船天上に坐するがごとく
老年花霧中に看《み》るに似たり
娟娟《ゑんゑん》たる戯蝶《ぎてふ》は閑幔《かんまん》を過《よぎ》り
片片《へんぺん》たる軽鷗《けいおう》は急湍《きふたん》を下る
雲は白く山は青し万余里《ばんより》
愁《うれ》ひて直北《ちよくほく》を看れば是れ長安

解説

問二十　唐代以降の「近体詩」と呼ばれる漢詩は、①絶句（四句のもの）、②律詩（八句のもの）、③排律（＝長律）（十二句が正式、十句、十二句以上のもの）に分類され、それぞれに、①五言（一句が五文字）、②七言（一句が七文字）のものがある。これを組み合わせて、「五言絶句」、「七言律詩」…といった形式で呼ばれる。問題の漢詩は、七文字からなる句が八句あり、正解はホ。なお、五言の句は「二文字／三文字」に、七言の句は「四文字（二文字／二文字）／三文字」に、それぞれ分けて訓読するのが原則である。これら、形式、押韻、対句、訓読法は、漢詩理解の基本である。

問二十一　漢詩は「二句（奇数句と偶数句）連続」でまとまった意味をなすのが原則。また、律詩の場合「第三句と第四句」（＝「頷聯《がんれん》」）、第五句と第六句（＝「頸聯《けいれん》」）とが、原則として対句になる（「対句」は、文法上同じ働きをし、意味上対比される語句を含む句）。なお、律詩の場合、第一句・第二句のまとまりを「首聯《しゆれん》」、第七句・第八句のまとまりを「尾聯《びれん》」とも呼ぶ。傍線部1は、「頷聯」に相当する。「如」と「似」は、〝ちょうど…のようだ〟という比況の意を示す文字。いずれも返読文字で「如《ごとシ》…《ガ(ノ)》」「似《ル》…《ニ》」と読む。対句の原則に着目すれば、この「如」と「似」、「春水」と「老年」、「船」と「花」、「天上坐」と「霧中看」がそれぞれ対応していることがわかり、先の〈読み〉のよう

三

出典　杜甫「小寒食舟中作」

解答　**問二十**　ホ　**問二十一**　ロ

問二十二　イ

問二十三　ニ・ヘ

全訳

小寒食の日、舟の中での作　杜甫

（昨日は寒食節の）めでたい日、むやみに酒を飲んだが、食べ物は（寒食節だから）やはり冷え冷えとし

（私は）脇息に寄りかかって、わびしく鶡冠をかぶって（隠者のように座って）いる。

（今日は）水かさの増した春の川の流れのせいで、船は（揺れ）天空のうちに座っているかのようで

（私は）年老いたせいで、（岸辺の）春の花々も霧の中で見るようにかすんで見える。

清らかに美しく飛び交う蝶々は、ひっそりと掛かった薄絹を通り過ぎ

軽やかに空を舞うかもめは、急流へと降下していく。

雲は白く山は青々とはるか向こうに続いていて

もの悲しさに真っすぐ北に目を向けると、そこは（懐かしい都）長安である。

読み　小寒食《せうかんしよく》舟中の作　杜甫

佳辰《かしん》強《し》いて飲みて食猶《な》ほ寒く

動から描いたと考えられるため、イが正解。

ロ、「正妻は夫に対して気持ちが離れた後も敬意ある態度をとり」が不適切。正妻の心が夫から離れたと捉えられる記述はない。また、夫からの呼びかけに対して「すべて返事もなかりけれど」（第三段落）とあるのも、夫から身を引こうとするのであって、気持ちが離れたことを表すわけではない。

ハ、夫から「さられ」るという「不幸な状況」にあって、当日の「雨降り」の情景にもとづいた「降らば降れ…」の和歌を「当意即妙」に詠むことによって、夫の「わりなく（＝理屈をこえて）覚えてとどめたりける（＝心を動かした）」という具合に、本文の表現と選択肢の説明が対応している。よって、ハは正解。

ニ、「夫を置いて出て行くことを罪深いと考え」が不適切。本文では、妻は「殿ほどの大事の人を打ち捨てて行く体の身の何物か欲しかるべき」（第五段落）と言っている。夫ほどの大切な人を置いて出ていく我が身には、他に何もいらない、という夫への深い情愛を示す表現である。

ホ、「前世の因縁ですべて決まっていると考えている」が不適切。最終段落では「先世の事と云ひながら、心ざまによるべし」となっている。愛憎が起こる原因について、「先世の事（＝前世の因縁）」を認めつつも、それが「すべて」ではなく、やはり「心ざま」によるのだ、という文脈である。

ヘ、「愛される理由」と限定しているため、不適切。「どのエピソードでも、夫の身勝手に対しても嫉妬を見せない」ような「心のあり方」が描かれている。しかし、最終段落では「人に憎まるるも、思はるるも」とあり、「愛される理由」だけでなく、憎まれる理由についても「心ざまによるべし」とまとめている。そのため、ヘは不適切であると判断する。

ロ、「濡れたことにしましょう」が不適切。「で」や「べき」の意味用法を踏まえていない。また「春の雨…ためし」も、袖が濡れる原因である「涙」に触れていない。

ニ、「私の心は晴れやかで」が不適切。「夫」から「さられ」る妻の心境ではない。また、「雨が降りつづいたとしても」も「降らずとて」の解釈に合わない。

ホ、「あたりの露で」が不適切。袖が濡れるのは、夫との別離の涙によるものである。また、「私はきっと…濡らして行くことになるでしょう」も「で」や「べき」の解釈を誤っている。

問十八 「やがて」は、〝すぐに、そのまま〟の意の副詞。「死にの別れ」は〝死ぬことでの別れ〟、すなわち〝死ぬまで連れ添う〟の意。文脈からも、ここは一旦は離縁しようとしたものの、引き留めて生涯一緒だったというハッピーエンドの内容になる。よって正解はロ。

イ、「しばらく家に残しているうち」が「やがて」の意に合わない。「女性が死んでしまった」も「死にの別れ」の意ではない。

ハ、「しばらくして」が「やがて」の意に合わない。

ニ、「止めることは出来ず」が不適切。「とどめて」には、不可能の意を持つ語句はない。また、「今生の別れになった」も「死にの別れ」に反する。

ホ、「女性が…夫をそこに残して」が不適切。夫が女性を引き留めたのである。また、「そのまま死に別れる」も「死にの別れ」の反対の意になっている。

問十九 イ、第三段落に「ためし少なき心ばへにこそ」とある。その前の文には「遊女も心ある者にて、互ひに遊び戯れて」とあり、正妻と妾の二人が交流し合ったことを、類例のないすばらしいことだと讃えていると読み取れる。ただ、「ためし少なき心ばへ」は、前に「有り難き御心ばへ」とあることから、この最初のエピソード全体のまとめとして、「北の方」だけの人柄を賛美した表現とも受け取れる。しかし、第二段落は遊女の「心ばへ」のすばらしさをその言えたホが正解。

イ、「世間体が悪く」が不適切。「遊女」が家を出ようとしたのは、「御前の御振舞、有り難き御心ばへにて…」とあるように、「北の方」の人柄に心を打たれたから。「かくては」の指示内容を誤っている。

ロ、「あなたが正妻に未練を…状態」が不適切。「御前の御振舞…」は、「北の方（＝正妻）」の行動・気性のことを言っている。「かくては」の内容を、「殿上人（＝殿）」の現状としている点で誤り。

ハ、「離縁もせずに正妻が別にいる状態では」が不適切。正妻を呼び戻し、自分が身を引こうとする文脈に合わない。「さ」「かく」の指示内容を誤っている。また「心やすく」は、本文中にこの訳出に相当する語句がない。

ニ、「追い出した」「うるさい正妻」が不適切。「御前の御振舞、有り難き御心ばへにて…」とある「北の方」の気質に心を打たれたという文脈に反する。また「心やすく」は、本文中にこの訳出に相当する語句がない。

問十六　「こそ…め」の「め」は助動詞「む」の已然形。この形の「む」は、適当・勧誘の意となることが多い。「給ふ」は、尊敬の補助動詞。「こそ行き給はめ」で〝行きなさってはどうか、お行きになるのがよい〟の意。これらを満たしているイが正解。

問十七　「降らずとて」の「ず」は打消の助動詞の終止形。〝（雨が）降らないからといって〟の意。「未然形＋ば＋こそ」が文末に用いられる場合（結びが省略された場合）は、〝（…ならばともかく）、そんな〜はない〟という強い否定の意となる。「濡れで行くべき」の「で」は打消を伴う接続助詞。〝〜ないで〟の意。「べき」は可能の助動詞「べし」の連体形。ここは〝濡れないで行くことのできる袖ならばともかく、そんな（＝濡れずに行ける）袖はない〟の意味である。「袖」が「濡れる」は、悲しみの涙を流す意（「袖を絞る」「袖の露」などの表現もある）。夫との離別の悲しみに雨のような涙で袖を濡らす、というのである。袖が濡れる原因を「（別離の）涙」としたハが正解。

イ、「心の中で雨は降りつづいて」が不適切。「袖」を濡らす原因が、「雨」の降る降らないということにあるのではなく、別離の「涙」にあることに触れていない。

人に憎まれるのも、慕われるのも、前世からの因縁だとはいうものの、その人の気立てに基づくものであろう。

解説

問十二　「いぶせし」は、不快感や憂鬱な感じを表現する形容詞。ここは、「ある殿上人」から「北の方」への伝言部分。「思しめされ」、「出させ給へ」は、「北の方」への尊敬表現である。〈遊女を連れて家に帰るが、（連れ帰る女と一緒では）あなたは「いぶせく」お思いになるだろうから、家を出て行ってください〉と言っている。ホの「理不尽に」は、「いぶせし」の語義から外れる。

問十三　「まめやかに」は「忠（＝真）実やかに」で〝心がこもっている、まじめだ〟の意の形容動詞。ここは、（離縁される）女の自分への深い情愛の「気色」を見た男の思い。「（女のことが）いとほしく覚えて」に係る。イは、程度のはなはだしいことを言っており、「まめ」が持つ、誠実さや真面目さという要素に欠ける。

問十四　傍線部甲は、使者による夫（＝ある殿上人）からの伝言を聞いた「北の方」が、（家の）召使いたちにあれこれ指図する言葉。「なる」は、使者からの「伝聞」の意を表す助動詞ということになる。また、この部分の主語は「殿（の）」。「給ふ」は尊敬の補助動詞であり、「せ＋給ふ」で尊敬の助動詞と組み合わさっていると判断できる（尊敬の補助動詞「給ふ」「おはす」「おはします」の前に助動詞「す」「さす」が付く場合、通常「す」「さす」は尊敬の意となる）。よって正解はホ。

問十五　「いかで」は、ここでは反語の意。前の「いかでかかる御すみかには住み候ふべき」と同じ意味用法で、「べき」は可能の助動詞「べし」の連体形。「候ふ」は丁寧の補助動詞。「住み候ふべき」で〝どうして住むことができましょうか（いやとてもできません）〟の意となる。直前の文に「御前を呼び参らせて、本の如くに、この身は別の処に候ひて…」とあり、「かくては」の「かく（斯く）」は、北の方が出て行った後、遊女が住んでいる現状を指すことがわかる。また、「さらでは（＝〝そうでないと〟）」の「さ（然）」は、直前の文の、北の方を呼び戻して自分は別の所に住んで時々のお召しに従うことを指す。反語をもたらす「いかで」の意味用法を踏まえた上で、指示語の内容をおさいほどすばらしいご気性でいらっしゃることを、お聞きいたします。その上、（お住まいの）様子も拝見しますからには、どうしてこのような（すばらしい）お宅に住むことができましょうか（いや、住むことはできません）。（そんなことをしたなら）私への（神仏の）ご加護もなくなるでしょう。北の方さまをお呼び申し上げて、元のように（住んでいただき）、私は他の場所に身を置きまして、時々お召しがあれば、そのようにいたしましょう。そうでなければ、どうしてこのままでは、一日たりともいることができましょうか（いや、とてもできません）」と、何枚もの神々への誓文を書いたので、殿ももっともなことだとお思いになって、（また）北の方（＝自分の妻）の情愛もはなはだしく深いものに感じられて、使者を遣わして、北の方をお呼び申し上げる。

（北の方からは）全く返事もなかったが、たびたびあれこれ申し上げて、（結局）一緒に暮らしなさった。遊女も風流を解する人物で、（北の方と）お互いに風流な遊びに興じて、遠慮のない仲であった。類まれな心掛けであるだろう。

また、ある人の妻が、離縁されて（家を出ようと）すでに馬に乗ったちょうどそのとき、雨が降ってきたので、その夫が、「雨が晴れてからいらっしゃるのがよいでしょう」と言ったところ、妻は返事の歌として、

　雨が降るのなら降ればよい、降らないのなら降らないでもよい（＝私にとっては、どちらも同じことです）。雨が降らなくても、濡れずに行ける袖ならばともかく、（私には）そんな袖はないのだから（＝どうせ、あなたとの離別する悲しみの涙で袖は濡れているのですから）

と答えたので、（夫は）どうしようもなく愛おしく感じて（女を）引き止めたとかいう。

遠江の国にも、ある人の妻が、離縁されるということで、もう馬に乗って出て行ったのだが、妻が離婚されるときは、家の中にあるものを、思いの限りもらっていく習わしなので、「何でも持っておいきなさい」と、夫が申したとき、「あなた様ほどに大切な人を捨てておいて出ていく我が身に何の欲しいものがございましょう（いや、何もありません）」とほほ笑んで、恨むようすもなく言ったので、（夫は）その様子が本心からいじらしく感じられて、すぐに（妻を）引き留めて、死に別れるまで一緒だった。

指示を…決定できる」と表現するのは不適切である。

二　出典　無住『沙石集』〈巻第九ノ一　嫉妬の心無き人の事〉

解答

問十二　ニ
問十三　ロ
問十四　ホ
問十五　ホ
問十六　イ
問十七　ハ
問十八　ロ
問十九　イ・ハ

全訳

ある殿上人が、田舎に下った折に、（その土地の）遊女を一緒に連れて、都に上られたが、（その際）使者を先に（家に）やって、「女性（＝遊女）を連れて都に帰ります。不愉快にお思いになるでしょうが、（家を）お出になってください」と、思いやりもなく申し上げなさったところ、北の方（＝正妻）は、少しも恨みに思っているようすもなく、「ご主人様が、（他の）女性と連れ立って都にお上りになるそうだから、お支度をしなさい」と言って、（召使いたちに）こまごまと指図して、（家具調度の）みっともないものばかりを、かたづけて、すべてに感じがよいように心配りして、自分だけ（家を）出なさった。

遊女は、このことを見聞きして、たいそうかしこまり驚いて申し上げたことは、「北の方さまのお振舞い、めったになの目的とは切り離されたコミュニケーションのための「疑似的な意味」（第十段落）を指しており、適切である。よって、ロは正解。

ハ、「語彙や文法からは自由に思考を巡らせることができる」が不適切。「社会システム」は、人間の自律的な思考活動に制約を与えるもので、「法律はむろん…言語自体が文法や語彙といった秩序体系をもって（いる）」（第十段落）という内容に反する。

ニ、第二段落に「人間とコミュニケートするといったＡＩ・ロボット…においては、これだけでなく、サイバネティック・パラダイムをも組み合わせていくことがどうしても不可欠となってくる」とある。「これ」の指示するのは「コンピューティング・パラダイム」。また、第九段落では、「ＡＩ・ロボットの活用においては、必ずこのことに留意しなくてはならない」と、（サイバネティック・パラダイムにもとづく）閉鎖系の「生命情報」と（コンピューティング・パラダイムにもとづく）開放系の「機械情報」を組み合わせる必要性を説いている。第十三段落には「…という二つのパラダイムを相互作用していく方途」といった表現もある。よって、ニは正解。

ホ、「コンピューティング・パラダイム」が「ハインツ・フォン・フェルスターによって定式化され」としている点が不適切。第四段落の初めに「内側からの観察という点を純粋に追求したシステム論は…定式化され」とある。この「内側からの観察」とは、人間の心の働きを言い、その点の追求は「サイバネティック・パラダイム」によるものである。

へ、本文に「ＡＩ・ロボットがエージェントとして企業のコミュニケーションに参加し…倫理規範に間接的に影響をあたえることはできる」（最終段落）とあることに合わない。ＡＩ・ロボットは、議論の中に加わり「（成員相互の）エージェント（＝仲介者）」の役割を果たすのであって、選択肢のように「意思決定」に「参画（する）」といった役割を担うことができるわけではない。また、本文の「倫理規範に…影響をあたえる」は、前の「倫理規範をボトムアップで…変えていく」ことを受けた表現であり、選択肢のように「倫理規範」のことに触れずに、「構成員に向けたシステムの制約を不合理だと判断した場合、下位の人間の心（的システム）を結集して、その変革を図ろうとすることである。

イ、「社会規範に照らして」が不適切。上位にある「社会規範」を受け入れるのではなく、その変革を図るのである。「席を譲った」も「社会規範」の変革を図ることに当たらない。

ロ、「倫理規範」に相当する語句がなく、不適切。また、選択肢の内容は個人の心性であって、「ボトムアップで」の下位の思いを集めるという要素がない。

ハ、「生徒一人一人の意見」という下位の人間の心（的システム）が、「校則」という「倫理規範」をボトムアップで「変えていく」に当たる。よって、ハは正解。

ニ、「ある生徒が…率先して行った」は個人の行為であり、「ボトムアップ」に当たらない。

ホ、「エアコンの使用を控えた」は個人の行為であり、「ボトムアップ」の要素がない。また、「地球温暖化を防ぐ」も変えていくべき「倫理規範」とは言えない。

ヘ、「従業員が話し合い」「改善につながった」は「ボトムアップ」による変更に相当する。また、「勤務条件」は個人を制約する「倫理規範」である。よって、ヘは正解。

問十一　イ、「社会情報の意味を素早く理解し、効率的に伝達することができる」が不適切。「ＡＩ・ロボット」について、本文ではこのような内容には触れていない。述べているのは、「ＡＩ・ロボット」と人間的な倫理道徳とのかかわりである。

ロ、選択肢前半部の「生命情報」にかかわる説明は、第七段落の「もっとも根源的なのは『生命情報』であり、これは、生物によってオートポイエティックに創出される、意味をもつ広義の情報」に一致する。また、後半部の「意味を伝える社会情報とは区別されている」は、「生命情報」の「意味」（注：カッコつき）が「『生存』という生き物の目的と一体な」（第八段落）状態を指すのに対し、「社会情報」で言う意味（注：カッコなし）は、そのような生き物ムに位置づけられる」ことは第十段落以降にある。また、AI・ロボットを動かすプログラムは社会情報や機械情報をもとにしている。その点で、社会的な制約を受けており、社会システムの「下位システムに位置づけられる」と言える。よって、イが正解。

ロ、「会社での…システムからみると…決まりきった発言しかしない」ことは、「AI・ロボットに置き換えることができる」ことにはならないため、不適切である。

ハ、「社会システムでの自律的な人間の振る舞い」が不適切。「社会システム」のもとでは、人間は「他律的」に見えるのである。また、「コンピューティング・パラダイムの強い影響を受けるサイバネティクス」も正確ではない。確かに「当初のサイバネティクスはコンピューティング・パラダイムの強い影響のもとにあり」（第三段落）とあるが、それは一九七〇―八〇年代に「ネオ・サイバネティクス」の思想へと変化し、そこでは、「コンピューティング・パラダイム」とは対比的な「サイバネティック・パラダイム」が採られるようになる（第一・第四段落など）のである。

ニ、「社会システムからみると…自律的な人間」が不適切。「人間」は「社会システム」の制約のもと、「他律的」なものに見えるのである。また「AI・ロボット」を「人間と相互依存の関係にある」としている点も不適切。

ホ、「これと同型の関係性を、AI・ロボットが…有していれば」が不適切。「心的システム」と「社会システム」の関係性については、これまで説明してきたとおり、心的システムの自律性→社会システムの制約→心的システムの他律性≒AI・ロボット化といった流れで説明されるが、「AI・ロボット」はもともと開放性・他律性を帯びており、「社会システム」の影響によって変化しようがない。「同型の関係性を…有（する）」ことはあり得ないのである。また、「人工知能は人間の知能と見分けがつかなくなる」も不適切。「AI・ロボットは人間とちがい個別の自律的な道徳心をもたない」（第十四段落）など、「人工知能」と「人間の知能」は同じにはなり得ないということが繰り返し述べられている。

問十　傍線部6の指示語「こういうこと」は、「倫理規範をボトムアップで動的に変えていくこと」を指す。上位の社会といった語句が入る。生物や人間（の心）のあり方は「閉鎖系」に、機械（やロボット）のあり方は「開放系」に属する、というのである（第五段落には「工学的には開放系を前提としている」ともある）。

問七　第七段落では、「情報」を「生命情報」「社会情報」「機械情報」の三つに分類している。その例として示されたこの傍線部3「昨日食べたもののせいか…」は、「（近似的にせよ）意味を伝えるための社会情報である」と説明されている。この「近似的」や「社会情報」という語句に着目して以降を探せばよい。個人の心的システムと個人の属する社会システムとの関係を述べた第十段落では、「生命情報」から「社会情報」への変化について、「（社会的制約は）閉鎖系同士での疑似的な意味伝達つまり社会情報の交換を可能にしている」とある。「社会情報の交換」も内容的には合っているが制限字数にふさわしくない。また、「一定の枠内の文脈での発言」（第十二段落）は「一般化して」という設問条件に合わない。

問八　傍線部4で「階層的」というのは、「たとえば、個人の心的システムは社会というシステムの下位にある」といった上位・下位の関係を指している。また「自律コミュニケーション」では「視点が個人の心的システムにあるとき、個人の思考は…自律的（オートポイエティック）に産出され…視点を社会システムに移すと…コミュニケーションが自律的（オートポイエティック）に産出される」（第十一段落）という「視点移動という操作がおこなわれる」と言っている。「社会システム」を上位に、「個人の心的システム」を下位に置いて階層性を示し、それぞれを観察する視点の移動を示した、ロが正解。イやハの図のように「社会システム」と「個人の心的システム」が重なり合うのは「階層的」に当たらない。また、ニは並立であって、上位、下位の区別がない。

問九　傍線部5は、もともとＡＩ・ロボットは他律的であるという点で、本来は自律的な人間とは相反するものだと捉えるが、「社会システムの視点に立つと」「近似的に同格（＝ほとんど同等）」のものと位置づけられると述べている。その内容を含む選択肢を選ぶ。

イ、「社会システムからみると」「自由意志を持つ（＝自律的な）人間」が社会的な制約を受けており、「下位システうな、明確な存在ではない」（第六段落）とも言っており、「主観的な知識と客観的な知識の両方を備えている」との説明は誤り。

ホ、第五段落で、「ＡＩ（人工知能）というのは基本的には三人称的・客観的な知性である」ため「外部」を持たないとし、そのことをとらえて「このことは、ＡＩソフトウェアだけでなく…ＡＩ・ロボットについても言える」とあることに合致する。よって、ホは正解。

へ、「普遍的な知性」が不適切。第八段落に「天上の神は…局所的な知性をもつ」とあることに反する。なお、これ以降は、「神」のような「局所的な知性」をＡＩ・ロボット（科学技術）も持つが、それは（「神」とは違い）、あらかじめ与えられたプログラムやデータにもとづく限られた知性に過ぎない、という主張である。また、「俯瞰」は、〝全体を上から見降ろすこと〟、「普遍的」は〝すべてのものに当てはまる様子〟の意。

問五　空欄ｂの前にある「サイバネティック・パラダイム」と「コンピューティング・パラダイム」の対比に着目する。前者は、「生物特有の『内側からの観察』という…アプローチ」である、と説明されている。「一方、これと対比されるのは」として、「コンピューティング・パラダイム」が挙げられているのだから、空欄には「内側（から）」と反意の語句が入ることになる。文章Ａの第八段落では、このような「コンピューティング・パラダイム」のあり方を「神」の認知になぞらえて、「神はある意味で『外側』から対象を観察している」と言っている。「コンピューティング・パラダイム」≒神の認知≒「外側」からの観察、ということになる。

問六　空欄ｃの後には「を前提とした…コンピューティング・パラダイムで十分だろう」とあり、空欄ｄの後には「である人間のコミュニケーションが絡んでくると、…サイバネティック・パラダイムにもとづく分析を…」とある。空欄ｃには、「コンピューティング・パラダイム」にかかわる語句が、空欄ｄには「サイバネティック・パラダイム」にかかわる語句が対比的に入ることがわかる。文章Ｂの（以下「Ｂ」を省略）第四段落に「サイバネティック・パラダイムが前提とする『閉鎖性』」という表現があることから、空欄ｄには「閉鎖」、空欄ｃにはこれと対比的な「開放」

ロ、「注射をした」は、⑴観察・認知に当たらない。また、「他の場所も腫れてしまった」も、「注射」の影響であり、⑵観察・認知の影響ではない。

ハ、「倍率を上げたら、結晶が見えなくなってしまった」は、観察対象である「花崗岩」そのものに影響を及ぼしたわけではない（＝⑵に反する）。

ニ、「雷鳥を写真に撮ろう」「カメラを出そう」は、⑴観察・認知にかかわることである。また、その間に「雷鳥は逃げていった」ことは、写真を撮ろうとしたことにより「雷鳥」が逃げるという事態を引き起こした、つまり、対象に影響を与えたということだから、⑵にも相当する。よって、ニは正解。

ホ、「大雨が降り続いた」は、自然現象であり⑴の「人間」の観察にかかわることではない。また、「大雨」で「災害のリスクが高まった」は、観察・認知者による⑵対象への影響ではない。

問四 イ、「天然知能」が「…三つを同時に成り立たせ、矛盾なく解決できる」としている点で合致しない。第八段落には、「自由意思、決定論、局所性の三つがトリレンマをなす」とあり、その前の段落に「トリレンマとは三つが並立できないこと」とあることに反する。

ロ、「決定論が幻想だと主張する」との表現が本文と合致しない。「自由意思」と「決定論」を取り違えている。本文の第二段落には「（水を飲むという行為が）自由意思（にもとづく行為だとする）などは幻想だと主張する」とある。

ハ、選択肢の前半、「倫理道徳の前提条件には自由意思がある」は、第一段落に「倫理道徳のベースは…自由意思にある」、「自由意思は倫理を論じる大前提」とあることに合致する。また、本文には「この問いは、ＡＩ・ロボットが自由意思をもちうるか、という難問につながっていく」とあり、人間と自由意思との関係は、ＡＩ・ロボットと自由意思との関係を議論することに結びつくとする、選択肢の後半部分に合致する。よって、ハは正解。

ニ、「一・五人称的」の説明が不適切。「天然知能」が「一・五人称的」だというのは、「自分の世界の外部に…あいまいな存在が満ちている」（第六段落）から。また、「人間」の「外部」は「客観的に定義されて測定し計算できるよニ、「重大な決断に関しては、AI・ロボットの代わりに人間が善悪の判断を行わなければならない」が不適切。本文では「責任の相違」について、具体的には触れていない。また、本文には「人間」が「AI・ロボット」の代用をすることについての記述はない。

ホ、「情報処理という面に関して」、「はるかに優れている」のように「AIやロボット」と「人間」とについて能力の比較をしている点で不適切。本文には記述されていない。また、「人工知能が人間の代わりに意思決定」も見当たらない内容である。

問二　空欄aの直前に「局所性を放棄することにより、自由意思と決定論を」とある。この「局所性」「自由意思」「決定論」の三つにかかわる語は「トリレンマ」。第七段落には、その説明として「トリレンマとは三つが並立できないことであり、言いかえるとその中の二つは同時に成立できる」とある。「自由意思」と「決定論」について、「同時に成立（させることができる）」という意味の語句を探すことになる。また、第二段落で「人間」の行為が「『決定論』のもとにある」とすれば「自由意思などは幻想だと主張する」と脳神経科学者の考えを紹介している。これを言い換えた「自由意思と決定論とは矛盾し両立不能と見なせる」の中から、「同時に成立（させることができる）」に相当する語句を抜き出す。

問三　「局所性」の本文での定義は、「空間的に隔てられた二つの場所で起こる出来事を、一方が他方に影響をあたえずに知ることが可能、ということ」（第八段落）と示されている。筆者は、これを「『観察（情報取得）』に関わ」るとし、「一方が他方に影響をあたえ（る）」とは、「（観察者が）対象を知ろうとすると対象を乱してしまうこと」だと説明する。「人間をはじめ生物」の⑴観察・認知にかかわる事柄で、⑵観察・認知の対象に影響を及ぼす、の二点から具体例をみる。

イ、「犯罪」の「発生」が、⑴「人間」の観察・認知にかかわることではなく、「近隣の住民はパニックに陥った」も⑵の観察・認知者が対象に影響を与えたわけではないため、不適切。

中の二つは同時に成立できる。人間の認知は、多くの場合、局所性を持ちえないが、ＡＩ・ロボットは局所的な知性を持つ。人間は、局所性を放棄することで、矛盾し両立不能と見なされた自由意思と決定論の両立を可能にした。

文章Ｂ：サイバネティック・パラダイムのもとでは、情報は「生命情報」「社会情報」「機械情報」に分類される。「生命情報」は、生き物の「生存」と結びついた「意味」である。それを人間は、社会的な制約の中で「社会情報」として疑似的に意味伝達する。さらに、これを時間空間をまたいで効率よく流通させるのに用いられるのが、コンピュータなどの「機械情報」である。本来自律的な生命情報が社会情報となるということは、他律的なＡＩ・ロボットが自律的な人間と近似的に同格化したということである。このことは、ＡＩ時代の倫理道徳を考えるとき、きわめて大きな意味を持つ。

解説

問一　傍線部1の「人間が…データ処理機械だとす（る）」は、人間の行為を物理的／化学的反応に過ぎないとする「決定論」による「人間」のとらえ方（第二段落）を指す。「両者」とは「人間」と「ＡＩ・ロボット」のこと。「人間」の行為が「ＡＩ・ロボット」と同じように「決定論」にもとづくものだとした場合、その行為の責任は「相違すら分からなくなってしまう」（＝違いが不明確になってしまう）という文である。

イ、「人間が自由意志をもたない」は、「人間」の行為を物理的／化学的反応にもとづく「決定論」的存在だと見なすこと（第二段落）を言う。その結果、「人間」は、「あくまで所与のプログラムにしたがって因果的に作動している」（第三段落）「ＡＩ・ロボット」と「同じであるとみなせる」ようになる。「決定論」によって「人間」と「ＡＩ・ロボット」とが同じものになるからとしており、イは正解。

ロ、「責任を負うべきこと」、「責任を負う必要がないこと」と、「責任」の有無にかかわって表現している点で不適切。本文には「帰すべき責任の相違すら分からなくなってしまう」とはあるが、「責任」の有無についての言及はない。

ハ、「責任を負わされるべきではない」が不適切。本文には「帰すべき責任の相違」とあり、「責任」は常に存在するのであり、「人間」を「ＡＩ・ロボット」と同一だとみなすことで、「責任」から逃れてしまうことが問題なのである。

国語

一

出典　西垣通「人新世におけるAI・ロボット」（西垣通編『AI・ロボットと共存の倫理』岩波書店）

解答

問一　イ

問二　両立

問三　ニ

問四　ハ・ホ

問五　外側

問六　ニ

問七　閉鎖系同士での疑似的な意味伝達

問八　ロ

問九　イ

問十　ハ・ヘ

問十一　ロ・ニ

要旨

文章A：AI・ロボットの知性は三人称的・客観的であり「外部」を持たないが、人間の知性（天然知能）は一・五人称的であり「外部」を持つ。「自由意思」「決定論」「局所性」の三つはトリレンマをなし、三つは並立できないが、その

人間科学部：一般選抜（共通テスト＋数学選抜方式）

解答編

数学

1

発想

(1)　$x^{2032}-194x^{2024}+x^{2016}$ を因数分解する。

(2)　5の目がちょうど k 回出る確率を $P(k)$ とおいて，$P(k)$ と $P(k+1)$ の大小関係を調べるために $\dfrac{P(k+1)}{P(k)}$ を計算する。

(3)　$\dfrac{\pi}{4}+\alpha-\left(\dfrac{\pi}{4}-\dfrac{\beta}{2}\right)=\alpha+\dfrac{\beta}{2}$ であるから，$t=\dfrac{\pi}{4}+\alpha$，$u=\dfrac{\pi}{4}-\dfrac{\beta}{2}$ とおいて，三角関数の相互関係，加法定理を用いる。

解答　(1)

$$
\begin{aligned}
&x^{2032}-194x^{2024}+x^{2016}\\
&=x^{2016}(x^{16}-194x^{8}+1)\\
&=x^{2016}\{(x^{8}+1)^{2}-(14x^{4})^{2}\}\\
&=x^{2016}(x^{8}+14x^{4}+1)(x^{8}-14x^{4}+1)\\
&=x^{2016}(x^{8}+14x^{4}+1)\{(x^{4}+1)^{2}-(4x^{2})^{2}\}\\
&=x^{2016}(x^{8}+14x^{4}+1)(x^{4}+4x^{2}+1)(x^{4}-4x^{2}+1)\quad\cdots\cdots①
\end{aligned}
$$

ここで，$x+\dfrac{1}{x}=\sqrt{6}$ より

$$\left(x+\frac{1}{x}\right)^{2}=6\qquad x^{2}+2+\frac{1}{x^{2}}=6$$

$$x^{4}-4x^{2}+1=0\quad\cdots\cdots②$$

①，②より

$$x^{2032}-194x^{2024}+x^{2016}=0 \quad \cdots\cdots(答)$$

(2)　サイコロを 100 回投げるとき，5 の目がちょうど k 回出る確率を $P(k)$ とおくと

$$P(k)={}_{100}\mathrm{C}_k\left(\frac{1}{6}\right)^k\left(\frac{5}{6}\right)^{100-k}=\frac{100!}{k!(100-k)!}\cdot\left(\frac{5}{6}\right)^{100}\cdot\frac{1}{5^k}$$

であるから

$$\begin{aligned}\frac{P(k+1)}{P(k)}&=\frac{k!(100-k)!\cdot 5^k}{(k+1)!\{100-(k+1)\}!\cdot 5^{k+1}}\\&=\frac{k!(100-k)!\cdot 5^k}{(k+1)!(99-k)!\cdot 5^{k+1}}\\&=\frac{100-k}{5(k+1)}\end{aligned}$$

ここで

$$\begin{aligned}\frac{100-k}{5(k+1)}>1 \quad&\Longleftrightarrow\quad 100-k>5(k+1)\\&\Longleftrightarrow\quad k<\frac{95}{6}=15.8\cdots\end{aligned}$$

よって，$k\leqq 15$ のとき

$$\frac{P(k+1)}{P(k)}>1 \quad すなわち \quad P(k+1)>P(k) \quad (1\leqq k\leqq 15)$$

同様にして，$k\geqq 16$ のとき

$$\frac{P(k+1)}{P(k)}<1 \quad すなわち \quad P(k+1)<P(k) \quad (16\leqq k\leqq 100)$$

したがって

$$P(1)<P(2)<\cdots<P(15)<P(16)$$

かつ　$P(16)>P(17)>\cdots>P(100)$

であるから，求める k の値は

$$k=16 \quad \cdots\cdots(答)$$

(3)　$\dfrac{\pi}{4}+\alpha=t$，$\dfrac{\pi}{4}-\dfrac{\beta}{2}=u$ とおくと

$$\cos t=\frac{1}{3} \quad \left(\frac{\pi}{4}<t<\frac{3}{4}\pi\right) \quad , \quad \cos u=\frac{\sqrt{3}}{3} \quad \left(\frac{\pi}{4}<u<\frac{\pi}{2}\right)$$

ここで，$t-u=\dfrac{\pi}{4}+\alpha-\left(\dfrac{\pi}{4}-\dfrac{\beta}{2}\right)=\alpha+\dfrac{\beta}{2}$ であるから

$$\tan\left(\alpha+\frac{\beta}{2}\right)=\tan(t-u)=\frac{\tan t-\tan u}{1+\tan t\tan u}\quad\cdots\cdots①$$

三角関数の相互関係により

$$1+\tan^2 t=\frac{1}{\cos^2 t}$$

$$1+\tan^2 t=\frac{1}{\left(\frac{1}{3}\right)^2}\qquad \tan^2 t=8\qquad \tan t=\pm 2\sqrt{2}$$

$\frac{\pi}{4}<t<\frac{3}{4}\pi$ かつ $\cos t>0$ より，$\tan t>0$ であるから

$$\tan t=2\sqrt{2}$$

同様にして $\tan u=\sqrt{2}$ であるから，①より

$$\tan\left(\alpha+\frac{\beta}{2}\right)=\frac{2\sqrt{2}-\sqrt{2}}{1+2\sqrt{2}\cdot\sqrt{2}}=\frac{\sqrt{2}}{5}\quad\cdots\cdots(答)$$

解説

《小問3問》

(1)　$x+\frac{1}{x}=\sqrt{6}$ より $x^4-4x^2+1=0$ を得るので，$x^{2032}-194x^{2024}+x^{2016}$ を因数分解して（x の多項式）$\times(x^4-4x^2+1)$ の形を導くところがポイントである。

(2)　公式 ${}_n\mathrm{C}_r=\frac{n!}{r!(n-r)!}$ を用いて，$\frac{P(k+1)}{P(k)}=\frac{100-k}{5(k+1)}$ を得る。

(3)　置換後は，公式 $1+\tan^2\theta=\frac{1}{\cos^2\theta}$，$\tan(\theta_1-\theta_2)=\frac{\tan\theta_1-\tan\theta_2}{1+\tan\theta_1\tan\theta_2}$ を用いて値を求めればよい。

②

発想

$x^2-kx+4k=0$ を k について解き，整数解をもつという条件により k の値を求める。

解答　2次方程式 $x^2-kx+4k=0$　……① の判別式を D とすると，①が異なる2つの実数解 α，β をもつためには

$$D=(-k)^2-4\cdot 1\cdot 4k>0 \iff k(k-16)>0$$

$$\iff k<0,\ 16<k$$

次に，①が異なる2つの整数解をもつ，つまりαとβがともに整数のとき，解と係数の関係により$\alpha+\beta=k$であるから，kも整数である。

①より　$(x-4)k=x^2$　……②

$x=4$は②を満たさないので，$x\neq 4$であるから

$$k=\frac{x^2}{x-4}=\frac{16}{x-4}+x+4 \quad \cdots\cdots ③$$

x，kは整数であるから

$x-4=\pm 1,\ \pm 2,\ \pm 4,\ \pm 8,\ \pm 16$

$x=-12,\ -4,\ 0,\ 2,\ 3,\ 5,\ 6,\ 8,\ 12,\ 20$

③より　$k=-9,\ -2,\ 0,\ 16,\ 18,\ 25$

$k<0,\ 16<k$であるから

$k=-9,\ -2,\ 18,\ 25$

(i) $k=-9$のとき

$x^2+9x-36=0$　　$(x-3)(x+12)=0$

$x=-12,\ 3$

(ii) $k=-2$のとき

$x^2+2x-8=0$　　$(x-2)(x+4)=0$

$x=-4,\ 2$

(iii) $k=18$のとき

$x^2-18x+72=0$　　$(x-6)(x-12)=0$

$x=6,\ 12$

(iv) $k=25$のとき

$x^2-25x+100=0$　　$(x-5)(x-20)=0$

$x=5,\ 20$

(i)～(iv)より，kの値と解の組は

$$\left.\begin{array}{l} -12,\ 3\ \ (k=-9) \\ -4,\ 2\ \ (k=-2) \\ 6,\ 12\ \ (k=18) \\ 5,\ 20\ \ (k=25) \end{array}\right\} \cdots\cdots(答)$$

解説

《2次方程式が異なる2つの整数解をもつための条件》

$k=\dfrac{16}{x-4}+x+4$ と変形することにより，$x-4$ が 16 の約数でなければならないことがわかる。

③

発想

(1) 正弦定理・余弦定理を用いて，与式から a の方程式を導く。

(2) 底 a の値で場合分けを行って，2つの不等式をそれぞれ解き，共通部分を求める。

解答 (1) 正弦定理により

$$\frac{a}{\sin A}=\frac{c}{\sin C} \qquad \frac{a}{\sin A}=\frac{2}{\sin C}$$

$$\frac{\sin A}{\sin C}=\frac{a}{2} \quad \cdots\cdots ①$$

与式より

$$\sin B-\cos B=-\frac{\sin A}{\sin C} \quad \cdots\cdots ②$$

①，②より

$$\sin B-\cos B=-\frac{a}{2}$$

$$\sin B=\cos B-\frac{a}{2} \quad \cdots\cdots ③$$

$\sin^2 B+\cos^2 B=1$ に代入して

$$\left(\cos B-\frac{a}{2}\right)^2+\cos^2 B=1$$

$$2\cos^2 B-a\cos B+\frac{a^2}{4}-1=0 \quad \cdots\cdots ④$$

ここで，余弦定理により

$$\cos B=\frac{2^2+a^2-(\sqrt{2})^2}{2\cdot 2\cdot a}=\frac{a^2+2}{4a} \quad \cdots\cdots ⑤$$

④，⑤より

$$2\left(\frac{a^2+2}{4a}\right)^2-a\cdot\frac{a^2+2}{4a}+\frac{a^2}{4}-1=0$$

$$2\left(\frac{a^2+2}{4a}\right)^2-\frac{3}{2}=0 \qquad \left(\frac{a^2+2}{4a}\right)^2=\frac{3}{4}$$

$\dfrac{a^2+2}{4a}>0$ であるから　　$\dfrac{a^2+2}{4a}=\dfrac{\sqrt{3}}{2}$

よって，⑤より　　$\cos B=\dfrac{\sqrt{3}}{2}$

$0<B<\pi$ より　　$B=\dfrac{\pi}{6}$

これを③に代入して

$$\sin\frac{\pi}{6}=\cos\frac{\pi}{6}-\frac{a}{2} \iff a=\sqrt{3}-1$$

正弦定理により

$$\frac{b}{\sin B}=\frac{c}{\sin C} \qquad \frac{\sqrt{2}}{\sin\frac{\pi}{6}}=\frac{2}{\sin C}$$

$$\sin C=\frac{1}{\sqrt{2}}$$

$0<C<\pi$ より　　$C=\dfrac{\pi}{4},\ \dfrac{3}{4}\pi$

よって　　$(A,\ C)=\left(\dfrac{7}{12}\pi,\ \dfrac{\pi}{4}\right),\ \left(\dfrac{\pi}{12},\ \dfrac{3}{4}\pi\right)$

ここで，$a<c$ より $A<C$ であるから

$$(A,\ C)=\left(\frac{\pi}{12},\ \frac{3}{4}\pi\right)$$

したがって　　$A=\dfrac{\pi}{12}$　……(答)

---

(2)(a)　$\begin{cases} a^{2x-4}-1<a^{x+1}-a^{x-5} & \cdots\cdots① \\ 3\log_a(x-2)\geqq 2\log_a(x-2)+\log_a 5 & \cdots\cdots② \end{cases}$

①$\times a^5$ より

$$a\cdot a^{2x}-a^5<a^6\cdot a^x-a^x$$

$a^x=t$ とおくと

$$at^2-(a^6-1)t-a^5<0$$

$(at+1)(t-a^5)<0$

$at+1>0$ であるから

$t-a^5<0$

$a^x<a^5$

よって

$$\left.\begin{array}{ll} 0<a<1 \text{ のとき} & x>5 \\ 1<a \text{ のとき} & x<5 \end{array}\right\} \cdots\cdots ③$$

次に②について，真数は正であるから

$x-2>0 \iff x>2$ ……④

②より　$\log_a(x-2) \geqq \log_a 5$

よって

$$\left.\begin{array}{ll} 0<a<1 \text{ のとき} & x-2 \leqq 5 \iff x \leqq 7 \\ 1<a \text{ のとき} & x-2 \geqq 5 \iff x \geqq 7 \end{array}\right\} \cdots\cdots ⑤$$

④，⑤より

$$\left.\begin{array}{ll} 0<a<1 \text{ のとき} & 2<x \leqq 7 \\ 1<a \text{ のとき} & x \geqq 7 \end{array}\right\} \cdots\cdots ⑥$$

③，⑥より

$0<a<1$ のとき　$5<x \leqq 7$

$1<a$ のとき　解なし

よって，求める a の値の範囲は

$0<a<1$ ……(答)

(b) (a)より

$$\left.\begin{array}{l} 0<a<1 \text{ のとき}\quad 5<x \leqq 7 \\ 1<a \text{ のとき，連立不等式を満たす実数 } x \text{ は存在しない。} \end{array}\right\} \cdots\cdots \text{(答)}$$

解説

《小問 2 問》

(1) 正弦定理により $\sin A=\dfrac{a}{2R}$，$\sin B=\dfrac{b}{2R}$，$\sin C=\dfrac{c}{2R}$（R は $\triangle$ABC の外接円の半径）であるが，これを与式に代入すると R が残ってしまうので，〔解答〕のように工夫して a の方程式を立てる。

(2) $0<a<1$，$1<a$ で場合を分けて各不等式を解けばよい。

④ 発想

(1) $f_2(x)$ は x の2次関数であるから，平方完成により最小値を求める。

(2) $f_4(x)$ は x の4次関数であるから，$f_4{}'(x)$ を求めて $f_4(x)$ の増減を調べる。

(3) 最小値を予想し，それが正しいことを数学的帰納法で示す。

解答 **(1)**

$$f_2(x)=\sum_{k=0}^{2}(-1)^k(k+1)x^{2-k}$$
$$=x^2-2x+3$$
$$=(x-1)^2+2$$

よって，$f_2(x)$ は $x=1$ のとき最小値2をとる。……(答)

(2)

$$f_4(x)=\sum_{k=0}^{4}(-1)^k(k+1)x^{4-k}$$
$$=x^4-2x^3+3x^2-4x+5$$

であるから

$$f_4{}'(x)=4x^3-6x^2+6x-4$$
$$=(x-1)(4x^2-2x+4)$$

ここで，$4x^2-2x+4=4\left(x-\frac{1}{4}\right)^2+\frac{15}{4}>0$ であるから，$f_4(x)$ の増減表は右のようになる。

x	$\cdots$	1	$\cdots$
$f_4{}'(x)$	$-$	0	$+$
$f_4(x)$	↘	3	↗

よって，$f_4(x)$ は $x=1$ のとき最小値3をとる。……(答)

(3)

$$f_n(1)=\sum_{k=0}^{n}(-1)^k(k+1)=1+2\cdot(-1)+3\cdot(-1)^2+\cdots+(n+1)\cdot(-1)^n$$

であるから

$$f_n(1)-f_n(1)\times(-1)=1+(-1)+(-1)^2+\cdots+(-1)^n-(n+1)\cdot(-1)^{n+1}$$

$$2f_n(1)=\frac{1-(-1)^{n+1}}{1-(-1)}-(n+1)\cdot(-1)^{n+1}$$

$$f_n(1)=\frac{1-(-1)^{n+1}}{4}-\frac{(n+1)\cdot(-1)^{n+1}}{2}$$

n が偶数のとき

$$f_n(1)=\frac{1+1}{4}+\frac{n+1}{2}=\frac{n+2}{2}$$

以上を踏まえ，次の命題が真であることを数学的帰納法により示す。

命題「n が偶数のとき，$f_n(x)$ は $x=1$ のとき最小値 $\dfrac{n+2}{2}$ をとる」 ……(＊)

(I) $n=2$ のとき

(1)より，$f_2(x)$ は $x=1$ で最小値 2 をとるので(＊)は成り立つ。

(II) $n=2m$（m は自然数）のとき(＊)が成り立つ，つまり $f_{2m}(x)$ は $x=1$ で最小値 $\dfrac{2m+2}{2}=m+1$ をとると仮定すると

$$\begin{aligned}
f_{2m+2}(x)&=\sum_{k=0}^{2m+2}(-1)^k(k+1)x^{2m+2-k}\\
&=\sum_{k=0}^{2m}(-1)^k(k+1)x^{2m+2-k}+(-1)^{2m+1}(2m+1+1)x\\
&\qquad+(-1)^{2m+2}(2m+2+1)\\
&=x^2\sum_{k=0}^{2m}(-1)^k(k+1)x^{2m-k}-2(m+1)x+2m+3\\
&=x^2f_{2m}(x)-2(m+1)x+2m+3\\
&\geqq x^2\cdot(m+1)-2(m+1)x+2m+3\\
&\qquad(x=1\text{ のとき等号成立})\\
&=(m+1)(x^2-2x)+2m+3\\
&=(m+1)\{(x-1)^2-1\}+2m+3\\
&=(m+1)(x-1)^2+m+2
\end{aligned}$$

$m+1>0$ より，$(m+1)(x-1)^2+m+2$ は $x=1$ のとき最小値 $m+2$ をとるので，$f_{2m+2}(x)$ は $x=1$ のとき最小値 $m+2$ をとる。

ここで，$m+2=\dfrac{2m+2+2}{2}$ であるから，$n=2m+2$ のときも(＊)は成り立つ。

(I)，(II)より(＊)は真であるから，n が偶数のとき，$f_n(x)$ の最小値は

$\dfrac{n+2}{2}$ ……(答)

解説

《$f_n(x)=\sum_{k=0}^{n}(-1)^k(k+1)x^{n-k}$ で定められた関数の最小値》

(1), (2)より $f_n(x)$ は $x=1$ で最小となることが予想できるので,〔解答〕のように $f_n(1)=\frac{n+2}{2}$ が最小値であることを数学的帰納法を用いて示せばよい。

5

発想

(1) 積の微分法, $\frac{d}{dx}\int_a^x f(t)dt=f(x)$ 等を用いて $f'(x)$ を求める。

(2) (1)で求めた $f'(x)$ を用いて, $f(x)$ の増減を調べる。

解答 **(1)**

$$f'(x)=\frac{3}{4}\left\{-(\sin x)\log(\cos x)+(\cos x)\cdot\left(\frac{-\sin x}{\cos x}\right)\right\}$$

$$-\frac{3}{4}(-\sin x)+(\cos x)\log(\cos x)$$

$$=-\frac{1}{4}(3\sin x-4\cos x)\log(\cos x)\quad\cdots\cdots(\text{答})$$

(2) 三角関数の合成により

$$f'(x)=-\frac{1}{4}(3\sin x-4\cos x)\log(\cos x)$$

$$=-\frac{1}{4}\{5\sin(x-\alpha)\}\log(\cos x)$$

$$=-\frac{5}{4}\{\sin(x-\alpha)\}\log(\cos x)$$

ただし, α は $\sin\alpha=\frac{4}{5}$, $\cos\alpha=\frac{3}{5}$ $\left(0<\alpha<\frac{\pi}{2}\right)$ を満たす角である。

$-\frac{\pi}{2}<x<\frac{\pi}{2}$ より $-\pi<x-\alpha<\frac{\pi}{2}$ であるから, $f(x)$ の増減表は次のようになるので, $f(x)$ は $x=\alpha$ のとき最小となる。

x	$-\dfrac{\pi}{2}$	$\cdots$	0	$\cdots$	α	$\cdots$	$\dfrac{\pi}{2}$
$f'(x)$		$-$	0	$-$	0	$+$	
$f(x)$		↘	$-\dfrac{3}{4}$	↘	極小	↗	

ここで

$$\int(\cos t)\log(\cos t)dt=\int(\sin t)'\log(\cos t)dt$$

$$=(\sin t)\log(\cos t)-\int(\sin t)\cdot\frac{-\sin t}{\cos t}dt$$

$$=(\sin t)\log(\cos t)+\int\frac{\sin^2 t}{\cos t}dt \quad \cdots\cdots①$$

$u=\sin t$ とおくと，$du=\cos t dt$ であるから

$$\int\frac{\sin^2 t}{\cos t}dt=\int\frac{u^2}{\cos t}\cdot\frac{1}{\cos t}du=\int\frac{u^2}{\cos^2 t}du$$

$$=\int\frac{u^2}{1-u^2}du=\int\left(\frac{1}{1-u^2}-1\right)du$$

$$=\int\left\{\frac{1}{(1+u)(1-u)}-1\right\}du$$

$$=\int\left\{\frac{1}{2}\cdot\left(\frac{1}{1+u}+\frac{1}{1-u}\right)-1\right\}du$$

$$=\frac{1}{2}(\log|1+u|-\log|1-u|)-u+C \quad (C\text{ は積分定数})$$

$$=\left\{\frac{1}{2}\log(1+\sin t)-\log(1-\sin t)\right\}-\sin t+C$$

$$=\frac{1}{2}\log\frac{1+\sin t}{1-\sin t}-\sin t+C \quad \cdots\cdots②$$

①，②より

$$\int_0^{\alpha}(\cos t)\log(\cos t)dt$$

$$=\left[(\sin t)\log(\cos t)+\frac{1}{2}\log\frac{1+\sin t}{1-\sin t}-\sin t\right]_0^{\alpha}$$

$$=(\sin\alpha)\log(\cos\alpha)+\frac{1}{2}\log\frac{1+\sin\alpha}{1-\sin\alpha}-\sin\alpha$$

$$=\frac{4}{5}\log\frac{3}{5}+\frac{1}{2}\log\frac{1+\frac{4}{5}}{1-\frac{4}{5}}-\frac{4}{5}$$

$$=\frac{4}{5}\log\frac{3}{5}+\frac{1}{2}\log 9-\frac{4}{5}$$

$$=\frac{4}{5}\log\frac{3}{5}+\log 3-\frac{4}{5}$$

よって，求める最小値は

$$\begin{aligned}f(\alpha)&=\frac{3}{4}(\cos\alpha)\log(\cos\alpha)-\frac{3}{4}\cos\alpha+\int_0^{\alpha}(\cos t)\log(\cos t)\,dt\\&=\frac{3}{4}\cdot\frac{3}{5}\log\frac{3}{5}-\frac{3}{4}\cdot\frac{3}{5}+\frac{4}{5}\log\frac{3}{5}+\log 3-\frac{4}{5}\\&=\frac{5}{4}\log\frac{3}{5}+\log 3-\frac{5}{4}\\&=\frac{9\log 3-5\log 5-5}{4}\quad\cdots\cdots(答)\end{aligned}$$

解説

《定積分で表された関数の最小値》

(2)　部分積分，置換積分により $\int(\cos t)\log(\cos t)\,dt$ を求めたが，〔解答〕のように $u=\sin t$ とおいて②を導く流れは頻出なので，必ず使えるようにしておくこと。

講評

例年通りの出題内容・難易度であり，標準的な問題集・過去問集をこなしていれば高得点が期待できる。

1 は小問集合。(1)は因数分解により x の 4 次式を導けばよい。(2)は k 回目と $(k+1)$ 回目の確率に注目し，増加から減少に切り替わる k の値を求める。(3)は三角関数の相互関係・加法定理の絡む基本的な問題である。

2 は異なる 2 つの整数解をもつ 2 次方程式の問題である。k について解いて，整数であるという条件から k の値を絞ればよい。「分子の次数下げ」は常套手段であるから演習を重ねて自分のものにしておくこと。

3 は小問集合。(1)は正弦定理・余弦定理により角の大きさを決定する問題である。外接円の半径が現れないように a の方程式を導く所がポイントである。(2)については，底の値により場合分けを行えば，後は易しい。

4 は n 次関数の最小値を求める問題であるが，(1)，(2)の誘導を踏まえて(3)では n が偶数のときの最小値を予想し，それが正しいことを数学的帰納法を用いて証明する。

5 は定積分で表された関数の最小値を求める問題である。置換積分や部分積分により定積分を計算すればよい。やや計算が面倒であるものの，頻出内容であるから難易度はそこまで高くはない。

スポーツ科学部：一般選抜（共通テスト＋小論文方式）

解答編

小論文

解答例　この世からスポーツがなくなったら，これまで人間が築いてきた豊かな身体的・精神的文化が消失し，健康と精神的な安らぎ，ひいては平和な生活までが消失する，と私は考える。

スポーツは個人の健康に大きな役割を果たしている。もちろん，体を動かすにはスポーツ以外にも家事・労働など，義務や実利を伴う手段もある。しかし，体を動かす楽しみや達成感，向上心などは義務も実利も関係ないスポーツでしか得られないものであり，それらの要素が精神面も含めた健康に貢献する，と考える。

また，スポーツは個人競技であっても複数で一緒に行うことが多く，競争や励まし，連帯感などを通して運動のモチベーションを保ち，向上させることができる。学校では体育や部活動を通して集団で継続的にスポーツを行うことで身体的・精神的な成長を促すことができるし，高齢者も自治体などのサークルを通して集団でスポーツを行うことでサルコペニアを予防し，健康寿命の延長や精神的健康の維持に貢献できる。スポーツの「みんなとやる」あるいは「みんなでやる」という楽しみが，人生の身体面・精神面の両方によい効果を及ぼし，一人一人の幸福な人生を支える大きな要因として機能しているのである。

加えて，スポーツには「行う楽しみ」だけではなく「見る楽しみ」も存在する。私たちは，自分ではできないスポーツでも，それを見たり応援したりして楽しむ。世界では日々数え切れないほどのさまざまなスポーツの試合や大会が開催され，多くの人々が，実際に現場で観戦したり，中継を通してそれらを視聴したりして楽しんでいる。日本でも野球，サッカー，相撲などが毎年決まった時期に開催され，人々は一喜一憂しながらそれを観戦する。オリンピック期間中になれば，ふだんあまり目にする機会がないようなスポーツも専門家の解説つきで中継され，人々の関心をそそる。スポーツは，見ることを通しても，人間の精神文化を形作っていると考えられる。

最後に，国家や世界という観点から考えてもスポーツは大きな役割を果たしている。国家にとって国民の健康維持は医療費の削減や生産人口の維持にとって必須である。また，スポーツの祭典であるオリンピックは国家間の緊張を緩和し，世界の平和的交流や融和に一定の役割を果たす。この世からスポーツがなくなったら，人類はこれらすべての恩恵を失ってしまうことになる，と私は結論づける。（601字以上1000字以内）

解説

《この世からスポーツがなくなったらどうなるか》

〈「設問」を読み替える〉

「この世からスポーツがなくなったらどうなるか」という問いは，一見すると非常に抽象的である。スポーツがなくなった後の世界をイメージしようとしても，何となく漠然としており，言葉にするのが難しい。そこで，この問いを〈スポーツはこの世でどのような役割を果たしているか？〉と読み替え，それを具体的に考えた後で，〈スポーツがなくなれば，○○がなくなってしまう〉という形で否定していくような発想ができると，具体的な説明が可能になる。対象を科学的に捉えるためには，対象を正面からじっと見つめるだけではなく，向きを変えたり，逆にしたり，何かを足したり，何かを引いたりといった操作が必要となってくる。それはスポーツ科学も同じである。そうした資質が問われていると念頭に置いておこう。

〈スポーツを多面的・多角的に捉える〉

スポーツを現象面だけで捉えれば，〈何らかの規則に基づき体を動かすこと〉となるだろう。だからといって，「スポーツがなくなる」ことが体を動かさなくなることと同じだ，ということにはならない。スポーツには運動だけにとどまらない多様な側面がある。その多様な側面をきちんとイメージすることで，「スポーツがなくなる」ことの重大性も見えてくる。ではどうすればスポーツを多角的・多面的に捉えることができるのか。そのための〈方法・ものさし〉を以下にいくつか紹介してみる。

① 「動詞」をつけてみる。スポーツは基本的に「する・行う」ものであるが，それ以外にもいろいろな動詞をつけることが可能である。例えば「楽しむ」「見る（観る）」「鍛える」「保つ」「促す」「催す」「予防する」「支える」といった動詞をつけてみて，そこからどんなことがイメージできるかを考えることで，スポーツに関する視野を広げることができるようになる。

② 「対象者」と「目的」を考える。仮に「スポーツは人々にとって有益である」といっても，その有益さは「人々」によって異なる，と考えることもできる。例えば対象者が「子ども」であれば〈健全な肉体と精神の育成，集団行動の学習による社会性の育成，体を動かすことの楽しみの醸成〉などが「目的」として考えられるし，対象者が「働く世代」であれば〈健康維持による生活習慣病の予防，仕事のストレスの軽減〉などが「目的」として考えられる。さらに対象者が「高齢者」であれば，その目的は〈運動機能維持による疾病の予防，サルコペニアの予防，フレイル防止，社会的孤立の防止，人生の充実〉といったものになるだろう。このようにしてスポーツは「対象者」と「目的」によって多角的に捉えられることが可能となる。

③ 「規模」を変える。スポーツを考える際，対象者の「規模」を変えることによって見えてくる景色が変わってくることがある。例えば対象者が「個人」である場合，その意義は〈健康の維持向上，精神活動の安定〉といったものになる。しかしその規模を「社会・国家」の次元まで広げて考えると，その意義は〈医療費の削減，労働人口の増加による財源の安定，国力の維持や補強〉といったものになるだろう。さらに規模を「世界」にまで広げた場合，その意義は〈国際関係の改善，平和の維持〉といった大きなものへと変化する。対象者の「規模」の広がりとは，それを考える人間の視野の広がりに他ならない。

こうしたさまざまな〈方法・ものさし〉を駆使することで，物事を具体的かつ多様な側面から捉えることが可能となり，それは小論文の内容の厚みを支えてくれるのである。

〈大学が求める「資質」を理解する〉

小論文の目的の一つとして，当該学部・学科で必要とされる資質を受験生が備えているかどうかを確認する，ということがある。昨今はどの学部においても「論理力や分析力」「知的好奇心や独創性」「主体性や積極性」「多面的・多角的思考」といった資質を要求するようになっている。もちろん早稲田大学スポーツ科学部においてもそれは例外ではない。早稲田大学スポーツ科学部の「アドミッション・ポリシー」には「……知的好奇心が旺盛で……進取の精神に富む，勉学意欲の高い学生」「スポーツには『する』という関わり方だけではなく，『みる』，『ささえる』など様々な関わり方がある」といった記述がある。今回の「この世からスポーツがなくなったらどうなるか」というテーマも，こうした資質を問う前提で出題されたと考えるのが妥当であるし，今後もまたそうした意図の下にさまざまな形態の出題がなされると考える必要があるだろう。

講評

「この世からスポーツがなくなったらどうなるか」というテーマが出題された。これは2023年度の「退屈の意味」と同じくシンプルなテーマ型の出題であった（その前の2021・2022年度はグラフ分析型の出題であった）。ただ，出題の仕方は違っていても〈スポーツ科学部に入る資質を備えた受験生であるかどうかを吟味する〉という点においては同じ意図の下に出題されていると言える。今回の出題では「スポーツ」をさまざまな尺度で多角的に捉え，具体的かつ論理的に把握することが求められていた。そしてその結果として書かれた解答は，採点者にとってはまさに〈解答者のスポーツ認識の厚みや深さ・当事者意識〉を正確に反映するものとして見えていただろう。受験生もこの観点で自分の答案を見直すべきであり，また，日頃から好奇心を持って身のまわりの色々な事柄に目を向けていくことが重要だろう。

/////////////////// · **memo** · ///////////////////

· memo ·

////////////////////// · memo · //////////////////////

//////////////////// · memo · ////////////////////

//////////////////// · memo · ////////////////////

//////////////////// · memo · ////////////////////

2023年度

解答編

解答編

英語

I 解答

(i) 1—(B)　2—(C)　3—(C)　4—(B)

(ii) 5—(A)　6—(A)　7—(D)

(iii) 8—(A)　9—(D)　10—(D)

(iv) 11—(B)　12—(A)　13—(B)

(v) 14—(D)　15—(B)　16—(A)

(vi) 17—(C)　18—(B)　19—(A)

(vii) 20—(D)　21—(A)　22—(C)

(viii) 23—(A)　24—(C)　25—(C)

◆全　訳◆

(i)　≪クラフトビール業界の人種多様性≫

ブロンクス醸造所が最近発表した革新的な新しい有給インターンシップ・プログラムが，クラフト醸造業界の最も明白な問題の一つである多様性の欠如に取り組んでいる。成功すれば，同業他社が彼らの事業の領域と範囲を拡大するために使用できる枠組みを提供できるであろう。

ブロンクス醸造所は，フロリダ州セント・ピーターズバーグに本拠を置く非営利団体で，クラフトビール業界の多様性，公平性，包括性を促進することに専念しているビア・カルチャーと提携し，業界内で十分なサービスを受けていない個人を明確に対象とするプログラムを立ち上げた。3月に開始されるこのプログラムは，BIPOC（つまり，黒人，先住民，有色人種）のグループと最近投獄された人々から成る6名に，2カ月の有給インターンシップを提供することになるだろう。

このプログラムにより，クラフトビール醸造コミュニティがここ数年にわたって築き上げてきた勢いに拍車がかかるばかりだ。2018 年，ビール醸造者組合の業界団体は，業界の諸問題に取り組む初の多様性の責任者を任命した。そして昨年には，これまでで最も成功したコラボレーションビールプロジェクトの一つ，Black Is Beautiful が開催されたが，これは多様性の問題に明るい光を当てたのだ。

ビール醸造者組合が発表した 2019 年の会員調査によると，クラフトビールの多様性は注目する必要がある問題である。回答したビール醸造所所有者の 88 パーセントが白人で，わずか 7 パーセントが BIPOC に分類される人たちであり，黒人はわずか 1 パーセントであることをこの調査は示している。

出典追記：A New Program Aims To Improve Diversity In The Craft Beer Industry, Forbes on February 22, 2021 by Hudson Lindenberger

(ii)　≪ブラウン郡州立公園が国家歴史登録財に登録≫

インディアナ州南部にある人気のブラウン郡州立公園は，国家歴史登録財に追加され，州最大の歴史地区となった。この公園が国家登録財に最近追加されたことは「非常に光栄です」とパトリック＝ホルターは語った。彼は岩だらけの丘，尾根，霧に包まれた峡谷が特徴の 16,000 エーカーの公園の啓発担当ナチュラリストである。「ここに住む人々だけでなく，すべての人にとってこの公園がいかに重要であるかを本当に物語っています」と彼はインディアナ州天然資源局（DNR）の報道発表で述べた。

ブラウン郡州立公園は，郡庁所在地である田舎町のナッシュビルの近くに 1929 年にオープンした。インディアナ州最大の州立公園であり，最も人気のある公園の一つである。特に秋には，鮮やかな紅葉を見ようと大勢の観光客がこの森林公園に集まるのだ。

インディアナ・ランドマークのスタッフは，DNR と協力し，地元の保存グループであるピースフル・バレー・ヘリテージの支援を受け，この公園の国家登録財の推薦状を作成した。その推薦状には，大恐慌時代の市民保全部隊によって 1930 年代に建てられた構造物を含む，公園の歴史的重要性に貢献する約 70 の建物，跡地，および構造物が記録されている。公園には，展望台の他に避難小屋，眺望，小道，オーグル湖に加えて，エイブ・マーティン・ロッジと簡易宿泊施設がある。「ブラウン郡州立公園では，自然環境と建築環境が境目なく融合し，インディアナ州のすべての住民に愛される場所になっています」と，インディアナ・ランドマークの保存サービス部長であるマーク＝ドラセは言っている。

(iii)　≪アメリカ大陸に初めて渡ったイヌの歴史≫

イヌの歴史は，古くから，イヌを飼いならした人間の歴史と絡み合ってきた。しかし，その歴史はアメリカ大陸でどのくらい前にさかのぼり，イヌは世界のこの地域に入るためにどのルートをたどったのか？　バッファロー大学が主導した新しい研究は，これらの質問への洞察を提供してくれる。この研究は，アラスカ南東部で見つかった骨片が，約10,150年前にこの地域に住んでいたイヌのものであると報告している。科学者によると，その遺物は大腿骨の一部であり，アメリカ大陸で確認されている飼い犬の遺物としては最古のものであると言う。

骨片から得られたDNAは，世界のこの地域における初期のイヌの歴史についての手がかりを有している。研究者たちはこのイヌのミトコンドリア・ゲノムを分析し，この動物は進化の歴史がシベリアのイヌから16,700年前というはるか昔に分岐したイヌの系統に属していると結論づけた。その分岐のタイミングは，人類がアラスカ南東部を含む沿岸ルートに沿って北アメリカに移動していた可能性のある時期と一致する。

「現在私たちには，アラスカ沿岸で発見された古代のイヌから得られた遺伝的証拠があります。イヌは人間がその場所にいたことを示しているので，私たちのデータは，イヌと人間がアメリカ大陸に足を踏み入れた時期だけでなく，その場所をも提供するのに役立つのです。私たちの研究は，最後の氷河期にちょうど沿岸の氷河が後退したときに，この移動が起こったという理論を立証しています」と，バッファロー大学教養科学部の生物科学の准教授であるリンドクウィスト博士は語る。「アメリカ大陸にイヌが移動する波は何度もありましたが，1つの疑問があり，それは，最初のイヌが到着したのはいつだったのか？　そして，彼らは北アメリカ大陸を覆っていた巨大な氷床の間の氷のない内陸回廊をたどったのだろうか？それとも最初の移動は海岸沿いだったのであろうか？　というものです」

(iv)　≪最初に発見されたブラックホール≫

新たな調査により，かつて発見された最初のブラックホールに関して新しい詳細が明らかになった。このブラックホールは，1964年に発見されたもので，以前にわかっていたより大きいということを含めて，有名な科学者の間で友好的な賭けの対象となったものである。研究者らは木曜日に，大きくて明るい星との連星の軌道を回っているはくちょう座 X-1 ブラックホールの新しい観測により，これが太陽の質量の 21 倍であり，以前に信じられていたよりも約 50 パーセント大きいことがわかったと述べた。これは今でも，現在知られているブラックホールの中で最も近いものの一つだが，以前に計算されたよりもやや遠く，地球から 7,200 光年――光が1年間に移動する距離は 5.9 兆マイルまたは 9.5 兆キロメートル――だとわかった。

ブラックホールは非常に密度が高く，引力が非常に猛烈で光さえも逃れられない。一部のブラックホールは「超大質量」ブラックホールと呼ばれ，私たちの天の川銀河の中心にある，太陽の質量の 400 万倍のブラックホールのように，巨大なものである。より小さな「恒星質量」ブラックホールは，たった1つの星の質量をもっている。カーティン大学とオーストラリアの国際電波天文学研究センターに所属する天文学者ジェームズ＝ミラー＝ジョーンズ氏は，はくちょう座 X-1 は天の川銀河の中で知られている最大の「恒星質量」ブラックホールであり，地球から見て最も強力な X 線源の一つであると述べた。このブラックホールは非常に速く，ほぼ光速で回転するため，物理学者アルバート＝アインシュタインの一般相対性理論で想定されている最大回転数に近い，とミラー＝ジョーンズ氏は付け加えた。このブラックホールは，太陽の質量の約 40 倍の「青色超巨星」である，その周りをぴったりとこのブラックホールが回る伴星の表面から吹き出す物質を飲み込む。このブラックホールは，400 万年から 500 万年前に太陽の最大 75 倍の質量の星として誕生し，数万年前に崩壊してブラックホールになったのだ。

(v) ≪デジタルウェルビーイングとは？≫

デジタルウェルビーイングの定義は人によってさまざまだが，デジタルウェルビーイングは一般的に，デジタル生活が私たちの幸福（ウェルビーイング）にどの程度役立つか，または害をもたらすかのことだと考えられている。したがって，デジタルウェルビーイングには，オンラインで過ごす時間を管理するために使用する物理的なツール，オンライン中に私たちが行うと決める行動，オンラインでの経験を管理するために使用する感情面のツールが含まれる可能性がある。

グーグルのデジタルウェルビーイングのアプリは，人々がオンラインでの時間をどのように過ごすか，また，どうやってより頻繁に切断するかをよりよく理解するのに役立つツールの一つだ。さまざまなアプリを使用する頻度，携帯電話をチェックする頻度が表示され，睡眠と集中力を保護するのに役立つ制限を設定できるようになる。現在のデジタル習慣を知ることは，自分自身を理解するためのよい一歩だ。そして，制限を設定することは，実際に幸福に役立つことがある。しかし，デジタルウェルビーイング・ツールの主な目的が，携帯電話を今よりも使わないようにすることであるなら，これは，より多くのデジタルインタラクションが幸福の悪化をもたらすというそもそもの前提があることを意味するが，研究はこの前提を支持しない。

『監視資本主義　デジタル社会がもたらす光と影』のような映画は，インターネットアプリの開発方法に関して明らかに問題があると指摘しているが，これらの映画は，デジタルウェルビーイングを改善するのに役立ちうる重要な情報を除外している。確かに，アプリの設計者たちは，ユーザーをこれらのアプリに夢中にさせて，つながりの感覚と感情の調整のためや，現代社会でただ生き残るためにこれらのアプリに依存させるような心理的手法の訓練を受けている。これは，依存症になりやすい人にとって特に問題になる可能性があり，一部の人々の幸福を著しく損なう可能性がある。しかし，調査によると，一部のアプリは，一部の人々にとり一部の状況において，幸福を改善することがわかったのだ。実際，ホープラボは，うつ病に苦しむ若者が，ブログ，ポッドキャスト，ビデオを通して他の人々の健康に関する話にアクセスすることで恩恵を受けていることを示す興味深い研究を発表した。全体として，研究を検討してみると，テクノロジーの使用がすべての人にとって悪いわけではなく，すべての状況で悪いわけではないことが示唆されるのだ。

(vi)　≪Sans Forgetica は記憶を向上させない≫

Sans Forgetica と呼ばれるフォントは，Arial などの通常のフォントで情報を読む場合と比較して，そのフォントで表示される情報に対する人々の記憶を強化するようにデザインされた。しかし，ウォーリック大学とニュージーランドのワイカト大学の科学者たちは，Sans Forgetica が記憶を強化しないことを突き止めた。これらの科学者は，Sans Forgetica の主張されている能力と通常のフォントの能力を比較する 4 つの実験を実施し，Sans Forgetica が役に立たないことを発見した。

オーストラリアの研究者たちが，新しいフォントで表示される情報をより読みにくくし，それゆえよりよく記憶されるようにすることで記憶力を高める新しいフォントをデザインしたと主張したあと，Sans Forgetica というこのフォントはマスコミに盛んに取り上げられるようになった。オリジナルのチームが 400 人の学生を対象に調査を行ったところ，57 パーセントが Sans Forgetica で書かれた事実を覚えていたのに対し，Arial で書かれた事実を覚えているのは 50 パーセントであることがわかった。しかし，ニュージーランドのワイカト大学が主導し，ウォーリック大学が参加する科学者チームは，『メモリー』という専門誌に掲載された論文で新しい研究成果を発表したところだ。4 回の実験のあと，彼らは記憶力を高める効果の証拠を見出さなかった。

(vii)　≪明晰夢の実験≫

クリス＝マズレクは大学 1 年生のときに，ゼルダの伝説のビデオゲームの中にいる夢を見た。彼は自分自身を三人称で主人公のリンクと見なしていた。突然，ゲーム内からビープ音が鳴った。「それが私の合図でした」とマズレクは言う。実際は，2019 年にノースウェスタン大学の研究チームによって，（夢を見ている間に，自分が経験していることは実際には夢であることに気づいている）明晰夢に誘導される 3 回目の会合の最中で，マズレクは実験室のベッドでうたた寝をしているところであった。彼は国際的な実験に参加した 36 人の参加者の 1 人であったが，この実験の目的は，眠っている人と起きている人の間にコミュニケーションを確立することであった。

ノースウェスタン大学の研究チームは，マズレクに，眠っている間に彼が明晰夢を見ていることを自分たちに合図するよう依頼していた。マズレクは眼を左右に 3 回できるだけ速く動かすことによって，合図をすることになっていた。それからチームはスピーカーを通してマズレクに簡単な数式を尋ねた。8 引く 2 は何か？　依然として眠ったままの彼は眼を前後に動かし，「6」と答えた。「彼らに答えている間，私は，半分は自分がビデオゲームの中にいる夢を見ていて，半分はまだ研究室にいたのです」とマズレクは言う。「[夢の中で] この数学の問題の合図を聞いたとき，私はいまだに眠っているにちがいないと気づいたのです」

研究者たちは，最初の合図を，それは睡眠者に明晰夢の中にいることを確認するように求めるものだが，「現実性チェック」と呼ぶ。マズレクにとって，それはゼルダの伝説の中で行われた。別の被験者にとって，「現実性チェック」は，創り上げられた被験者の子供時代の家をぱっと照らす明かりとして現れた。ぱっと照らす明かりは，実際には，本人が眠っている間に実験室の中から来ていたのだ。

(viii)　≪オーストラリア最古の岩壁画≫

オーストラリアで最も古い岩壁画は，大陸で最も象徴的な動物，カンガルーのものだ。それは約 17,000 年前のもので，これまでオーストラリアで発見された最古の絵画である，と科学者たちは月曜日に発表された研究で明らかにした。主筆執筆者であるメルボルン大学のダミアン＝フィンチ氏は，「こういった初期の推定を通して，古代の芸術家が住んでいた世界について何かを理解できるので，これは重要な発見である」と声明の中で言った。

カンガルーは，西オーストラリア州北東部のキンバリー地域にある岩窟住居の傾斜した天井に，濃い桑の実色の絵の具を使って描かれていた。他の古代の絵画が同じ地域で発見された，と研究者たちは言った。キンバリー地域は豊富な岩壁画で有名だ，とオーストラリア放送協会は報じた。この研究で分析された写実的なスタイルは，この地域で記録された絵画の少なくとも 6 つの異なる段階の中で最も古いものの一つだ。

絵画の年代は，こともあろうに古代のジガバチの巣によって特定された。いくつかの岩壁画には，描かれた絵画の上と下に，放射性炭素年代測定が可能な 27 のジガバチの巣の残骸があることを研究者たちは発見した。ジガバチの巣の年代を測定することで，執筆者たちは，絵画が 17,000 年前から 13,000 年前に描かれたものであると特定できたのだ。フィンチは，たった 1 つの絵の上下にジガバチの巣を見つけるのは珍しいと言っている。研究者たちはそれらの巣から標本を取って，その芸術作品の最も新しい年代と最も古い年代を立証できたのだ。「私たちは，この絵の下にある 3 つのジガバチの巣と絵の上に作られた３つの巣の放射性炭素年代測定を行い，自信をもって，この絵が 17,500 年前から 17,100 年前の間，おそらく 17,300 年前のものであると特定した」と彼は言った。「600 世代以上前にこの作品を描いたとき，描いた人が何を考えていたのかは決してわからないが，写実主義の時代が最後の氷河期にまでさかのぼることはわかっている。そういうわけで，その環境は今日より涼しく乾燥していた」とフィンチは言った。

出典追記：At 17,000 years, Australia's oldest painting is of the beloved kangaroo, USA Today on February 22, 2021 by Doyle Rice

◀解　説▶

◆(i)　▶１．「第３段の（　A　）とマークされた空所に入れるべき最適な語を選べ」

(B) on が正解。

shine a light on ～「～に光を当てる」の熟語がポイント。

▶２．「どの語がクラフトビール醸造業界の最近のインターンシップ・プログラムの目的を最もよく表しているか？」

(C)「多様化すること」が正解。

第１段第１文（An innovative …）に「ブロンクス醸造所が最近発表した革新的な新しい有給インターンシップ・プログラムが，クラフトビール醸造業界の最も明白な問題の一つである多様性の欠如に取り組んでいる」とある。取り組もうとしている「多様性の欠如」の問題を解決するのがインターンシップ・プログラムの目的と言えるであろう。(A)「任命すること」は，第３段第２文（In 2018, …）に「ビール醸造者組合の業界団体は，業界の諸問題に取り組む初の多様性の責任者を任命した」と述べられているが，「任命した」のは目的ではなく，目的達成のための手段だと言えるので不可。(B)「醸造すること」は，「クラフトビール醸造業界」が日頃おこなっている業務であって，新しいインターンシップ・プログラムの目的ではない。(D)「協力すること」は第２段第１文（By partnering …）に現れる語だが，by *doing*「～することによって」はまさに手段の表現なので，インターンシップ・プログラムの目的を表しているとは言えない。

▶３．「どのグループが最近のインターンシップ・プログラムで明確に対象となっていないか？」

(C)「学生たち」が正解。

第2段最終文（Kicking off…）が該当箇所。「このプログラムは，BIPOC（つまり，黒人，先住民，有色人種）のグループと最近投獄された人々から成る6名に，2カ月の有給インターンシップを提供することになるだろう」と書かれている。文中の BIPOC（i.e., Black, Indigenous and people of color）groups は(A)の「BIPOC」に当たり，recently jailed people は(B)の「犯罪者」に当たる。文中に述べられていない(C)「学生」が正解で，(D)「上のどれでもない」は不可となる。

▶4.「この文章の要旨は何か？」

(B)「クラフトビール醸造業界は多様化しようとしている」が正解。

第1段でクラフトビール醸造業界が多様化できていないのが問題だと述べられ，第2・3段で具体的な対策の様子が書かれているが，最終段でまだ改善されてはいない状況が記されている。人種多様性を進めようと努力している最中だということが読み取れる。(A)「ビール醸造所はさまざまな顧客を対象にしている」は，customers「顧客」についての言及は一切ないので不可。(C)「多様化の努力は大きな結果をもたらす」は，最終段で人種の多様化が進んでいないことを述べて終わっているので，誤り。「大きな結果をもたらす」は最終段とまったく逆の内容となっている。(D)「より多くの BIPOC の人々がクラフトビールを醸造している」は，最終段最終文（It showed…）に「回答したビール醸造所所有者の 88 パーセントが白人で，わずか7パーセントが BIPOC に分類される人たちであり，黒人はわずか1パーセントである」とあり，ビールを作る人たちのほとんどが白人で，BIPOC の人々は少ないと述べられているので，事実に反する。

◆(ii)　▶5.「次のどれがブラウン郡州立公園のことを述べていないか？」

(A)「国家登録財に登録された最初の州立公園」が正解。

first「最初の」の記述は本文のどこにもない。(B)「歴史的に重要な」は第3段第2文（That nomination…）が該当箇所。「その公園の歴史的重要性」とあるが，「その公園」とは当然「ブラウン郡州立公園」のことである。(C)「州内で一番大きい公園」は第2段第2文（It's Indiana's…）が該当箇所。「インディアナ州最大の州立公園」とあるので正しい。(D)「州で一番大きな歴史地区」は第1段第1文（Southern Indiana's…）が該当箇所。「州最大の歴史地区」とあるので，これも正しい。

▶6．「なぜブラウン郡州立公園は観光客にそれほど人気があるのか？」

(A)「紅葉」が正解。

第2段第2文（It's Indiana's …）が該当箇所。「最も人気のある公園の一つである。特に秋には，鮮やかな紅葉を見ようと大勢の観光客がこの森林公園に集まる」とある。これは「ブラウン郡州立公園」のことに言及しているので，これが正解。(B)「キャンプのオプション」は，そもそも本文に「キャンプ」の記述がないため不可。(C)「ナッシュビルに近い」と(D)「田舎の雰囲気」は第2段第1文（Brown County …）が該当箇所。「ブラウン郡州立公園は，郡庁所在地である田舎町のナッシュビルの近くに1929年にオープンした」と書かれているが，(C)はブラウン郡州立公園の地理的場所に言及しているのみで，それが人気の理由ではないので不可。(D)はナッシュビルの説明なので不可。

▶7．「この公園はどのようにして国家歴史登録財に登録されたのか？」

(D)「上のすべて」が正解。

(A)「地元のグループとDNRの間の協力」は第3段第1文（Indiana Landmarks …），(B)「歴史的重要性を文書化した」と(C)「大恐慌時代の建造物」は第3段第2文（That nomination …）が該当箇所。どの選択肢も，ブラウン郡州立公園が国家歴史登録財に登録される一助になっている。

◆(iii)　▶8．「第1段の（　A　）とマークされた空所に入れるべき最適な語を選べ」

(A)が正解。

insight into〜で「〜に対する洞察，明確な理解」という意味。intoは「〜に対する」の意味。

▶9．「この発見物はアメリカ大陸への移動について何を明らかにしたか？」

(D)「上のすべて」が正解。

(A)「そこに行くためにイヌがどのルートをたどったのか」は，第1段第2〜最終文（But how … in the Americas.）が該当箇所。第2文で「イヌは世界のこの地域に入るためにどのルートをたどったのか？」と疑問を提起し，第3文で「バッファロー大学が主導した新しい研究は，これらの質問への洞察を提供してくれる」と答えている。そしてこの「新しい研究」は，第4文の「アラスカ南東部で見つかった骨片」が出発点となっていて，この「骨片」が設問文の this find「この発見物」である。つまり，この骨片からイヌがどのルートを通ってアメリカ大陸にやって来たのかがわかると言っている。(B)「いつ人間が到着した可能性があるのか」と(C)「いつ飼いならされたイヌが到着した可能性があるのか」は，第3段第2・3文（Because dogs … and Sciences.）が該当箇所。「イヌは人間がその場所にいたことを示しているので，私たちのデータは，イヌと人間がアメリカ大陸に足を踏み入れた時期だけでなく，その場所をも提供するのに役立つのです。私たちの研究は，最後の氷河期にちょうど沿岸の氷河が後退したときに，この移動が起こったという理論を立証しています」とある。

▶10.「アメリカ大陸へのイヌの移動の波は何回あったのか？」

(D)「十分な情報は与えられていない」が正解。

第3段第4文（“There have …）が該当箇所。「アメリカ大陸にイヌが移動する波は何度もありました」と述べられている。multiple は many に近い意味なので，(A)「1度」，(B)「2度」，(C)「3度」では，回数として少なすぎる。

◆(iv)　▶11.「第1段の（　A　）とマークされた空所に入れるべき最適な語を選べ」

(B)が正解。

farther away は「ずっと向こうに〔へ〕」の意味。

▶12.「はくちょう座 X-1 に関して科学者たちは何に賭けをしていたか？」

(A)「それがどのくらいの大きさか」が正解。

設問文の bet on ～ は「～に賭ける」の意味。該当箇所は，第1段第1文後半の became 以下で，「以前にわかっていたより大きいということを含めて，有名な科学者の間で友好的な賭けの対象となった」とある。本文中の wager は「賭け」の意味で，wager の具体例が that it is bigger than previously known ということになる。(B)「いつそれが見つけられたか」については，同文に「このブラックホールは，1964年に発見され…以前にわかっていたより大きいということを含めて，有名な科学者の間で友好的な賭けの対象となった」とあり，発見時期は賭けの対象ではないことがわかる。(C)「誰が最初にそれを見つけたか」は，本文中に記述がないので不可となる。したがって，(D)「上のすべて」も不可。

▶13.「はくちょう座 X-1 ブラックホールはどのくらいの大きさか？」

(B)「以前に信じられていたよりも 50 パーセント大きい」が正解。

第1段第2文（Researchers said …）が該当箇所。「これが太陽の質量の 21 倍であり，以前に信じられていたよりも約 50 パーセント大きいことがわかった」とある。「これ」とは「はくちょう座 X-1 ブラックホール」のこと。(A)「以前に考えられていたよりも 21 倍大きい」については，同文に「太陽の質量の 21 倍」とあるが，大きさではなく質量のことを言っているので不可。(C)「太陽の質量の 75 倍」と(D)「私たちの太陽の質量の約 40 倍」は，第2段最終2文（It devours …）が該当箇所。どちらも大きさではなく質量のことなので不可なのだが，(C)ははくちょう座 X-1 がブラックホールになる前の恒星だったときの話で，(D)は伴星である「青色超巨星」に言及している箇所なので，二重に不正解となる。

◆(v) ▶14.「次のどれがデジタルウェルビーイングと関連していないか？」

(D)「心理的道具」が正解。

第1段第2文（So, digital …）が該当箇所。「デジタルウェルビーイングには，オンラインで過ごす時間を管理するために使用する物理的なツール，オンライン中に私たちが行うと決める行動，オンラインでの経験を管理するために使用する感情面のツールが含まれる可能性がある」とあり，(A)「行動」，(B)「感情面のツール」，(C)「物理的なツール」がデジタルウェルビーイングに含まれていると書かれているので，この3つの選択肢は正解にはならず，(D)が正解ということになる。

▶15.「グーグルのデジタルウェルビーイングのアプリは次の何をすることができないか？」

(B)「どのアプリが最も長く利用されているかを確認する」が正解。

第2段第2文（It shows …）が該当箇所。「さまざまなアプリを使用する頻度，携帯電話をチェックする頻度が表示され，睡眠と集中力を保護するのに役立つ制限を設定できるようになる」と述べられている。主語の It は「グーグルのデジタルウェルビーイングのアプリ」のこと。(A)「さまざまなアプリがどのような頻度で使用されるかをチェックする」，(C)「携帯電話の使用に対して制限を設定する」,(D)「電話をどの程度の頻度でチェックするかを監視する」の3つはここで言及されているので,不可。

▶16.「この文章から導き出せる結論は何か?」

(A)「ソーシャルメディアを通して他の人々の経験にアクセスすることは助けになる可能性がある」が正解。

この文章は全体的にデジタルの利用を肯定的に述べている。そして第3段第5文(In fact,…)で「実際,ホープラボは,うつ病に苦しむ若者が,ブログ,ポッドキャスト,ビデオを通して他の人々の健康に関する話にアクセスすることで恩恵を受けていることを示す興味深い研究を発表した」と述べていて,ここが(A)に該当する部分となる。この文章の結論と考えていいだろう。(B)「より多くのデジタルインタラクションが若者に幸福の悪化をもたらす」については,第2段最終文(But if…)で「今より多くのデジタルインタラクションが幸福の悪化をもたらすというそもそもの前提があることを意味するが,研究はこの前提を支持しない」と書かれている。「研究はこの前提を支持しない」とあるのだから,(B)の内容は本文では否定されている。したがって,結論となることはありえない。(C)「心理的手法は私たちのデジタルウェルビーイングを高めうる」は,第3段第2文(Indeed, app…)が該当箇所。ここで言う「心理的手法」はアプリの利用者をアプリ依存症にさせる手法のことで,アプリのマイナス面に焦点を当てている場面なので,文意が通らないと同時にこの文章の結論にはなりえない。(D)「依存症になりやすい人はコミュニケーション技術を避けるべきだ」は,第3段第3文(This can…)が該当箇所。「これは,依存症になりやすい人にとって特に問題になる可能性があり,一部の人々の幸福を著しく損なう可能性がある」とあり,(C)同様ここもアプリのマイナス面を述べている箇所なので,文章全体の結論とはなりえない。

◆(vi)　▶17.「第1段の(　A　)とマークされた空所に入れるべき最適な語を選べ」

(C)が正解。

carry out ~ で「(計画,命令など)を実行する,(調査など)を行う」の意味の重要熟語がポイント。

▶18.「Sans Forgetica は情報を覚えている能力をどうやって高めると思われていたか?」

(B)「読むことをより難しくすること」が正解。

第2段第1文（The Sans …）の後半が該当箇所。「新しいフォントで表示される情報をより読みにくくし，それゆえよりよく記憶されるようにすることで記憶力を高める」とある。(A)「読むスピードを増すこと」と(C)「Arialのフォントを修正すること」は該当箇所なし。したがって，(D)「上のすべて」も不可。

▶19.「Sans Forgeticaの記憶力を高める能力を，最もうまく表したものは何か？」

(A)「主張された」が正解。

第1段最終文（These scientists …）が該当箇所。Sans Forgetica's alleged powers「Sans Forgeticaの主張されている能力」という語がここにあるが，このallegedという語は「（しっかりした根拠なしに）主張された」の意味。事実，第2段最終文（After four …）で，このフォントの記憶力を高める効果の証拠は見出せなかったと述べられている。(B)「高められた」については，第2段第1文（The Sans …）に「記憶力を高める新しいフォント」とあるが，実際には能力は高められていないので，不可。(C)「デザインされた」は，能力自体の記述ではないので不可。(D)「突き止められた」も，Sans Forgeticaの記憶力を高める能力に直接言及している語ではないため不可。

◆(vii)　▶20.「第1段の（　A　）とマークされた空所に入れるべき最適な語を選べ」

(D)が正解。

空所の直後のestablishが動詞の原形なので，toを入れて不定詞とする。aim to *do*で「～することを目指す，目的とする」の意味の重要表現。

▶21.「クリス＝マズレクの夢の中のビープ音の意味は何だったのか？」

(A)「彼が明晰夢を見ていたことを確認する」が正解。

beeping noisesという表現自体は第1段第3文（Suddenly, beeping …）に出てくる。「突然，ゲーム内からビープ音が鳴った。『それが私の合図でした』とマズレクは言う」とある。次に第3段第1文（Researchers call …）に「研究者たちは，最初の合図を，それは睡眠者に明晰夢の中にいることを確認するように求めるものだが，『現実性チェック』と呼ぶ」と述べられている。ビープ音は彼が明晰夢の中にいることを確認する合図であった。(B)「彼がビデオゲームでポイントを取ったことを示す」については，本文中に「ポイントを取った」のくだりはない。(C)「ゼルダの伝説の歌の最初の音符」についても，「歌の最初の音符」のくだりはない。(D)「彼が数学の問題を解く時間」も，「解く時間」については一切言及がない。

▶22.「マズレクは自分が明晰夢を見ていることを確認するため何をしたか？」

(C)「数学の問題を解く」が正解。

第2段第3～最終文（The team … be asleep.”）で「それからチームはスピーカーを通してマズレクに簡単な数式を尋ねた。…『[夢の中で] この数学の問題の合図を聞いたとき，私はいまだに眠っているにちがいないと気づいたのです』」と書かれている。彼は数学の問題を解くことによって自分が夢を見ていることに気づいたと言える。(A)「ビープ音を出す」は研究者側の行為。(B)「いくつかの明かりをぱっと光らせる」は，研究者側の行為であるうえ，そもそもマズレクの実験ではなく，別の被験者の実験においてビープ音に相当するものである。したがって，(D)「上のどれでもない」も不可となる。

◆(viii)　▶23.「オーストラリアの科学者たちは西オーストラリアで何を発見しなかったか？」

(A)「カンガルー」が正解。

第1段第1文（Australia’s oldest …）と第2段第1文（The kangaroo …）に a kangaroo と The kangaroo とあるが，これは岩壁画に描かれたカンガルーの絵のことであり，カンガルーそのものを発見したわけではない。(B)「桑の実色の絵の具」は第2段第1文（The kangaroo …）に，(C)「岩壁画」は第1段第1文（Australia’s oldest …）などに，(D)「ジガバチの巣」は第3段第2文（Researchers found …）などにそれぞれ記述がある。

▶24.「その新たに発見された芸術作品はどのように説明されているか？」

(C)「最古の」が正解。

設問文中の the newly-discovered artwork は第1段第1文（Australia’s oldest …）の Australia’s oldest rock painting のことで，同段第2文（At about …）で「これまでオーストラリアで発見された最古の絵画」と述べられている。(A)「日付のある」については，第3段第2文（Researchers found …）に radiocarbon-dated「放射性炭素年代測定」という語はあるが，これはジガバチの巣の年代測定のことなので不可。(B)「異なる」については，第２段最終文（The naturalistic …）に distinct はあるが，これは絵画そのものではなく絵画の phases「段階」を説明する語なので，不可。(D)「豊富な」については，第２段第３文（The Kimberley …）に rich rock art galleries とあるが，この rich は galleries を修飾しており，「岩壁画のある場所がたくさんある」という内容。新たに発見された絵画の説明ではないので不可。

▶25.「この文章の最適な表題は何か？」

(C)「オーストラリア最古の岩壁画にカンガルーという題材」が正解。

第１段第１文（Australia's oldest …）にあるように，カンガルーを描いた Australia's oldest rock painting が発見されたというのがこの文章の主題。第１段はこれが最古のものであること，第２段はこれが描かれた地域，そして第３段でこれが描かれた時代の特定方法について言及している。他の選択肢をみると，(A)「発見されたオーストラリアの岩壁画の画家」については，第３段最終文（"We can …）にしか出てこない artist が表題としては弱すぎるうえ，発見された岩壁画が「オーストラリア最古」のものだという重要な情報が含まれていないため不可。(B)「発見されたオーストラリアの最も象徴的な古代の動物」については，動物自体を発見したわけではないので不可。表題云々以前に，内容的に間違っている。(D)「ジガバチの巣は科学者たちが古代芸術を発見するのを助けた」については，第３段第４文（Finch said …）に mud wasp nests「ジガバチの巣」が出てくるものの，これは絵画の年代を特定するのに役立つと言っているのであって，絵画を発見するのを助けてくれるわけではないので不可。これも，内容的に間違っている。

●語句・構文●

(i)（第１段）An innovative new paid internship program が主語，addresses が動詞である。address「～に取り組む」 one of the craft brewing industry's most glaring issues を具体化したものが its lack of diversity。glaring「明白な」 it は An innovative new paid internship program のこと。could「(ひょっとすると) ～かもしれない」 the trade「その職業」は the craft brewing industry のこと。

（第 2 段）　partner with ～「～と協力する」　～ based「～に本拠を置く」 equity「（個人の差を考慮した）公平，公正」 inclusion「（みんなが何かに参加する）包括性」 individuals underserved「十分なサービスを受けていない個人」とは後に出てくる individuals from BIPOC … jailed people のこと。the industry は「ビール醸造業界」のこと。kick off「始まる」 i.e.「つまり」 indigenous は「（その土地・国）に固有の，現地の」の意で，indigenous Australian は「オーストラリア先住民」となる。
（第 3 段）　add to ～「～を増す」 momentum「勢い」 over＋期間「～の間中，～にわたり」 first-ever「史上初の」 czar「責任者」 to address は不定詞の形容詞的用法で，their first-ever diversity czar を修飾。see は「（時代，世紀などが）～を見る」が直訳で，無生物主語構文で使える動詞。最上級＋ever「今までに最も～」 one of the most successful collaboration beer projects ever と Black Is Beautiful は同格関係にある。
（第 4 段）　It は a 2019 survey of its members released by the Brewers Association のこと。responding は一単語で後ろから the brewery owners を修飾。fall under ～「～に該当する」 while S V「その一方で～」

(ii)（第 1 段）　be added to ～「～に加えられる」 making ～ は分詞構文の付帯状況。「…。そして～」の意。making it the state's largest historic district には make O C「O を C にする」が用いられている。ここでの it は Southern Indiana's popular Brown County State Park のこと。the state はインディアナ州のこと。historic「歴史的に有名な，歴史的に重要な」と historical「歴史の，歴史学の」を混同しないよう注意すること。interpretive naturalist は，自然界に関する豊かな知識をもち，一般の人が自然に触れ自然を知ることができるよう導く専門家のこと。feature「～を特徴としてもっている」 It は The park's recent addition to the National Register を指す。speak to ～「（考えなど）を支持する」 not only *A* but（also）*B*「*A* ばかりでなく *B* も」
（第 2 段）　rustic「田舎の」 the county seat「郡庁所在地」 hordes of ～「大勢の～」 converge on ～「～に集まる，集中する」 foliage「（1 本または多くの木全体の）葉」
（第 3 段）　author「～を書く」 nomination「推薦状」 in partnership

with～「～と協力して」 in partnership～と supported by～は and で並立されている。document「～の詳細を記録する」 structures は「構造」の意味ではなく「建造物，構造物」の意味。contribute to～「～に貢献する」 the Great Depression-era「大恐慌時代」 overnight cabin「簡易宿泊施設」 along with～「～に加えて」 vista「眺望」 *A* as well as *B*「*B* 同様 *A* も」 lookout tower「展望台」 seamlessly「境目なく」 making～は分詞構文の付帯状況。making it a place～は make O C「O を C にする」の形。it は Brown County State Park のこと。cherish「～を大切にする，愛する」 vice president「副社長，副大統領，(会社・団体などの) 役員，部長」

(iii) (第1段) be intertwined with～「～と絡み合う」 that は前出の the history の代用。domesticate「～を飼いならす」 how far back～?「どれほどさかのぼって～か？」 the Americas「(南北) アメリカ大陸」 this part of the world は the Americas のこと。led by～「～が先導した」は A new study を修飾。these questions は同段第2文 (But how …) の2つの疑問文 (how far back … と which route …) を指す。a bone fragment「骨片」 the region は Southeast Alaska のこと。remains「遺物」 represent「～を表す，代表する，～の一例である」
(第2段) canine「イヌの」 mitochondrial genome「ミトコンドリア・ゲノム」 the animal は the dog のこと。lineage「血統，家系」 diverge from～「～から分岐する」 as early as～「～もの早い時期に」 that split「その分岐」は前文の whose evolutionary … 16,700 years ago の内容を受けている。coincide with～「～と同時に起こる，～と一致する」 may have *done*「～したかもしれない」 migrate into～「～に移動する」
(第3段) a proxy for～「～の代わりとなるもの」 occupation「占有，住んでいること」 the entry of *A* into *B*「*A* が *B* に入ること」 the theory that S V「～という理論」 this migration は前文の the entry … the Americas のこと。just as S V「ちょうど～するときに」 interior「内陸の」 corridor「通り道，回廊」 ice sheet「氷床」

(iv) (第1段) fresh「新しい」 which の先行詞は the first black hole

ever detected で，後ろは was spotted ～ と became ～ が and で並立されている。the subject of ～「～の対象」 between＋複数名詞「～の間で」 a stellar marriage with ～「～との連星」 mass「質量」 while S V「～だけれども」 while 節内の主語である it は，the Cygnus X-1 のこと。they found it is … の they は，researchers のこと。at「(地点を表して) ～に」 ダッシュ (—) に挟まれた部分は「一光年」の説明。the distance を light … year が修飾している。travel「～を移動する」 trillion「1兆」

(第2段)　with ～ は付帯状況で with O C の形。gravitational pulls が O，ferocious が C に当たる。so ～ that S V「とても～なので…」の that は省略可能で，ferocious の後ろに that が省略されている。the one は名詞の反復を避けるための用法。ここでは the "supermassive" black hole のこと。Milky Way galaxy「天の川銀河」 4 million times the sun's mass は the one を修飾している。a single「たった1つの」 among the＋最上級「最も～の一つ」 This black hole は the Cygnus X-1 のこと。rapidly の説明のため，nearly light speed が挿入されている。envision「～を想像する，想定する」 theory of general relativity「一般相対性理論」 It は the Cygnus X-1 のこと。the companion star「伴星」が先行詞，it tightly orbits が関係代名詞節。この orbit は他動詞で「～の周りを軌道する」の意味。この it も the Cygnus X-1 のこと。the companion star it tightly orbits を a "blue supergiant" about 40 times our sun's mass で説明している。最終文は It が主語，started と collapsed が動詞。as は前置詞で「～として」の意。up to ～「最大～」 collapse into ～「崩壊して～になる」

(v) (第1段)　well-being「幸福，健康，福利」 the extent to which S V「どの程度～するか」 involve の目的語は the physical tools …, the behaviors …, and the emotional tools … の3つ。online「オンラインで」 engage in ～「～に従事する」 while (we are) online「私たちがオンライン中に」

(第2段)　App「アプリ」 disconnect「(オンライン状況を) 切断する」 It は Google's Digital Well-Being App のこと。allow *A* to *do*「*A* が～す

るのを可能にする」 set limits「制限を設ける」 help *do*「～するのに役立つ」 a step in ～「～における一歩」 can「(理論上の可能性を表して)～する可能性がある，～することがある」 最終文の主節の主語 this は，if 節の内容を受けたもの。an inherent assumption that S V「～というそもそもの前提」 interaction「相互関係，相互作用」 this assumption は an inherent assumption that … のこと。

(第3段) point to ～「～を指摘する」 problem with ～「～に関する問題」 these leave out の these は，movies like *The Social Dilemma* を受けている。leave out ～「～を省く，除く」 be trained in ～「～の訓練を受けている」 get O C「O を C（の状態）にする」の C は addicted と reliant upon … となる。(be) reliant on〔upon〕～「～に依存している」 these apps for ～の for の目的語は①a sense of connectedness と②emotion regulation と③just surviving … world である。just は only の意味。This は前文の内容を受けている。can be … と can significantly hurt … が and で並立されて，This の述語になっている。those は「人々」で prone to addictions は後ろから those を修飾。(be) prone to ～「～の傾向がある」 for some people と in some circumstances を and で結んでいる。in fact「(前で述べたことを強調して) 実際」 showing ～ は a fascinating study を修飾。suffer from ～「～で苦しむ」 benefit from ～「～から利益を得る」 overall「全体として」 suggest that S V「～だと示唆する，示す」 not ～ for all「すべての人々に～なわけではない」

(vi) (第1段) be designed to *do*「～するようデザインされている」 enhance「～を高める」 compared to ～「～と比べると」 *A* such as *B*「*B* のような *A*」 These scientists が主語，carried （ A ）と found が動詞。compare *A* to *B*「*A* を *B* と比較する」 alleged「(しっかりした根拠なしに) 主張された」 those＝the powers help「助けになる，役に立つ」

(第2段) receive much press coverage「大きく報道される，マスコミに盛んに取り上げられる」 claim (that) S V「(しっかりした根拠なしに) ～だと主張する」 boost「～を高める」は前出の enhance と同意語。making … の make は make *A* *do*「*A* に～させる」の使役動詞で，*A* は

information, *do* は feel である。このことを見抜くためには information が先行詞で that appeared in the new font が関係代名詞節であることに気づく必要がある。to read は不定詞の副詞的用法形容詞修飾と言われる用法で，difficult を修飾し，「読みにくい」という意味になる。remembered better の remembered は過去分詞で，make O C「O を C にする」の C に当たる。whereas S V「その一方で～」 present「～を提示する，示す」 findings「研究成果」 paper「論文」

(vii) （第 1 段） have a dream that S V「～という夢を見る」 see O as C「O を C だと見なす」 protagonist「主人公，主役」 in third person「三人称で」 beeping noises「ビープ音」はピーッ，ビーッと鳴る音のこと。in reality「実際は，現実は」 be induced into ～「～に誘導される」 lucid dream「明晰夢」とは夢を見ていると自覚しながら見る夢のこと。by a research team ～ は being induced の受動態の動作主。the sleeping and awake は〈the＋形容詞〉で人々を表すパターン。「眠っている人々と目が覚めている人々」の意味。

（第 2 段） signal to *A* that S V「*A* に～と合図する」 *A* に当たる them は Northwestern's research team のこと。Mazurek was to do には be to *do*「(予定を表し) ～することになっている」が用いられている。do this は signal to them ― while asleep ― that he was having a lucid dream を受けている。left to right「左から右へ」 as ～ as S can「できる限り～」 back and forth「前後に」 Answering them は〈時〉を表す分詞構文で，「～するときに」という意味。この them は The team(＝Northwestern's research team) のこと。heard the math problem cue とは，同段第 3 文 (The team …) の asked Mazurek a simple math equation through a speaker のこと。must「～にちがいない」

（第 3 段） call O C「O を C と呼ぶ」の O は the initial cue で，C は the "reality check" である。that took place の that は the "reality check" と考えるといいだろう。take place「起こる，行われる」 subject「(実験などの) 被験者」 appear as ～「～として現れる」 her dreamed-up childhood house の her は another subject「別の被験者」を指す。dream up ～「～を考え出す，創り上げる」の意味なので，dreamed-up childhood house「創り上げられた子供時代の家」とは，研究者たちが彼女の子供時代の家はこのようなものだろうと想像して作った家，ということになる。

(viii)（第1段） is ofは難しい。This building is of solid construction.「この建物は堅固な構造だ」の例と同様，「～という性質がある」を表す。the continentはオセアニアと考えるのがいいだろう。yet「(最上級で使われて）今までに」 Thisは Australia's oldest rock paintingのこと。a significant findのfindは名詞で，「発見（物），掘り出し物」の意。as S V「～なので」 lead author「主筆執筆者」
（第2段） using～「～を使いながら」 the same regionは the northeastern Kimberley region of western Australiaのこと。be renowned for～「～で有名である」 its rich rock art galleriesは，キンバリー地域の壁画のある岩窟を画廊にたとえたもの。documented「記録された」はat least six distinct phases of paintingsを修飾している。
（第3段） of all things「こともあろうに」 radiocarbon-dated「放射性炭素年代測定された」 date「～の年代を特定する」 ～overlying and underlying…「…の上と下に横たわっている～」 establish「～を立証する」 the artworkは a single paintingのことであり，そもそもAustralia's oldest rock paintingのこと。built over itはthree nestsを修飾しており，itはthe paintingのこと。determine that S V「～だと特定する」 most likely「おそらく」 he or sheはthe artistを指す。this piece of workもやはりAustralia's oldest rock paintingのこと。period「時代」 extend back into～「～にさかのぼる」 ice age「氷河期」

II 解答

26―(E) 27―(J) 28―(L) 29―(C) 30―(H) 31―(J) 32―(F) 33―(I) 34―(B) 35―(C) 36―(G) 37―(K) 38―(D) 39―(L) 40―(G)

◀解　説▶

▶26.「キャロルはたとえ仕事で忙しくても，家族のためにいつも時間を設けた」

正解は(E)。make time for～で「～のために時間を作る」の意味。

▶27.「ディビッドは昨日うっかり鍵を車の中に置き忘れて，車から締め出されてしまった」

正解は(J)。be locked out of ～ で「～から締め出される」の意味。ホテルのオートロック式の部屋で鍵を置き忘れて部屋を出てしまうと入れなくなる状態のことなどを言う。

▶28.「私は朝持って行くのを忘れないよう，ブリーフケースをドアの近くに置いた」

正解は(L)。place は原則他動詞で「～を置く」の意味があるので，前置詞は不必要。so (that) S' will *do* で目的を表し「S' が～するように」の意味となるが，その否定文は so (that) S' won't *do*「S' が～しないように」となる。forget to *do*「(これから) ～するのを忘れる」

▶29.「もし近くによい小学校があれば，この家は理想的なのに」

正解は(C)。close by で副詞的に働き「(すぐ) 近くに」の意味。副詞の close との違いが難しいのだが，close は Come a little closer.「もう少し近くに来なさい」のように比較級で使うか，draw ～ close「～を引き寄せる」や close to ～「(数値・年齢など) に近い」のように慣用的に使われると考えるといいだろう。close by の例文を挙げておく。One of my coworkers lives quite close by.「私の同僚の一人がかなり近くに住んでいる」

▶30.「私たちは 8 時 15 分に仕事を始め，12 時 30 分に仕事を中断し，一生懸命に働いたあとの昼食休憩を取った」

正解は(H)。knock off「仕事を終える，仕事を中断する」の難熟語がポイント。

▶31.「エリックはできる限り迅速に働いたのだが，自らのプロジェクトを終える時間がなくなってしまった」

正解は(J)。run out of ～「～を使い果たす，～がなくなる」の重要熟語がポイント。残りはないことを言う。run short of ～ だと，「～が不足する」の意味でまだ少し残っていることを表す。

▶32.「従業員たちは新しい CEO の仕事に対処する能力を決して信頼していなかった」

正解は(F)。have faith in ～ で「～を信頼する，信じる」の意味の重要熟語。逆に，lose faith in ～ は「～への信頼を失う」という意味。

▶33.「今年多くの人々が訪れてくれるよう，観光ビザに対する規制が取り除かれた」

正解は(I)。restrictions on ～ で「～に対する規制」の意味。この on は対象を表して「～に対して」という意味。

▶34.「一人っ子だったため，私は大人たちとダイニングテーブルにつくことに慣れていた」

正解は(B)。sit at (the) table は「テーブルにつく」の意味。いすに座っているのであって，テーブルの上に座っているわけではない。他に，at (the) table「食事をしていて」という熟語もある。一方，sit on the table なら，まさにテーブルの上に座るという不作法な行動となってしまう。

▶35.「日本の大衆文化に関する外国人の著者たちによる書籍は広く称賛を得ている」

正解は(C)。受動態の後ろで使われる by と同じ用法。問題文は Books written by foreign authors…「外国人の著者たちによって書かれた書籍は…」とも言える。

▶36.「キャシーは自分が品評会で最高賞を獲得したと聞いたとき，突然泣き出した」

正解は(G)。burst into tears で「突然泣き出す」の意味。burst out crying が同意表現。burst into laughter「突然笑いだす」(＝burst out laughing) も一緒に覚えておこう。

▶37.「ほとんどの人は，自分たちの家をローンで買うために多すぎる借金を負うことに反対だ」

adverse「逆の，反対の，好ましくない」は，限定用法が通例だが，問題文は be 動詞の後ろにあるので叙述用法。adverse に続く前置詞としては to が適切であることから，正解は(K)とする。adverse to ～ で「～に反対の，不都合な」の意味。この to には (代) 名詞や動名詞が後続する。なお，空所直後の take は taking と表記することが一般的とされているが，文意に違いはなく，このことによる解答への影響はないと大学から公表されている。

▶38.「緊急事態宣言が私たちの地域に発令された場合，レストランのスタッフは休業する準備をしなければならない」

正解は(D)。shut down で「(工場などが) 休業する，(機械などが) 停止する」の意味。パソコンを閉じることをシャットダウンと言うので，イメージはつかめると思われる。

▶39.「消費税が引き上げられたあと家計費を減らさなければならないかもしれない人々がいる」

正解は(L)。reduce は他動詞で「～を減らす」の意味。reduce unnecessary expenses「不必要な出費を削減する」のような使い方ができる。

▶40.「室内空気環境品質の新たな国内基準は昨年の 11 月に施行された」

正解は(G)。come〔go〕into effect で「実施される，発効する」の意味。ちなみに，in effect は「実施されて，発効されて」。

Ⅲ 解答

41－E　42－B　43－E　44－A　45－C　46－D
47－B　48－D　49－E　50－C

◀解　説▶

▶41.「最近，私は今度の休暇のために図書館に通って中国語を勉強しています」

正解はE。Aを含む have been *doing* は現在完了進行形。動作動詞を継続の意味で使うための形である。継続して図書館に通っていることを表している。Bの to the library は go to ～「～へ行く，～に通う」の to ～の部分で問題なし。to study は「勉強するために」の意味で，「勉強するために図書館に通っている」が直訳だが，ここは「図書館に通って中国語を勉強してい」ると訳した。for my upcoming vacation の for は「～のために，～に備えて」の意味で，study for the exam「その試験のために勉強する」の for がその一例。ちなみに，文頭の Recently は原則現在時制では使うことができず，過去形や現在完了形で使う副詞であることもおさえておこう。

▶42.「もしよろしければ私たちはスーパーマーケットに立ち寄ってピザを作るための材料を買うことができますが」

正解はB。ingredient「材料」は可算名詞なので，単数形で無冠詞は不可。ingredients とする。Aの stop by ～ は「～に立ち寄る」の意味の熟語。Cの for making は「作るための」の意味で，前置詞 for の後ろは動名詞ということになる。このforは目的を表す。Dのif you'd likeは「(ていねいな提案などを表して) もしよろしければ」の意味。wouldは仮定法の一種で，主節にもcouldが使われている。

▶43.「彼女がステージ上で大勢の声援を送る人々の前で歌っているのを想像できますか？」

正解はE。Aは後ろのsingingとつながり，imagine *A doing*「*A*が～しているのを想像する」の形になっている。Bのon the stage「ステージ上で」は，singingの後ろだとその直後のin front of～と連続してしまうのでこの位置になっているのであろう。in front of～は「～の前に」の基本熟語。～は場所であることが多いが,「大観衆の前で」のように～に〈人〉を置くこともできる。Dのa large group of～は「大勢の～」というニュアンス。cheeringは現在分詞の形容詞的用法「歓声を上げる，声援を送る」の意味で，peopleなど人を修飾することが可能。

▶44.「私たちの飛行機が到着したあと，私は帰って来たと両親に知らせるため電話したほうがよさそうだ」

正解はA。After our flight will arriveは時を表す副詞節だが，主節にshouldがあることからもわかるように未来の話なので,〈時や条件を表す副詞節中では未来を表す場合でもwillを使わず現在形にする〉という基本的な文法事項が適用される。したがって，will arriveをarrivesにするのが正しい。should「～したほうがいい」は，義務の度合いが比較的弱い助動詞。must *do*やhave to *do*, need to *do*ほど義務の度合いが強くはないことを覚えておこう。Cのcall my parents「私の両親に電話する」は問題なし。DのI'm homeのhomeは副詞で,「家に，故郷に，自国に」の訳が可能であり，必ずしも「家」とは限らない。ここも家にはまだ着いていないので,「故郷に」の意味だが,「帰って来た」と訳した。

▶45.「エヴァは，パリとマドリードへの最近の自分の旅行について話し合いをしたがっているようだった」

正解はC。discussは他動詞なのでaboutは不必要。AとBは，seem C「Cのようだ，Cのように思われる」の形で，eagerがそのCに当たる。(be) eager to *do*は「～するのを熱望する，～したがる」の意味なので，AとBのどちらも問題ない。Dを含めたtrip to～「～への旅行」も問題なし。

▶46.「私は棚を修繕しようとしたが，金づちで親指を打ってしまい，とても痛かった」

正解はD。painful は「(体の一部が) 痛い」の意味なので，I のような「人」を主語にはできない。my thumb を受けた it を主語にすると正しい文になる。A の tried to *do* は「〜しようとした」の訳だが，ネイティブは実際にはしなかった，またはできなかったという意味で解すると言われる。fix は「〜を修理する」の意味。B にある hit は，Be careful not to hit your head.「頭を打たないよう気をつけろ」のように意図せず打ってしまう場合も，hit the nail with a hammer「金づちでくぎを打つ」のように意図して打つ場合も，両方可能。ちなみに下線部の hit は過去形。C の with は「〜 (具体的な道具) で，を使って」の意味。

▶47.「親は，自分の子供たちがエスカレーターを走って上ったり下ったりするのを許さないよう気をつけたほうがいい」

正解はB。admit は，admit *A* to *do* の形にならない。allow〔permit〕*A* to *do*「*A* が〜するのを許可する，許す」の形はあるので，admit を allow〔permit〕にすると文が成立する。A と B の be careful not to *do*「〜しないよう気をつける」は重要表現。should は，義務の意味がそれほど強くない助動詞なので，「〜しなければならない」というほどの強制力はないと考えよう。C の to run の to は allow〔permit〕*A* to *do* の to *do* の部分。D は，run down the stairs「階段を走って降りる」の表現を知っていれば，C を含めて「エスカレーターを走って上ったり下ったりする」ことだと類推できる。

▶48.「田舎の地域はよりゆっくりとした生活のペースがあるが，一方で都会の地域は便利さや刺激を与えてくれる」

正解はD。D は offer の目的語であるべきなのに，and の前後の convenient は形容詞で excitement は名詞なのはおかしい。convenient「便利な」を convenience「便利」と名詞にする。A と B の a slower pace of life「よりゆっくりした生活のペース」は問題なし。a pace of life という言い方がある。C の whereas は従位接続詞で，「(対比を表し) その一方で」の意味。直前にコンマが置かれることが多いが，なくても問題ない。

▶49.「ジルは裏口を開けるため，錠に鍵を差し込み時計回りに回した」

正解はE。A と B の put the key into the lock は「鍵を錠に差し込ん

だ」という意味。put は，三人称単数の Jill が主語なので，過去形であることがわかる。C の turned it は「それを回した」の意味で，it は the key のこと。clockwise は副詞で「時計回りに」の意味。反意語は counterclockwise あるいは anticlockwise で，「反時計回りに」となる。D の不定詞は「～するために」の用法で，unlock は「～（ドアなど）を開錠する，開ける」の意味で問題なし。ちなみに，to unlock the back door は put … clockwise 全体を修飾しているのであって，turned it clockwise のみを修飾しているわけではない。

▶50.「私はあなたに，学期末レポートを週末まで延ばすのではなく今書き終えることをお勧めします」

正解はC。than はあるが比較級がないところが誤っている。than の前に rather を加えれば正しい文となる。*A* rather than *B*「*B* というよりむしろ *A*」の *A* は finish … now，*B* は postpone … weekend となる。A と B の recommend that S（should）*do* は，「S に～するよう勧める」の重要な語法。したがって，B の finish は現在形ではなく原形であり，ここでは should が省略されている。C の postpone は postpone *A* to *B* で「*A* を *B* まで延長する」となる。it は writing your term paper を受けている。

❖講　評

2023年度も大問3題の出題で，設問形式も例年どおりⅠは読解問題，Ⅱは前置詞などを入れる空所補充問題，Ⅲは誤り指摘問題となっていた。難易度は，Ⅰは2022年度よりやや易化したと言えよう。Ⅱは年度によりかなり振れ幅があるが，2023年度はやや難化した印象がある。Ⅲは2022年度と同レベルで，この大問は例年，難易度に変化はないと言えそうだ。

早稲田大学の他学部の入試問題と比べると，この人間科学部の問題はⅡの難易度が年度によってかなり揺れるので，Ⅱがカギを握ると言えそうである。2023年度は全体として例年並みの難易度であったため，標準的な難易度の学部と言える。ただ，Ⅰの読解問題は専門的で，難しい語彙がちりばめられており，内容を把握しにくいものが多々ある。また，内容説明問題の選択肢も紛らわしいものが多い。選択肢が短いのも特徴である。選択肢が短いということは，正解選択肢であっても本文の該当箇所と間接的な結びつきで答えを出さなければならず，曖昧な言い方だが，行間を読むという感覚が重要ではないかと思われる。Ⅱの空所補充問題は前置詞問題だと言われるが，意外と副詞も多い。ただ，熟語の知識が大半であるのは変わりなかった。NO WORDが選択肢にあるという意識も重要となるだろう。Ⅲの誤り指摘問題は語法や文法などをしっかり頭に入れていない受験生には正解が本当に見えにくい設問。誤っている部分を見つけるのは大変である。しかも，NO ERRORの選択肢があるのが受験生には本当に悩ましいと思われる。

Ⅰの読解問題は，８つの中程度の長さの英文を読んでそれぞれの設問に答えさせるもの。設問は，基本的に英問英答形式の内容説明，主題などとなっている。ただ，空所補充が5問出題されたのがちょっとした変更点と言える。レベルは2022年度よりやや易化，英文の分量は2022年度並みとなっている。英文のテーマは，2021年度は自然科学系から社会科学系へ，2022年度は社会科学系から自然科学系へ中心が移動し，2023年度は自然科学系と社会科学系がほぼ同数となった。この２つが大きなテーマである。研究者の研究結果を述べたものが多いので，一部に難しい語彙が使われている。読みにくい部分も多々あるであろう。2023年度は(ii)，(iv)，(viii)あたりがかなりの難単語や固有名詞などを含み，読みにくかった。内容もかなり専門的である。また，どの分野にしろ，時事的なテーマが多いのも人間科学部の特徴である。設問は各文章につき３，４問。シンプルな設問で選択肢の語数も短いが，それゆえに判断する部分が少ないので正解を出しにくいことが結構ある。また，「上のすべて」「上のどれでもない」「十分な情報は与えられていない」という選択肢が設定されている場合があり，すべての選択肢を正確に吟味しないといけないので，多くの時間を取られてしまうと思っておくとよい。

Ⅱの空所補充問題は，前置詞などの空所補充で，「補う必要なし」の選択肢も設定されているのが特徴である。設問のタイプは大きく２つに分けられる。熟語の中の前置詞を問うものと，前置詞を単独で問うものである。2022年度は最近の傾向通り，熟語の中の前置詞を問うものが圧倒的であったが，2023年度は名詞につく前置詞が少々狙われた。2021年度は２つ程度しか難問はなかったが，2022年度は４問程度が難しく，2023年度は難問がもう少し多かった。具体的には be locked out of ～, close by, knock off, restrictions on ～, shut down あたりであろうか。前置詞ではなく副詞が正解となる例もかなり見受けられたので，固定観念をもたずに柔軟に対応することが重要であろう。

Ⅲの誤り指摘問題は，NO ERROR の選択肢が用意されているのは2023年度も同じであった。この形式は受験生にとってはなかなか厄介で，悩んでしまったり誤りを見落としてしまったりといったことが起こりうる。間違っている箇所が必ずあれば気づきやすいが，すべて間違っているとは限らないというのは，判断を鈍らせる厄介な要因となる。自信をもってそれぞれの正誤を判断できるだけの正確な知識が必要となる。動詞周辺の知識が比較的よく狙われるが，最終的に正しく判断するためには結局ほとんどの項目に関して正確な知識が必要ということになる。受験生にとってはなかなかハードな問題であろう。正解を目指してほしいのは44，45，48あたりで，逆に41，42，46，49あたりは判断が難しかったであろう。例えば，recently が現在完了進行形で使えるのか？ ingredient は可算か不可算か？「私はとても痛かった」をI was very painful. と言えるのか？ put the key into the lock や turned it clockwise と言えるのか？ 難問と言われるレベルはこのようなものであることを認識してほしい。また，NO ERROR かどうかを見極めるのは困難と言えそうだ。この種の気づきにくい問題は必ずあり軽視はできないが，他の受験生も悩むところなので，まずは解きやすい問題でミスをしないことが大切となる。

数学

◀理系方式▶

1

◇発想◇　(1)　2 個の整数が互いに素であるとは，最大公約数が 1 であることである。本問のように，重複せず漏らさず個数を求めるためには，数え上げる方法がよいだろう。

(2)　実際に $x^2+x+1=0$ の解を求めてそれを 20 乗するような問題ではないことに気づこう。$x^2+x+1=0$ を満たす x は $x^3-1=0$ も満たすことを利用するか，$x^{20}+x$ を x^2+x+1 で割り，商と余りを求めて等式を導き出す解法が考えられる。

(3)　指数の $\bigcirc^n$ の n を大きくして n にするには対数をとる。底をいくらにするのか考えなければならない問題もあるが，本問では参考に $\log_5 11$ の値が与えられているので，底を 5 にすればよいとわかる。

解答　ア．15　イ．22　ウ．-1　エ．10

◀解　説▶

≪小問 3 問≫

▶(1)　12 個の整数の中から異なる 2 個を無作為に取り出す取り出し方は

$${}_{12}C_2=\frac{12\cdot 11}{2\cdot 1}=66 \text{ 通り}$$

このうち，2 個の整数が互いに素となる組は

2 と 3，5，7，9，11，13 の 6 組

3 と 4，5，7，8，10，11，13 の 7 組

4 と 5，7，9，11，13 の 5 組

5 と 6，7，8，9，11，12，13 の 7 組

6 と 7，11，13 の 3 組

7と8，9，10，11，12，13の6組

8と9，11，13の3組

9と10，11，13の3組

10と11，13の2組

11と12，13の2組

12と13の1組

以上，合計45組ある。

よって，求める確率は

$$\frac{45}{66}=\frac{15}{22}\quad(\to ア・イ)$$

▶(2) $x^2+x+1=0$ の両辺に $x-1$ をかけると

$$(x-1)(x^2+x+1)=0$$

よって　　$x^3-1=0$

より　　$x^3=1$

したがって，$x^2+x+1=0$ を満たす x は $x^3=1$ を満たすので

$$x^{20}+x=(x^3)^6x^2+x=1^6x^2+x=x^2+x=-1\quad(\to ウ)$$

別解 $x^{20}+x$ について，次の等式が成り立つ。

$$x^{20}+x=(x^2+x+1)\{(x^{18}-x^{17})+(x^{15}-x^{14})+(x^{12}-x^{11})+\cdots+(x^3-x^2)+1\}-1$$

ここで，$x^2+x+1=0$ のとき，右辺が -1 になることから

$$x^{20}+x=-1$$

▶(3) $5^{n+5}>11^n$ の両辺の底が5の対数をとると

$$\log_5 5^{n+5}>\log_5 11^n$$

$$n+5>n\log_5 11$$

$$(1-\log_5 11)n>-5$$

ここで，$1-\log_5 11<1-\log_5 5=0$ より

$$n<\frac{5}{\log_5 11-1}$$

$\log_5 11=1.49$ より，$\dfrac{5}{\log_5 11-1}=\dfrac{5}{1.49-1}=10.2\cdots$ であるから

$$1\leqq n\leqq 10$$

よって，$5^{n+5}>11^n$ を満たす自然数 n は 1，2，…，10 の 10 個ある。

(→エ)

2

◆発想◆　まずは対数の不等式を解いて，x，y に関する条件を求めよう。最初に，真数条件から前提となる条件を求めておくこと。対数から抜け出て，真数の比較にもっていくことがポイントである。図をきちんと描いて，条件を満たす整数の組がどのような点なのかを求めてしまえば，個数も x 座標が最小となる点も求めることができる。

解答　オ．6　カ．0　キ．0

◀解　説▶

≪対数の不等式を満たす整数の組≫

$\log_4(16-x^2-y^2) \geqq \dfrac{3}{2}+2\log_{16}(2-x)$ において，真数条件より

$$\begin{cases} 16-x^2-y^2>0 \\ 2-x>0 \end{cases}$$

よって

$$\begin{cases} x^2+y^2<16 \\ x<2 \end{cases} \quad \cdots\cdots①$$

このとき

$$\log_4(16-x^2-y^2) \geqq \frac{3}{2}+2\log_{16}(2-x)$$

$$\log_4(16-x^2-y^2) \geqq \frac{3}{2}+2\cdot\frac{\log_4(2-x)}{\log_4 16}$$

$$\log_4(16-x^2-y^2) \geqq \log_4 8+\log_4(2-x)$$

$$\log_4(16-x^2-y^2) \geqq \log_4 8(2-x)$$

底の 4 は 1 よりも大きいので

$$16-x^2-y^2 \geqq 8(2-x)$$

$$x^2+y^2-8x \leqq 0$$

$$(x-4)^2+y^2 \leqq 16 \quad \cdots\cdots②$$

①と②を満たす領域は下図の網かけ部分のようになる。

ただし，境界線のうち，直線 $x=2$ 上は含まない。

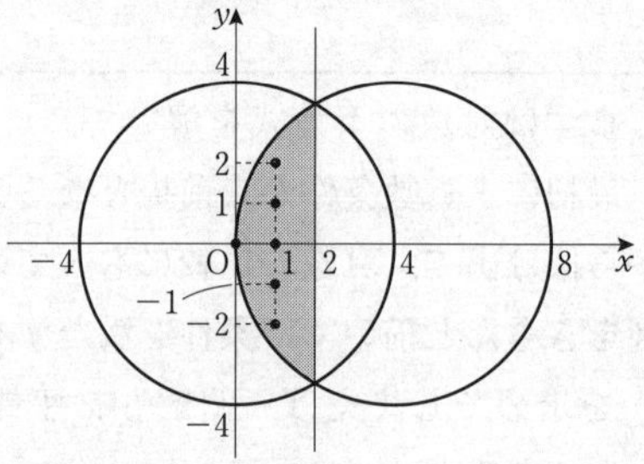

条件を満たす網かけ部分に属する点 $\mathrm{P}(x,\ y)$ の中で，x 座標と y 座標がともに整数であるものは6個ある。（→オ）

このうち，x 座標が最小となる点は $(0,\ 0)$ である。（→カ・キ）

3

◇発想◇ 点Cと点Dが直線 l_1 に関して対称であるための条件は

$\overrightarrow{\mathrm{AB}}\perp\overrightarrow{\mathrm{CD}}$ であること　かつ　線分CDの中点が直線 l_1 上にあること

である。点Dの座標を求める以前に $\overrightarrow{\mathrm{CD}}$ の成分は具体的には表せない。まずは，直線 l_1 と線分CDの交点をRとおいてみよう。点Rが直線 l_1 上の点であれば，$\overrightarrow{\mathrm{AR}}=k\overrightarrow{\mathrm{AB}}$（$k$ は実数）と表すことができる。$|\overrightarrow{\mathrm{PQ}}|^2$ の最小値を求めるには，2点P，Qの距離を測る方法と $\overrightarrow{\mathrm{PQ}}$ が xy 平面上の直線 $y=-x+4$ と直線 l_2 の2直線に垂直であることを利用する方法が考えられる。

解答 ク．6　ケ．−2　コ．6　サ．24

◀解　説▶

≪空間における線分の長さの最小値≫

線分CDと直線 l_1 の交点をRとおくと

$$\overrightarrow{\mathrm{OD}}=\overrightarrow{\mathrm{OC}}+\overrightarrow{\mathrm{CD}}=\overrightarrow{\mathrm{OC}}+2\overrightarrow{\mathrm{CR}}$$

と表せる。

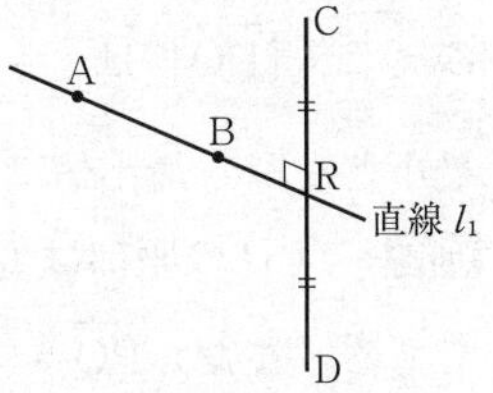

点 R は直線 l_1 上の点なので

$$\overrightarrow{AR}=k\overrightarrow{AB}=k(1,\ 3,\ 2)\quad (k \text{ は実数})$$

と表せて

$$\overrightarrow{CR}=\overrightarrow{AR}-\overrightarrow{AC}$$
$$=k(1,\ 3,\ 2)-(-1,\ 8,\ -1)$$
$$=(k+1,\ 3k-8,\ 2k+1)$$

ここで，$\overrightarrow{AB}\perp\overrightarrow{CR}$ であるから，$\overrightarrow{AB}\cdot\overrightarrow{CR}=0$ より

$$1(k+1)+3(3k-8)+2(2k+1)=0$$
$$14k-21=0$$
$$k=\frac{3}{2}$$

よって，$\overrightarrow{CR}=\left(\frac{5}{2},\ -\frac{7}{2},\ 4\right)$ であるから

$$\overrightarrow{OD}=\overrightarrow{OC}+2\overrightarrow{CR}$$
$$=(1,\ 5,\ -2)+2\left(\frac{5}{2},\ -\frac{7}{2},\ 4\right)$$
$$=(6,\ -2,\ 6)$$

よって，点 D の座標は　　$(6,\ -2,\ 6)$　（→ク～コ）

点 P は点 D を通り，直線 l_1 に平行な直線 l_2 上の点なので

$$\overrightarrow{OP}=\overrightarrow{OD}+s\overrightarrow{AB}$$
$$=(6,\ -2,\ 6)+s(1,\ 3,\ 2)$$
$$=(s+6,\ 3s-2,\ 2s+6)$$

よって，点 P の座標は $(s+6,\ 3s-2,\ 2s+6)$ である。

また，点 Q の座標は $(t,\ -t+4,\ 0)$ であるので

$$|\overrightarrow{PQ}|^2=(s-t+6)^2+(3s+t-6)^2+(2s+6)^2$$
$$=14s^2+2t^2+4st-24t+108$$
$$=14\left(s+\frac{t}{7}\right)^2+\frac{12}{7}t^2-24t+108$$
$$=14\left(s+\frac{t}{7}\right)^2+\frac{12}{7}(t-7)^2+24$$

ゆえに，$|\overrightarrow{\mathrm{PQ}}|^2$ は $s=-\dfrac{t}{7}$ かつ $t=7$，つまり $s=-1$ かつ $t=7$ のときに最小となり，最小値は 24 である。（→サ）

別解　点 P の座標は $(s+6,\ 3s-2,\ 2s+6)$，点 Q の座標は $(t,\ -t+4,\ 0)$ である。また，$\overrightarrow{\mathrm{PQ}}=(-s+t-6,\ -3s-t+6,\ -2s-6)$ である。

$|\overrightarrow{\mathrm{PQ}}|^2$ が最小となるのは，$\overrightarrow{\mathrm{PQ}}$ が直線 l_2 に垂直，つまり $\overrightarrow{\mathrm{AB}}=(1,\ 3,\ 2)$ と垂直，かつ xy 平面上の直線 $y=-x+4$ に垂直なときである。

このとき，まずは，$\overrightarrow{\mathrm{PQ}}\perp\overrightarrow{\mathrm{AB}}$ より　　$\overrightarrow{\mathrm{PQ}}\cdot\overrightarrow{\mathrm{AB}}=0$

よって

$$1(-s+t-6)+3(-3s-t+6)+2(-2s-6)=0$$

$$7s+t=0 \quad \cdots\cdots ①$$

また

$$\overrightarrow{\mathrm{OQ}}=(t,\ -t+4,\ 0)=(0,\ 4,\ 0)+t(1,\ -1,\ 0)$$

と変形でき，直線 $y=-x+4$ は点 $(0,\ 4,\ 0)$ を通り，成分が $(1,\ -1,\ 0)$ であるベクトルに平行な直線なので，$\overrightarrow{\mathrm{PQ}}$ がこれに垂直であることから

$$1(-s+t-6)-(-3s-t+6)+0(-2s-6)=0$$

$$s+t-6=0 \quad \cdots\cdots ②$$

①，②より

$$(s,\ t)=(-1,\ 7)$$

このとき，点 P の座標は $(5,\ -5,\ 4)$，点 Q の座標は $(7,\ -3,\ 0)$ であるから，$\overrightarrow{\mathrm{PQ}}=(2,\ 2,\ -4)$ であり

$$|\overrightarrow{\mathrm{PQ}}|^2=2^2+2^2+(-4)^2=24$$

4

◇発想◇　まず，$y=e^x\sin x$ $(0\leqq x\leqq a)$ のグラフを描いてみよう。曲線 $y=e^x\sin x$ $(0\leqq x\leqq a)$ と直線 $x=a$ および x 軸によって囲まれた図形を x 軸のまわりに1回転してできる立体の体積 V を求めるので，まずは回転軸である x 軸に垂直な平面における断面の面積を求めよう。断面は円なので，半径を求めれば面積が求まる。

解答　シ．3　ス．4　セ．3　ソ．2　タ．3　チ．−1　ツ．8

◀解　説▶

≪回転体の体積≫

$y=e^x\sin x$ の両辺を x で微分すると

$$\begin{aligned} y' &= (e^x)'\sin x+e^x(\sin x)' \\ &= e^x\sin x+e^x\cos x \\ &= e^x(\sin x+\cos x) \\ &= \sqrt{2}\,e^x\left\{(\sin x)\frac{1}{\sqrt{2}}+(\cos x)\frac{1}{\sqrt{2}}\right\} \\ &= \sqrt{2}\,e^x\left(\sin x\cos\frac{\pi}{4}+\cos x\sin\frac{\pi}{4}\right) \\ &= \sqrt{2}\,e^x\sin\left(x+\frac{\pi}{4}\right) \end{aligned}$$

$e^x>0$ なので，$y'=0$ のとき　　$\sin\left(x+\frac{\pi}{4}\right)=0$

このうち，$0<x<\pi$ つまり $\frac{\pi}{4}<x+\frac{\pi}{4}<\frac{5}{4}\pi$ を満たすものは

$$x+\frac{\pi}{4}=\pi$$

より　　$x=\frac{3}{4}\pi$

$0\leqq x\leqq\pi$ における増減表は右のようになる。

x	0	$\cdots$	$\frac{3}{4}\pi$	$\cdots$	π
y'		$+$	0	$-$	
y	0	↗	$\frac{\sqrt{2}\,e^{\frac{3}{4}\pi}}{2}$	↘	0

よって，$y=e^x\sin x$ は $x=\frac{3}{4}\pi$ において極値をとる。（→シ・ス）

V は右図の網かけ部分を x 軸のまわりに1回転してできる立体の体積である。

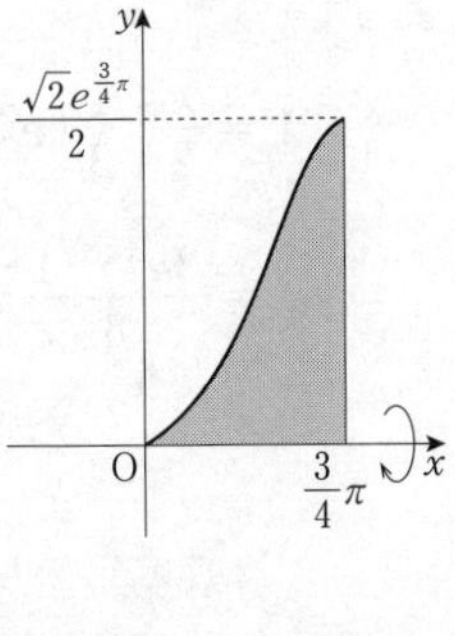

$$\begin{aligned} V &= \int_0^{\frac{3}{4}\pi}\pi y^2dx \\ &= \pi\int_0^{\frac{3}{4}\pi}e^{2x}\sin^2 x\,dx \\ &= \pi\int_0^{\frac{3}{4}\pi}e^{2x}\cdot\frac{1-\cos 2x}{2}dx \end{aligned}$$

$$=\frac{\pi}{2}\left(\int_0^{\frac{3}{4}\pi}e^{2x}dx-\int_0^{\frac{3}{4}\pi}e^{2x}\cos 2x dx\right)$$

ここで

$$\int_0^{\frac{3}{4}\pi}e^{2x}dx=\left[\frac{1}{2}e^{2x}\right]_0^{\frac{3}{4}\pi}=\frac{1}{2}(e^{\frac{3}{2}\pi}-1)$$

$$\int_0^{\frac{3}{4}\pi}e^{2x}\cos 2x dx=\int_0^{\frac{3}{4}\pi}\left(\frac{1}{2}e^{2x}\right)'\cos 2x dx$$

$$=\left[\frac{1}{2}e^{2x}\cos 2x\right]_0^{\frac{3}{4}\pi}-\int_0^{\frac{3}{4}\pi}\frac{1}{2}e^{2x}(\cos 2x)'dx$$

$$=\left[\frac{1}{2}e^{2x}\cos 2x\right]_0^{\frac{3}{4}\pi}-\int_0^{\frac{3}{4}\pi}\frac{1}{2}e^{2x}(-2\sin 2x)dx$$

$$=-\frac{1}{2}+\int_0^{\frac{3}{4}\pi}e^{2x}\sin 2x dx$$

$$=-\frac{1}{2}+\int_0^{\frac{3}{4}\pi}\left(\frac{1}{2}e^{2x}\right)'\sin 2x dx$$

$$=-\frac{1}{2}+\left[\frac{1}{2}e^{2x}\sin 2x\right]_0^{\frac{3}{4}\pi}-\int_0^{\frac{3}{4}\pi}\frac{1}{2}e^{2x}(\sin 2x)'dx$$

$$=-\frac{1}{2}-\frac{1}{2}e^{\frac{3}{2}\pi}-\int_0^{\frac{3}{4}\pi}\frac{1}{2}e^{2x}(2\cos 2x)dx$$

$$=-\frac{1}{2}-\frac{1}{2}e^{\frac{3}{2}\pi}-\int_0^{\frac{3}{4}\pi}e^{2x}\cos 2x dx$$

よって

$$2\int_0^{\frac{3}{4}\pi}e^{2x}\cos 2x dx=-\frac{e^{\frac{3}{2}\pi}+1}{2}$$

$$\int_0^{\frac{3}{4}\pi}e^{2x}\cos 2x dx=-\frac{1}{4}(e^{\frac{3}{2}\pi}+1)$$

よって

$$V=\frac{\pi}{2}\left\{\frac{1}{2}(e^{\frac{3}{2}\pi}-1)+\frac{1}{4}(e^{\frac{3}{2}\pi}+1)\right\}$$

$$=\frac{3e^{\frac{3}{2}\pi}-1}{8}\pi$$　(→セ～ツ)

5

◇発想◇　球面 S と接線の接点を T とおくと，$\overrightarrow{CT}\perp\overrightarrow{PQ}$ より $\overrightarrow{CT}\cdot\overrightarrow{PQ}=0$ である。ここで，$\overrightarrow{CT}=\overrightarrow{PT}-\overrightarrow{PC}$ と変形してみよう。$\overrightarrow{PC}\cdot\overrightarrow{PQ}=\overrightarrow{PT}\cdot\overrightarrow{PQ}$ を得る。これより t の値を求めることができる。また，内積の定義 $\overrightarrow{PC}\cdot\overrightarrow{PQ}=|\overrightarrow{PC}||\overrightarrow{PQ}|\cos\angle CPQ=|\overrightarrow{PT}||\overrightarrow{PQ}|$ より t の値を求めることもできる。$\overrightarrow{PC}\cdot\overrightarrow{PQ}=t|\overrightarrow{PQ}|$ をヒントに点 Q の座標を $(x,\ y,\ 0)$ などとおいて代入してみると，要領よく楕円の方程式を求めることができる。

解答　テ．2　ト．3　ナ．0　ニ．4　ヌ．-2　ネ．-5　ノ．3　ハ．5　ヒ．15

◀解　説▶

≪空間における線分の通過領域の体積≫

点 P から球面 S に引いた接線の接点を T とおくと，$\overrightarrow{CT}\perp\overrightarrow{PQ}$ であるから $\overrightarrow{CT}\cdot\overrightarrow{PQ}=0$ であり

$$(\overrightarrow{PT}-\overrightarrow{PC})\cdot\overrightarrow{PQ}=0$$

$$\overrightarrow{PC}\cdot\overrightarrow{PQ}=\overrightarrow{PT}\cdot\overrightarrow{PQ}$$

$$=|\overrightarrow{PT}||\overrightarrow{PQ}|\cos 0$$

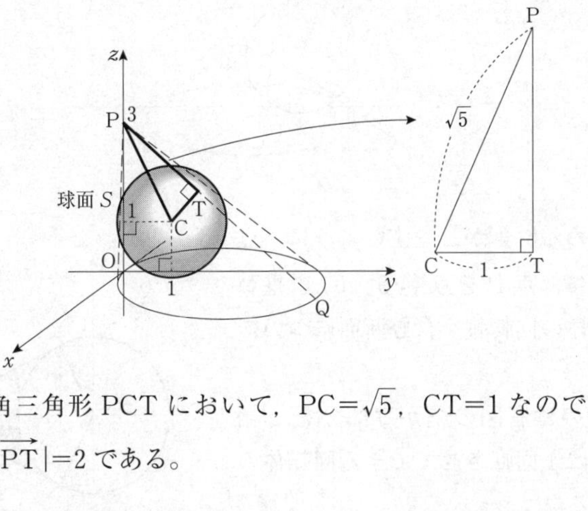

ここで，直角三角形 PCT において，$PC=\sqrt{5}$，$CT=1$ なので，三平方の定理より $|\overrightarrow{PT}|=2$ である。

よって

$$\overrightarrow{PC}\cdot\overrightarrow{PQ}=2|\overrightarrow{PQ}|\quad(\to テ)$$

参考　ベクトルの内積の定義式より次のようにしてもよい。

$$\overrightarrow{PC}\cdot\overrightarrow{PQ}=|\overrightarrow{PC}||\overrightarrow{PQ}|\cos\angle CPQ$$
$$=|\overrightarrow{PT}||\overrightarrow{PQ}|$$
$$=2|\overrightarrow{PQ}|$$

点 Q の座標を $(x,\ y,\ 0)$ とおく。

$\overrightarrow{PC}=(0,\ 1,\ -2)$，$\overrightarrow{PQ}=(x,\ y,\ -3)$ を $\overrightarrow{PC}\cdot\overrightarrow{PQ}=2|\overrightarrow{PQ}|$ に代入すると

$$0\cdot x+1\cdot y+(-2)(-3)=2\sqrt{x^2+y^2+9}$$
$$y+6=2\sqrt{x^2+y^2+9}$$

$y+6>0$ つまり $y>-6$ のもとで，両辺を 2 乗すると

$$y^2+12y+36=4x^2+4y^2+36$$
$$4x^2+3y^2-12y=0$$
$$4x^2+3(y-2)^2=12$$
$$\frac{x^2}{3}+\frac{(y-2)^2}{4}=1$$

よって　　$a=3,\ b=0,\ c=4,\ d=-2$　(→ト〜ヌ)

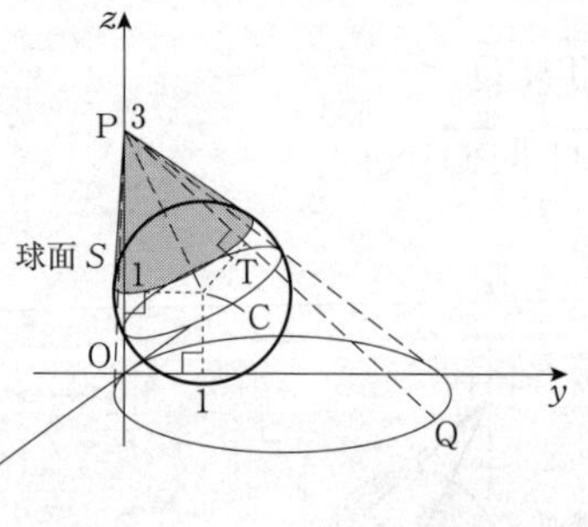

体積を求める計算がしやすいように，点 C を原点に，点 P を点 $(\sqrt{5},\ 0)$ に重ねて，回転体の回転軸を含む断面について考える。

求めるものは右図の網かけ部分を x 軸のまわりに 1 回転させてできる回転体の体積である。

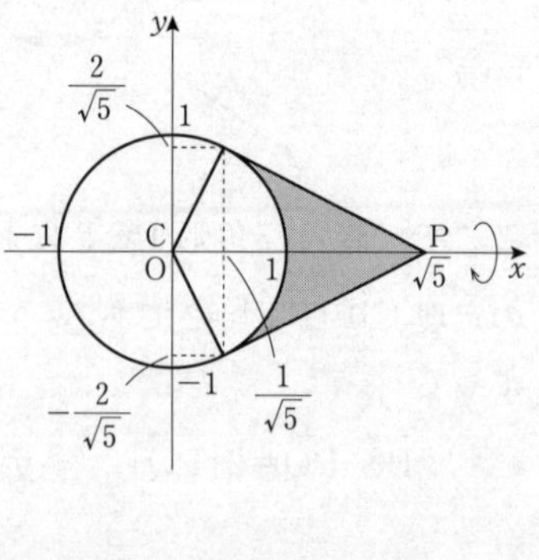

直円錐の体積から球の一部分を除けばよいので

$$\frac{1}{3}\cdot\pi\left(\frac{2}{\sqrt{5}}\right)^2\left(\sqrt{5}-\frac{1}{\sqrt{5}}\right)-\int_{\frac{1}{\sqrt{5}}}^{1}\pi y^2dx$$

$$=\frac{16\sqrt{5}}{75}\pi-\pi\int_{\frac{1}{\sqrt{5}}}^{1}(1-x^2)dx$$

$$=\frac{16\sqrt{5}}{75}\pi-\pi\left[x-\frac{1}{3}x^3\right]_{\frac{1}{\sqrt{5}}}^{1}$$

$$=\frac{16\sqrt{5}}{75}\pi-\pi\left(\frac{2}{3}-\frac{14\sqrt{5}}{75}\right)$$

$$=\frac{-10+6\sqrt{5}}{15}\pi$$

$$=2\pi\cdot\frac{-5+3\sqrt{5}}{15}\quad(\to ネ〜ヒ)$$

❖講　評

2023 年度も例年通り，理系方式・文系方式ともに試験時間 60 分で大問 5 題，全問マークシート法の出題であった。1 〜 3 が理系方式・文系方式の共通問題で，4，5 がそれぞれの方式の個別の問題である。

1 は小問集合である。(1)は 2 個の整数が互いに素になる確率の問題である。丁寧に直接数え上げればよい。(2)は $x^2+x+1=0$ である条件を $x^3=1$ であることに置き換えて $x^{20}+x$ の値を求める問題である。(3)は対数についての不等式の問題である。

2 は対数についての不等式が表す領域に属する格子点の個数を求める問題である。真数条件を忘れないようにしよう。

3 は空間ベクトルの問題である。点 D の座標を求めることは容易である。$|\overrightarrow{PQ}|^2$ の最小値の求め方は $|\overrightarrow{PQ}|^2$ が最小のときの $\overrightarrow{PQ}$ の図形的な意味に気づくか否かで，解法は複数考えられる。問題演習の経験がある自分に合った解法で解答すればよい。

〈理系方式〉

4 は回転体の体積を求める問題である。方針で迷うところはない。正確に計算しよう。

5 は空間ベクトルと 2 次曲線の問題である。楕円の方程式を求めるところが一つの山場である。方針の立て方はいろいろ考えられるが，前半で問われていることが利用できないかを考えると解法が見えてくる。

1，2はやや易しめ，3，4は標準レベルの問題で，他と比較すると5が難しめである。

集などでよく目にする。用語や文法的な困難はない。ただ、出題文には会話の部分を示す「　」がついておらず、会話主・聞き手の把握に多少戸惑うかもしれない。問十四は、（注）の「出家した折りに詠んだ歌」がヒントとなる。選択肢も微妙な言い回しになっているが、助動詞の意味に留意して、大ざっぱに捉えればよい。見極めに悩むことはない。標準レベル。問十五は、敬意の方向に関する設問。会話主をつかみ、敬語法の原則を適用する。やや易のレベル。問十六は枕詞に関する設問。古文の常識であり、やや易。問十七は「けすらひ」という目慣れぬ語の意味を以降の文脈から推定していく力が要求される。標準レベル。問十八は、「半臂の句」の意味を捉えた上で、さらに「半臂の句」を生かす働きをしているのは何か、「俊恵」の発言をよく見極める必要がある。やや難のレベル。問十九は、反実仮想の助動詞「まし」の意味用法、「詮なし」の語意をおさえていれば対処できる。やや易のレベル。問二十は、選択肢の見極めが易しく、本文の該当箇所もすぐに見つかる。標準レベル。

三の漢文は、唐代に呉兢が太宗の言行を記録したとされる『貞観政要』が出典。出題箇所の背景や登場人物の説明がされておらず、初めは取っつきにくい。ただし、設問そのものは見極めがしやすく、文脈から当否が判断できる。問二十一は、問二十四の選択肢から内容を推定した上で、再読文字「将」や〈動詞＋目的語＋補語〉の語順原則に従い訓読することになる。標準レベル。問二十二は、「戴冑」と「太宗」、それぞれの言い分をおさえて解答する。標準レベル。問二十三は、慣用的表現「作《ス》レ色《ヲ》」と助字としての「遣」の意味用法が問われている。やや易のレベル。問二十四はすぐには判断できない選択肢があるが、明確に誤りを含んだ選択肢があり、これらとの兼ね合いから正答に至ることができる。標準レベル。

全体を通して見ると、分量的にもレベル的にも現代文の比重が非常に大きいことがわかる。問題を解きながら、形式段落ごとに内容を要約したり用語の定義を大まかに読み取ったりしていくといった、速読・速解の力が必要である。と同時に、即答しやすい古文・漢文から先に手をつける、あるいは、小問数に応じた時間配分をするなど、試験時間の割り振りに配慮したい。

いた論の展開とを捉えれば、主張の概要は把握できる。また、Bの中尾の文章は、例示を手がかりに抽象的な内容に迫ることができる。設問は、一部に出題意図が捉えにくいものもあるが、出題の条件を加えるなどして受験生が答えやすいよう配慮したものが多い。選択肢による設問は、正答の根拠となる箇所の表現を巧みに言い換えたり組み替えたりしたものが多い。ただ、他の選択肢との見極めは易しい。問一は、文脈把握にかかわる設問だが、慣用的な表現にかかわる語意の設問と言ってもよい。やや易のレベル。問二は、「相対的」や「独立性」という用語の意味を具体的な文脈の中で捉えたい。標準レベル。問三は、「対比的な語句」や「三字以内」という条件が示されており、「自然」の捉え方にかかわる文脈を把握していれば、解答は易しい。問四は、傍線部を含む三つの段落の内容を把握した上で、巧みに要約された選択肢にあたる必要がある。標準レベル。問五は、空欄前後の文脈と「題目でも使用している」という設問中の説明がヒント。字数の制限を手がかりに探すことになるが、やや難のレベル。問六はやや長い選択肢を丁寧に読み取り、部分に分けて本文と照合する必要がある。やや難のレベル。問七は、傍線部前の説明と後の例示から解答に至る。やや易のレベル。問八も、やや易。問九は、誤りとなる選択肢が傍線部直前の内容に基づいて作られている。しかし、実は、傍線部より前の指示語の内容を捉える設問。標準レベル。問十は「ニッチ構築」がどこまでを言うのか、その区切りを文脈から探る必要がある。空欄部の直後に括弧書きで示されていることに気づけばよい。標準レベル。問十一は傍線部を含む段落に理由は示されている。正答となる選択肢はかなり表現が変えられているが、他の選択肢との違いは明白であり、標準レベル。問十二は、要約中に使用すべき語が四語、字数も三十字以上三十五字以内と指示されている。逆に言えば、四語を含み、指定字数に沿った箇所を本文中から探し、まとめればよいことになる。まとめるには多少手間がかかる。やや難のレベル。問十三は、A・Bそれぞれの文章のあちこちに戻って内容を確認し、A・Bの文章相互の関係も把握しなければならない。かなり難儀である。選択肢も、本文をかなり言い換えてうまくまとめられている。難のレベル。

二の古文は、鴨長明の歌論『無名抄』が出典。このような「俊恵」とのやり取りの記録は、出題部分に限らず、問題ロ、「政権を引き継ぐ際に、…位階官職を剥奪するため」が不適切。太宗は、官位を偽ったことに関して、真実を言わない柳雄を白状させるために、死罪を持ち出している。
ハ、「太宗の…法解釈によって、法司に左遷された」が不適切。戴冑はもともと、司法にかかわる「少卿」であり、法解釈に関わる役人（＝「法司」）として太宗の判断（四行目「当レ与二死罪一」）に諫言したのである。
ニ、「むち打ち刑が死罪に当たるか」が不適切。柳雄が犯した「罪」に対し、大理は柳雄を死罪にしよう（傍線部1「将レ処二雄死罪一」）と言い、太宗も死罪にすべきだと判断した、とある。このような判断に対し、法司として戴冑は、柳雄の罪は法の上ではむち打ちの刑に相当する（三行目「法止合レ徒」）、と主張したのである。
ホ、「敵の攻撃の可能性を説きながら」が本文にはない内容。また、「死罪を決行した」も、死罪に相当しないという戴冑の諫言を受け入れた（最終行「悦以従レ諫」）太宗の行為に矛盾する。
へ、最終二行の太宗の言葉及びその行動に合致する。「如レ此守レ法」は、戴冑が太宗の意向に反しあくまでも法に従いむち打ちの刑を主張したこと。「豈畏三…也」は反語の用法。〝恐れる必要があろうか、いやない。心配はいらない〟の意、「濫有二誅夷一」の「濫」は、〝むやみに、わけもなく〟の意で、法に基づかず勝手な判断をすることを指す。
以上より、イ・へが正解。

❖講　評

現代文、古文・漢文各一題、計三題で試験時間は六十分。解答形式は、マーク式と記述式の併用となっている。
一の現代文は、人文科学・社会学の専門雑誌に発表されたA：吉川浩満とB：中尾央の二つの論文が出典。いずれも専門的な概念を、難解な学術用語やたくさんの引用で解説している。共通する主題は、「人間性を帯びた進化論の現況」についてであるが、受験生にとって、細部にわたる内容理解は困難である。また、かなりの長文であり、一つの出典だけでも他大学の大問一題の分量に匹敵するほどである。ただ、Aの吉川の文章は「自然」の捉え方の二面性とそれを用

▼問二十二　太宗（＝陛下）と戴冑の意見の対立に着目する。空欄ａの前後の文脈からは、「罪不レ合」とあり、「不レ可ニ酷濫一」とあることから、「罪」に対応する「罰」に相当する語が入ることが考えられる。ただし、ここは太宗（陛下）が与えようとする「罰」に対して戴冑が意見を述べている場面。「罰」の具体的な内容を示す語だと考えられる。三行目の戴冑の諫言に「法止合レ徒」とあり、これに対する太宗の言葉として「当レ与ニ死罪一」（四行目）がある。戴冑は、柳雄への「罰」は、法に照らすとむち打ち刑が適当だと述べている（先の「罪不レ合」「不レ可ニ酷濫一」に相当）のに対し、太宗は死罪を与えるべきだと言っている。太宗が考える具体的な罰の内容である「死」を示した、ニが正解。

▼問二十三　「作レ色」は「いろをなす」と読み、〝怒りのあまり顔色を変える〟の意。「遣」は「しむ」と読む使役を表す助字。使・令・教などと同様に、〈遣＋目的語（Ａ）＋動詞（Ｂ）〉の形で「ＡをしてＢ（せ）しむ」と読んで、〝ＡにＢさせる〟の意で用いられる。ただし、この場合のように目的語（この場合は、「部下・家臣」に相当する語）が省略されることもある。また、傍線部２に続いて「冑執レ之不レ已。…然後赦レ之」とある。この後、太宗は柳雄を死罪にしなかったのだから、「遣レ殺」は実行されておらず、「殺さしめんとす」と読んで〝殺させようとした、（部下に）殺せと命じた〟の意とするのが適当。

▼問二十四　選択肢を本文の当該箇所と照らして、消去法で対処する。

イ、冒頭の文に「柳雄、於ニ隋資一妄加ニ階級一」とあり、その後、太宗からの「不レ首与レ罪」という命令に対して、柳雄が「竟不ニ肯首一」（二行目）とあることに合致する。「資」は〝基づくところ、資格〟の意で〝身分や地位〟を表す語。「妄」は〝勝手気ままに〟の意。「加ニ階級一」は、〝官位を高くしたこと〟を言う。この部分、柳雄が勝手に隋の時代に与えられた地位を水増ししたと言っている。「首」は〝自首する、白状する〟の意。柳雄はあくまでも白状しようとしなかった、のである。ただ、この冒頭の文は、人物や出来事の背景について説明がされておらず難解。語意、内容をはっきりと把握するのは難しい。他の選択肢と照らし合わせ、参考にする中でこれが正解だと絞り込むことになろう。

少卿戴胄奏《そう》するに、法は止《た》だ徒《と》に合すと。陛下曰く、我已に其れに断当を与へ訖《をは》れり。但だ当《まさ》に死罪を与ふべしと。胄曰はく、陛下既に然《しか》せずして、即ち臣ら法司に付す。罪死に合はざるに、酷濫なるべからず（と）。陛下色を作《な》して殺さしめんとす。胄之を執《と》りて已《や》まず。四五たびに至り、然る後に之を赦《ゆる》す。乃ち法司に謂ひて曰はく、但だ能く我が為に此《かく》のごとく法を守らば、豈《あ》に濫《みだ》りに誅夷有るを畏れんやと。此れ則ち悦びて以て諫に従ふなり。

▲解　説▼

▼問二十一　「将」は「まさに…んとす」と読む再読文字。すぐ後に「雄」という人物を示す名詞があるから、これが目的語で、その上の「処」が述語動詞だと判断できる。「死罪」は補語となる名詞。この部分、〈「将」＋動詞（A）＋目的語（B）＋補語（C）〉となり、「まさにBをCにAせんとす」と読む。この句より前は、〃雄を死罪にしようとした〃根拠に相当する部分。「偽」は先の「実」の反義語。「其」は「柳雄」の主張を指す。事実であるという柳雄の主張に対し、「大理」は取り調べて偽りだとする結論を得た、というのである。「得」が動詞、「其偽」が目的語で、〈動詞＋目的語〉の形となる。「BをAす」と読む。「推」は〃推断する、糾明する〃の意で、続く「得其偽」を形容する語。「すいして」と読む。よって、イが正解。

ロ、「処」「死罪」を並立する動詞として、このように「まさにBをAしCせんとす」と読むことも可能だが、「推得」を「おしえて」と、二つの動詞を結合させて熟字訓（＝熟語の訓読み）のように読むのは不可。〈動詞（A）＋動詞（B）＋目的語（C）〉の場合は、「Aし、CをBす」または「CをBするをAす」と読む。なお、熟字訓は「如何」「所謂」「以為」など限られた語。

ハ、「まさにそのいつはりをしよせんとし」が語順を誤っている。「そのいつはりをしよす」ならば、〈動詞＋目的語〉で「処其偽」となるはず。また、「まさに」は「処」の上に置かれるはず。

ニ、「将」を「しやう」と読み、「推得」を「おしえ」てと読んでいる点で誤り。文脈に沿った意味をなさない。

ホ、「将」を「しやう」と読み、「推得」を「おしうる」と読んでいる点で誤り。

解答

問二十一　イ

問二十二　ニ

問二十三　ハ

問二十四　イ・ヘ

◆全　訳◆

「徐州の司戸であった柳雄は、隋の時代に授かった官位について勝手に階級を上げて（申告して）おりました。そのことを訴え出る者がおりました。（そのとき）陛下（＝太宗）は柳雄に自らの罪を申し出させようとなさいました。自ら白状しないならば罪に問おうと申されました。（しかし、柳雄は）あくまでも事実だと言い張り、最後まで白状しようとはしませんでした。（司法官の）大理は柳雄が嘘をついていると糾明し、柳雄を死刑に処そうとしました。（このとき）少卿である戴冑が（太宗に）申し上げるには、『（柳雄の罪は）法律によれば単にむち打ちの刑に相当するに過ぎません』と。陛下がおっしゃるには、『私は柳雄の処分に（死刑の）裁可を与えてもう済んでしまっている。ただ死刑に処すべきである』と。冑が申すには、『陛下はすぐに（柳雄を死刑に）処分しないで、（罪を）私たち司法の職に託されました。（司法官の判決として）罪が死に相当しないのに、極刑を与えてはなりません』と。陛下は顔色を変えてお怒りになって柳雄を殺せと命令なさいました。（しかし）冑は法に基づき（自説を）曲げませんでした。（戴冑の）上奏は四・五度におよび、ようやく（陛下は）柳雄の死罪を許されました。そして司法官たちに向かっておっしゃるには、『私のためにこのようにひたすら法を遵守してくれるならば、（私が）人をむやみに討ちたいらげる（ことになる）心配はなくなる』と。これはつまり（陛下が）喜んで諫言に従った（証で）ございます」【訳注：この箇所は、会話の部分。会話調に置き換え、引用の会話を『　』で示した。】

読み　徐州司戸柳雄、隋の資に於て妄《みだ》りに階級を加ふ。人の之を告ぐる者有り。陛下其《これ》をして自首せしむ。首《しゅ》せずんば罪を与へんと。遂《つひ》に固く是れ実なりと言ひ、竟《つひ》に肯《あ》へて首せず。大理推して其の偽《いつはり》なるを得、将《まさ》に雄を死罪に処《しょ》せんとす。

続けて」の四文字の語を答える。

▼問十九　「まし」は反実仮想の助動詞。仮定条件を示す接続助詞「ば（「ずは」は「ずば」が清音化したもの）」と呼応して〝もし仮に～したとしたなら、…だろう（に）〟の意となる。「詮なし」は、〝つまらない、無益だ〟の意。この文章は、「半臂の句」のもつ「姿を飾る」という効果について述べたもの。その効果を生かしているのが、「四文字（＝「とてしも」）」であり、「とてしも」と表現しなかったとしたならば、半臂の句の効果もなくなるだろう、という文脈である。

▼問二十　選択肢の表現を本文の当該箇所と照らし合わせて、消去法で対処する。

イ、「自分の和歌を遍昭のそれだと言って」が誤り。本文では、「俊恵…問ひていはく、遍昭僧正の歌に、『たらちねは…』」とあり、遍昭の歌を自作だと称したとは書かれていない。また、その必要性もない。

ロ、「鴨長明が覚えている和歌の」が誤り。俊恵は「遍昭僧正の歌」として、長明に示している。そもそもこの歌は世にあまねく伝わっていたと考えられる。

ハ、本文の「腰の句によく続けて言葉の休めに置きたるは、いみじう歌の品も出でき」に相当する。

ニ、「万葉集時代の歌人が命名した」が本文にはない内容。

ホ、本文中に「歌の三十一字、…思ふことをいひ極めむには、空しき言葉をば一文字なりとも増すべくもあらねど」に相当する。

ヘ、「鴨長明は俊恵に対して」が誤り。本文の「かくなり、かくなり」以降は「俊恵」の会話部分であり、「半臂の句」について説明しているのは、「俊恵」の方である。

三

出典　呉兢『貞観政要』巻四〈直言諫争第十〉

(1)尊敬語の場合は「動作の主体」に対する敬意
(2)謙譲語の場合は「動作の受け手」に対する敬意
(3)丁寧語の場合は「読み手」もしくは「聞き手」に対する敬意

とするのが定義。ここは、「予いはく、…といふ」という「予（＝長明）」の発言を受けて、俊恵が「かくなり、かくなり…」と語っている会話の部分。「れ」は尊敬の助動詞「る」の連用形で、語り手すなわち「俊恵」から、（歌の境に）「入」るという動作の主体すなわち「予（＝長明）」への敬意、ということになる。

▼問十六　a、「ひさかた」は、枕詞「ひさかたの」が「あま・あめ（天）」「そら（空）」に掛かることから、天・空に関係する「月」「日」「光」「昼」「夜」などを意味する語である。b、「あしびきの」は、「やま（山）」「を（峰）」に掛かる枕詞。よって、正解はロ。

▼問十七　「けすらひ」は「擬ひ」で〝飾ったようす、そぶり・趣向〟の意。馴染みのない語であり、文脈から判断することになろう。ここは、枕詞（具体的には「むばたまの」）を初句に置くのではなく、第三句（腰の句）に「言葉の休めに」置く（＝「半臂の句」）ことの表現効果に関する表現である。この後に「半臂は…飾りとなるものなり」とある。また、「半臂の句は…品となりて、姿を飾る物なり」ともある。「半臂の句」（＝腰の句に置く枕詞）「半臂」→「飾り」「飾る物」という結びつきから、ハが正解。ホの「余情」は、後に「姿に華麗極まりぬれば、またおのづから余情となる」とあるように、「飾り」によってもたらされる「（姿の）華麗」さが、さらに極められることで生じる趣であり、不可。

▼問十八　空欄cの直前の文に「半臂の句も詮は次のことぞ」とある。「詮」は、〝結局、中心・要点〟の意。「次のこと」とは、〝二の次のこと〟の意。「半臂の句（＝むばたまの）」より「眼（＝眼目、重要点、「詮」とほぼ同意）」なのは、この「四文字」だと言っている。先に俊恵は「腰の句によく続けて言葉の休めに置きたる」と言い、長明は「『かかれとてしも』といひて『むばたまの』と休めたるほど」と言っている。休めの句である「むばたまの」に至る「よく

言葉が）ございました。

▲解　説▼

▼問十四　（注）にあるように、この歌が「出家した折りに詠んだ」ものであることがヒント。「かかれ」は「かくあれ」のつまった形。「かく」は〝出家した姿、剃髪した僧侶の姿〟を指す。命令形であり、期待や願望が込められている。「しも」は、上の文節を取り立てて強調する副助詞。打消の語と呼応して、〝必ずしも…ない〟と部分否定の意となる。ここは、「なでず」の「ず」と呼応している。「や」は、諸説あるが、選択肢の解釈からは、詠嘆を表す間投助詞。〝…ことよ、…だなあ〟の意。「けむ」は過去推量の助動詞。〝…ただろう〟と訳す。全体として〝必ずしも私が出家姿になることを願って母は私の黒髪をなでたわけではなかっただろうになあ〟の意である。「たらちね」は、〝母親、両親〟を指す語。「たらちねの」で「母」「親」に掛かる枕詞としても用いる。この場合、選択肢の兼ね合いから〝母〟の意と判断できる。以上より、正解はイ。

ロ、「立派に育ってほしいと」が不適切。「かかれとて」に込められた指示語の内容を誤っている。「ないだろうに」も「ずやありけむ」の詠嘆や過去推量の意味を踏まえていない。

ハ、「仏門に入れることを願いながら」が不適切。「しも…ず」の解釈を誤っている。これでは、母は私が仏門に入ることを喜ぶことになってしまい、歌のもつ離別の感情が失われてしまう。また「…ていただろうに」も「ずやありけむ」の打消の意を込めた解釈に合わない。

ニ、「黒髪を悲しそうに見つめ」が不適切。「かかれとて」の指示内容を誤り、願望の表現が解釈されていない。「ないだろうに」も、「ずやありけむ」の過去推量の解釈に合わない。

ホ、「歌人にするために育てたわけではない」が不適切。「かかれとて」の内容をおさえていない。「後悔しない」も「なでず」にふさわしくない。「だろうに」も「ずやありけむ」の過去推量の意味ではない。

▼問十五　敬意の方向については、敬語の使用者（地の部分の場合は「書き手」、会話の部分の場合は「語り手」）からの、

問十七　ハ
問十八　ロ
問十九　ニ
問二十　ハ・ホ

◆全　訳◆

俊恵が、話のおりに（私に）尋ねて言うには、「遍昭僧正の歌に、『たらちねは…ありけむ（母親はこのよう（＝剃髪した僧侶の姿）になることを願って私の黒髪をなでたわけはなかっただろうに）』（とある）。この歌の中で、どの言葉が特にすぐれているか、思った通りに言ってごらんなさい」と言う。私は答えて、「『かかれとてしも』と詠んで、『むばたまの』と（枕詞で句の流れを）いったん止めたのは、とりわけ優れております」と言う。（俊恵は）「そうだ、その通りだ。（あなたは）すでに歌の（道の）奥深い境地にお入りになったのだなあ。歌人とはそのようなもの（＝歌を見きわめる力のある者）であるぞ。それにつけても、『月』と表現しようとして（その前に）『ひさかた（の）』と置き、『山』と表現しようとして『あしびき（の）』と詠むのはよくあることだ。だが、（枕詞を）初句の五文字（として置いたの）では大した面白みもない。三句まで（言葉を）うまく続けて（そこに）意味のない小休止の言葉として置いていることで、大いに歌の品格が生まれ、ことさらの飾り（を生み出すこと）ともなるのである。古人は、これを半臂《はんぴ》の句と呼びました。（衣装の）半臂はさほど役に立たないものではあるが、（衣冠束帯の）正装をする際には飾りとなるものである。歌は三十一文字、どれほどもない（限られたことばの）中で思うことを表現し尽くそうとするには、無駄な言葉を一文字であっても加えるべきではないが、この半臂の句は必ず（歌の）品位を生み出し、風姿を飾るものである。風姿の華麗さが十分に極まると、また自然と余情が生まれる。これを心得ていることを、歌の真の境地に入るというべきであろう。（さらに）じっくりとこの歌を考察して見なさい。半臂の句というのも結局は二の次のことだぞ。（この歌の）眼目はただ『とてしも』という四文字である。このように詠まなかったならば、半臂の句（の効果）も生まれなかっただろうと思われる」と（おたものと推定できる。最終部の「今後の両学問の…注視していきたい」は、文章Bの最終文の「考古学の中における進化論の位置づけは、まだ微妙なものであるようだ」に表現されている。よって、ハは適切。

ニ、「成功させた事例として評価できる」が不適切。「後ろ盾を得る（と称する）ことができた」などの否定的なニュアンスに反する（文章Aの第四段落）。また、「学問的な対立に明け暮れていて、評価できない」は「考古学の中における進化論の位置づけは、まだ微妙なものであるようだ」（文章Bの最終文）とする現況の報告に合わない。

ホ、「進化論との融合を目指して」が不適切。ニューソートは、進化論を〈自然な科学〉として取り込んだのだから、「融合を目指して」は当たらない。また、「学問的な成果をあげてきた」も、ニで触れた「後ろ盾を得る（と称する）ことができた」などの否定的なニュアンスに反する。さらに「試みは近いうちに成功すると考えられる」も、「まだ微妙なものであるようだ」（文章Bの最終文）に合わない。

へ、前半の「進化論をうまく取り込んだ」や「飾りとして利用した」は「進化論をこうもあっさりと援用できた」や「進化論を通して科学の後ろ盾を得る（と称する）ことができた」（文章Aの第四段落）を反映した表現。後半の「二つの領域が重なり合う点が得られた」は「接点が見出されつつある」（文章Bの最後から二段落目）、「両学問の融合の道のりは長い」は「位置づけは、まだ微妙なものであるようだ」（文章Bの最終文）などの置き換えだと判断できる。よって、へは適切。以上より、正解はハ・へ。

二

出典　鴨長明『無名抄』〈四十一　歌半臂句事〉

解答

問十四　イ

問十五　イ

問十六　ロ

ティ」や「集団の結束度」と結びつけるようになったとする本文に合わない。

ホ、「耕地の開拓」が本文にはない内容。以下の「多くの人口を扶養可能な…説明できるようになった」も本文にはない。

▼問十二　指定の四つの語句を含む箇所を探す。最後から二段落目に「ここまで、…概観してきた」や「上記の議論が示すように」といった結論や要旨を示す語がある。「物質性を巡る議論とニッチ構築理論の親和性」が示すように「考古学と進化論」には接点がある。これらの語句を利用して並列的にまとめる。「考古学」における「物質性を巡る議論」については、第六段落の「親和的な内容を持っているからだ」まで。「進化論」における「ニッチ構築理論」については、第七段落の「進化論の中でも」以降、「このように、ニッチ構築理論はさまざまな形で考古学にとっても有用な理論である」で始まる第十五段落までとなっている。

▼問十三　選択肢の表現を本文の当該箇所と照らし合わせて、消去法で対処する。

イ、「合意の得やすい進化論の目的論的な捉え方によって文化を分析し」が不適切。考古学が取り入れようとしているのは「物質性に関わる議論」（文章Bの第五段落など）である。これは、ニューソートが「進化論」を取り込んだこととの類似性はあるが、「進化論」そのものではない。

ロ、「進化論の自然科学的な考え方との融合に成功」が不適切。ニューソートが「進化論」を教義に取り込んだのは、「人間にとって」〈自然な科学〉としてであり、「自然科学」としてではない（文章Aの第五・六段落）。

ハ、最初の「ニューソートは進化論の一部を…自らの権威づけに利用してきた」は、文書Aの第四段落の「科学の後ろ盾を得る（と称する）ことができた」に相当。中ごろの「すでに確立してきた方法の議論と進化論の議論を共有するという丁寧な方法」は、明確に判断しがたいが、他の選択肢との兼ね合いから、文章Bの最後から二段落目の「考古学と進化論については、これまで以上に広い合意を可能にするような」や最終段落の「接点が見出され始めて一〇年を経るが、…一定の距離を置こうとしているように見える」に表現された「議論を共有」「丁寧な方法」を反映しニ、本文の「（すなわち、ニッチを構築する）ことによって選択圧そのものを変えてしまう」に反する。「選択圧そのものを変える」とは、スズメバチの例で言えば「（作った）巣の中でしか成長できない」ことであり、作った環境の中で「適応して進化」することである。〈生物体が環境を作る〉までが「ニッチを構築する」の内容であり、その構築した環境によって生物体自体が変わることは含まれない。

▼問十一　傍線部6を含む段落の最初の文に「類似しているのは、…生物が作り出したモノ的環境が、生物の進化そのものに大きな影響を与えているという点である」とある。これは、モノがヒトに従属するだけでなくヒトの活動に主体的な役割を果たすと考えることと、生物が環境を作り出すだけでなく環境が生物の進化を生み出すと考えることとが類似していると述べている。また、続いて本文では「生物とモノの間の進化的フィードバックループは、ヒトの活動とモノとの間のフィードバックループと類比的に捉えることが可能だろう」ともある。これは、〈ヒト→モノ→ヒト〉というフィードバックループと〈生物→環境→生物〉という生物の進化のフィードバックループが似ているというのである。さらに、続いて本文では「従来の見方にもあった、環境への働きかけを…進化の『産物』としか見なさない姿勢を、進化の『プロセス』の中に組み込んだ」とある。これは、従来の生物の進化を結果として捉える考え方から過程と捉える考え方に変わったことを言っている。以上の三点を踏まえたイが正解。

ロ、「学習環境の構築」が不適切。傍線部6の四つ後の段落に「他にも、学習環境の構築」とあり、述べられている環境は「学習環境」に限ったものではない。また、「物質文化や規範の継承から…議論に」は、環境と生物の進化に関わる議論になっていない。

ハ、「スズメバチにみられる単純な進化ではなく」が不適切。「スズメバチ」の進化は、「ニッチ構築」にかかわる進化の重要な例である。また、「最近の考古学と進化生物学の…明白になってきたこと」も、環境と生物の進化をいう設問箇所にふさわしくない。

ニ、「進化のアウトプット」が本文にはない内容。「文化進化に必要な事項として捉える」も、文様を「アイデンティ

▼問九 問七と類似した内容を尋ねている。「ヒト↓モノという一方向に限定しない」とは、傍線部4にある、〈（モノが）ヒトの従属的対象であること〉に限らないの意。問七の解説で触れた、〈モノがヒトによって作られ使われる存在であることを超えて〉の意である。また、傍線部5を含む段落の冒頭に「…具体的な例で確認しておこう。たとえばHodder（2012）は、こうした物質性の議論を援用し」とある。以降の、Hodderの「ネットワーク的理解」すなわち「モノはヒトにも他のモノにも依存し、またヒトもモノや他のヒトに依存している」とする主張は、「こうした物質性の議論」＝「（モノによる）フィードバックループ（にかかわる議論）」の具体例なのである。傍線部5前後には「こうした（Hodderの）主張の中で、…物質性に関わる議論が、二つの柱となっている」ともある。以上の二点、特に指示語の内容を正しくおさえたホが正解。イ・ロ・ハはいずれもHodderの主張の一部を織り込んで選択肢が作られており不可。

イ、「それぞれの物理的側面に着目をして」が不適切。「物理的側面」は、モノのあり方である「物質性」に当たらない。

ロ、「モノへのこだわりを大切に」が不適切。これではモノはヒトへの従属的対象になってしまい、モノの主体的役割に結びつかない。

ハ、「モノの物質性をヒトの心理的な側面を中心にして解釈すべき」が不適切。「ヒトの心理的な側面」については、モノが主体的役割を果たすようになる要因かもしれない、と言っているに過ぎない（傍線部4を含む段落）。

ニ、全文がHodderの主張についての内容であり不適切。

▼問十 空欄fの後に「（すなわち、ニッチを構築する）」とあり、続くたとえの中にも「スズメバチ自身が作り出した環境」とある。また、次の段落には「生物が作り出したモノ的環境」と表現されている。「生物」が主体となり「環境」を作るとしたロが正解。「環境」を主体としたイ・ホ、「モノ」を主体としたハ、「ヒト」を主体としたヘはいずれも不可。

…機能を持つ」も、「超え」のもつ〝それだけにとどまらずに〟という意を反映していない。

ハ、「ヒトの心理的活動の産物」が不適。イと同様、「消費し、破壊・放棄する」という意味の「従属的対象」になっていない。

ニ、「過去の人間活動を復元する」が不適。傍線部4直後の「ヒトの活動を方向づけ、束縛するようになる」に合わない。

ホ、「現在の人間活動を理解するため」が不適。ニと同様、「ヒトの活動を方向づけ、束縛するようになる」に合わない。

▼問八　傍線部4に続いて、「モノが、…人間活動との間にある種のフィードバックループを作り出す」とある。この「フィードバックループ（＝〝先の結果を踏まえつつ次の段階へと進むことの円環・繰り返し〟）」については、第三段落に土器の文様についての具体例で示されている。〈一定の文様が施される→規範が作り出される→集団としてのアイデンティティに結びつく→集団の結束度（＝さまざまな文化の類似性）を高める〉という流れである。この順序に従っているニが正解。

イ、「集団の文化の結束性が強化される」が最初に置かれている点で不適切。この段階は本文ではループの最後になっている。

ロ、「物質性が強化される」「物質性が集団のアイデンティティを強固にする」が不適切。ここは、モノが主体的役割を果たすようになることを述べている部分であり、モノのモノとしての役割（＝物質性）はむしろ低下するのである。「多様なモノを作り出す」も本文にはない内容。

ハ、「類似したモノがヒトを豊かにする」が不適切。本文では「類似したモノ」は〈アイデンティティを強化する〉と述べている。

ホ、「モノの類似度が低下する」が不適切。空欄の前に、「類似性が、加速度的に高まっていく」とある。

わめて都合のよい」に相当し、前半部の「ニューソートやその思想の延長上にある…自己啓発書」は、同じく最終段落の「こうした活用法は、…連綿と引き継がれている」に相当する。また「目的論的な思考を必要としているので」は、第一段落の「社会進化論」や「資本主義の護教論」といった「目的」を中心に据えた主張を表現した中にうかがえる。以上より、ニは適切。

ホ、「進化論」の本質を説明した第十段落（傍線部3の前の段落）の内容に合致する。「何らかの目的に適っているように…生物の性質を、…近代科学の枠組みの範囲で理解することに成功した」は、最終文の「生物の合目的的な性質を自然主義的な研究プログラムのもとで理解できるようになった」に合致。「目的論を完全に捨てることなく、…」は、最終文の一つ前の文「目的論を排除するのではなく、…」に合致。以上より、ホは適切。

へ、「目的論」と「進化論」とが「相互依存的な関係」だとしている点で不適切。第十段落には「進化論は、…それ（＝目的論）を自然主義的な枠組みの中で扱えることを示した」と、「進化論」側からの「目的論」へのアプローチだけが示されている。また「推論する科学である目的論」「唯物論的な科学である進化論」は、それぞれ「目的論」が「科学」とは別物であること、および、「進化論」が、本来の「唯物論的な自然科学」ではない、目的論を取りこんだ科学の側面をもつことを反映していない。

▼問七　文章Bの本文冒頭に「ヒトはモノを作り出し、消費し、破壊・放棄する。モノはヒトの従属物であり」とある。また、第二段落には「モノはヒトに従属するだけではない」とある。傍線部4の「ヒトの従属的対象を超え」とは、〈モノがヒトによって作られ使われる存在であることを超えて〉の意となる。また、第三段落の「たとえば」以降では、ヒトに従属するはずの土器（モノ）が、規範やアイデンティティ・文化の類似性を高めることに結びつくとし、傍線部4の直後で「土器の文様がヒトの活動を方向づけ、束縛するようになる」とまとめている。〝モノが主体となったヒトの生活・文化の変容〟である。以上の二点を踏まえているロが正解。

イ、「ヒトが期待する機能を持っている」が、〝使われる〟という意味の「従属的対象」になっていない。「ほかに、ホ、「進化論の…を批判し」が不適切。「進化論」を教義に組み込んだことに当たらない。また、「目的論こそが科学の本質であると説明」も「目的論的な教義を維持しながら」に反する。

▼問五　空欄dの前文に「進化論のこうした活用法」とあり、その前の文に「進化論は、魔改造を施して活用するのにきわめて都合のよいアイテム」ともある。「活用」という語に着目しつつ、ニューソートにとって進化論のどんな点が「魔改造」を可能にしたのかを表現した部分を探す。また、「題目でも使用している」という設問中の説明もヒント。「題目」とは〝主題、表題〟の意。端的に内容を表現した部分である。「魔改造」とは、自然を自然科学の意味の自然ではなく、人間にとって「自然なもの」であるとすることによって、「本来は唯物論的な」はずの「進化論」を目的論の中に取り込んだ(=「活用」した)こと。「進化論」の自然であって自然でないという二面性を示した箇所である。

▼問六　選択肢の表現を本文の当該箇所と照合し、消去法で対処する。

イ、「確固たる地位を占めるまで発展…それがゆえに」が不適切。本文では「進化論」の特質について述べているが、その科学における位置づけについては触れていない。また、ニューソートが進化論を援用したのは、その特質からであって、その地位からではない。「機械論的な」も「進化論」の「自然科学ではなく〈自然な科学〉」でもあるという特質にふさわしくない。

ロ、「その運動の広まりを肯定し、一定の理解を示している」が不適切。むしろ、ニューソートが「『科学』によるお墨付きが与えられ」、「科学の後ろ盾を得る」など、「進化論」が「資本主義の護教論」となっていることに批判的である。「強い衝撃」も本文からはうかがえない。

ハ、「ダーウィンをベースとする唯物論的な社会進化論があり」が不適切。本文には第一段落に「ダーウィンの進化論というより」とある。「唯物論」は自然科学の意味の科学である。また、「専門家以外にも…工夫がなされている」といった記述はない。

ニ、後半部の「都合よく改変を施した…便利であった」が、最終段落の「進化論は、魔改造を施して活用するのにき

は、

①アリストテレス流の「目的論」的世界観は、十七世紀まで「自然」なものであった。(＝自然の目的論化)

②ダーウィンの進化論は、「目的論」を自然科学の対象にした(＝目的論の自然化)

③ニューソートは、進化論を取り込んで再び自然を目的論化した(＝自然の目的論化)

となっている。なお、ここでの「自然」は、人間にとって「なじみ深く…直観的」な(傍線部2を含む段落)という意味の自然である。この変遷によって、ニューソートは「目的論的な教義を維持しながら、…科学の一員であるところの進化論を存分に活用するどころか、…自らを科学的と自称することまでできた」(傍線部3を含む段落)のである。これは、傍線部1を含む段落の「本来は唯物論的な自然科学である進化論を…援用でき…その進化論を通して科学の後ろ盾を得る(と称する)ことができた」に相当する。以上二点を踏まえた上で、教義の中に、人間にとってなじみの深い「自然」を取り込んだことを、「直観的に理解しやすい…教義を中心に」と表現し、進化論を活用し科学的と自称したことを「科学的であるように装えた」と言い換えたイが正解。

ロ、「科学の一員になりえた」が不適切。本文では、ニューソートはあくまでも「高度にスピリチュアルな」思想であり、「進化論」の援用によって科学性をまとっているに過ぎない、と言っている。「自然科学を目的論的な主張で巧みに上書き」も、目的論的な主張(教義)が科学性を帯びたように見せた、という内容の逆になっている。

ハ、「目的論的な科学の再興を目指せた」が不適切。「目的論的な教義を維持しながら、…自らを科学的と自称することまでできた」という本文に反する。「アリストテレス流の自然観をその基盤に据え」、も、「進化論」を援用したという内容と異なる。

ニ、「目的論的な自然科学を唯物論的に理解し」が不適切。「目的論的な自然科学」はダーウィンの「進化論」であり、「唯物論」は、「本来」の進化論の姿であり、人間にとって不自然な純粋な科学が「自然科学」である。「科学の一員であるところの進化論を存分に活用する」という内容に合わない。

らの影響を受けていない状態にあること、そのものとして独立していること〟の意。本文では、X・Y・Zは、「特定の文化的インプット」の影響を全く受けていないもの（＝「自然科学」の自然）ではなく、「自然」という文化の影響をそれぞれに受けた（＝「相対的な」）、別個のもの（＝「独立性」）だと言っている。人間にとって、「自然」X・Y・Zがそれぞれ異なった存在であることを「一定以上の距離を保っている」とした、ハが正解。

イは「（干渉しあって）はならない」、ロは「（あり続ける）ほうがよい」、ニは「（独自の進化を続けて）も構わない」、ホは「（どの文化にも属すること）ができない」という表現がそれぞれ不適切。傍線部2は、「…に基づいている」と続いており、価値判断を含まない状態を示す表現でなくてはならない。また、括弧内の表現は、いずれも「相対的な」のもつ〝他と比較すると〟という意味合いを誤っている。ニの「独自の進化を続けて（も構わない）」、ホの「どの文化にも属すること（ができない）」は、〝別個の存在である〟という意味の「独立性」に合わない。

▼問三　空欄の段落冒頭に、「上記の観点からすれば」とある。人間と科学および自然の関係について触れた、先行する三つの段落内容をおさえる。そこでは、「進化論は自然科学ではなく、〈自然な科学〉として（も）活用可能」だとし、「人間にとって自然であるのは宗教であり、おおむね不自然であるのは科学である」とある。人間にとって、〈科学＝不自然〉〈なじみのあるもの（宗教など）・認知バイアス＝自然〉ということになる。空欄aは、直前に「科学は人間にとって」とあり、「不自然」と答える。また、ここで「対比的な語句」という設問条件を思い起こせば、残りの空欄b・cは、「自然」・「不自然」のいずれか、ということになる。bは、前後が「人間の…認知バイアス」となっている。「人間の認知システム（認知バイアス）に沿っている」の主語であり、〈なじみのあるもの・認知バイアス〉にあたる「自然」と答える。cは、直前に「の欠陥を補うための」とあり、bの「自然」の対比語である「不自然」と答えることになる。「自然」についての逆説的な捉え方に注意して解答したい。

▼問四　傍線部3の次の文頭に、「これによってニューソートは」とある。以降の文の内容と、この前にある二つの段落で示された、「目的論的思考」が「進化論」によってどう変遷したのかという内容とを照らし合わせて答える。変遷

◆要　旨◆

A. ニューソートはスピリチュアルな教義をもつ宗教運動である。にもかかわらず、唯物論的な自然科学であるはずの進化論を通して科学の後ろ盾を得ている。その理由は、進化論が自然科学ではなく〈自然な科学〉として（も）活用可能なことにある。人間にとって自然であるのは宗教であり、不自然であるのは科学である。世界を目的論的に理解することが「自然」な認知傾向なのである。目的論を自然化したのが進化論であり、ニューソートはその特質を「魔改造」し、自然を目的論化したのである。このような進化論の活用法は、新宗教やビジネス書へと引き継がれている。

B. モノはヒトに従属するだけでなく、ヒトの文化や生活に主要な役割を果たす。考古学でも物質性を巡る議論が重要視されている。Hodderは、この物質性の議論を援用し、考古学におけるネットワーク的理解を主張している。進化論の中にも物質性を巡る議論と親和的な主張がある。それはニッチ構築理論である。そこでは、生物が環境を作るだけではなく、環境も生物の進化を生み出しており、そのフィードバックループのプロセスの中に生物の進化があると捉えられる。ニッチ構築理論は、物質性を巡る議論との類似性から、考古学とも密接な関係にあり、考古学にとっても有用な理論である。しかし、考古学の中における進化論の位置づけはまだ微妙なものであるようだ。

▲解　説▼

▼問一　進化論を介した、ニューソートと科学との関係を表す語句を探す。傍線部1の前後は、〈ニューソートが、科学である進化論に基づく思想だということは、逆にニューソートが、科学であるという証に結びつく（認知を得る）〉といった文脈である。一つ前の段落にも同様の文脈がある。「後ろ盾」は〝陰で支えるもの、力添えをするもの〟の意。「お墨付き」は〝保証、証拠〟の意。

▼問二　モデル化された設問の提示を本文の文脈に当てはめてみるとわかりやすい。「X・Y・Zという存在は、『特定の文化的インプットからの相対的な独立性』に基づいている」となる。「相対的」は、〝必ず（絶対的に）成立するものではなく、他との比較の上で成り立つようす〟の意。反義語は「絶対的」。「独立性（に基づく）」とは、〝ある事柄か

国語

一

出典　A．吉川浩満「〈自然な科学〉としての進化論」　B．中尾央「考古学と進化論」（A・Bともに『現代思想』二〇二一年十月号　青土社）

解答

問一　お墨付き

問二　ハ

問三　a、不自然　b、自然　c、不自然

問四　イ

問五　自然科学ではなく〈自然な科学〉

問六　ニ・ホ

問七　ロ

問八　ニ

問九　ホ

問十　ロ

問十一　イ

問十二　考古学における物質性を巡る議論と進化論におけるニッチ構築理論の親和性（三十字以上三十五字以内）

問十三　ハ・ヘ

数学

1

◇発想◇　(1)　$2023=7\cdot17^2$ より，17 のカードと 7 のカードの振り分け方を考える。

(2)　円の一部の面積を求めることになるので，図形的な性質に注目して求積する。

(3)　$\sin\theta$，$\cos\theta$ に関する 2 次式であるから，2 倍角の公式により次数を下げてから合成する。

解答　(1)　カードの選び方は全部で ${}_9C_3\cdot{}_6C_3$ 通り。

$2023=7\cdot17^2$ であるから，条件を満たす数字の組は

(i)　[17, 17, 7], [17, 7, 1]

(ii)　[17, 17, 7], [17, 1, 1]

(iii)　[17, 17, 1], [17, 7, 1]

(iv)　[17, 17, 7], [1, 1, 1]

(v)　[17, 17, 7], [7, 1, 1]

(vi)　[17, 17, 1], [7, 1, 1]

(i)について，カードの選び方は，プレイヤー A，B の入れ替わりも含めて考えると

$${}_3C_2\cdot{}_3C_1\cdot1\cdot{}_2C_1\cdot{}_3C_1\cdot2=108 \text{ 通り}$$

(ii)〜(vi)についても同様に考えると

(ii)　${}_3C_2\cdot{}_3C_1\cdot1\cdot{}_3C_2\cdot2=54$ 通り

(iii)　${}_3C_2\cdot{}_3C_1\cdot1\cdot{}_3C_1\cdot{}_2C_1\cdot2=108$ 通り

(iv)　${}_3C_2\cdot{}_3C_1\cdot{}_3C_3\cdot2=18$ 通り

(v)　${}_3C_2\cdot{}_3C_1\cdot{}_2C_1\cdot{}_3C_2\cdot2=108$ 通り

(vi)　${}_3C_2\cdot{}_3C_1\cdot{}_3C_1\cdot{}_2C_2\cdot2=54$ 通り

よって，求める確率は

$$\frac{108+54+108+18+108+54}{{}_9C_3\cdot{}_6C_3}=\frac{15}{56} \quad \cdots\cdots(\text{答})$$

(2)　$\begin{cases} y=x^2-\dfrac{1}{4} & \cdots\cdots① \\ x^2+y^2=1 & \cdots\cdots② \end{cases}$

①より　　$x^2=y+\dfrac{1}{4}$　……③

②，③より

$$y+\frac{1}{4}+y^2=1$$

$$4y^2+4y-3=0$$

$$(2y+3)(2y-1)=0$$

$$y=-\frac{3}{2},\ \frac{1}{2}$$

③より $y+\dfrac{1}{4}=x^2\geqq 0$，つまり $y\geqq -\dfrac{1}{4}$

であるから

$$y=\frac{1}{2}$$

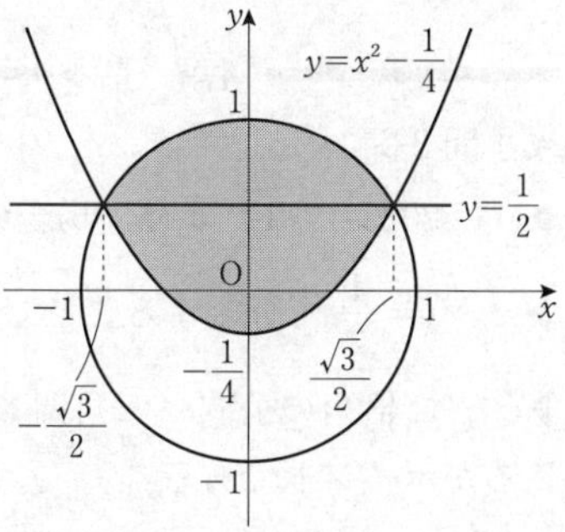

このとき　　$x=\pm\dfrac{\sqrt{3}}{2}$

連立不等式の表す領域は右図の網かけ部分であり，直線 $y=\dfrac{1}{2}$ で分割して面積を求めると

$$\int_{-\frac{\sqrt{3}}{2}}^{\frac{\sqrt{3}}{2}}\left\{\frac{1}{2}-\left(x^2-\frac{1}{4}\right)\right\}dx+\pi\cdot 1^2\cdot\frac{120}{360}-\frac{1}{2}\cdot 1^2\cdot\sin 120^\circ$$

$$=-\int_{-\frac{\sqrt{3}}{2}}^{\frac{\sqrt{3}}{2}}\left(x+\frac{\sqrt{3}}{2}\right)\left(x-\frac{\sqrt{3}}{2}\right)dx+\frac{\pi}{3}-\frac{\sqrt{3}}{4}$$

$$=-\left\{-\frac{1}{6}(\sqrt{3})^3\right\}+\frac{\pi}{3}-\frac{\sqrt{3}}{4}$$

$$=\frac{\pi}{3}+\frac{\sqrt{3}}{4}\quad\cdots\cdots(答)$$

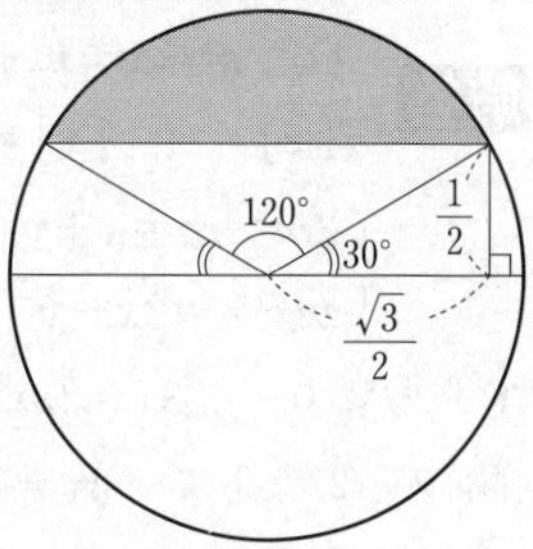

(3)　$y=2\sin\theta(2\cos\theta-3\sin\theta)$

$$=4\sin\theta\cos\theta-6\sin^2\theta$$

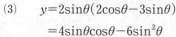

$=2\sin 2\theta-6\cdot\dfrac{1-\cos 2\theta}{2}$

$=2\sin 2\theta+3\cos 2\theta-3$

$=\sqrt{13}\sin(2\theta+\alpha)-3$

と変形できる。ただし，α は $\sin\alpha=\dfrac{3}{\sqrt{13}}$，$\cos\alpha=\dfrac{2}{\sqrt{13}}$ $\left(0<\alpha<\dfrac{\pi}{2}\right)$ を満たす。

$0\leqq\theta\leqq\dfrac{\pi}{2}$ より $\alpha\leqq 2\theta+\alpha\leqq\pi+\alpha$ であり，$0<\alpha<\dfrac{\pi}{2}$ に注意すると，

$2\theta+\alpha=\dfrac{\pi}{2}$ つまり $\theta=\dfrac{\pi-2\alpha}{4}$ のとき y は最大値 $\sqrt{13}-3$ をとり，

$2\theta+\alpha=\pi+\alpha$ つまり $\theta=\dfrac{\pi}{2}$ のとき y は最小値 -6 をとる。　……(答)

◀解　説▶

≪小問3問≫

▶(1)　$2023=7\cdot 17^2$ より，場合分けを行って数え上げる。

▶(2)　$y=\dfrac{1}{2}$ で分割することで弓形が現れるので簡単に面積を求められる。

▶(3)　2倍角の公式と三角関数の合成により $r\sin(2\theta+\alpha)$ の形を導くところがポイントである。

2

◇発想◇　$m\leqq x<m+1$，$n\leqq y<n+1$ とおいてガウス記号 [　] を外し，連立方程式により x と y を m と n で表す。その後，不等式に代入すれば，m，n に関する連立2次不等式が得られる。

解答　(1)　$m\leqq x<m+1$，$n\leqq y<n+1$ を満たす整数 m，n をとる。

$[x]=m$，$[y]=n$ であるから，与式より

$$\begin{cases}2m^2-n=x+y & \cdots\cdots①\\ m-n=2x-y & \cdots\cdots②\end{cases}$$

①＋② より　　$3x=2m^2+m-2n$

①×2－② より　　$3y=4m^2-m-n$

m，n は整数であるから，$3x$，$3y$ は整数である。　　(証明終)

(2)　(1)より　　$3x=2m^2+m-2n$

ここで，$m \leqq x < m+1$ より $3m \leqq 3x < 3m+3$ であるから

$$3m \leqq 2m^2+m-2n < 3m+3$$

$$-2m^2+2m \leqq -2n < -2m^2+2m+3$$

$$m^2-m-\frac{3}{2} < n \leqq m^2-m \quad \cdots\cdots(a)$$

次に，$3y=4m^2-m-n$ と $n \leqq y < n+1$ より，同様にして

$$m^2-\frac{1}{4}m-\frac{3}{4} < n \leqq m^2-\frac{1}{4}m \quad \cdots\cdots(b)$$

よって，不等式(a)と(b)をともに満たすような m，n を求めればよい。

ここで，mn 平面における 4 つの放物線

$$n=m^2-m \quad \cdots\cdots①$$

$$n=m^2-m-\frac{3}{2} \quad \cdots\cdots②$$

$$n=m^2-\frac{1}{4}m \quad \cdots\cdots③$$

$$n=m^2-\frac{1}{4}m-\frac{3}{4} \quad \cdots\cdots④$$

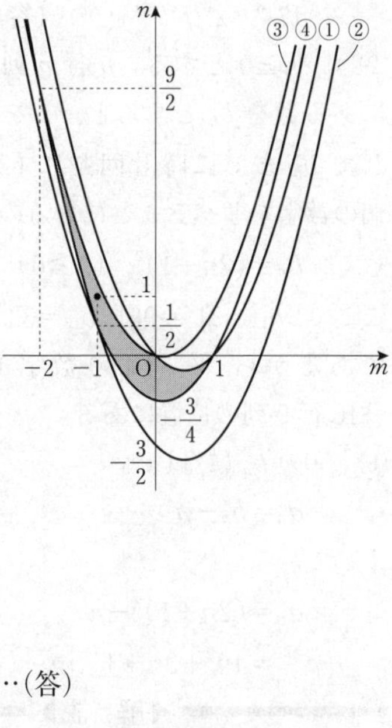

を図示すると右図のようになるので，求める整数 m，n は，右図の網かけ部分（ただし，曲線②，④上の点を除く）に注目して

$$(m,\ n)=(0,\ 0),\ (-1,\ 1)$$

(1)より $\begin{cases} 3x=2m^2+m-2n \\ 3y=4m^2-m-n \end{cases}$ であるから

$$(x,\ y)=(0,\ 0),\ \left(-\frac{1}{3},\ \frac{4}{3}\right) \quad \cdots\cdots(答)$$

◀解　説▶

≪ガウス記号を含む連立方程式≫

$m \leqq x < m+1$，$n \leqq y < n+1$ とおくと，m と n の連立 2 次不等式が得られ，その表す領域内の格子点に注目することで，m，n の値を決定できる。

3

◇発想◇　(1)　底または指数部分をそろえて大小関係を調べる。

(2)　n 行 n 列にある数字が $(2n+1)^2$ であることを利用する。

解答　(1)　　$2^{63}=(2^3)^{21}=8^{21}>7^{21}$

よって　　$2^{63}>7^{21}$

次に

$$2^{63}=\frac{1}{2}\cdot2^{64}=\frac{1}{2}\cdot(2^4)^{16}=\frac{1}{2}\cdot16^{16}<16^{16}<17^{16}$$

よって　　$2^{63}<17^{16}$

したがって，2^{63}，7^{21}，17^{16} を大きい順に並べると

17^{16}，2^{63}，7^{21}　……(答)

(2)(a)　$n\geqq0$ とする。n 行 n 列の位置にある数を b_n とすると，1を中心として b_n までに時計回りに $(2n+1)^2$ 個の数字を並べることになるので

$$b_n=(2n+1)^2\quad(n\geqq0)$$

ここで，$b_{15}=31^2=961$，$b_{16}=33^2=1089$ であるから，右図より数字 1000 は -16 行 9 列の位置にある。　……(答)

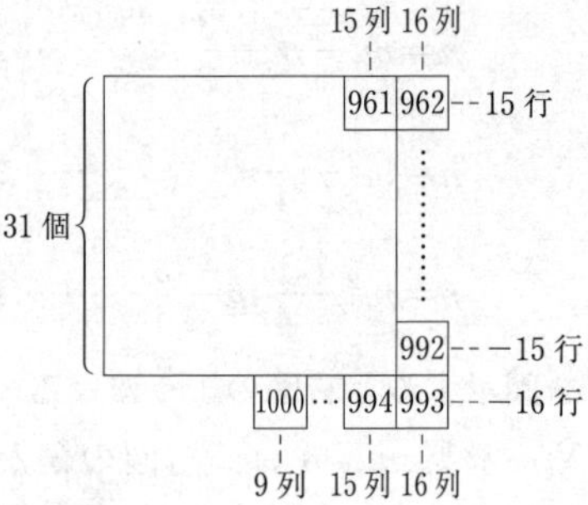

(b)　(a)の b_n に対し

$$a_n=b_n-n$$

よって

$$a_n=(2n+1)^2-n$$
$$=4n^2+3n+1\quad\text{……(答)}$$

◀解　説▶

≪小問2問≫

▶(1)　2^{63} と 7^{21} は指数部分を揃えることで比較できる。また，$2^4=16<17$ を利用し，2^{63} と 17^{16} を比較する。

▶(2)　n 行 n 列の位置にある数字に注目することがポイントであり，「$(2n+1)\times(2n+1)$」の形に数字が並ぶことを利用する。

4

◇発想◇　(1)　$t=\sin x+\cos x$ とおいて，y を t の 2 次式で表す。
(2)　定数分離により，定点を通る直線と放物線に注目する。

解答　(1)　$t=\sin x+\cos x$ とおくと

$$t^2=1+2\sin x\cos x$$

$$\sin x\cos x=\frac{t^2-1}{2}$$

よって

$$(\cos x+1)(\sin x+1)$$

$$=\sin x\cos x+\sin x+\cos x+1$$

$$=\frac{t^2-1}{2}+t+1$$

$$=\frac{1}{2}t^2+t+\frac{1}{2}$$

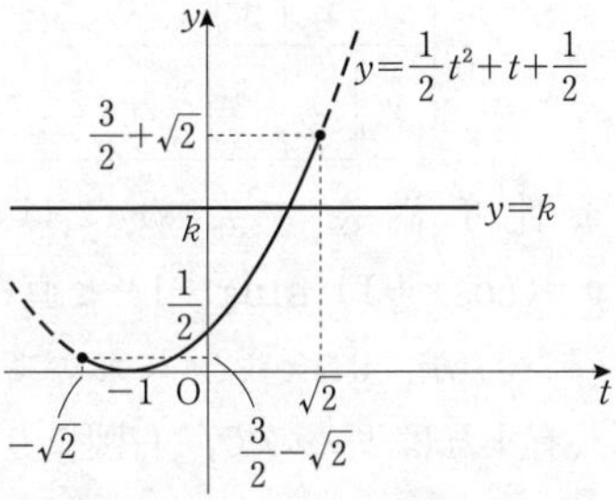

ここで

$$t=\sin x+\cos x=\sqrt{2}\sin\left(x+\frac{\pi}{4}\right)\quad\left(\frac{\pi}{4}\leqq x+\frac{\pi}{4}<\frac{9}{4}\pi\right)$$

であるから

$$-\sqrt{2}\leqq t\leqq\sqrt{2}$$

したがって，方程式 $\frac{1}{2}t^2+t+\frac{1}{2}=k$ $(-\sqrt{2}\leqq t\leqq\sqrt{2})$ の実数解に注目すればよい。

$t=-\sqrt{2}$，$\sqrt{2}$ についてはただ 1 つの x が対応し，$-\sqrt{2}<t<\sqrt{2}$ を満たす t については 2 つの x が対応することから，曲線 $y=\frac{1}{2}t^2+t+\frac{1}{2}$ と直線 $y=k$ $(k>0)$ が曲線の両端以外の 1 点を共有するような k の値の範囲を求めればよいので，上図より

$$\frac{3}{2}-\sqrt{2}<k<\frac{3}{2}+\sqrt{2}\quad\cdots\cdots(\text{答})$$

別解　曲線 $y=(\cos x+1)(\sin x+1)$ と直線 $y=k$ の交点に注目する。

$y=(\cos x+1)(\sin x+1)$ より

$$y'=-\sin x(\sin x+1)+(\cos x+1)\cdot\cos x$$

$$=-\sin^2 x+\cos^2 x-\sin x+\cos x$$
$$=-(\sin x+\cos x)(\sin x-\cos x)-(\sin x-\cos x)$$
$$=-(\sin x-\cos x)(\sin x+\cos x+1)$$
$$=-\sqrt{2}\sin\left(x-\frac{\pi}{4}\right)\left\{\sqrt{2}\sin\left(x+\frac{\pi}{4}\right)+1\right\}$$

$0\leqq x<2\pi$ における y の増減表は下のようになる。

x	0	…	$\frac{\pi}{4}$	…	π	…	$\frac{5}{4}\pi$	…	$\frac{3}{2}\pi$	…	2π
y'	／	＋	0	－	0	＋	0	－	0	＋	／
y	2	↗	$\frac{3}{2}+\sqrt{2}$	↘	0	↗	$\frac{3}{2}-\sqrt{2}$	↘	0	↗	／

条件を満たすためには，曲線 $y=(\cos x+1)(\sin x+1)$ と直線 $y=k$ $(k>0)$ が，$0\leqq x<2\pi$ において2点を共有すればよいので，右図より

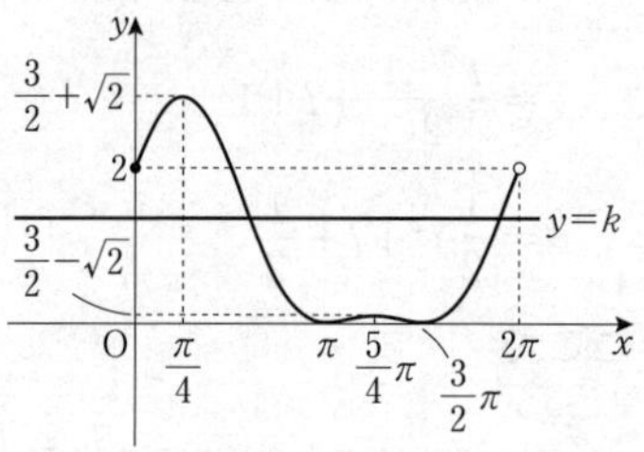

$$\frac{3}{2}-\sqrt{2}<k<\frac{3}{2}+\sqrt{2}$$

(2)(a)　$a=0$ のとき

$$x(x+1)\leqq 2$$
$$(x+2)(x-1)\leqq 0$$
$$-2\leqq x\leqq 1$$

x は整数であるから

$x=-2,\ -1,\ 0,\ 1$　……(答)

(b)　$(x+a)(x+1)\leqq 2$

$$a(x+1)+x(x+1)\leqq 2$$
$$a(x+1)\leqq -x^2-x+2\quad\cdots\cdots(*)$$

よって，放物線 $y=-x^2-x+2$ と直線 $y=a(x+1)$ のグラフに注目し，$(*)$を満たす整数 x がちょうど3個となるような a の値の範囲を求めればよい。

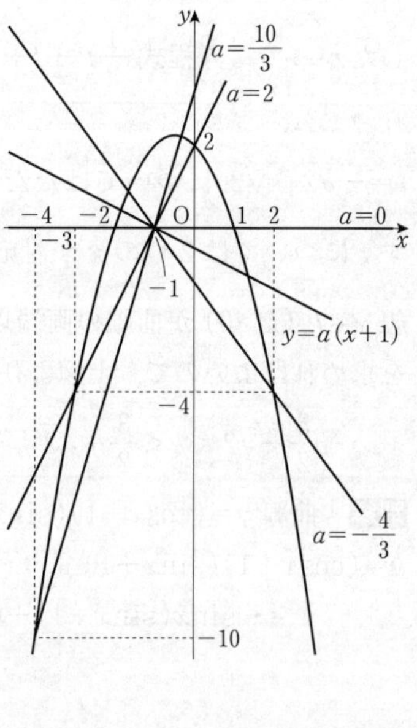

直線 $y=a(x+1)$ が点 $(-3,\ -4)$ を通るとき

$$-4=a(-3+1)$$

$$a=2$$

同様に

点 $(-4,\ -10)$ を通るとき　　$a=\dfrac{10}{3}$

点 $(2,\ -4)$ を通るとき　　$a=-\dfrac{4}{3}$

グラフより，(＊)を満たす整数 x の個数は

$$\begin{cases} a\leqq -\dfrac{4}{3},\ \dfrac{10}{3}\leqq a \text{ のとき} \quad 4\text{ 個以上} \\ -\dfrac{4}{3}<a<0,\ 0<a<2,\ 2<a<\dfrac{10}{3} \text{ のとき} \quad 3\text{ 個} \\ a=0,\ 2 \text{ のとき} \quad 4\text{ 個} \end{cases}$$

よって，求める a の値の範囲は

$$-\frac{4}{3}<a<0,\ 0<a<2,\ 2<a<\frac{10}{3} \quad \cdots\cdots(\text{答})$$

別解 (b)　与式より　　$a(x+1)\leqq -x^2-x+2$　……(＊)

(i)　$x<-1$ のとき

$$a\geqq \frac{-x^2-x+2}{x+1}$$

$$a\geqq \frac{2}{x+1}-x$$

(ii)　$x=-1$ のとき

$a\cdot 0\leqq 2$ より，a は任意の実数。

(iii)　$x>-1$ のとき

$$a\leqq \frac{2}{x+1}-x$$

ここで，$f(x)=\dfrac{2}{x+1}-x$ とおく。

$x<-1,\ -1<x$ のとき　　$f'(x)=-\dfrac{2}{(x+1)^2}-1<0$ より，$f(x)$ は単調に減少し

$$\lim_{x\to -\infty}\{f(x)-(-x)\}=\lim_{x\to\infty}\{f(x)-(-x)\}=0$$

であるから，直線 $y=-x$ は曲線 $y=f(x)$ の漸近線となる。

(ii)より $x=-1$ は必ず解になるので，-1 以外の異なる 2 つの整数が(＊)を満たすような a の値の範囲を求めればよい。

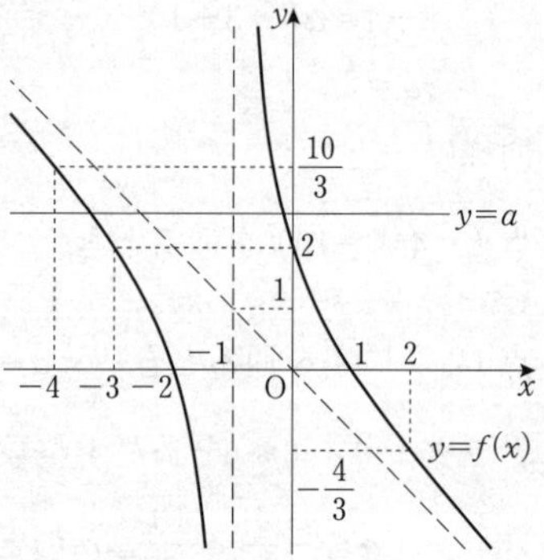

(i)，(iii)をふまえると，右図より，(＊)を満たす整数の個数は，$x=-1$ を含めて数えると

$$\begin{cases} a \leqq -\dfrac{4}{3},\ \dfrac{10}{3} \leqq a \text{ のとき} \quad 4\text{ 個以上} \\ -\dfrac{4}{3} < a < 0,\ 0 < a < 2,\ 2 < a < \dfrac{10}{3} \text{ のとき} \quad 3\text{ 個} \\ a=0,\ 2 \text{ のとき} \quad 4\text{ 個} \end{cases}$$

よって，求める a の値の範囲は

$$-\frac{4}{3} < a < 0,\ 0 < a < 2,\ 2 < a < \frac{10}{3}$$

◀解　説▶

≪三角比を含む方程式を満たす定数 k の範囲，不等式 $(x+a)(x+1) \leqq 2$ を満たす整数 x の個数≫

▶(1)　$t=\sin x+\cos x$ とおくことで，左辺は t の 2 次関数となり，放物線と直線の位置関係を考えればよい。ただし，t の値によって対応する x の個数が異なることに注意する。

▶(2)　式変形により，直線と放物線の位置関係に注目する。直線が点 $(-1,\ 0)$ を通り，傾きが a であることから，条件を満たす a の値を求めればよい。

5

◇発想◇　直線 l_n の方程式を求めてから，原点を通り，傾きが正という条件を用いて p_n を求める。log を含む極限は，e の定義を絡めて考える。

解答　(1)

$$f_n'(x)=n\left(\frac{\log x}{x}\right)^{n-1}\cdot\left(\frac{\log x}{x}\right)'$$

$$=n\left(\frac{\log x}{x}\right)^{n-1}\cdot\frac{\frac{1}{x}\cdot x-\log x\cdot 1}{x^2}$$

$$=n\left(\frac{\log x}{x}\right)^{n-1}\cdot\frac{1-\log x}{x^2}\quad\cdots\cdots(答)$$

(2)　直線 l_n の方程式は

$$y-f_n(p_n)=f_n'(p_n)(x-p_n)$$

$$y-\left(\frac{\log p_n}{p_n}\right)^n=n\left(\frac{\log p_n}{p_n}\right)^{n-1}\cdot\frac{1-\log p_n}{p_n{}^2}\cdot(x-p_n)$$

直線 l_n は原点を通るので

$$-\left(\frac{\log p_n}{p_n}\right)^n=n\left(\frac{\log p_n}{p_n}\right)^{n-1}\cdot\frac{1-\log p_n}{p_n{}^2}\cdot(-p_n)$$

$$\left(\frac{\log p_n}{p_n}\right)^{n-1}\{-\log p_n+n(1-\log p_n)\}=0$$

$$\left(\frac{\log p_n}{p_n}\right)^{n-1}\{(n+1)\log p_n-n\}=0$$

$$\log p_n=0,\ \frac{n}{n+1}$$

直線 l_n の傾きは正であるから

$$\log p_n=\frac{n}{n+1}$$

つまり　$p_n=e^{\frac{n}{n+1}}$　……(答)

(3)

$$\lim_{n\to\infty}\{(p_n)^n f_n(p_n)\}=\lim_{n\to\infty}\left\{(p_n)^n\cdot\left(\frac{\log p_n}{p_n}\right)^n\right\}$$

$$=\lim_{n\to\infty}(\log p_n)^n$$

$$=\lim_{n\to\infty}\left(\frac{n}{n+1}\right)^n$$

$$=\lim_{n\to\infty}\frac{1}{\left(1+\frac{1}{n}\right)^n}$$

$$=\frac{1}{e}\quad\cdots\cdots(答)$$

◀解　説▶

≪曲線 $y=\left(\frac{\log x}{x}\right)^n$ の接線と極限値≫

直線 l_n の条件に注意して p_n を求めること。(3)については e の定義を用いて極限値を求めることができる。

❖講　評

基本的な問題から典型的な問題・やや難度の高い問題まで幅広く出題されている。標準的な問題集・過去問集をこなしていれば高得点が期待できる。

1 は小問集合であり，(1)は 3 枚のカードを取り出すときの確率に関する基本的な問題である。素因数分解を利用して数え上げること。(2)は円と放物線で囲まれた部分の面積を求める問題であるが，直線で分割することで簡単に求積できる。(3)は 2 倍角の公式・三角関数の合成が絡む基本的な問題である。

2 はガウス記号を含む連立方程式の問題である。まずは $m \leqq x < m+1$, $n \leqq y < n+1$ を満たす整数 m, n をとり，ガウス記号を外して考える。

3 は小問集合であり，(1)は累乗の大小比較問題である。底または指数部分をそろえて大小関係を導くこと。(2)については，数字の並べ方から n 行 n 列 ($n \geqq 0$) の位置にある数字が決定できることがポイントである。

4 は小問集合であり，(1)は三角方程式の解の個数，(2)は 2 次不等式の整数解の個数に関する問題である。どちらもグラフを利用して視覚的に捉えるとよい。

5 は曲線 $y=\left(\frac{\log x}{x}\right)^n$ の接線が絡む問題であり，自然対数の底 e の定義を用いて極限値を求める。

小論文

解答例　退屈とは現在への不満足である。自分が見聞きすることがつまらなく感じ，このまま時間が過ぎるのが惜しいと思う。見聞きすることがつまらないのは，それが「わかり切ったこと」か「何もわからない」ことだからである。高校生が小学生の算数の授業を受けてもつまらない。また囲碁を知らない外国人が名人戦の映像を見せられても退屈なだけだろう。

しかし退屈は人間の成長に必要な感情である。なぜなら退屈は「能動性」と「創造性」を生み出す契機だからである。今が面白くないからこそ，それを面白くしようという工夫が生まれる。わかり切っていると思い込んでいたことも見方を変えれば新しい側面が見えてくるし，そこに楽しさを見出すこともできる。全く知らないものでも知識を自分で学べば，途端に面白いものに見えてくる。今をなんとかしようと考え，工夫して対象に何か新しい側面を見出す。あるいは何かを生み出す。そうした「能動性」や「創造性」が人間の成長を支える。だから「退屈」とは幸福なことだと私たちは考えるべきなのだ。

だが，現在の私たちは「退屈」からほど遠い日々を送っている。学校の勉強という「やらなければならないこと」に追われて，ほんのわずかな時間の空白も，インターネットや SNS，ゲームなどが埋めてゆくので，私たちは「退屈」する暇がない。学校やメディアから情報や娯楽を一方的に与えられ，私たちはそれらを「受動的」に吸収することで手いっぱいである。この状態は実質的に「能動性」や「創造性」を育む機会を放棄しているのと同じである。

おいしいトマトを作るためには，水やりは少ない方がよい，と聞いたことがある。情報も娯楽も，ただひたすら与えられるより，限られたものを吟味しながら工夫を凝らしたほうが楽しめる。スポーツも同じだろう。至れり尽くせりの環境よりも，不十分な環境下で工夫を凝らすほうが，スキルの高い選手を育てられることもある。「ここにはもう何もない」「ここではもう何もできない」と思える部分をさらに掘り下げることで，そこに何かを発見し，それが成長となる。そのきっかけとして「退屈」は必要である。私自身も自分の肉体的・精神的成長のために「退屈」を大事にしていきたい。(601 字以上 1000 字以内)

◀解　説▶

≪退屈の意味≫

〈「辞書の意味」と「設問の意味」の違い〉

「退屈」の意味を辞書で引くと“気力がおとろえること。いや気がさすこと”あるいは“ひまで倦みあくこと。つまらなさやひまのためにあきあきすること”（広辞苑）と出てくる。私たちの「退屈」に対する認識もおおむねこれに近い。やっていることがつまらない，やることがない，といったときの気分を言葉にするなら「退屈」ということになる。

しかし今回の設問で求められる「退屈の意味」とはそういう辞書的な否定的意味ではなくて，〈退屈に含まれる肯定的な意味〉のことであると理解する必要がある。こうした理解が可能となるには，この設問を見たときに，〈なぜ大学は私に退屈の意味を聞く必要があるのか？〉という疑問を抱くことが重要である。

〈出題の意図を考える〉

小論文の目的のひとつとして〈自分の学部・学科で必要とされる資質を生徒がもっているかどうかを確認する〉ということがある。例えば早稲田大学スポーツ科学部の「ディプロマ・ポリシー」（卒業認定・学位授与に関する方針）には「……地球社会に主体的に貢献できる人材を育成する……」とあり，「カリキュラム・ポリシー」（教育課程の編成・実施の方針）には「……必修となるコア科目を最小限に抑制して学生の選択の自由度を高める……」とあり，「アドミッション・ポリシー」（入学者受入方針）には「……知的好奇心が旺盛で……進取の精神に富む，勉学意欲の高い学生」「スポーツには『する』という関わり方だけではなく，『みる』，『ささえる』など様々な関わり方がある……」とある。こうしたポリシーを通して見ると，大学が学生に求める資質は「主体性」「多面的な思考」「好奇心」「積極性」などであると理解できる。早稲田大学スポーツ科学部は，こうした資質の有無を，ある年はグラフの形で，またある年は単純テーマの形で学生に問うているのである。本問の場合，「退屈」という一見ネガティブなテーマから，いかに豊かで前向きな思考を展開できるかを確認するために，大学はこのテーマを出題したのだと考えて，具体的な論述作業に進んでいきたい。

〈退屈を「科学」する〉

続いて小論文の「書き方」である。スポーツ科学部を目指しているという前提で考えれば，「退屈」もまた〈科学的分析〉の対象として捉えるのが望ましいと思われる。具体的には，①「定義」する。②「条件・状況」を考える。③「感情」を分析する。④「メリット・デメリット」を挙げ，それぞれの「理由」を考える。⑤「理由」に合致するような「具体例」を考える，などが挙げられる。このように「退屈」をさまざまな角度から〈分析〉してみることで，「退屈」のもつ多様な側面が明らかになり，制限字数を埋めるための〈情報〉が手に入る。そうしたら今度は〈分析〉を通して得た〈情報〉を組み立てて，大学・学部の求める論文を〈構想・構成・作成〉する，というのが「書き方」の手順となる。この〈構想・構成・作成〉の際には，先ほど〈出題の意図を考える〉の項で述べた〈自分の学部・学科で必要とされる資質〉を念頭において論述を進めることが重要となる。

〔解答例〕では「退屈」のもつ〈メリット〉とは何か？　という観点から，〈定義〉に基づいて「退屈」の〈条件・状況〉を分析し，そこで生じる〈感情〉が「能動性」や「創造性」を発動させる契機となる，とまとめた上で，現在の自分の状況を〈非「退屈」的状況〉と捉え，〈人間としての成長〉を得るための「退屈」の必要性を主張する，という仕方で論述を行った。その他のアプローチとしては，思想家や哲学者の「退屈」論・「暇」論・時間論などから引用して，「退屈」のもつ意味を深めていく方向もあるだろう。例えば近年ベストセラーになった國分功一郎『暇と退屈の倫理学』（新潮文庫）は，そうした思索を深めるきっかけとなるかもしれない。

❖講　評

2023年度は「退屈の意味」という非常にシンプルなテーマの課題が課された。2021・2022年度と続いた資料読解型から大きく方向転換したかのように思えるが，〈スポーツ科学部に入る資質をもった学生であるかどうかを吟味する〉という点においては同じ意図の下に出題されていると言える。テーマ型であっても資料読解型であっても，〈分析・意味つけ・発想〉といった作業は同じように求められているし，分析を通して得た知見を論理的に記述するという点においても両者に変わりはないだろう。

そしてこうした考察が意味するのは，〈意図さえ変わらなければ，出題形式はどのようなものであってもよい〉ということである。つまり，2023年度はテーマ型での出題であったが，これが2024年度に再び資料読解型の出題へと変更されても全く不思議ではないし，文章読解型の出題へと変わる可能性も否定できないのである。そうした変化に柔軟に対応できるように，日頃から好奇心をもって身のまわりのいろいろな事柄に目を向け，思考力を鍛えておくことが重要だろう。

2022
年度

解答編

解答編

英語

I **解答** (i) 1—(D)　2—(B)　3—(C)　4—(A)

(ii) 5—(A)　6—(A)　7—(B)

(iii) 8—(C)　9—(C)　10—(A)

(iv) 11—(C)　12—(D)　13—(A)

(v) 14—(C)　15—(B)　16—(A)

(vi) 17—(C)　18—(D)　19—(D)

(vii) 20—(D)　21—(A)　22—(D)

(viii) 23—(C)　24—(D)　25—(A)

◆全　訳◆

(i)　≪音楽と認識能力≫

音楽は非常に多くのかたちで生活をよりよいものにしてくれる。気分を高め，ストレスを軽減し，苦しみを和らげてくれる。音楽は心の健康をもたらす。なぜなら血圧を下げ，心拍数を減らし，血中のストレスホルモンを減少させうるからだ。音楽はまた私たちを他の人たちと結びつけ，社会的な絆を高めてくれるのだ。音楽は運動の持久力を改善し，困難な活動を楽しむ度合いを高めさえしてくれうる。音楽は困難な課題をより我慢できるにようにしてくれるという事実ゆえに，学生たちは宿題をしたり試験勉強をしたりする間，音楽を聴くことを選ぶことが多いのかもしれない。しかし，音楽を聴くことは自分の学習を最適化したい学生にとって賢い選択なのであろうか？

バルーク大学のマヌエル＝ゴンザレスとラドガーズ大学のジョン＝アイエロによる新たな研究によると，ある学生たちにとっては音楽を聴くことは実際賢い戦略だが，他の学生たちにとってはそうではないと示唆されている。音楽が認識機能に与える影響は，「万人に当てはまる」のではなく，部分的に人格——特に外的刺激の必要性によるのだ。そのような刺激を大いに必要とする人は，容易に飽きてしまい外的情報を求める傾向がある。こういった個人は知的課題に従事している間に音楽を聴いていると，逆説的だがより出来が悪くなることが多いのだ。その一方，外的刺激をあまり必要としない人は，音楽で知的能力を改善する傾向があるのだ。

(ii)　≪温暖化がコマツグミの渡りの時期を早める≫

アメリカコマツグミ（*Turdus migratorius*）は，より暖かく，雨が少ない冬ゆえに，1994年より12日早く渡りに出発した，と科学者たちは言う。『環境研究レター』に執筆している生態学者たちは，GPSの装置を使って，メキシコからカナダへのコマツグミの夏の渡りを追跡した。彼らの発見では，とけていく雪やより暖かい冬により，群れは昔より早く越冬地を離れる傾向が強くなっている。2018年に，鳥たちは1994年より12日早く出発したが，そのことは渡りが10年につきおよそ5日早まっていることを示唆している。

毎年，12～数百羽のコマツグミの群れは北アメリカを横切って北方へ渡っていく。この種は大陸のあちこちを移動して冬を過ごすのだが，この鳥たちはめったにその年のもっと遅い時期まで北部を横切ってカナダやアラスカに到達することはない。レッサー・スレーブ湖鳥類天文台（LSLBO）の観察によると，鳥たちは4月後半にこのような繁殖地に到達する傾向があるのだ。

2016年から2018年までの間に，スレーブ湖で網で捕らえられた55羽のコマツグミにGPS技術を備えた小型のリュックサックが取りつけられたのであるが，それは渡りの途中の4月～6月に移動するコマツグミを追跡するためであった。この移動は，雪の深さや降水量から風速や気温までの気象状況に関するデータと比べられた。研究者たちは，とけていく雪が鳥たちの出立に影響を与える最も一貫した要因であり，冬が暖かく雨が降らない年に，鳥たちはより早い時期に飛び立つことがわかったが，雪どけが鳥の移動に最も一貫して影響を与える要素であった。世界中で気温が上昇しているが，カナダの温暖化は地球の平均のほぼ2倍の速さで起きている。

(iii)　≪翻訳する訳語がなければどうなるか？≫

そもそも化石とはまさに何であるのか？　その質問が科学を勉強してい

る 12 歳の子になされようと，毎日のビジネスに精を出している大人になされようと，多くの人は説明するのに苦労するであろう。科学コミュニケーターのシブシソ＝ビエラに協力しているズールー語を話す南アフリカの学童たちにとって，新たに加わる難題は英語でその概念を把握することばかりでなく，それをズールー語に翻訳することでもあるのだ。というのもズールー語にはそのような専門用語を表す単語がないからである。ズールー語は，南アフリカでは isiZulu と呼ばれていて，ほぼ 1200 万人に話されているのだが，多くの科学の概念を表す語がないのである。

世界中で，進取の気概に富んだ個人は科学の概念の地元の訳語をしばしば思い浮かべないといけない。こういった訳語にはアインシュタインの相対性理論を表す *bisaatsinsiimaan*（「美しい種まき」）のように，ときに叙情的なことがある。その訳語は天体物理学を土着の北米の言語であるブラックフット，つまり Siksiká に翻訳していた母と息子の 2 人によって考え出されたのである。あるいは，造語（一般的に使われるようになる途上だが，主流言語にまだ十分には受け入れられていない単語）が効率性を高めることに特化できる。これが，あるスコットランドの医学生が，うんざりするほど指でスペリングする「deoxyribonucleotide」の代わりに，単一の DNA を表すイギリス手話の記号を作る動機づけとなった。究極的に，ビエラは実際に使われる単語が最も重要なものであるわけではないと信じている。「影響を与えてきたのは単語そのものではなく，単語を思いつく法則なのである」と彼は言う。今年の早い時期に，彼はオープン・ノートブック向けの力のこもった記事にズールー語のために開発した法則を記した。これは同じような問題に直面している人々から世界中の連帯を引き出したのである。

(iv)　≪イカは暗闇の中どうやってコミュニケーションをとっているのか？≫

著作権の都合上，省略。

(v)　≪アラスカの図書館は標本を貸し出す≫

アラスカ大学アンカレッジ校のキャンパス内の図書館である，アラスカ資源図書情報サービス（ARLIS）内の何の変哲もないドアの後ろに隠れるように，めずらしいもののコレクションがある。内側には保管箱を載せている棚がいくつもあり，それぞれの箱は注意深く山積みになっていて特定の中身を記したラベルが貼ってある――ある箱にはタイリクキジの完璧に保存された死体が，また別の箱には剝製の黒いシマスズキが納められている。長年にわたり，このコレクションは何百もの標本を含むようになり，ARLISはこのような宝庫を有する米国随一の図書館となった。ARLISは一般の人に開放されているばかりか，ちょうど図書館の本を借りるようにその所蔵品を借りることができる――必要なのはアンカレッジの公立図書館カードのみなのだ。

1997年以来，ARLISは動物の毛皮，頭蓋骨，鳥や魚の剝製，骸骨，他の「実用教材」の広範な目録を蓄積してきた。この実用教材とは典型的には，公立図書館よりも自然史博物館のガラスケースの中に気軽な感じで展示されているものである。ARLISはひとつ屋根の下，アラスカ州魚類鳥獣「FMS」（毛皮，剝製，頭蓋骨）収集部を含めた，8つの連邦，州そして大学の機関の資料図書館を統合した結果である。収集物を統合する前には，それぞれ別々に所蔵され特定の部署によって管理されていた。このような図書館を統合することで，研究者，機関のメンバーそして一般の人に利用しやすくなるのだ。

(vi)　≪ケトンを使った食事は脳細胞を保護する≫

ネズミに関する研究によると，ケトンとして知られる化学物質を含んだ食事をとることは，脳細胞をアルツハイマー病の進行から保護することができるであろう。科学者たちはマウスのケトン——一種の脂肪酸——のレベルを増すことで SIRT3 と呼ばれるたんぱく質の発現を高めることが可能かどうかを確認したいと考えた。このたんぱく質は神経細胞を守ると考えられている。脳がアルツハイマー病に影響を受け始めると，いくつかのミトコンドリア——細胞の動力源——の機能が，いくつかの脳細胞ネットワークと同様に損傷されると考えられている，と執筆者たちは『神経科学学会誌』で説明した。

チームは統制群の役割をもつ通常のネズミ同様—— SIRT3 が正常より低いレベルをもつよう遺伝子組み換えをしたネズミを含めた——アルツハイマー病を患ったネズミを研究した。SIRT3 のレベルがより低いネズミは早死にし脳卒中になる傾向がより強かった。いくつかの種類の介在ニューロン——インパルスを伝達する脳細胞——も，単にアルツハイマー病と制御群のネズミと比べると，これらのネズミにおいて死ぬ傾向がより強いとわかった。研究者たちがネズミに SIRT3 のレベルを増すケトンを含む食事を補うと，ネズミは脳卒中が少なくなり，より長生きになり，彼らの介在ニューロンは保持されているように見えた。ケトンを補うと SIRT3 が介在ニューロンを保持し，過興奮性として知られる状態の過度に興奮することから脳回路を保護するのに役立つようだ，とチームは結論づけた。

(vii)　≪音楽が運動を容易にする≫

著作権の都合上，省略。

著作権の都合上，省略。

(viii)　≪新種の鳥に似た恐竜≫

9900 万年前に生きていた新種の鳥に似た恐竜が，琥珀のかたまりに閉じ込められた化石化した頭蓋骨から特定された，とある研究が述べた。ハチドリよりいっそう小さいこの恐竜は，今までに発見された中生代由来の最も小さい恐竜の一つである。この恐竜はまた今までに報告された最も古い鳥の一つでもある。「私が初めてそれを見たとき，仰天しました」と，中国科学院の古生物学者であり，この研究の筆頭執筆者であるジンマイ＝オコナー。「脊椎動物が琥珀の中に保存されていることはめずらしく，これは体の大きさの下限にある恐竜の世界を知る手段を私たちに与えてくれる」と声明の中でカリフォルニア州の W. M. ケック科学部の生物学者であり，研究共同執筆者のラース＝シュミッツは言った。

その頭蓋骨の標本はミャンマー北部の炭鉱で発見されたのだが，長さがおよそ2分の1インチしかない。その鳥の全体の重さは1オンスの10分の1未満であった，と科学者たちは推測する。この生物の頭蓋骨は現代のトカゲの目に似た大きな眼窩が優位を占めている。眼窩は狭い穴があり少ない量の光しか通さないが，そのことはこの生物が明所で活動的であることに適していることを意味する。この生物の上顎と下顎はたくさんの鋭い歯を含んでいて，この研究執筆者たちは，それぞれの顎に合計で29～30の歯があったであろうと推測している。

この鳥は小さいにもかかわらず，歯がなく蜜を常食としている現代の似た大きさの鳥とは違い，捕食動物でありおそらく小さい節足動物か無脊椎動物を食べていた，とこの研究結果は指摘している。研究者たちは，この標本の小ささと異常な形態は諸々の特徴の今までに見たことのない組み合わせを示唆するものだ，と結論づけた。「この発見は，恐竜の時代に小さな脊椎動物がどのような姿であったのかを私たちがほんの少し垣間見ることを示しているのだ」とシュミッツは語った。

◀解　説▶

◆(i)　▶1.「外的刺激を大いに必要とする人はどのようにして認識機能を改善するかもしれないか？」

(D)「十分な情報が与えられていない」が正解。

(A)「音楽を聴く」は表現自体はいくつかの箇所に出てくるが，直接の該当箇所は第2段最終文（People with a low …）であろう。「外的刺激をあまり必要としない人は音楽で知的能力を改善する傾向がある」とある。「外的刺激を大いに必要とする人」の記述ではなく，「外的刺激をあまり必要としない人」の記述であるので不可。(B)「学習を最適化する」は第1段最終文（But is …）が該当箇所。「音楽を聴くことは自分の学習を最適化したい学生にとって賢い選択なのであろうか？」とある。ただ，「学習を最適化する」のは学生全般の目的であって，「外的刺激を大いに必要とする人」だけの目的ではない。また，「学習を最適化する」のは「認識能力を改善する」手段ではなく，あくまで目的なので不正解となる。(C)「外的情報を求める」は第2段第3・4文（People with a high … mental task.）が該当箇所。「そのような刺激を大いに必要とする人は，容易に飽きてしまい外的情報を求める傾向がある。こういった個人は知的課題に従事している間に音楽を聴いていると，逆説的だがより出来が悪くなることが多い」とある。ここに「外的情報」とあるが，これは「外的刺激を大いに必要とする人」の人格的な傾向を表す際に出てきた表現で，認識機能を改善する方法ではない。(A)・(B)・(C)とも不正解なので，(D)が正解となる。

▶ 2.「どんなタイプの学習者が音楽を聴くことから最も利益を得るか？」

(B)「外的刺激をあまり必要としない」が正解。

第2段最終文（People with a low …）が該当箇所。「外的刺激をあまり必要としない人は音楽で知的能力を改善する傾向がある」とある。「最も」という意味の最上級の部分は書かれていないが，本文の他の箇所に音楽を聴くことから利益を得る人に関する言及はないので，これを正解とするのが最適。(A)「外的刺激を大いに必要とする」は第2段第3・4文（People with a high … mental task.）が該当箇所。「そのような刺激を大いに必要とする人は，容易に飽きてしまい外的情報を求める傾向がある。こういった個人は知的課題に従事している間に音楽を聴いていると，逆説的だがより出来が悪くなることが多い」とあるので，彼らは利益を得ることのない人だということになる。(C)「容易に飽きる傾向がある」は第2段第3文（People with a high …）に出てくる表現だが，これは「外的刺激を大いに必要とする人」の傾向を記しているにすぎない。(D)「自分たちの学習を最適化したいと思っている」は第1段最終文（But is …）が該当箇所。「音楽を聴くことは自分の学習を最適化したい学生にとって賢い選択なのであろうか？」とあるが，その後に，自分の学習を最適化したい学生すべてが音楽を聴くことから利益を得られるわけではないと述べられているので不可。

▶ 3.「この文章からどんな結論を導くことができるであろうか？」

(C)「音楽が認識機能に与える影響には幅がありうる」が正解。

第2段第2文（The effect …）が該当箇所。「音楽が認識機能に与える影響は，『万人に当てはまる』のではなく，部分的に人格――特に外的刺激の必要性による」とある。この箇所は第1段最終文（But is …）の問題提起に対する答えの部分で，また，第2段第3・4文（People with a high … mental task.）で該当箇所の内容の具体例が述べられているので，これを結論と考えてよいだろう。音楽を聴くからと言ってすべての人に認識機能に影響を与えるとは限らない。(A)「音楽を聴くことは効果的な学習戦略だ」は第２段第１文（A new …）が該当箇所。「ある学生たちにとっては音楽を聴くことは実際賢い戦略だが，他の学生たちにとってはそうではない」とあるので，音楽を聴くことが賢い戦略にならない学生たちもいるということ。(B)「多くの学生たちは自分たちの学習を最適化するために音楽を聴く」は第１段最終文（But is …）が該当箇所。「音楽を聴くことは自分の学習を最適化したい学生にとって賢い選択なのであろうか？」とある。この文は問題提起であるので結論にはなりえない。(C)が正解なので，(D)「上のすべて」は不正解となる。

▶４．「この文章の最適な表題は何か？」

(A)「音楽と認識能力」が正解。

第１段最終文（But is …）の問題提起に対して，第２段第１文（A new …）以降がその答えの部分である。音楽を聴くことが認識機能に影響を与えるかどうかは人によって異なると言っている。本文は cognitive functioning，(A)は cognitive performance となっているが，どちらも同じような意味で使われていると考えてよいであろう。(B)「音楽と健康促進」は第１段第５文（Music can …），(D)「音楽とストレス軽減」は第１段第２文（It elevates …）が該当箇所だが，第１段最終文（But is …）の But 以降は音楽と認識機能の関係しか述べられていない。一部のみの記述なので表題にはなりえない選択肢である。(C)「音楽と学習態度」は learning attitude の表現がなく該当箇所なしと言える。

◆(ii)　▶５．「これらの研究結果に基づくと，アメリカコマツグミは 1994 年に比べて 2004 年にはおよそどれほど早く渡って行ったかもしれないか？」

(A)「５日」が正解。

第１段最終文（In 2018, …）が該当箇所。「2018 年に，鳥たちは 1994 年より 12 日早く出発したが，そのことは渡りが 10 年につきおよそ５日早まっていることを示唆している」とある。「10 年につきおよそ５日早まっている」のだから，1994 年からちょうど 10 年後である 2004 年は５日早いということになる。したがって，(B)「10 日」，(C)「12 日」，(D)「上のどれでもない」は不正解となる。

▶６．「アメリカコマツグミはいつカナダとアラスカに到着する可能性が高いか？」

(A)「4月」が正解。

第2段全体（Each year, … late April.）が該当箇所と言えよう。第1文（Each year, …）に robins という語があり，第2文（While the …）に the birds rarely cross north into Canada and Alaska until later in the year「この鳥たちはめったにその年のもっと遅い時期まで北部を横切ってカナダやアラスカに到達することはない」とある。さらに，第3文（According to …）に「鳥たちは4月後半にこのような繁殖地に到達する」とある。「このような繁殖地」とはカナダやアラスカのどこかにあるのだろう。暖かい越冬地に対して寒いカナダやアラスカが繁殖地なのは理にかなっている。したがって，(B)「5月」，(C)「6月」，(D)「上のどれでもない」は不正解となる。

▶7.「次のどれがアメリカコマツグミの渡りのタイミングをもたらす最も一貫した要因であるか？」

(B)「とけていく雪」が正解。

第3段第3文（The researchers …）が該当箇所。「とけていく雪が鳥たちの出立に影響を与える最も一貫した要因」とあるので間違いないであろう。(A)「より長い日」は本文中に該当箇所なし。(C)「降水量」と(D)「風速」は第3段第2文（These movements …）が該当箇所で，コマツグミの移動の原因として挙げられているのだが，「最も一貫した要因」とは書かれていないので不可となる。

◆(iii)　▶8.「なぜ人によっては “fossil” という語を自分たちの言語に翻訳するのが難しいのか？」

(C)「相当する単語が存在しないかもしれない」が正解。

fossil という語は第1段第1文（Just what …）にあるが，Why is it ～?　に対する答えの部分は第1段第3文（For Zulu-speaking …）となる。「新たに加わる難題は英語でその概念を把握することばかりでなく，それをズールー語に翻訳することでもあるのだ。というのもズールー語にはそのような専門用語を表す単語がないからである」とある。「その概念」と「それ」は fossil という語のことを指しているが，ズールー語には fossil を表す単語がないので，翻訳することが難しいということになる。

(A)「把握するのが困難な概念」は第1段第3文（For Zulu-speaking …）が該当箇所。「新たに加わる難題は英語でその概念を把握することばかりでなく」と書かれている。ただ，「ばかりでなく」とあるので，重要な部分はその後ろとなる。その後ろの部分がまさに正解の(C)である。(A)は(C)ほどの重要性はない。(B)「発音するのが難しい」は本文中に該当箇所なし。(D)「説明するのが難しい」はおそらく第１段第２文（Whether the …）が該当箇所で，「多くの人は説明するのに苦労するであろう」とある。ただ，これはJust what is a fossil, anyway? の疑問に対する答えを説明するのが難しいと言っているにすぎないので不正解である。

▶９.「いくつかの翻訳はどのように説明されているか？」

(C)「叙情的な」が正解。

第２段第１・２文（Around the … or Siksiká.）が該当箇所。アインシュタインの相対性理論を *bisaatsinsiimaan*（「美しい種まき」）と翻訳した例がlyrical「叙情的」だと言っている。科学の理論である相対性理論を美しい種まきと翻訳するのは叙情的と言えそうだ。(A)「受け入れられた」は第２段第３文（Or the …）にacceptedという語はあるが，これはneologisms「造語」を説明している箇所に出てくるだけで，翻訳の直接の説明ではない。(B)「土着の」は第２段第２文（These can …）にindigenousという語があるが，Blackfootが北米の土着の言語，つまり先住民の言語だと言っているだけで，これもまた翻訳を直接説明しているわけではない。(C)のみが正解なので，(D)「上のすべて」は不正解となる。

▶10.「科学用語を地元の言語に翻訳する最良の方法は何か？」

(A)「法則を作る」が正解。

第２段第５・６文（Ultimately, Biyela … he says.）が該当箇所。「究極的に，ビエラは実際に使われる単語が最も重要なものであるわけではないと信じている。『影響を与えてきたのは単語そのものではなく，単語を思いつく法則なのである』と彼は言う」とある。Ultimately「究極的に」とあり，使われる単語そのものが最も重要なものであるわけではないとあるので，その後に述べられているformula「法則」が最も重要なものだということになりそうだ。(B)「連帯を引き出す」は第２段最終文（Earlier this …）が該当箇所。which elicited solidarity … の先行詞はthe formulaなので，(B)はthe formulaがもたらす結果を表しているにすぎないので不可となる。(C)「もとの科学用語を使う」は地元の言語に翻訳しないということだが，翻訳しないことが翻訳する最良の方法だと言及している部分はない。(A)が正解なので，(D)「上のどれでもない」は不正解となる。

◆(iv)　▶11.「獲物を追うときのフンボルトイカの動きはどのように描写されているか？」

(C)「正確な」が正解。

第1段第2文（Zipping past …）が該当箇所。「お互い抜きつ抜かれつ進みながら，この捕食者たちは異常なほどの正確さで移動し，決して衝突することも獲物を求めて争うこともない」とある。「この捕食者たち」とはフンボルトイカのことなので，precise「正確な」がフンボルトイカの動きを描写している語となる。(A)「衝突している」と(B)「争っている」も第1段第2文（Zipping past …）が該当箇所。「決して衝突することも獲物を求めて争うこともない」と否定で述べられているので，フンボルトイカの動きを形容していることにはならない。したがって，(D)「上のどれでもない」は不正解となる。

▶12.「フンボルトイカの独特の器官はどのように説明されているか？」

(D)「上のすべて」が正解。

(A)「ブラックライトを発する」，(B)「光る」，(C)「発光の」はすべて第2段第2文（Like the …）が該当箇所。ここには organs を含めて glow, light-producing, backlight の語がある。3つとも「器官」を説明するものだと言ってよいだろう。

▶13.「この文章の最適な表題は何か？」

(A)「イカは暗闇の中でどうやってコミュニケーションをとっているのか？」が正解。

第1段最終文（How do …）が疑問文なので問題提起となりそうだ。「海の弱光層のほぼ真っ暗闇の中で彼らはどうやってそのような秩序を確立しているのか？」と問題提起している。「そのような秩序を確立する」とはイカが暗闇の中で衝突などをせずに移動することを言う。お互いどうコミュニケーションをとっているのかと問うているとも言える。なお，問題提起に対する答えは第2段以降ということになる。visual communication「視覚的コミュニケーション」が答えで，具体的には自ら光ることがコミュニケーションになっているということである。(B)「フンボルトイカは極寒の海の中で繁殖する」は第1段第1文（In the …）に frigid waters という表現があるが，極寒の海も繁殖するかどうかも本文の表題にはなりえない。(C)「太平洋で確認された新たなイカ」は新しいイカの種が見つかったという話ではないので不可。(D)「イカは獲物を引きつけるために光を生む」は第1段第2文（Zipping past …）が該当箇所だろう。prey という語はあるが，「獲物を引きつける」という趣旨ではなく，表題とはまったく関係ない話である。

◆(v)　▶14.「何がアメリカ合衆国の ARLIS を独特なものにしているか？」

(C)「実用教材」が正解。

第2段第1文（Since 1997, …）が該当箇所。「ARLIS は動物の毛皮，頭蓋骨，鳥や魚の剝製，骸骨，他の「実用教材」の広範な目録を蓄積してきた。この実用教材とは典型的には，公立図書館よりも自然史博物館のガラスケースの中に気軽な感じで展示されているものである」とある。realia という語は知らなくても仕方がない。問題は後ろの内容が理解できるかどうかだ。library は本を置いているのが普通だが，animal furs, … bird and fish mounts からどうも ARLIS は博物館に近いとわかってくる。ただ，realia はいっそう図書館にはないものだとわかる。that 以下を読むと一般的に家にあるものが realia のようで，そういったものを集めている ARLIS は unique だと言えそうだ。(A)「保管箱」は第1段第2文（Inside are …）に archival boxes とあるが，実はこれは単に何かを将来のために保管しておく箱のことを言う。「アーカイブボックス」とも言うようだ。ARLIS に独特のものではない。(B)「めずらしい本」は該当箇所なし。(D)「公立図書館カード」は第1段最終文（It is …）が該当箇所。「必要なのはアンカレッジの公立図書館カードのみなのだ」とある。ただ，これは「ARLIS は一般の人に開放されているばかりか，ちょうど図書館の本を借りるようにその所蔵品を借りることができる」ことがいかに簡単かを述べた部分にすぎず，unique なことではない。

▶15.「どれが ARLIS について真実か？」

(B)「標本を貸す」が正解。

第1段第3・4文（Over the … library card.）が該当箇所。「このコレクションは何百もの標本を含むようになり，ARLIS はこのような宝庫を有する米国随一の図書館となった。ARLIS は一般の人に開放されているばかりか，ちょうど図書館の本を借りるようにその所蔵品を借りることができる」とある。本を貸す図書館はたくさんあるが，動物の頭蓋骨や鳥の剝製などを貸す図書館はめずらしい。(A)「8つの部署から成り立っている」は第2段第2文（ARLIS is …）が該当箇所。「ARLIS は… 8つの連邦，州そして大学の機関の資料図書館を統合した結果である」とある。今は統合しているので，8つの部署があるわけではない。(C)「アラスカで唯一の図書館」は「唯一の」に言及している箇所はないので不正解。(D)「もともとは博物館」は第2段第1文（Since 1997, …）に a natural history museum という表現があるが，“realia” が自然史博物館に展示される類のものだと言っているだけの箇所で，もともとは博物館だったとは述べていない。

▶16.「何が8つの連邦，州そして大学の機関の資料図書館を統合する利点か？」

(A)「よりよい利用の機会」が正解。

第2段第2文（ARLIS is …）に combining the resource libraries of eight federal, state, and university agencies というくだりがあり，同段最終文（By combining …）に「このような図書館を統合することで，研究者，機関のメンバーそして一般の人に利用しやすくなる」とある。more accessible「より利用しやすく」なるのが利点と言えるであろう。(B)「金を節約する」，(C)「空間を節約する」，(D)「税控除」は，いずれも本文中にない。

◆(vi)　▶17.「脳がアルツハイマー病に影響を受けるとどれが損傷を受けないか？」

(C)「SIRT3 の発現」が正解。

「SIRT3 の発現」に関する記述は第1段第2文（Scientists wanted …）しかないが，アルツハイマー病との関係は述べられていない。また，SIRT3 という語自体はその後にも出てくるが，アルツハイマー病によって損傷されるという趣旨の箇所はやはり見当たらない。(A)「脳細胞ネットワーク」と(B)「ミトコンドリアの機能」は第1段最終文（As the …）が該当箇所。「脳がアルツハイマー病に影響を受け始めると，いくつかのミトコンドリア――細胞の動力源――の機能が，いくつかの脳細胞ネットワークと同様に損傷されると考えられている」とある。どちらも脳がアルツハイマー病に影響を受けると損傷されると言っている。(C)が正解なので，

(D)「上のどれでもない」は不正解。

▶18.「何が SIRT3 のレベルがより低いネズミに関して発見されたか？」

(D)「上のすべて」が正解。

(A)「早死にする傾向がより強い」と(B)「脳卒中になる傾向がより強い」は第 2 段第 2 文（Mice with …）が該当箇所。「SIRT3 のレベルがより低いネズミは早死にし脳卒中になる傾向がより強かった」とあるのでまったく問題ない。(C)「いくつかの介在ニューロンは死ぬ傾向がより強い」は同段第 3 文（Certain types …）が該当箇所。「いくつかの種類の介在ニューロン——インパルスを伝達する脳細胞——も，単にアルツハイマー病と制御群のネズミと比べると，これらのネズミにおいて死ぬ傾向がより強いとわかった」とある。「これらのネズミ」というのは SIRT3 のレベルがより低いネズミのことなので，こちらも問題ないであろう。

▶19.「ケトンのサプリメントは人間にどんな影響をおよぼすか？」

(D)「十分な情報が与えられていない」が正解。

第 2 段第 4 文（When researchers …）以降が該当箇所。ネズミの食事にケトンを補う実験とその結果について言及しているが，人間にどう影響をおよぼすかについては一切言及されていないので，真偽を判断する情報はないということになる。(A)「寿命を延ばすこと」は第 2 段第 2 文（Mice with …），(B)「SIRT3 の発現を高めること」は第 1 段第 2 文（Scientists wanted …），(C)「介在ニューロンを保持すること」は第 2 段第 3 文（Certain types …）が該当箇所であろうが，どれもネズミが実験対象であり，人間についての言及は一切ない。

◆(vii)　▶20.「運動する間に音楽を聴くことの利点は何か？」

(D)「上のすべて」が正解。

(A)「より激しく運動する」と(B)「より高い心拍数」は第 2 段第 1・2 文（The study involved … their effort.）が該当箇所。第 1 文（The study involved …）でボランティアの人たちに音楽を聴く間に運動をしてもらう研究に言及し，第 2 文（The study found …）で「その研究によると，速いテンポの音楽を聴いた参加者たちは他の参加者たちより心拍数が高かったが，これは彼らがより激しく運動をし，彼らの努力からより多くの利益を得ていることを意味することがわかった」と結果について述べている。本文の内容に沿っているであろう。(C)「心を和ませる」は第 1 段第 2・3

文（The audio … the session.）が該当箇所。第2文（The audio …）に「体が毎日のフィットネスの日課を行う間，音声は心を和ませる以上のことをする」とある。第3文（Researchers found …）では特定の音楽を聴くことによる利点について述べられているので，こちらも問題ないであろう。したがって，(D)が正解となる。

▶21.「音楽を聴くことはどんな種類の運動をしている人に最も利益を与える可能性があるか？」

(A)「ハイキングすること」が正解。

第1段最終文（The study …）が該当箇所。「速く短い時間一気に走ったりウエイト・リフティングしたりするような高負荷の運動ではなく，長い距離をハイキングするような持久力型の運動とともに音楽が使われるとき，この利益は最大となる」とある。ハイキングが最大の利益をもたらすのだ。(B)「ピラティス」は体操の一種だが，本文に言及している箇所はない。(C)「全力で走ること」と(D)「ウエイト・リフティングすること」も(A)と同じ該当箇所となる。どちらも *A* rather than *B*「*B* でなく *A*」の *B* の位置にあるので，最大の利益をもたらすものとしてある意味否定されている運動である。

▶22.「研究者たちは性差のどんな違いを確認したか？」

(D)「十分な情報が与えられていない」が正解。

第2段第1文（The study involved …）に female volunteers「女性のボランティア」という表現があるが，男性のボランティアと比べている箇所はない。そもそも男女の違いに言及していないので，(A)「男性は女性より利益を得た」，(B)「顕著な違いは見出されなかった」，(C)「女性は男性より利益を得た」のいずれも不正解となる。

◆(viii) ▶23.「鳥に似た恐竜の化石はどこで発見されたか？」

(C)「ミャンマー」が正解。

第1段第1文（A new …）に「9900万年前に生きていた新種の鳥に似た恐竜が，琥珀のかたまりに閉じ込められた化石化した頭蓋骨から特定された」とある。鳥に似た恐竜が過去に生きていたことが頭蓋骨の化石からわかったのだ。次に第2段第1文（The skull …）に「その頭蓋骨の標本はミャンマー北部の炭鉱で発見されたのだが，長さがおよそ2分の1インチしかない」と記されている。「その頭蓋骨」とは第1段第1文（A new

…）の「化石化した頭蓋骨」のことなので，「ミャンマー」を正解とすることができる。したがって，(A)「カリフォルニア州」，(B)「中国」，(D)「十分な情報が与えられていない」は不正解となる。

▶24.「何がとりわけこの化石を異常なものにしているか？」

(D)「上のすべて」が正解。

(A)「琥珀の中に保存された」と(C)「小さなサイズ」は第 1 段最終文（“Amber preservation …）を該当箇所と考えるのがよいだろう。「脊椎動物が琥珀の中に保存されていることはめずらしく，これは体の大きさの下限にある恐竜の世界を知る手段を私たちに与えてくれる」とある。ここで言う「脊椎動物」とは発見された恐竜の化石のことである。琥珀に関してはめずらしいとあるし，小ささに関しては下限とあるので，ある意味 unusual と言ってよいだろう。(B)「鋭い歯」は第 2 段最終文（Its upper …）が該当箇所。「この生物の上顎と下顎はたくさんの鋭い歯を含んでいて」とある。unusual とは書いていないが，少なくとも間違った選択肢ではないことがわかる。(A)と(C)は確実に正解なので，(D)を正解とするのが妥当。

▶25.「この文章の要旨は何か？」

(A)「古代の鳥の化石は最も小さい中生代の恐竜の一つだ」が正解。

事実関係は第 1 段第 1・2 文（A new … yet found.）に書かれている。頭蓋骨の化石から，鳥に似た小さな恐竜がいたことが特定されたというのが本文全体の要旨となりそうだ。また，第 1 段第 2 文（Even tinier …）や同段最終文（“Amber preservation …），第 2 段第 1 文（The skull …），同段第 2 文（The entire …），第 3 段第 1 文（Despite its …），同段第 2 文（The researchers …），同段最終文（“This discovery …）でこの恐竜の小ささに関して言及されている。(B)「鳥の先祖は現代の鳥との類似を示している」は第 3 段第 1 文（Despite its …）が該当箇所。類似ではなく相違について述べているので不可。(C)「琥珀に保存されていた鳥のめずらしい頭蓋骨は古代の無脊椎動物に光を当てる」は「無脊椎動物」の話ではないし，小ささが要旨なので，その点でもまったく正解にならない。(A)が正解なので，(D)「上のどれでもない」は不正解となる。

●語句・構文●

(i)（第 1 段）　elevate mood「気分を高める」　ease pain「苦しみを和ら

げる」 heart rate「心拍数」 It は Music のこと。connect *A* with *B*「*A* を *B* と結びつける」 enhance social bonds「社会の絆を高める」 workout endurance「運動の持久力」 challenging「(やりがいがあるが) 困難な」 that は同格を表し「～という」の意味。make a difficult task more tolerable は make O C「O を C にする」 may ～ but …「～かもしれないが…」 why ～「～する理由」 study for ～「～のための勉強をする」 is が V, listening to music が S, the smart choice が C。for「～にとって」 optimize「～を最適化する」

(第2段) suggest that ～「～だと示唆する, 指摘する」 for some students「何人かの学生にとって」と for others「他の学生にとって」は対比になっている。it は listening to music のこと。not の後ろは a wise strategy の省略。the effect of *A* on *B*「*A* が *B* に与える影響」 cognitive functioning「認識機能」は cognitive performance や mental performance と同意表現。not *A* but *B*「*A* ではなく *B*」 one-size-fits-all「万人受けする」 on your personality を specifically「特に」でもう少し具体的に述べた部分が on your need for external stimulation ということになる。with「～をもった」 requirement for ～ は need for ～「～の必要性」と同意表現。input「情報」 Those individuals は People with a high requirement for such stimulation のこと。paradoxically「逆説的に言えば」 mental「知的な, 頭を使った」 on the other hand「その一方で, 他方」 with「(手段を表して) ～で, ～を使って」

(ii) (第1段) American robin「アメリカコマツグミ」 set off「出発する」 migration「(鳥の) 渡り, 移動」 due to ～「～が原因で」 ecologist「生態学者」 track「～を追跡する」 using ～ は分詞構文「～しながら, ～して」 cause *A* to *do*「*A* に～させる」 flocks はアメリカコマツグミの群れのこと。winter grounds「越冬地」 move forward「繰り上げる, 前倒しする」 by「(差を表して) ～の差で, ～の分」 around「およそ, 約」

(第2段) a dozen の前に from *A* to *B*「*A* から *B* まで」の from が省略されている。a dozen「1ダースの, 12の」 northwards「北方へ」 the species はコマツグミのこと。later は「the winter よりのちに」の意味。

breeding grounds「繁殖地」は winter grounds「越冬地」と対立概念である。
（第３段） netted「網で捕らえられた」は 55 robins を修飾している。be equipped with ～「～を備えつけられる」 miniature backpack「小型のリュックサック」 partway「途中まで」 These movements は their journeys from April to June のこと。be compared to ～「～と比較される」 weather conditions の具体例が from snow depth and precipitation to wind speed and temperature である。precipitation「降水（量）」 take off「離陸する」は第１段第１文（American robins …）の set off と同意表現。with O C「O が C の状態で」の O が melting snow, being 以降が C。take place「起こる，行われる」

(iii)（第１段） anyway「そもそも」 pose a question to ～「～に質問をする」 go about ～「～（仕事，問題など）に取り組む」 struggle to *do*「～するのに苦労する」 for「～にとって」 working with ～「～に協力している」は Zulu-speaking South African schoolchildren を修飾している。an added challenge「加えられた難題」 not just ～ but …「～ばかりでなく…も」 the concept は fossil という語の「概念」。translate *A* into *B*「*A* を *B* に翻訳する」 which の先行詞は Zulu「ズールー語」。words for such terms「そのような専門用語を表す語」の such terms は fossil のような専門用語のこと。～ as it is called「それは～だと呼ばれているが」の it は Zulu を指す。lack「～が欠けている」
（第２段） enterprising「進取の気概に富んだ」 come up with ～「～を思いつく」 translation「訳語」 These は local translations of scientific concepts のこと。lyrical「叙情的な」 lyrical の具体例が *bisaatsinsiimaan*（“beautiful plantings”）である。for「～を表す」 devised は過去分詞で *bisaatsinsiimaan* を修飾している。astrophysics「天体物理学」 indigenous「土着の，その土地の」 or は「つまり」の意味で言い換えを表す。Or は These can be lyrical ～と the neologisms ～が並列関係。the neologisms が S で can be focused が V。in the process of *doing*「～する最中で」 be accepted into ～「～に受け入れられる」 mainstream language「主流言語」 be focused on ～「～に焦点を当てられる」 This は前文の内容

を受ける。motivate *A* to *do*「*A* に～するよう動機づける」 Sign Language「手話」 sign for ～「～を表す記号」 in place of ～「～の代わりに」 the formula to *do*「～する法則」 the formula が先行詞，he … Notebook と which … issues が関係代名詞節。article for ～「～（新聞，雑誌など）の記事」 The Open Notebook はジャーナリストのために出版などを行う非営利組織のようだ。elicit *A* from *B*「*A* を *B* から引き出す」

(iv)（第1段） feed on ～「～を主食とする」 patch は「他と違う部分」の意味なので，ハダカイワシが深海の色と違う色だったりするのであろう。Zipping … other は分詞構文「～しながら」。with precision「正確に」 never colliding ～ も分詞構文「そして～」。compete for ～「～を求めて争う」 establish order「秩序を確立する」 twilight zone は太陽光が差す海の最深部のことを言う。

（第2段） Like「～ 同様」は the illuminated words on an e-book reader と the squid's ability … が同じ関係だと言っている。using ～ は分詞構文「～しながら，～して」 light-producing「発光の」 backlight「逆光」 shifting は現在分詞の形容詞的用法で pigmentation patterns を修飾している。pigmentation patterns は「体色パターン」くらいの訳で，皮膚の色を変えるパターンのことを言うようだ。The creatures は squid のこと。signal one another「お互いに合図する」

（第3段） fairly「かなり」 this は have these light-producing organs の内容。innovation for ～「～のための革新」 open ocean「外洋」とは内海などに対する反意語。paper「論文」 they は squid を指す。out there は，たとえば第1段最終文（How do …）の in the near-darkness of the ocean's twilight zone と考えるのがよいだろう。

(v)（第1段） Tucked … campus が過去分詞で始まる分詞構文で M，resides が V，a collection of curiosities が S。Alaska Resources Library and Information Services（ARLIS）と a library … campus は同格。curiosities「骨董品，めずらしいもの」 Inside が M，are が V，shelves upon shelves of archival boxes が S。shelves upon shelves は棚が重な

るようにたくさんある様を表している。each … another は独立分詞構文「～しながら」。each は後ろに archival box が省略されている。labeled with ～「～を記したラベルが貼られた」 its specific contents の具体例をダッシュ (—) 以下で表している。carcass「死体」 ring-necked pheasant「タイリクキジ」 nestled「横たえられた」 one と another は相関関係を成し，どちらも archival box が省略されている。mounted「剝製化された」 over the years「長年にわたり」 grow to *do*「(徐々に) ～するようになる」 making の後ろは ARLIS が O，the only known library が C。to hold such a trove は不定詞の形容詞的用法で the only known library を修飾している。such a trove「このような宝庫」は hundreds of specimens を受けている。It は ARLIS のこと。not only ～ but …「～ばかりか…も」 check out ～「～を借りる」 just like ～「ちょうど～するのと同じように」 would の後ろに check out が省略されている。

(第２段) inventory「目録，一覧表」 mounts「剝製」 other "realia" items が先行詞，that ～ library が関係代名詞節。at home と at a public library が比較対象。displayed … museum は分詞構文「～だけれども」。federal「連邦政府の」 under one roof「ひとつ屋根の下」は同じ建物の中に，の意味。Game's の game は「(狩猟対象の) 動物，獲物」。prior to ～「(時間的に) ～の前に」 each の後ろに agency が省略されている。housed「所蔵されて」department「部署」 these libraries は eight federal, state, and university agencies のこと。it は ARLIS を指すと考えるとよい。them は these libraries のこと。accessible to ～「～に利用できて」

(vi) (第１段) diet「(栄養面から見た) 食事」 featuring ～「～を特徴とした，～を含んだ」は現在分詞の形容詞的用法で a diet を修飾している。protect *A* from *B*「*A* を *B* から守る」 progress「進行」 study on ～「～に関する研究」 see if ～「～かどうか確認する」 the production of ～「～の発現」 As ～「～するときに」 the way が S，is thought が V。the way が先行詞，some ～ work が関係副詞節。powerhouse「原動力」 as「～するように，～するのと同様に」の後ろは倒置されていて as some brain cell networks are (thought to be damaged) がもとの形。

（第2段）　with「～をもった」 someの後ろはmiceの省略。genetically modified「遺伝子組み換えの」 *A* as well as *B*「*B*同様*A*も」の*A*はmice with…，*B*はregular mice…となる。act as～「～の役割を果たす」 control「統制群」は「対照群」とも言い，ここではアルツハイマー病を患っているネズミに対して健康なネズミも同じ実験をすることによって，実験結果の精度を高めるための被験動物ということ。seizure「脳卒中」 Certain types of interneuronsをbrain cells that transmit impulsesで具体的に説明している。impulseとは神経系の中で情報などを伝える電気信号のことを言う。alsoは主語を修飾している。these miceはMice with lower levels of SIRT3のこと。when compared with～「～と比べると」 rodentsは「げっ歯類」だが，ここではその中でも「ネズミ」のことを言っている。just「単に」 supplement *A* with *B*「*A*に*B*を補う」 the animalsはthe miceのこと。andはpreserve…とprotect…を並列している。ここで言うcircuit「回路」とは電気や情報などの流れが元の場所に戻る閉じた道筋のこと。protect *A* against *B*「*A*を*B*から守る」 hyperexcitability「過興奮性」

(vii)（第1段）　nicheは「隙間産業」などと訳され他の企業がやらないような分野のことを言う。したがって，niche activitiesとは他の人がやらないような運動のことを言う。entertained「和らげられた」 get～in「～（仕事など）を行う」 onの目的語はthe way…とhow much…をandでつないでいる。sessionはある行為のために使われる期間と定義できるが，ここでのthe sessionはthe exerciseのことを言う。load「重荷，負荷」 get *A* from *B*「*B*から*A*を得る」 itはthe exerciseのこと。this benefitは前文の内容を受ける。endurance「持久力」 high-intensity「高負荷の」 burstは短い時間突然エネルギーを集中する感じで，たとえば50メートルをダッシュするような行為のことを言う。
（第2段）　involve *doing*「～することを伴う」 have *A* *do*「*A*に～してもらう」 these exercisesはeither high-intensity or endurance exerciseのこと。meaning～は分詞構文「そして～」。be seen with～「～に見られる」
（第3段）　副詞＋speaking「～に言えば」 seem like～「～するようだ」

itはthe exerciseのこと。which is why…「そういうわけで…」の先行詞はthe exercise … musicである。look into～「～を調べる」 lyrics「歌詞」

(viii)（第1段） identify「～を特定する」 fossilized「化石化された」 trappedは過去分詞でa fossilized skullを修飾している。amber「琥珀」 even「(比較級を強調して）いっそう」 among the 最上級＋複数名詞 *A*「最も～な *A* の一つ」 the Mesozoic Era「中生代」 yet found「今までに見出された」はthe smallest dinosaursを修飾している。blow away～「～を仰天させる」 vertebrate「脊椎動物」 thisはAmber preservation of vertebratesのこと。a window into～「～を学ぶ手段」 at the end of～「～の端に」 spectrum「範囲，領域」

（第2段） The skull specimenは第1段第1文（A new…）のa fossilized skull trapped in a block of amberのこと。mine「炭鉱，鉱山」 a tenth of～「～の10分の1」 The creatureはa bird-like dinosaurのこと。dominate「～を優位に占める」 eye socket「眼窩」 be similar to～「～に似ている」 opening「穴」 let in～「～を中へ入れる」 whichの先行詞はThe eye socket … lightの内容。itはThe creatureのこと。be suited to～「～に適している」 a large number of～「たくさんの～」 each jawはIts upper and lower jawsのこと。in total「合計で」

（第3段） itsは後ろにあるthe birdのこと。this finding「この研究結果」 likely「おそらく」 arthropod「節足動物」 unlike「～とは違い」 have a glimpse of～「～を垣間見る」 in the age of～「～の時代に」

II　解答

26―(I)　27―(G)　28―(D)　29―(L)　30―(A)　31―(J)　32―(J)　33―(C)　34―(I)　35―(L)　36―(H)　37―(C)　38―(L)　39―(B)　40―(J)

◀解　説▶

▶26.「コンピュータを修理する話になると，私の友だちのベスより知識のある人は誰もいない」

正解は(I)。when it comes to *doing*で「～する話になると，～するこ

とに関しては」の意味の重要熟語。

▶27.「世界中でクリーンな代替エネルギーを発展させることに対する興味が高まっている」

正解は(G)。まずはどこで切れるかがポイントである。there は前とつながるのではなく後ろとつながり there is 構文となっている。growing は現在分詞の形容詞的用法で interest を修飾している。そうなると All the world を副詞的に働かさないといけないことになる。意外と面倒な思考プロセスである。「世界中で」は all over the world と言うことが多いが，all the world over とも言う。なお，throughout〔across, around〕the world とも言う。

▶28.「彼女はビーチでなくした指輪を見つけようとしたが，彼女の捜索はむだであった」

正解は(D)。in vain で「むだで，むだな」の意味。副詞的にも形容詞的にも使えるが，問題文は be 動詞の後ろなので形容詞的に使われている。副詞的な例を挙げておく。Workers tried in vain to keep the bridge from collapsing.「労働者たちは橋が崩壊しないようにしようとしたがむだだった」

▶29.「私は妻の誕生日の贈り物を隠すよい場所を思いつくことができない」

正解は(L)。hide は他動詞で「～を隠す」の意味なので前置詞はいらない。なお，think of ～ には「～（考えなど）を思いつく」の意味がある。

▶30.「激怒した買い物客は，店長にひどいサービスに関して文句を言うために戻って来た」

正解は(A)。complain about〔of〕*A* to *B*「*B*（人）に *A* について文句を言う」の語法から about が正解。poor は「貧しい」の意味だけではなく，「悪い，よくない」の意味もある。

▶31.「もし十分勇気を奮い起こすことができれば，私は今週末リンダをデートに誘うかもしれない」

正解は(J)。work up the〔*one's*〕courage to *do*「～する勇気を奮い起こす」の難熟語があるが，the〔*one's*〕が enough になっていて，to *do* がないのが問題文の形。

▶32.「みんなカレンの個人的な成功についてのでっち上げの話を聞くの

に飽き飽きしていた」

正解は(J)。make up ～ で「～（話など）をでっち上げる」の意味があり，そこから派生した形容詞が made-up「でっち上げの」となる。これは類推可能であろう。なお，2021 年度の人間科学部の問題に coming-of-age「成人の」の表現が狙われたが，これは come of age「成人になる」から派生した形容詞である。

▶33.「彼女はかなりの経験があるので，もし社長になったとしても心配にはおよばない」

正解は(C)。cause for ～ で「～に対する原因，理由」の意味。例文を挙げておく。Though the pilot said that there was no cause for alarm, the turbulence made the passengers nervous.「パイロットは不安に感じる必要はないと言ったが，乗客たちは乱気流に不安を感じた」

▶34.「残念ながら私どもはお客様のデータに関する要請に応じることはできかねるとお伝えいたします」

正解は(I)。remember *doing*「(過去に) ～したことを覚えている」と remember to (*do*)「～（しなければならない未来のことを）するのを覚えている，忘れない」の違いは有名だろう。regret も同じで，regret *doing* は「(過去に) ～したことを後悔している」，regret to (*do*) は「(公式に声明や手紙などで) 残念ながら（これから）～いたします」となる。

▶35.「私の友人たちと私は一緒に地元のホームレス施設でスープを提供した」

正解は(L)。my friends and I が主語，Together は副詞で「一緒に，ともに」の意味なので前置詞は必要ない。together with ～「～と一緒に」の使い方があるが，こうしてしまうと my friends and I が目的語になってしまい，主語がなくなってしまう。さらには主格の I も説明がつかないので不可。

▶36.「次郎は早稲田大学で勉強する 4 番目の家族の一員として徹頭徹尾早稲田マンだ」

正解は(H)。through and through で「徹底的に，徹頭徹尾」の意味の難熟語。

▶37.「私は両親に私の子どもたちの教育に備えてどうお金を貯えたらい

いのかに関する助言を求めた」

正解は(C)。ask *A* for *B*「*A*（人など）に *B*（援助，忠告など）を求める」がポイント。advice on ～ は「～に関する助言」，save for ～ は「～に備えて貯金する，金を貯える」の意味。

▶38.「私たちの上司は私たちに次の四半期の販売予測に疑惑をもたないよう促した」

正解は(L)。encourage *A* to *do*「*A* に～するよう励ます，奨励する，促す」の不定詞を否定する形は encourage *A* not to *do* で「*A* に～しないよう励ます，奨励する，促す」となり，またここの doubt は動詞と考えるしかないので，空所には何も必要ない。めずらしいが，ここの to は不定詞の to である。

▶39.「ジムは歩いて川をわたり，腰から下半身ずぶ濡れになりながら現れた」

正解は(B)。from the waist up「腰から上半身」という表現があるが，ちょうど逆で from the waist down「腰から下半身」が正解。川を歩いてわたるのだから，腰から下半身がずぶ濡れになる可能性はあるだろう。やや難しい表現。soak wet は「ずぶ濡れになる」の意味で，soaking となっているので分詞構文「～しながら」となる。

▶40.「木の下のプレゼントを見ると子どもたちの顔は明るくなった」

正解は(J)。light up で「明るくなる」の意味があり，His face lit up.「彼の顔がパッと明るくなった」のような言い方が可能。問題文の lit は light の過去形である。

III　解答

41―E　42―B　43―E　44―C　45―A　46―B
47―A　48―E　49―A　50―D

◀解　説▶

▶41.「すべての北極の氷が溶ければ，ホッキョクグマは 10 年でその地域からおそらく消えていくであろう」

正解はE。Bの melted とCの would likely disappear は仮定法過去だが，一般的に仮定法過去は現在の事実に反する仮定を表すと言われる。ただ，まず起きないと思うのなら未来のことを表すことも可能である。If all the Arctic ice melted, global sea levels would rise by around 7 metres.「すべての北極の氷が溶ければ，地球の海面はおよそ7メートル上昇するであろう」という例文がネットで見受けられた。さすがにすべての北極の氷が溶けるとは思っていないことを示唆する表現と言えるだろう。AのIfは問題なし。Cのlikelyは副詞で「おそらく」の意味。disappear from～「～から消える」は重要表現。Dのin ten years' timeはin ten years「10年で，10年後に」と同意表現。yearsという複数名詞の所有格はyear'sではなくyears'となることに注意。

▶42.「卒業式で，すべての少年少女は教師から特別な賞を受けるであろう」

正解はB。every＋単数名詞「あらゆる～，すべての～」は単数扱いだが，単数名詞が*A* and *B*となっていても同じ単数扱いとなる。したがってBのareはisとなる。Aはat the opening ceremony「開会式で」のような例と同じで，ceremonyにはatという前置詞が可能。Cはbe going to *do*のtoとreceive *A* from *B*「*B*から*A*を受け取る」のreceiveで問題ない。したがって，Dのfromも問題ないことになる。

▶43.「過去に，女性たちは家の外ではほとんど仕事の選択肢がなかったが，今日はもっと多くの機会がある」

正解はE。Aのin the past「過去に」は特に文頭にあると現在との対比で使われることが多い。ここもbut以下の現在との対比になっている。Bのfewは「ほとんど～ない」の意味で，後ろは可算名詞の複数形になる。career optionsと複数形になっているのも問題ない。Cのoutside of～は「～の外で」の意味で，outsideでも同じことを言うことは可能。homeは副詞で使うことも多いが，当然名詞もあるのでthe homeと言える。Dのopportunitiesは可算名詞として使えるのでmore opportunitiesという表現も問題ない。

▶44.「シカゴ行きの882便は空港の濃霧ゆえに約30分遅れるだろう」

正解はC。hourは子音字で始まっているが，発音上は母音で始まっているのでaをanにする。half an hour「30分」はa half hourとも言う。flightは「航空便，（航空便の）飛行機」の意味があり，board the flight to Tokyo「東京行きの航空便に乗る」のような使い方が可能。Bのdelayは「～を遅らせる」の意味なので，主語自体が「遅れる」とするには受動態にしないといけない。Dのdue to～は「～が理由で，～ゆえに」の意味の理由を示す表現。

▶45.「私たちのチームはよい戦いをしたが，結局，相手チームがもっぱら強すぎたのだ」

正解はA。put up a fightで「戦う」の意味の熟語があるが，これは知らない可能性が高い表現である。forを取るのが正しい。Bのbutは接続詞で逆接の意味なので問題なし。Cのin the endは「(いろいろなことをやったあとで）結局」の意味で，ここでは試合に勝つためいろいろなことをやったのだが結局というニュアンス。Dのwasは全体が過去の話で，後ろにstrongという補語があるので，be動詞を使うのは問題なし。

▶46.「3カ国間の交渉はすべての当事者が提案を拒否したあとで行き詰まってしまった」

正解はB。reachは他動詞なのでreach a dead endで「行き詰まる，袋小路に入る」の意味になる。toは不必要。Aのamongは「～（3つ，3人以上）の間で」の意味なので，the three countriesを目的語にとるのは問題なし。Cのafterは接続詞で「～したあとに」の意味。all partiesのpartyは「(特に契約や訴訟などの）側，一方，当事者」の意味で，all parties「すべての当事者」はthe three countriesのことを言っている。Dのrefusedは他動詞で「～を拒否した」の意味でthe proposal「その提案」を目的語にするのも問題なさそうだ。

▶47.「私たちはこの近隣に住み始めたばかりだが，すでに多くの友だちを作っている」

正解はA。have begunと現在完了形にするので，過去形のbeganは過去分詞のbegunにしないといけない。Aを含むhave only just begun to *do*は「～し始めたばかりだ」くらいのニュアンス。Bはbegin to *do*のtoとlive，Cのin this neighborhoodは「この近隣で，この近所で」の意味で問題なし。neighborは「隣人」と人のことを言うが，neighborhoodは「近所，近隣」と場所を指す表現である。Dのhave already madeは現在完了形の完了の用法となる。madeはmake friends「友だちを作る」の意味で，まさにmakeを使う。

▶48.「子どもたちは嵐の間，古い木の下に避難して晴れるのを待った」

正解はE。Aのtake coverは「避難する」の意味の難熟語。Bはunder an old tree「古い木の下に」は何の問題もなし。Cのduring the rainstorm「嵐の間」は，for が for three years「3年の間」のように不特定の期間を目的語にとるのに対して，during は during my stay in London「私のロンドン滞在中に」のように特定の期間を目的語にとる。the rainstorm は特定の「その嵐」の意味なので during を使うことが可能。Dは wait for *A* to *do*「*A* が～するのを待つ」の形があることを押さえる。wait to *do* で「～するのを待つ」という使い方があり，for *A* は不定詞の意味上の主語。「～するために *A* を待つ」の意味ではない。clear up は It's going to clear up soon.「まもなく晴れそうだ」のような例からもわかるように，天候の it を使って「晴れる」の意味で使える。for it の it は天候の it で，clear up の意味上の主語になっているので，waited for it to clear up は問題ない表現である。

▶49.「私は今度の夏に2週間カリフォルニア州にある語学学校で勉強する決心をした」

正解はA。動作動詞の現在形は①現在も続く習慣，②不変の真理，③確定した未来の予定，などを表すが，ここはどれも当てはまりそうもない。I've made と現在完了形にするとよいであろう。ある過去の時点で決心し，それが現在も続いていることを表す。Bを含めた make up *one's* mind to *do*「～する決心をする」は重要表現。Cは「学校で」という表現は at〔in〕school となるので，前置詞が at であることは問題ない。Dは48の during the rainstorm の部分で説明したように，for は不特定の期間を目的語にとるので問題ない。

▶50.「スペイン語をうまく話すために，一生懸命勉強し，多くの語彙を学ぶことが重要だ」

正解はD。vocabulary は「(個人が知っている，使っている単語の総数という意味の）語彙」となり，たとえばある人が1万語の英単語を知っていればそれを vocabulary と言う。したがって，たくさん語彙があったとしても複数形ではなく単数形のままとなる。なお，「たくさんの語彙」は a large vocabulary と言うことが多いが，a lot of vocabulary とも言う。Aの不定詞は「～するために」の意味。speak＋言語「～を話す」，副詞の well「うまく，上手に」も問題なし。BとCの it is important to *do*「～するのは重要だ」は it が形式主語，to 不定詞が真主語となる。study hard「一生懸命勉強する」も問題なし。

❖講　評

2022年度も大問3題の出題で，設問形式も例年どおりⅠは読解問題，Ⅱは前置詞などを入れる空所補充問題，Ⅲは誤り指摘問題となっていた。難易度としては，Ⅰは2021年度より難単語が増え，設問も解きにくいものが多かった印象があるので，やや難化したと言えよう。Ⅱは2020年度が難熟語のオンパレードであったが，2021年度は一転して基本や標準に属する熟語が多くなり，その中間が2022年度と言えよう。Ⅲは2021年度と同程度と思われる。

早稲田大学の他学部の入試問題と比べると，この人間科学部の問題は難しい部類に入ると言える。Ⅰの読解問題は専門的で，難しい語彙がちりばめられており，内容を把握しにくいものが多々ある。また，内容説明問題の選択肢も紛らわしいものが多い。Ⅱの空所補充問題は前置詞問題だと言われるが，意外と副詞が多く，2022年度は不定詞のtoも出題された。熟語の知識が大半であるのは変わりなかった。NO WORDが選択肢にあるという意識も重要となるだろう。Ⅲの誤り指摘問題は語法や文法などをしっかり頭に入れていない受験生には正解が見えにくい設問。誤っている部分を見つけるのは大変である。しかも，NO ERRORの選択肢があるのが受験生には本当に悩ましいと思われる。

Ⅰの読解問題は，8つの中程度の長さの英文を読んでそれぞれの設問に答えさせるもの。設問は，基本的に英問英答形式の内容説明，主題，同意表現などとなっている。レベルは2021年度よりやや難化，英文の分量は2021年度並みとなっている。英文のテーマは，2020年度は社会科学系から自然科学系へ，2021年度は自然科学系から社会科学系へ，2022年度は社会科学系から自然科学系へ比重が移り，交互になっているのはおもしろい。ただ，この2つが大きなテーマであることに変わりはない。研究者の研究結果を述べたものが多いので，一部に難しい語彙が使われている。読みにくい部分も多々あるであろう。2022年度は(iv)・(v)・(viii)あたりがかなり難単語や固有名詞などを含み読みにくかった。内容もかなり専門的だ。また，どの分野にしろ，時事的なテーマが多いのも人間科学部の特徴である。設問は各文章につき3，4問。シンプルな設問で選択肢の語数も短いが，それゆえに判断する材料が少ないので正解を出しにくいことが結構ある。また，「上の選択肢すべて」「いずれでもない」「十分な情報は与えられていない」という選択肢が設定されている場合があり，すべての選択肢を正確に吟味しないといけないので，あせらされるし多くの時間を取られてしまうと思っておくとよい。

Ⅱの空所補充問題は，前置詞などの空所補充で，「補う必要なし」の選択肢も設定されているのが特徴である。設問のタイプは大きく2つに分けられる。熟語の中の前置詞を問うものと，前置詞を単独で問うものである。2022 年度は最近の傾向と同じく，熟語の中の前置詞を問うものが圧倒的であった。逆に言えば，前置詞を単独で問うものが非常に少ないということになる。2020 年度は9つ程度が難問であったが，2021 年度は2つ程度しか難問はなかった。一方，2022 年度は 31，36，39，40 あたりが難しかったと思われる。また，35 のように Together という副詞のあとに my friends and I という主語があるので NO WORD となるという，今までにないタイプの問題があった。また，38 は to の後ろに doubt という動詞があるので to doubt で不定詞となり，やはり NO WORD になるというこれまためずらしいタイプの問題であった。前置詞ではなく副詞が正解となる例もかなり見受けられたので，固定観念をもたずに柔軟に対応することが重要であろう。

Ⅲの誤り指摘問題は，NO ERROR の選択肢が用意されているのは 2022 年度も同じであった。この形式は受験生にとってはなかなか厄介で，悩んでしまったり誤りを見落としてしまったりといったことが起こりうる。間違っている箇所が必ずあれば気づきやすい，または間違っているのではないかと思える項目でも，すべて間違っているとは限らないというのは，判断を鈍らせる厄介な要因となる。自信をもってそれぞれの正誤を判断できるだけの正確な知識が必要となる。ここでは 2022 年度の下線部の中で正解を出すのが悩ましいポイントを簡単に列挙しておこう。少し概観がわかるのではなかろうか。If ～ melted … would で未来のことを仮定できるのかどうか，in ten years' time という表現が正しいのかどうか，outside of the home は outside the home とするべきかどうか，put up for a good fight は正しい熟語かどうか，took cover の意味は？　waited for it to clear up の it は何を指すか，vocabulary の単数・複数，などが悩ましいポイントである。動詞周辺の知識が比較的よく狙われるが，最終的に正しく判断するためには結局ほとんどあらゆる項目に関して正確な知識が必要ということになる。受験生にとってはなかなかハードな問題である。正解を目指してほしいのは 44，46，47 あたりで，逆に 41，43，45，48 あたりは判断が難しかったであろう。特に NO ERROR かどうかを見極めるのは困難と言えそうだ。この種の気づきにくい問題は必ずあり軽視はできないが，他の受験生も悩むところなので，まずは解きやすい問題でミスをしないことが大切となる。

数学

◀理系方式▶

1

◇発想◇　(1)　忠実に問題文を分析し，解答すること。命題「表面がアルファベットPならば，裏面は素数である」の真偽の判定についてのみ問われているのである。勝手な解釈をしないこと。よって，表面がPのカードの裏面が素数かどうか確認するためにPを裏返して調べる。また，この命題の対偶である「裏面が素数でないならば，表面がアルファベットPではない」の真偽と，もとの命題の真偽が一致するので，それを確認するために，裏面が素数ではない1，6のカードを裏返して表面がPかどうか調べることも忘れないこと。

(2)　まずは，2次関数のグラフが原点を通ることから，a，b，c に関する条件を求めよう。次に，2次関数を平方完成して，頂点が第1象限または第3象限にあることから，a，b，c の条件を求める。これらを条件1と条件2に照らし合わせて a，b，c の組の個数を求めよう。

(3)　$5a^2-5b^2+6bc-5c^2=0$ が余弦定理に似ていることに気がつこう。余弦定理より得られる式を導いた後に，この条件式と連立してみよう。ほとんどが消去されて，$\cos A$ の値がわかり，出題者の意図が見えてくる。

解答　ア．21　イ．35　ウ．17　エ．25

◀解　説▶

≪小問3問≫

▶(1)　命題「表面がアルファベットPならば，裏面は素数である」の真偽を確認するためには，次の2つのことを確かめなければならない。

・「表面がアルファベットＰならば，裏面は素数である」の真偽

・もとの命題の対偶「裏面が素数でないならば，表面はアルファベットＰではない」の真偽

よって，左から１枚目のＰ，素数ではない左から３枚目の１と５枚目の６の３枚を裏返す。

つまり，$a_1=1$，$a_2=0$，$a_3=1$，$a_4=0$，$a_5=1$ であるから

$$\sum_{k=1}^{5} a_k 2^{k-1} = a_1 2^0 + a_2 2^1 + a_3 2^2 + a_4 2^3 + a_5 2^4$$
$$= 1\cdot1 + 0\cdot2 + 1\cdot4 + 0\cdot8 + 1\cdot16$$
$$= 1 + 4 + 16$$
$$= 21 \quad (\to ア)$$

▶(2)　グラフは原点を通るので，$c=0$ であるから

$$y = ax^2 + bx + c$$
$$= ax^2 + bx$$
$$= a\left(x + \frac{b}{2a}\right)^2 - \frac{b^2}{4a} \quad (a \neq 0)$$

よって，グラフの頂点の座標は $\left(-\frac{b}{2a},\ -\frac{b^2}{4a}\right)$ となり，これが第１象限または第３象限にあるので，b と b^2 の符号が一致する。条件１より，b は c（$=0$）と異なるから，条件２も踏まえて，１以上５以下の整数となる。a（$\neq 0$）は b，c（$=0$）以外の整数がとれるので，７通りある。したがって，a，b，c の組は全部で

$5\cdot7=35$ 組　（→イ）

▶(3)　三角形ABCにおいて，余弦定理より

$$a^2 = b^2 + c^2 - 2bc\cos A$$

つまり

$$5a^2 - 5b^2 + 10bc\cos A - 5c^2 = 0$$

が成り立つので，条件を適用すると

$$\cos A = \frac{3}{5}$$

三角形ABCの内角 A においては，$\sin A > 0$ なので

$$\sin A = \sqrt{1 - \left(\frac{3}{5}\right)^2} = \frac{4}{5}$$

したがって

$$\sin 2A+\cos 2A=2\sin A\cos A+\cos^2 A-\sin^2 A$$
$$=2\cdot\frac{4}{5}\cdot\frac{3}{5}+\left(\frac{3}{5}\right)^2-\left(\frac{4}{5}\right)^2$$
$$=\frac{17}{25}\quad(\to ウ・エ)$$

2

◇発想◇　不等式の左辺を 2 倍角の公式，3 倍角の公式を利用して変形してみることから始めてみよう。必ず因数分解ができるので，それを意識しながら変形を続けていこう。

解答　オ．1　カ．2　キ．2　ク．3

◀解　説▶

≪不等式を満たす角の範囲≫

$$2\sin\theta+\sin 2\theta+2\sin 3\theta-2\sin 2\theta\cos\theta>0$$
$$2\sin\theta+2\sin\theta\cos\theta+2(3\sin\theta-4\sin^3\theta)-2\cdot 2\sin\theta\cos\theta\cdot\cos\theta>0$$
$$8\sin\theta+2\sin\theta\cos\theta-8\sin\theta(1-\cos^2\theta)-4\sin\theta\cos^2\theta>0$$
$$4\sin\theta\cos^2\theta+2\sin\theta\cos\theta>0$$
$$4\sin\theta\cos\theta\left(\cos\theta+\frac{1}{2}\right)>0$$

$0<\theta<\pi$ より $4\sin\theta>0$ なので

$$\cos\theta>0 \text{ または } \cos\theta<-\frac{1}{2}$$

よって，求める θ の値の範囲は

$$0<\theta<\frac{1}{2}\pi,\ \frac{2}{3}\pi<\theta<\pi\quad(\to オ〜ク)$$

3

◇発想◇　点 P は平面 OAB に関して点 N と対称な点なので，直線 NP と平面 OAB の交点を点 H とすると，$\overrightarrow{OP}=\overrightarrow{ON}+\overrightarrow{NP}=\overrightarrow{ON}+2\overrightarrow{NH}$ と表すことができる。点 H は平面 OAB 上の点なので，$\overrightarrow{OH}=s\overrightarrow{OA}+t\overrightarrow{OB}$（$s$，$t$ は実数）と表してみるところから

始めてみよう。また，$\overrightarrow{\mathrm{NH}}$ と平面 OAB が垂直であることから，$\overrightarrow{\mathrm{NH}}\perp\overrightarrow{\mathrm{OA}}$ かつ $\overrightarrow{\mathrm{NH}}\perp\overrightarrow{\mathrm{OB}}$ である。

解答　ケ．2　コ．2　サ．−3　シ．9　ス．2　セ．5　ソ．15

◀解　説▶

≪空間における線分の長さの和の最小値≫

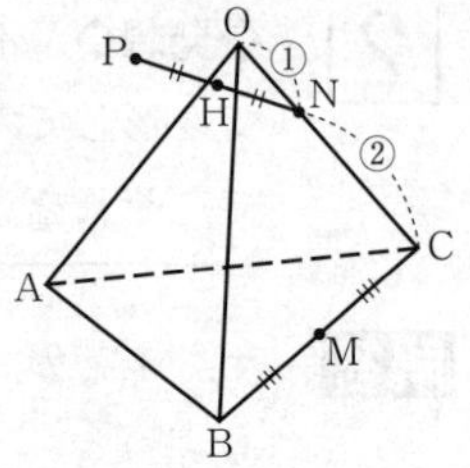

点 M は辺 BC の中点なので

$$\overrightarrow{\mathrm{OM}}=\frac{1}{2}(\overrightarrow{\mathrm{OB}}+\overrightarrow{\mathrm{OC}})$$

点 N は辺 OC を 1：2 に内分する点なので

$$\overrightarrow{\mathrm{ON}}=\frac{1}{3}\overrightarrow{\mathrm{OC}}$$

直線 NP と平面 OAB の交点を H とおく。点 H は平面 OAB 上の点なので

$$\overrightarrow{\mathrm{OH}}=s\overrightarrow{\mathrm{OA}}+t\overrightarrow{\mathrm{OB}}\quad(s,\ t \text{ は実数})$$

と表せて

$$\overrightarrow{\mathrm{NH}}=\overrightarrow{\mathrm{OH}}-\overrightarrow{\mathrm{ON}}$$

$$=s\overrightarrow{\mathrm{OA}}+t\overrightarrow{\mathrm{OB}}-\frac{1}{3}\overrightarrow{\mathrm{OC}}\quad\cdots\cdots①$$

$\overrightarrow{\mathrm{NH}}\perp$ 平面 OAB より

$$\begin{cases}\overrightarrow{\mathrm{NH}}\perp\overrightarrow{\mathrm{OA}}\\ \overrightarrow{\mathrm{NH}}\perp\overrightarrow{\mathrm{OB}}\end{cases}$$

したがって

$$\begin{cases}\overrightarrow{\mathrm{NH}}\cdot\overrightarrow{\mathrm{OA}}=0\\ \overrightarrow{\mathrm{NH}}\cdot\overrightarrow{\mathrm{OB}}=0\end{cases}$$

①より

$$\begin{cases}\left(s\overrightarrow{\mathrm{OA}}+t\overrightarrow{\mathrm{OB}}-\frac{1}{3}\overrightarrow{\mathrm{OC}}\right)\cdot\overrightarrow{\mathrm{OA}}=0\\ \left(s\overrightarrow{\mathrm{OA}}+t\overrightarrow{\mathrm{OB}}-\frac{1}{3}\overrightarrow{\mathrm{OC}}\right)\cdot\overrightarrow{\mathrm{OB}}=0\end{cases}$$

$$\begin{cases} s|\overrightarrow{OA}|^2+t\overrightarrow{OA}\cdot\overrightarrow{OB}-\frac{1}{3}\overrightarrow{OC}\cdot\overrightarrow{OA}=0 \\ s\overrightarrow{OA}\cdot\overrightarrow{OB}+t|\overrightarrow{OB}|^2-\frac{1}{3}\overrightarrow{OB}\cdot\overrightarrow{OC}=0 \end{cases}$$

ここで，$\overrightarrow{OA}\cdot\overrightarrow{OB}=\overrightarrow{OB}\cdot\overrightarrow{OC}=\overrightarrow{OC}\cdot\overrightarrow{OA}=|\overrightarrow{OA}|^2\cos\frac{\pi}{3}=\frac{1}{2}|\overrightarrow{OA}|^2$ であるから

$$\begin{cases} s|\overrightarrow{OA}|^2+\frac{1}{2}t|\overrightarrow{OA}|^2-\frac{1}{6}|\overrightarrow{OA}|^2=0 \\ \frac{1}{2}s|\overrightarrow{OA}|^2+t|\overrightarrow{OA}|^2-\frac{1}{6}|\overrightarrow{OA}|^2=0 \end{cases}$$

$$\begin{cases} \frac{1}{6}(6s+3t-1)|\overrightarrow{OA}|^2=0 \\ \frac{1}{6}(3s+6t-1)|\overrightarrow{OA}|^2=0 \end{cases}$$

$|\overrightarrow{OA}|^2\neq0$ であるから

$$\begin{cases} 6s+3t-1=0 \\ 3s+6t-1=0 \end{cases}$$

$$\begin{cases} s=\frac{1}{9} \\ t=\frac{1}{9} \end{cases}$$

これらを①に代入すると

$$\overrightarrow{NH}=\frac{1}{9}\overrightarrow{OA}+\frac{1}{9}\overrightarrow{OB}-\frac{1}{3}\overrightarrow{OC}$$

となるので

$$\begin{aligned} \overrightarrow{OP}&=\overrightarrow{ON}+\overrightarrow{NP} \\ &=\overrightarrow{ON}+2\overrightarrow{NH} \\ &=\frac{1}{3}\overrightarrow{OC}+2\left(\frac{1}{9}\overrightarrow{OA}+\frac{1}{9}\overrightarrow{OB}-\frac{1}{3}\overrightarrow{OC}\right) \\ &=\frac{2\overrightarrow{OA}+2\overrightarrow{OB}-3\overrightarrow{OC}}{9} \end{aligned}$$
（→ケ～シ） ……②

点 N と点 P は平面 OAB に関して対称な点なので，$|\overrightarrow{QN}|=|\overrightarrow{QP}|$ が成り

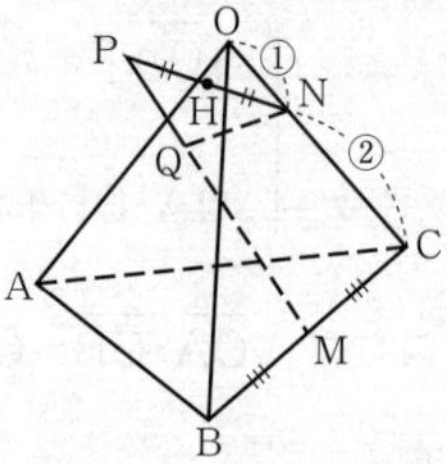

立ち

$$|\overrightarrow{MQ}|+|\overrightarrow{QN}|=|\overrightarrow{MQ}|+|\overrightarrow{QP}|$$

条件より，点Qは直線MPと平面OABの交点である。

$$\overrightarrow{OQ}=p\overrightarrow{OA}+q\overrightarrow{OB}\quad (p,\ q \text{ は実数})\quad \cdots\cdots③$$

と表せて

$$\begin{aligned}\overrightarrow{MQ}&=\overrightarrow{OQ}-\overrightarrow{OM}\\&=p\overrightarrow{OA}+q\overrightarrow{OB}-\left(\frac{1}{2}\overrightarrow{OB}+\frac{1}{2}\overrightarrow{OC}\right)\\&=p\overrightarrow{OA}+\left(q-\frac{1}{2}\right)\overrightarrow{OB}-\frac{1}{2}\overrightarrow{OC}\end{aligned}$$

点Pは直線MQ上の点なので

$$\overrightarrow{MP}=k\overrightarrow{MQ}\quad (k \text{ は実数})$$

と表せて

$$\overrightarrow{MP}=k\left\{p\overrightarrow{OA}+\left(q-\frac{1}{2}\right)\overrightarrow{OB}-\frac{1}{2}\overrightarrow{OC}\right\}$$

$$\begin{aligned}\overrightarrow{OP}&=\overrightarrow{OM}+\overrightarrow{MP}\\&=\frac{1}{2}\overrightarrow{OB}+\frac{1}{2}\overrightarrow{OC}+k\left\{p\overrightarrow{OA}+\left(q-\frac{1}{2}\right)\overrightarrow{OB}-\frac{1}{2}\overrightarrow{OC}\right\}\\&=kp\overrightarrow{OA}+\left\{\frac{1}{2}+k\left(q-\frac{1}{2}\right)\right\}\overrightarrow{OB}+\frac{1}{2}(1-k)\overrightarrow{OC}\quad \cdots\cdots④\end{aligned}$$

4点O，A，B，Cは同一平面上にはないので，②，④より

$$\begin{cases}kp=\dfrac{2}{9}\\[2mm]\dfrac{1}{2}+k\left(q-\dfrac{1}{2}\right)=\dfrac{2}{9}\\[2mm]\dfrac{1}{2}(1-k)=-\dfrac{1}{3}\end{cases}$$

$$\begin{cases}k=\dfrac{5}{3}\\[2mm]p=\dfrac{2}{15}\\[2mm]q=\dfrac{1}{3}\end{cases}$$

$p=\frac{2}{15}$，$q=\frac{1}{3}$ を③に代入して

$$\overrightarrow{\mathrm{OQ}}=\frac{2}{15}\overrightarrow{\mathrm{OA}}+\frac{1}{3}\overrightarrow{\mathrm{OB}}=\frac{2\overrightarrow{\mathrm{OA}}+5\overrightarrow{\mathrm{OB}}}{15}\quad(\to ス〜ソ)$$

4

◇発想◇　2つのグラフの方程式から，y を消去して，2次方程式をつくる。この実数解は2つのグラフの共有点の x 座標なので，接するときには，重解をもつ a，b の条件を求めればよい。

立体の体積は軸を設定して，それに垂直な断面での断面積を求め，それを定積分すると体積を求めることができる。回転体ではその断面積が同心円で挟まれた部分の面積になる。

解答　タ．-1　チ．1　ツ．3　テ．3　ト．4　ナ．3　ニ．9

◀解　説▶

≪回転体の体積の最大値≫

$$\begin{cases}\dfrac{x^2}{a^2}+\dfrac{y^2}{b^2}=1 & \cdots\cdots ① \\ x+y=1 & \cdots\cdots ②\end{cases}$$

②を $y=-x+1$ と変形して①に代入すると

$$\frac{x^2}{a^2}+\frac{(-x+1)^2}{b^2}=1$$

両辺を a^2b^2 倍して

$$b^2x^2+a^2(-x+1)^2=a^2b^2$$

$$(a^2+b^2)x^2-2a^2x+a^2(1-b^2)=0\quad\cdots\cdots ③$$

③の実数解は，①，②の2つのグラフの共有点の x 座標なので，2つのグラフが接するための条件は，③が重解をもつことであるから，判別式を考えて

$$(-a^2)^2-(a^2+b^2)\cdot a^2(1-b^2)=0$$

両辺を a^2 (>0) で割り，整理すると

$$a^2b^2-b^2+b^4=0$$

両辺を b^2 (>0) で割ると

$$a^2-1+b^2=0$$

$$b^2=-a^2+1 \quad (\to タ・チ)$$

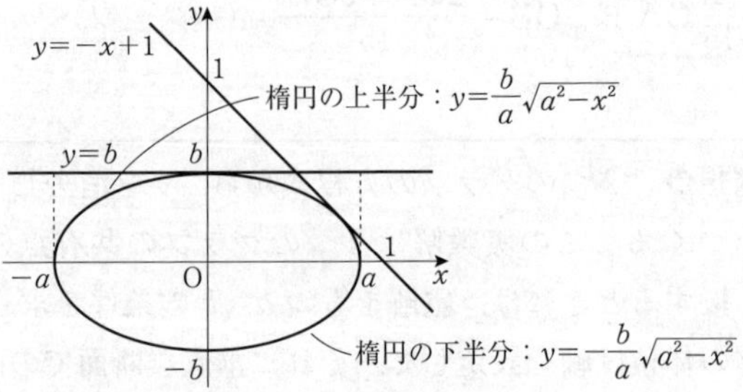

$-a \leqq x \leqq a$ の範囲の x に対して，上図の楕円の下半分と上半分が直線 $y=b$ のまわりに 1 回転してできる断面は，半径がそれぞれ $b-\left(-\dfrac{b}{a}\sqrt{a^2-x^2}\right)$，$b-\dfrac{b}{a}\sqrt{a^2-x^2}$ の円である。回転体では，断面積が同心円で挟まれた部分の面積になるので，楕円を直線 $y=b$ のまわりに 1 回転してできる立体の体積は

$$\int_{-a}^{a}\pi\left\{b-\left(-\frac{b}{a}\sqrt{a^2-x^2}\right)\right\}^2dx-\int_{-a}^{a}\pi\left(b-\frac{b}{a}\sqrt{a^2-x^2}\right)^2dx$$

$$=\pi\int_{-a}^{a}\frac{4b^2}{a}\sqrt{a^2-x^2}\,dx$$

$$=\frac{8\pi b^2}{a}\int_{0}^{a}\sqrt{a^2-x^2}\,dx$$

$$=\frac{8\pi b^2}{a}\cdot\frac{\pi a^2}{4}$$

$$=2\pi^2ab^2$$

$$=2\pi^2a(-a^2+1)$$

$$=2\pi^2(-a^3+a)$$

$f(a)=2\pi^2(-a^3+a)$ とおくと

$$f'(a)=-6\pi^2\left(a^2-\frac{1}{3}\right)$$

a（>0）のとりうる値の範囲は，$b^2=1-a^2$ において $b^2>0$ であるから

$$0<a<1$$

$0<a<1$ において，$f'(a)=0$ のとき　　$a=\dfrac{\sqrt{3}}{3}$

$0<a<1$ における $f(a)$ の増減は右のようになる。

a	(0)	$\cdots$	$\dfrac{\sqrt{3}}{3}$	$\cdots$	(1)
$f'(a)$		$+$	0	$-$	
$f(a)$	(0)	$\nearrow$	$\dfrac{4\sqrt{3}}{9}\pi^2$	$\searrow$	(0)

よって，体積は，$a=\dfrac{\sqrt{3}}{3}$ のとき，最大値 $\dfrac{4\sqrt{3}}{9}\pi^2$ をとる。（→ツ～ニ）

参考１　接点を $(x_1,\ y_1)$ とすると，接線の方程式は $\dfrac{x_1x}{a^2}+\dfrac{y_1y}{b^2}=1$ であり，これが直線 $x+y=1$ と一致するので，係数を比較して

$$\frac{x_1}{a^2}=\frac{y_1}{b^2}=1 \iff x_1=a^2,\ y_1=b^2$$

この点が楕円上にあることから，①に代入して

$$\frac{(a^2)^2}{a^2}+\frac{(b^2)^2}{b^2}=1 \iff a^2+b^2=1 \iff b^2=-a^2+1$$

参考２　$\displaystyle\int_0^a \sqrt{a^2-x^2}\,dx$ は右図の網かけ部分の面積である。

よって，網かけ部分の面積は，円の面積 πa^2 の $\dfrac{1}{4}$ である。

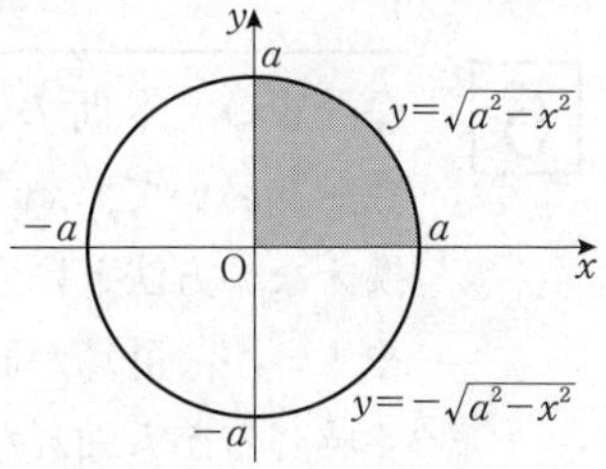

参考３　次のように，置換積分法で求めることもできる。

$$x=a\sin\theta \quad (0<\theta<\pi)$$

とおき，両辺を θ で微分すると

$$\frac{dx}{d\theta}=a\cos\theta$$

$$dx=a\cos\theta d\theta$$

積分区間の対応は

x	$0 \to a$
θ	$0 \to \dfrac{\pi}{2}$

よって

$$\int_0^a \sqrt{a^2-x^2}\,dx=\int_0^{\frac{\pi}{2}} \sqrt{a^2-a^2\sin^2\theta}\,a\cos\theta d\theta$$

$$=\int_0^{\frac{\pi}{2}}\sqrt{a^2(1-\sin^2\theta)}\,a\cos\theta d\theta$$

$$=a^2\int_0^{\frac{\pi}{2}}\sqrt{\cos^2\theta}\cos\theta d\theta$$

$$=a^2\int_0^{\frac{\pi}{2}}\cos\theta\cos\theta d\theta$$

$$\left(0<\theta<\frac{\pi}{2}\text{ において }\cos\theta>0\text{ だから}\right)$$

$$=a^2\int_0^{\frac{\pi}{2}}\frac{1+\cos2\theta}{2}d\theta$$

$$=\frac{a^2}{2}\left[\theta+\frac{1}{2}\sin2\theta\right]_0^{\frac{\pi}{2}}$$

$$=\frac{\pi a^2}{4}$$

5

◇発想◇　本問のような問題の解法は，$z=x+yi$（x，yは実数）とおいて，xy平面での問題のように解答する方法と，置き換えない方法とに分かれる。一般に，前者で解答するととり組みやすいが，計算が面倒になる傾向にあり，後者は慣れないと難しく感じるかも知れないが，計算は楽になる傾向にある。〔解説〕ではどちらの解法も記しておくが，わからなければ$z=x+yi$（x，yは実数）とおいて，条件1，2を適用してみよう。

解答　ヌ．1　ネ．2　ノ．1　ハ．−2　ヒ．2

◀解　説▶

≪複素数平面における曲線で囲まれる部分の面積≫

条件1：$\dfrac{z-\alpha}{z-\overline{\alpha}}$ つまり $\dfrac{\alpha-z}{\overline{\alpha}-z}$ の実部が0なので，

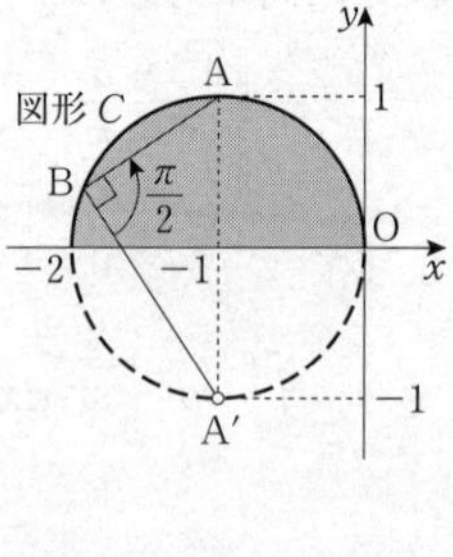

αが表す点（Aとする）は$\overline{\alpha}$が表す点（A′とする）をzが表す点（Bとする）のまわりに$\dfrac{\pi}{2}+n\pi$（nは整数）回転させた点であるという

こと。よって，$\angle \mathrm{ABA}'=\dfrac{\pi}{2}$ となり，点 B は線分 AA′ を直径とする円周上にあることになるが，$z-\overline{\alpha}\neq 0$ であることから，A′ を除く。また，条件 2 より，点 B(z) はこの円周の上半分（虚部が 0 以上）の部分を動くので，図形 C は前の図の実線部分のようになり，求めるものは網かけ部分の面積である。

よって，求める面積は　　$\dfrac{1}{2}\pi$　（→ヌ・ネ）

$w=\dfrac{iz}{z+1}$ より

$$(z+1)w=iz \quad \cdots\cdots ①$$

①は $w=i$ のときに成り立たないので，$w\neq i$ である。①を変形した $(w-i)z=-w$ の両辺を $w-i$（$\neq 0$）で割ると

$$z=-\frac{w}{w-i}$$

z で表される点は，-1 を中心として半径が 1 の円周の虚部が 0 以上の部分なので

$$|z+1|=1$$

$$\left|-\frac{w}{w-i}+1\right|=1$$

$$\left|\frac{w-i-w}{w-i}\right|=1$$

$$\left|\frac{-i}{w-i}\right|=1$$

$$|w-i|=|-i|$$

$$|w-i|=1$$

w が表す点（D とする）は点 i が表す点を中心として半径が 1 の円周上にある。

また，$w=s+ti$（s，t は実数）とおくと

$$z=-\frac{s+ti}{s+(t-1)i}$$

$$=-\frac{(s+ti)\{s-(t-1)i\}}{\{s+(t-1)i\}\{s-(t-1)i\}}$$

$$=-\frac{s^2+t^2-t}{s^2+(t-1)^2}-\frac{s}{s^2+(t-1)^2}i$$

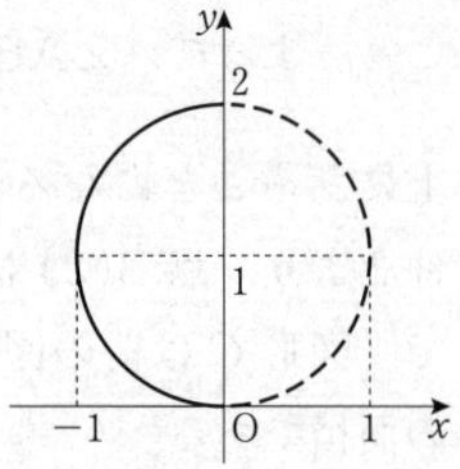

z の虚部は 0 以上なので

$$-\frac{s}{s^2+(t-1)^2}\geqq 0$$

$$s\leqq 0$$

よって，点 D の軌跡は，点 i が表す点を中心として半径が 1 の円周の実部が 0 以下の部分であるから，右上の図の実線部分のようになる。

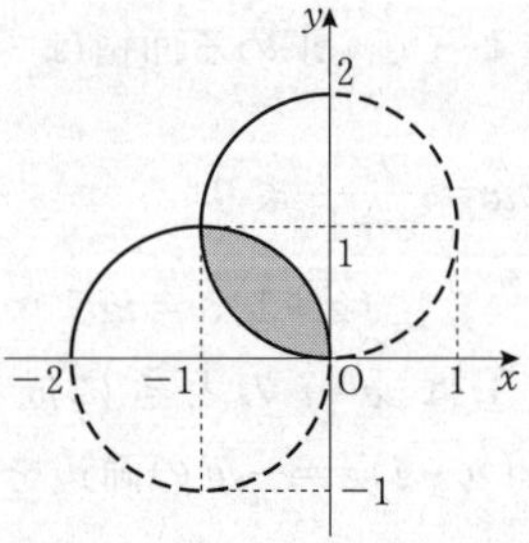

よって，右下の図の網かけ部分の面積を求めると

$$2\left(\frac{1}{4}\cdot\pi\cdot 1^2-\frac{1}{2}\cdot 1\cdot 1\right)=\frac{\pi-2}{2}$$

（→ノ～ヒ）

参考　$z=x+yi$　（x は実数，y は 0 以上の実数）とおくと

$$\frac{z-\alpha}{z-\overline{\alpha}}=\frac{(x+yi)-(-1+i)}{(x+yi)-(-1-i)}$$

$$=\frac{(x+1)+(y-1)i}{(x+1)+(y+1)i}$$

$$=\frac{\{(x+1)+(y-1)i\}\{(x+1)-(y+1)i\}}{\{(x+1)+(y+1)i\}\{(x+1)-(y+1)i\}}$$

$$=\frac{(x+1)^2+(y+1)(y-1)-2(x+1)i}{(x+1)^2+(y+1)^2}$$

$$=\frac{x^2+y^2+2x}{(x+1)^2+(y+1)^2}-\frac{2(x+1)}{(x+1)^2+(y+1)^2}i$$

この実部は 0 なので

$$(x+1)^2+y^2=1$$

よって，図形 C は，円 $(x+1)^2+y^2=1$ 上の点 $(-1,\ -1)$ を除いた部分にあることがわかり，条件 2 より，$y\geqq 0$ の部分なので，〔解説〕の図のようになる。

❖講　評

2022 年度も例年通り，理系方式，文系方式ともに試験時間 60 分で大問 5 題，全問マークシート法の出題であった。[1]〜[3]が理系方式，文系方式の共通問題で，[4][5]がそれぞれの方式の個別の問題である。

[1]は 2022 年度は小問集合であった。(1)は単なる Σ の計算ではない。命題がきちんと理解できていないと，数列の和を求めるスタートラインにも立つことができない。初めは問題の意味をとることが難しく感じたかもしれない。しかし，命題についてきちんと理解できていれば，決して難しい問題ではない。(2)は条件に合う 2 次関数の各項の係数の組について問われている問題である。(3)は条件が余弦定理に関係していることに気づくかどうかが本問攻略のカギとなる。それがわかれば，$\cos A$ の値がわかり，三角関数の相互関係より $\sin A$ の値もわかる。

[2]は三角関数の問題である。まずは，変形できるところから変形していく。方針も見えてきて，因数分解することができる。5 題の中では最もやさしい問題であろう。

[3]は空間ベクトルの問題である。標準レベルのとり組みやすい典型問題である。平面に関して対称な点をとるのは線分の長さの和の最小値を求める際の誘導である。

〈理系方式〉

[4]は楕円を x 軸に平行な直線を軸として回転させた回転体の体積の最大値を求める問題である。

[5]は複素数平面における点の軌跡，それらのグラフで囲まれる部分の面積を求める問題である。要領のよい解法を選びたいものである。

全問題，やや易しめから標準レベルの問題である。

場人物である「常陸守」の発言から、その心情および人物評価を推測させる選択問題。発言内容をエピソードにしたがって二つに分け、そこに表れた心情の変化を読み取る必要がある。発言を、そのままに読み取れば、正解は、ロだと思われるが、選択肢の記述中に「再会したあと」とあることにやや引っかかりを感じる。難のレベル。問二十は、本文全体にわたる内容真偽問題。正解となる選択肢はいずれも、本文の内容を違った視点から表現したもので一見とまどう。しかし、他の選択肢の見極めが易しく、消去法で対処すれば、解答にさほどの困難はない。標準レベル。問二十一〜二十三の漢文は、木下㕣定（江戸期）の『桑華蒙求』という説話が出典。弁慶の刀狩りの逸話は、受験生にも馴染みが深い内容だろう。句法や用語に難解なものはない。設問も、書き下し文や返り点、基本語の意味といった、取り組みやすいものが中心となっている。問二十一・問二十四は、一文字の漢字の意味・解釈の問題。問二十一の「長」は、文脈が弁慶の成長過程の説明であることをつかめば、すぐに解答できる。やや易。問二十四の「易」は、よく用いられる意味から派生した意味を問うているが、「少年稚弱」など、前後の文脈の中でつかむことが可能。選択肢も見極めやすい。やや易。問二十二・問二十六は、傍線部の内容を問う解釈問題。問二十二は、「……与」と、二重否定の間に名詞が入った句法「無《シ》二A《トシテ》不《ルハ》レB《セ》」の意味用法から判断する。標準レベル。問二十六は、「同日の談」の解釈がポイント。本文の「弁慶」と(注)の「周処」についての説明とを対比して判断する。やや易のレベル。問二十三は、すべてひらがなでの書き下し文。再読文字「須」の意味用法を知っていれば、迷うことはない。選択肢の現代語訳が本文の文脈で成り立つか確認すればよい。やや易。問二十五は、返り点の問題。「非……所……」の句法に合ったものを選ぶ。やや易。

全体を通して見ると、分量においてもレベルにおいても現代文の比重が非常に大きいことがわかる。問題を解きながら、形式段落ごとに内容を要約したり用語の定義を読み取ったりしていくといった、速読・速解の力が必要である。と同時に、即答しやすい古文・漢文から先に手をつける、あるいは、小問数に応じた時間配分をするなど、試験時間の割り振りに配慮したい。

体例の何に相当するかを選択する問題。選択肢の見極めは易しいが、「純粋意識」の概念を説明した部分の読み取りは難しく、具体例と結びつけにくい。やや難。問八・問十は、傍線部の理由を尋ねる問題。このうち、問八は、解答の根拠となる、哲学的用語「直観」が理解できるかどうかがポイント。他の部分の「体験流」や「純粋意識」と併せて把握することになる。選択肢も紛らわしい。難のレベル。問十は、解答の根拠となる箇所が次の段落に示されている。やや難。問十二は、設問箇所に対する筆者の反論を選択させる問題。これも、設問箇所に続く読み取りにくい文脈を把握した上で、さらに、「主観─客観」を他の箇所と照らし合わせて理解する必要がある。やや難。問十三は、本文全体にわたる内容真偽の設問。見極めにくい選択肢はなく消去法で対処すればよいが、長い文章であり、当該箇所を見つけて照合するのに手間がかかる。標準レベル。

二の古文は、鎌倉時代初期の説話『宇治拾遺物語』が出典。用語や文法的な困難はない。時間の推移にしたがってエピソードを描き、最後に語り手の感想を述べるという内容構成は把握しやすい。ただ、人物関係がやや複雑であることと、同一人物を指す語句が場面によって異なっていることとが、ストレートな理解を妨げている。問十四は、文中の人物を指す言葉の中で、同一人物でないものを選ぶ問題。全体の設問の基本となっている。話の展開にしたがって人物関係をつかみ、設問箇所に一つ一つ当たっていけば、解答はそれほど困難ではない。標準レベル。問十五も、人物関係に関する問題。「盗ませてけり」という語句について、その主語（誰が）、目的語（何を）、補語（誰に）を問うている。「盗む」という語の意味から、主語・目的語はすぐにわかる。補語に相当する人物は、やや理解しづらいが、選択肢から判断がつく。やや易。問十六は、「おとづる」という文中の語と同意の語を選択させる設問。現代語と同じ「訪れる」とは異なる意味で使われていることを文脈からとらえる。標準レベル。問十七は、和歌の空所を補充する語を選択させる問題。和歌の定型音数を意識した上で、常陸の姉と京の妹の和歌の贈答であることを理解すればよい。「東風」についての古典常識も必要か。標準レベル。問十八は、傍線部を現代語訳させる選択問題。「恥づかしげなり」や「よし」など、基本的な古文重要単語を含んだ箇所の訳出であり、文脈に沿ったものを選べばよい。標準レベル。問十九は、登一の現代文は、文芸評論家で哲学者の竹田青嗣による評論。哲学者フッサールの「現象学的還元」の根本構造について解説している。例年にも増して、難解な専門用語や引用を多く含む上に、かなりの長文である。受験生にとって細部にわたる内容理解は難しい。ただ、文章の中心となるフッサールの「現象学的還元」の根本構造は、言葉を変えて何度も繰り返されており、筆者の主張の概要は把握できる。また、その根本構造に立ち返って、現代現象学者たちの無理解を批判する、という論の展開もわかりやすい。設問は、文脈や趣旨にかかわるものが多く、選択肢に紛らわしいものは少ない。おおよその内容を時間内にどれだけ的確に把握し対処できるかが問われる。問一は、文脈中の対比を読み取り、それを言い換える語句を選択させる空所補充問題。空欄の直後にヒントとなる語句がある。選択肢は見極めやすい。標準レベル。問二・問四・問五・問九・問十一は、いずれも、フッサールの「現象学的還元」にかかわる専門的なキーワードや概念に関係する設問。「現象学的還元」の意味を理解した上で、設問箇所前後の文脈に沿った内容を解答する。このうち、問二・問四・問十一は、適切な語句を本文中から指摘したり、本文中の表現を利用して記述させる問題。いずれも標準レベル。問二は、設問箇所にヒントとなる語が含まれているが、解答となる箇所がやや離れている上に、「四字以内」という字数指定がある。問四は、設問箇所を含む段落の、婉曲で複雑な言い回しを整理して理解する必要がある。問十一は、筆者の主張・展開にしたがって、遠く離れた本文のはじめのほうに立ち返って解答の根拠となる箇所を探すことになる。いくつかの別解が考えられる。「三字以上、五字以内」という字数指定も答えづらく、やや難。問五・問九は、文脈に沿った（すなわちフッサールの現象学的還元にふさわしい）概念を選択させる空所補充問題。問五も、直前に「すでに確認してきた根本構造から」とあり、先の「現象学的還元」の説明に合ったものを選ぶ。やや易。問九は、直前に挙げた具体例から読み取れる抽象的な意味を選択させている。これもまた、フッサールの理論に立ち返り解答すればよい。やや易。問三は、「ノエシス―ノエマ」という抽象的な概念を具体的に説明したものを選択させる問題。傍線部を含む段落内容を要約した選択肢を答えればよい。やや易。問六は、設問箇所を適切に言い換えたものを選択させる問題。同意の内容が本文中に何度も表現されており、やや易。問七は、「純粋意識」という抽象的概念が具

順となる必要がある。なお、「須」には動詞として、「まツ」「もちフ」の意味用法があるが、いずれもここでの文脈に合わない。

▼問二十四　「易」は、①「かフ」と訓読する（音はイ）〝換える、改める〟の意、②「やすシ」と訓読する（音はエキ）〝簡単だ〟の意で用いられることが多い。ここは、「慶」、つまり弁慶が牛若丸のことを「少年稚弱」だと見て、刀を抜いて立ち向かった、という文脈だから、②の〝（相手にするのは）簡単だ〟の意から派生したロが適切。イは、〝閉口して退く〟の意。①の〝（体の向きを）変える〟の意である。ニは、①の〝変わることを見る〟といった意から派生した語。「易」の意味を持たないホを含めて、ロ以外は文脈に合わない。

▼問二十五　「非」「所」はいずれも返読文字で、下から返って読む。「也」は句末に用いて断定の意味を添える。「非」はその下の「人力所到」を否定する。「所」は「到」から返る。そうすると「人力の到る所に非ざるなり」（または、「也」を読まずに「非ず」と読む）という語順で訓読することになる。

▼問二十六　傍線部6直前の「慶一旦の暴悪、翻りて全人と成る」の意味と、「周処」についての（注）に着目する。「与」は、問二十二の「与」と同じ。「弁慶」と「周処」とを並べている。（注）によると、「周処」は「乱暴者」であったのが、村の父老から忠告を受ける「や、ただちに」身を改め「学問を修めた」人物である。これは、「暴悪」であった弁慶が牛若丸との出会いによってたちまち忠臣となったことと重なる。「同日の談」は、通常、「同日の談にあらず」として、慣用的に〝（同じ日に評価を下せないほどに）差があって比較するまでもない〟の意に使われるが、ここでは、肯定文として〝差がない、同様である〟の意で用いられている。「弁慶」と「周処」について、〝根本的に同じである〟の意の〈軌を一にする〉と説明したイが正解。

❖講　評

現代文、古文、漢文各一題、計三題の出題である。

意を持つ「及」にも着目。「及長」は、「ちょうずるにおよび」と読み〝成長に達すると、大人に至ると〟の意。ホが正解。なお、イは「首長」などの「おさ」、ロは「長所」などの「まさる」、ハは「延長」などの「たける」、ニも「伸長」などの「たける」（もしくは「ながい」）の意として読んでいる。さらに、ここは、比叡山を追い出された理由について説明した部分であり、（注）の「俶儻」「擯出」の説明からも、イ〜ニは誤りだとわかる。

▼問二十二　「与」は、「(A) 与レB」の形で「と」と読み、〝(Aと) Bと〟の意を表す返読文字。「無《シ》三A《トシテ》不《ルハ》二B《セ》一」は、二重否定の句法で、〝どんなAでもBしないことはない（＝どんなAも必ずBする）〟の意。この後「故に衆の為に擯出せられて山を下り」と続いており、弁慶が、「衆（多くの僧たち）」すなわち「老壮の僧徒」と毎日のように「諍闘」したために、彼らから排斥され、比叡山を下りたことがわかる。「与」「無A不B」の句法をおさえたハが正解。なお、「与」には、「と」以外に、「あたふ」（〝与える〟）、「くみす」（〝味方する〟）、「あづかる」（〝かかわる〟）、「ともに」（〝一緒に〟）、「ために」（〝……のために〟）、「より」（〝……と比べて〟）、文末での「や・か」の疑問などの読み（意味用法）がある。

イ、「僧徒のために」が、僧徒に追い出されるという文脈に合わない。

ロ、「一日と経たずに……ない」が二重否定の句法の解釈を誤っている。

ニ、「仲間になって」が、僧徒に追い出されるという文脈に合わない。また、「すぐに」は、二重否定の句法を誤り、「日無くして」の意で解釈している。

ホ、「徒党を組み」が、僧徒に追い出されるという文脈に合わない。

▼問二十三　「須」は、「すべからく……べし」と読む再読文字。〝……する必要がある、……しなければならない〟の意。「以」は、手段・方法を表す語。（注）を利用してそのまま訳すと〝力比べをすることによってこれ（刀）を手に入れなければならない〟の意。再読文字をおさえ、この意味に訓読しているニが正解。ロの「くらぶるりよりよく」は、「角ぶる」という動詞と目的語「膂力を」の訓読順が不適切。また、「りよりよくをもつて」ならば、「以膂力」の語

る者だ。（富者となるには）千本の刀を手に入れるのがよいだろう、と。（そして）装飾した刀を身につけた人を見かけるたびに無理やり（これを）欲しいと願い出た。多くの人は弁慶を恐れて刀を差し出した。ある日清水寺で牛若丸に出会った。その金の装飾を施した刀を食い入るように見て、またその刀を寄こせと言った。牛若丸は笑って、私と力比べをして（勝ったら）お前にやろう、と答えた。弁慶は（牛若丸が）まだ若く弱々しいと見くびり、大刀を抜いて、向き合った。牛若丸は平素から優れた技を持っていた。さっと飛び上がり力いっぱい打ち込み、（とても）人わざではなかった。弁慶はたちまち力負けし技も出せなくなって、頭を地面につけて降参を願い出た。牛若丸は（弁慶を）叱りつけた後許してやり、主君と家来の約束を取り交わした。それ以降（弁慶は）忠節の限りを尽くし、ほんのわずかの間も側を離れなかった。こうしてやがて衣川の戦いとなり、節義のうちに死んで主君の後を追った。ああ弁慶が一たびの手荒な振る舞いから、すっかり改めて（忠義の）人格者となったのは、晋代の周処と、同じようなことであろうか。

読み　武蔵坊弁慶、生まれて未《いま》だ数月ならず、食牛の気有り。幼き時、父命じて叡山《えいざん》に登り、某師の室に入りて、剃度《ていど》を受けしむ。長ずるに及び、俶儻《しゅくたう》不羈《ふき》にして、老壮の僧徒と、日として諍闘《さうとう》せざるは無し。故に衆の為に擯出《ひんじゅつ》せられて山を下り、洛陽《らくやう》に遊俠《いうけふ》す。自ら謂《い》へらく人一色《いっしき》の武器満千を貯《たくは》ふる者、之を富と謂《い》ふ。我宜《よろ》しく千刀を得《う》べし。人の装刀を佩《お》ぶるを見る毎《ごと》に強《し》ひて乞《こ》ふ。多くは恐れて之を与ふ。一日《いちじつ》牛若丸に清水寺に邂逅《かいこう》す。其の金の装刀を貪《むさぼ》り看《み》て、亦《また》之を乞ふ。丸笑ひて答へて曰く、須《すべか》らく膂力《りょりょく》を角《くら》べて以て之を得べしと。慶少年稚弱《ちじゃく》と易《あなど》り、大刀を抽《ひ》きて、相向ふ。丸雅《もと》より奇術有り。飛捷《ひせふ》奮撃して、人力の到る所に非ざるなり。慶忽《たちま》ち力屈し術尽きて、扣頭《こうとう》して降《くだ》らんことを乞ふ。丸詰難《きつなん》して後に寛赦《くわんしゃ》し、以て君臣の約を成す。爾後《じご》節を尽くし忠を致《いた》し、未だ暫《しばら》くも側を離れず。遂《つひ》に衣川《ころもがは》の難に至り、義死して君に殉《じゅん》ず。吁《ああ》慶一旦《いったん》の暴悪、翻《ひるがえ》りて全人と成るは、晋の周処と、同日の談か。

▲解　説▼

▼問二十一　傍線部1は、弁慶の成育歴の説明中にある。「生まれて未だ数月ならず」と始まり、「幼き時」に「叡山に登り……剃度を受け」たとあり、さらに、「山を下り、洛陽に遊俠す」と続いている。また、〝……に至る、達する〟の

部2「おとづれたり」とあるだけで、乳母の「自責の念」は描かれていない。
ホ、娘たちから豪華な餞別をもらった後の常陸守の、「ありける常陸四年が間の物は何ならず」という感慨に一致し、正解。なお、「何ならず」は〝物の数ではない、取るに足らない〟の意。
ヘ、傍線部4以降の「『……心の大きさ広さかな』と語られけるとぞ」で、語り手は「娘たちの度量に驚」く常陸守の心情を伝えている。また、最終段落の「哀れに心憂くこそ」には、田舎人になった「大姫君（＝姫君）」への哀惜の情も表されており、これが正解。

三

出典　木下台定《きんさだ》『桑華蒙求』〈中　弁慶乞刀〉

解答

問二十一　ホ　　問二十二　ハ
問二十三　ニ
問二十四　ロ
問二十五　ハ
問二十六　イ

◆全　訳◆

武蔵坊弁慶は、生まれて数月も経たないのに、牛を飲み込むほどの大きな気構えを持っていた。幼い時に、父が命じて、比叡山に登り、何某という師匠の庵居に入って、髪を下ろし仏門に入らせた。成長し大人になるにつれ、物事にこだわらず我儘勝手をするようになり、老・壮年の僧侶たちと、いさかいを起こさない日はなかった。そのため僧侶たちに排斥されて比叡山を下り、京都の町で無頼の生活を送っていた。自ら言うには、同種類の武器を千本も持っている者こそ、富めな」と響き合って、豪華な餞別の品を「何とも思ひたらず……うち奉りて帰りにけり」という娘たちの「心の大きさ広さ」に〝ひどく〟驚き、感嘆した様子を示している。以上から、正解はロ。ただし、「再会した」については、「常陸守の上を、『昔の人に似させ給ひたりける』と……泣き合ひたりけり」とあることから、娘たちと常陸守の上（および常陸守）は初対面だと思われ、厳密に言えば精密さに欠ける。ここは、（長い間引き裂かれていた一族の）再会とおおらかに解釈しておこう。設問で問われているポイントは「心情・評価」であるから、細部ではなく「ゆゆしかりける者どもの心の大きさ広さかな」に焦点を合わせて考えるべきである。

イ、「立派な気構えの人間だと思っていたが」が、①の「無下なり」という批判に当たらない。

ハ、「幼いころは」が①の贈り物をする前の描写になっていない。また「品のない娘たちだと思っていたが」は、傍線部3の「田舎人とも見えず……」に反する。さらに「自分たちへの接し方を通じて」も、①のそっけない態度に反する。

ニ、「納得」が常陸守の心情に反する。常陸守の心情は、②に示したように、豪華な贈り物をした娘たちの「心の大きさ広さ」への驚き・感嘆となっている。

ホ、「儀礼的ではあれ、別れを惜しむ姿」が、②の「何とも思ひたらず……うち奉りて帰りにけり」に反する。

▼問二十　選択肢を本文の内容と照らし合わせて消去法で対処する。

イ、「京にいた頃の母親そっくりに」が不適切。波線部ニ・ホにあるように、「常陸守の上（＝「伯の母」）」が娘たちから母親（＝姫君）に似ている、とされている。娘たちについては、傍線部3に田舎人らしからぬ美しさが描写されているが、母親に似ているかどうかは書かれていない。

ロ、「京に帰ったのちも」は本文にはなく不適切。描かれているのは「上る折」のこと。また「親しく交流した」も本文にはない。

ハ、「越前守の娘は……二人きりであり」が、「姫君たちあまたあるべし」に反する。

ニ、「自責の念に苦しみ続けた」が不適切。「跡に泣き悲し」んだとあるのは、京に残された家族のこと。また、傍線味する語が入る。なお、「東風」は、「こち」と読み、東からの春の訪れを告げて吹く〝春の風〟の意を持つ。春に咲く花の香りを運ぶのは、本来は東風であるはずなので、都から東国へは届かない。そこで「かへしの風」として西風を表現しているのである。菅原道真が西国の大宰府で詠んだ有名な和歌「東風吹かば匂ひおこせよ梅の花……」を思い起こしてほしい。こちらは、都から西国へ吹く風なので、そのまま「東風」が花の香りを運ぶという表現になっている。

▼問十八　ここは、常陸守夫妻に逢いに来た「女《むすめ》」たちの姿を描写した部分。①「田舎人とも見えず」は、参上した二人の姿を以下の「いみじく……」と並べて形容したものである。②「しめやかに」は〝落ち着いて、しとやかな〟の意の形容動詞、③「恥づかしげに」は、〝こちらが気後れするほど相手がすばらしい〟の意の形容動詞、④「よかり」は〝質が優れている、美しい〟の意の形容詞。以上を満たすイが正解。

ロ、「ふだんは……みせることもなく」が不適切。①の現在の二人の描写に反する。また「恥ずかしそうで」も③の娘たちの美しさを称える表現に合っていない。

ハ、「見えなかったが」という逆接的な表現が、①の娘たちの姿を「いみじく」以下と併記する形に合わない。また、「出しゃばらない様子」は③に反する。

ニ、「周囲の人々とまじわることもなく」が、①の〈田舎の人とは見えないほど〉という内容に反する。

ホ、「華やいだ様子」が②に合わない。

▼問十九　「任果てて上る」際の「常陸守」の娘たちへの評価は、餞別の品をもらう前の「無下なりける者どもかな」から、もらった後の「ゆゆしかりける者どもの心の大きさ広さかな」へと変わっている。①前の「無下なり」は、〝これより下がないこと、まったくひどいこと〟の意。ここでは、娘たちが「四年が間、名聞にも思ひたらず、用事などもいはざりけり」という態度を取ったこと、すなわち国司の自分を頼ってもこないそっけなさを批判的に述べている。②後の「ゆゆしかり（ゆゆし）」は〝（良くも悪くも）程度がはなはだしい〟の意が原義。文末の詠嘆の終助詞「か

の姉に当たる。ニとホは、傍線部3直前の二文から人物関係をつかむ。「伯の母、常陸守の妻……下りけるに、姉は失せにけり。女二人ありけるが、……参りたりけり」とある。「上」は〝貴人の妻〟の意だから、ニは、「常陸守の妻」すなわち「伯の母」を指すことになり、これが正解。ホは、「姫君」の遺児である「女二人」の会話の中にあり、「昔の人」は〝亡くなった人〟の意を持つから、彼女らの母である亡き「姫君」を指すことがわかる。

▼問十五　傍線部1の前に、「多気の大夫」からの「上童」への言葉に「我に盗ませよ」とあり、直前にも『この姫君を盗ませよ』と責め言ひければ」とあることから、「何（あるいは誰）」を、は「姫君」を、「誰」に、は「多気の大夫」に、ということになる。また、「多気の大夫」は、「その乳母を知らせよ」と、「上童」から姫君の「乳母」が誰であるか聞き出した後に、「金百両取らせ」て「盗ませ」たとあり、さらに「乳母うち具して常陸へ急ぎ下りにけり」とあることから、「誰」が、に相当し、姫君を盗む手引きをしたのは「乳母」だと推定できる。

▼問十六　「おとづる」の語源は「音づる」で、〝音を立てる〟の意。ここから、〝訪問する、訪ねる〟または〝手紙を出す〟の意になる。ここは、姫君とともに常陸国へ下った「乳母」が主語であり、続いて「伯の母、常陸へかくいひやり給ふ」とあることから、〝手紙を出す、便りをする〟の意。ニの「たよりす」は、「便りす」で〝手紙を出す〟意であることから、これが正解。ただし、イの「おとなふ」も「音なふ」を語源とし、「おとづる」と同じく〝音を立てる、訪問する、手紙を出す〟の意になるので、これも別解とする。

▼問十七　それぞれ、和歌の中で「[a]のかへしの」「[a]のかへしは」となっており、[a]には、和歌の定型である七音のうち、残り二音の語が入る。ここは、「都」にいる伯の母と「常陸」にいる姉（＝姫君）との和歌のやり取り。はじめの歌の「東路」は、〝東国地方、東国への道〟の意。「常陸」を指している。はじめの和歌の上句は、倒置法を用いており、〝ここ都の花は、あなたの住む常陸で香りましたか〟の意。下句の「かへしの風」は、「返しの風」で、〝東国（常陸）から吹く風（＝東風）に返した風（＝都から東へ向かって吹く風、西風）〟の意。後の和歌の「かへし」も、先に「吹き返す」とあり〝返しの風〟の意。したがって、[a]には「東国（常陸）からの風」を意

任期を終えて都に上る際に、常陸守は、「(国司である自分との縁を利用しようともしない)どうしようもない者たちだなあ。この度都に上ると言ってやれ」と夫(＝常陸守)に言われて、伯の母が、(自分たちが)上京することを伝えに(使いを)やったところ、(娘たちは)「承知しました。参上しましょう」ということで、明後日には上京しようという日に、参上した。言葉にできないほどのすばらしい馬で、一頭だけでも宝物に値するほどの馬を十頭ずつ、二人で(餞別として贈り)、また(豪華な贈り物を入れた)皮籠を背負わせた馬を百頭ずつ、二人で差し上げた。(娘たちはこの贈り物を)何とも思っておらず、これほどの(豪勢な)ことをしたのだとも思わず、(餞別の品を)差し上げて帰ってしまった。常陸守は、「これまでの常陸国での四年間の収入はものの数ではない。その皮籠の中の品々によってこそ(寺社に奉納するなどして)すべての仏への功徳も何もかも施しなさるのだ。(物惜しみしない)並外れた者たちの心の大きさ広さだなあ」と語られたとかいう。

この伊勢の大輔(＝伯の母の母)の子孫には、すばらしい幸運に恵まれた人がたくさん出なさったが、大姫君がこのように(多気の大夫の妻になって)田舎人におなりになったのは、気の毒でつらく悲しいことである。

▲解　説▼

▼問十四　イとロは、「紅の一重がさね」「紅」に着目。「紅の一重がさね」を着た人物イについて、それを垣間見た「多気の大夫」が誰であるかを尋ね、「上童」は、この「紅」をお召しの人物はロ「大姫御前」だと答えている。よって、イとロは、同一の人物で「多気の大夫」に奪われ、常陸に下った「姫君」を指す。なお、「奉る」は、ここでは〝着る〟の意の尊敬語。ハは、直前の和歌の前に「伯の母、常陸へかくいひやり給ふ」とあり、ハの直前には「返し」とあるので、直後の「吹き返す……」の和歌を詠んだ人物、すなわち、常陸に下り、「伯の母」に返事をした「姫君」を指すことになる。なお、冒頭の二文目に「この越前守は、伯の母……の親なり。……姫君たちあまたあるべし」とあることから、この「姫君」は、越前守と伊勢の大輔夫妻の「あまたある」姫君たち、すなわち「伯の母」のおおぜいいる姉妹たちのうちの一人ということになる。「大姫」は〝長女である姫〟のことなので、当然ながら「伯の母」

ところ、「思いがけないことで、できません」と言ったので、「それならば、彼女の乳母を教えてくれ」と言ったところ、「それについては、そのように申し上げよう」と言って教えてしまった。そうして（姫君の乳母を）すっかり味方に引き込んで金百両を与えるなどして、「この姫君を奪わせよ」と責め立てたところ、そうなるはずの前世からの縁であったのであろうか、（乳母は姫君を大夫に）奪わせてしまった。

（大夫は、姫君を奪って）そのまま乳母を連れて常陸へ急いで下ってしまった。あとに残されて（両親や妹たちは、姫君が突然いなくなってしまったことを）嘆き悲しんだが、どうしようもない。しばらくして（常陸にいる）乳母から便りがあった。（姫君が大夫に連れ去られたと知った家族たちは）驚きあきれるほどにつらく悲しいとは思うものの、（こうなってしまった以上は）どうにもしようがないことなので、時々ちょっと便りを送りつつ日々が経った。（姫君の妹である）伯の母が、常陸へこのように言ってやりなさる。

　香ったでしょうか、都の花は。東国（＝常陸国）へと、東風（＝春風）の返しの風（＝西風）につけて送ったのですが（＝常陸からのお便りの返事に込めた、都で姉上を恋い慕うわたしの気持ちは届いたでしょうか）

姉からの返しは、

　東国へと吹き返す、東風（＝春風）の返しの風（＝西風）は、身に沁みて感じられることです。都の花を偲ぶゆかりの風だと思うと（＝お返事は身に沁みて感じられることです。都にいる懐かしいあなたからだと思うと）

長い年月が経って、伯の母が、常陸守の妻として（夫に伴って常陸国に）下ったが、（そのときにはすでに）姉（＝大姫御前）は亡くなっていた。（大姫御前と多気の大夫の間には）娘が二人いたが、こう（＝新しい国守の妻が自分たちの母の妹）だと聞いて（常陸守夫妻のもとに）参上した。（娘たちは）田舎育ちの人とも思われず、たいそうしとやかで見る者が気後れするほどに美しかった。常陸守の奥方（＝伯の母）を（見て）、「亡くなった人（＝娘たちの母）に似ていらっしゃる」と言って、二人してたいそう泣いていた。（常陸守の任期の）四年の間、（娘たちは、自分たちが国司の妻の縁者であるということを）名誉であるとも思わず、頼みごとなども言ってこなかった。

筆者は、「『主観―客観』図式が取り払われていない」（傍線部5の前の段落）などと、「現象学的還元」の根本構図を理解していない多くの現象学者たちを批判している。

二

出典　『宇治拾遺物語』〈巻第三　伯の母の事〉

解答

問十四　ニ
問十五　ホ
問十六　ニ（イも可）
問十七　ハ
問十八　イ
問十九　ロ
問二十　ホ・ヘ

◆全　訳◆

今は昔のことだが、多気の大夫という者が、常陸から上京して訴訟をする時分に、向かいに（住む）越前守という人の家で経文の説法があった。この越前守は、伯の母といって世に名高い人で、歌人（である人）の親である。（越前守の）妻は（歌人として有名な）伊勢の大輔で、（越前守・伊勢の大輔夫妻の間には、伯の母の他にも）姫君たちがたくさんいたようだ。多気の大夫は退屈に思われるので、説法を聞きに参上したところ、御簾を風が吹き上げたときに、並外れて愛らしい人で、紅の一重がさねを身に着けている人を見るやいなや、「この人を妻にしたい」と激しく思い焦がれたので、その家の上童に頼み込んで（その女性が誰であるかを）問いただすと、「大姫御前（＝長女である姫君）が、紅をお召しになっている」と言ったので、それ（＝上童）によくよく頼み込んで、「（その姫君を）わたしに奪わせてくれ」と言った根本理論への無理解から、彼らの「構図」に陥っているという批判である。

ホ、「自然かつ暗黙の確信」が不適切。「間主観性」に基づく確信である。また、「哲学者として相応しくない」も極端な表現。本文が言っているのは、学者たちの無理解である。

▼問十三　選択肢を本文の内容と照らし合わせ、消去法で対処する。

イ、フッサール現象学について「根本構図はどこまでも明解である」（傍線部1の前の段落）にもかかわらず、「多くの現象学者たちによっても理解されておらず……大きな混乱と不明が蔓延している」（空欄bの次の段落）という筆者の主張に合致する。

ロ、「フッサールによる現象学の動機」については本文中に説明がない。また、「現在から見れば古い考え方になってしまった」という否定的な評価はない。むしろ、現代哲学がフッサールを正しく理解していないことを批判している。

ハ、選択肢の「超越物」とは「現実存在を確信する対象」のこと（空欄bを含む段落）。「知覚像が……超越物が存在するという確信」は、意識与件から超越物の確信に至るという「現象学的還元」のものの見方（問六〔解説〕の①）を言っている。また、「超越物が存在するという確信が、どのような条件ならば……解明する」は、本文の「そもそも……『認識』（確信の不可疑性）は、どのような意識内の条件において『構成』されるのか、という問いの設定が可能となる」（空欄aを含む段落）や「不可疑性の正当性の根拠を解明すること」とある最終段落のフッサール自身の言葉に合致する（問六〔解説〕の②）。

ニ、「客観的な知識を得ることはできない」が誤り。「連続的変化の中で……『一つの机』であるという確信（これが対象ノエマ）を与え続ける」（傍線部2の段落）という「現象学的還元」の「確信構成」の構造に合致しない。

ホ、「対象を意識的に知覚する」が、「ふつうのものの見方」（第二段落）になっており不適切。「現象学的還元」の見方は、傍線部1に「『意識』に知覚像が現出する（所与される）」とあるように、知覚像に基づいて対象を意識する。

ヘ、「主観と客観」について、「改善すべき点も多いが……倫理観を伴った考え方になる」と評価している点が誤り。

ける確信形成の構造として把握することである」（空欄bを含む段落）など、繰り返しその根幹的考察が述べられている。他にも「対象確信の成立の構造」や「確信構成の基本構造」（第四段落）といった語句が目につく。また「形成（＝『構成』）」（第三段落）という表現もある。この中の語句を用いて記述する。「間主観的」を「確信」にかかる語句として際立たせるため、「の」という語を挟んだ、「（間主観的）確信の構成」、「（間主観的）確信の形成」、「（間主観的）確信の成立」が考えられる。

▼問十二　傍線部7の次の文で「客観世界の『エポケー』という大前提を理解しておらず……『主観―客観』の構図に舞い戻っている」と、フッサールを批判する学者たちに対して、「客観」を前提とした「主観」という考えから逃れられていない、フッサールの根本は「客観世界」を保留したものだ（すなわち、主観だけによる世界だ）、と反論している。こういった批判に対し、フッサールの現象学は、「根本方法は、すべての認識を主観のうちでの対象確信（＝不可疑性）の構成の把握」（傍線部7の次の段落）にあるのであり、「間主観的還元」もまた「私の主観のうちに成立する」（傍線部7の前の段落）としている。フッサールの「確信」における「主観」の位置づけを踏まえての反論、とするニが正解。

イ、「批判自体が意味をなさない」が不適切。本文では「私の意識は……点では理があるので、一見説得力をもつ」と批判の一部を認めている。また、「表面的な違いはある」は、いずれも「確信」をもたらす個々人の「主観性」をいう本文に合わない。さらに「人間の根幹となる」には、人間の「確信」をもたらす、という意味合いが欠けている。

ロ、「他者を前提としない認識は成り立たず」が不適切。フッサールの間主観的還元は、「私の主観のうちに成立する」のであって、「他者」もまた自分と同じ「認識」世界に生きているとするものである。「受け入れた場合、……」という仮定の下での反論も不適切。

ハ、「正当性の根拠の解明」が不的確。本文では「認識論の解明（＝確信の条件の解明）」（最終段落）となっている。また、「主観と客観の構図をそもそも扱う必要はない」が不明確。筆者が言っているのは、学者たちがフッサールのの段落にも、「誰も他人の『世界』を直接に認識することはできない。それは……交換不可能である」と、「痛み」がまったく個々人〈それぞれ〉のものであることを言っている。「痛み」は、動かしようのない「主体的意識」であり、個人性を帯びているとしたイが正解。

▼問十　①「『間主観性』とは、私の生きる『世界』は他者が生きる『世界』と同一のものであるはずだという『私の確信』」だとまとめている（傍線部7の前の段落）。また、②この「間主観性」をもたらすのは、「『言語ゲーム』を介して、互いに自分の『世界』のありようを交換している」（傍線部6の次の段落）からだとしている。③問九の「痛み」（主観）の「絶対的な独自性」を「主観に依拠……するしかない」と言い換えた上で、①「間主観」の意味と②その発現理由について述べたイが正解。

ロ、「世界はその総体を純粋意識に還元できるので」と理由の文脈となっている点が不適切。本文が言うのは、人は各々の「純粋意識」を生きており、個人の「純粋意識」で他人の「世界」を認識することは不可能である。にもかかわらず、「言語ゲーム」を介することによって「世界はその総体を純粋意識に還元できる」ということ（傍線部6の次の段落）。「間主観的還元」を指すこの部分は、結論にならなければならない。

ハ、「他者との間で言葉を交わさなくても」は、「間主観性」を生む原因である「言語ゲーム」を否定しており、不適切。

ニ、「通信の遅延がなければ」は、本文に無関係。

ホ、「生きているため」が、本文の「しかしにもかかわらず」という文脈（傍線部6の次の段落）に合わない。また、「認識を同一にするためには、……想定しなければならない」も「同一」性（＝間主観性）を生み出す原因である「言語ゲーム」に触れておらず不適切。

▼問十一　空欄eの前に「『間主観性』とは……『私の確信』を意味する」とあり、続いて「間主観的還元とは……こと」とある。また、ここは、「の構造」を形容する語句となっている。「（現象学的）還元」、「（私の）確信」および、その「構造」について触れた部分から探す。この、フッサールの「現象学的還元」は、「対象の存在や様態を『意識』にお

信を与えた手触りのありよう〉ということになる。傍線部5の段落にも「目隠しゲーム」を例に引いて「ノエシスは、『意識』に現われる生き生きとした手触りの感触」ともある。「洋酒ボトル」の知覚像を与え、「洋酒ボトル」だと確信させる「手触り（の感触）」としたニが正解。ここでの「純粋意識」は、第二段落の「意識」に相当するもの。「私の『意識』に……知覚像が現われる」とあるように、認知的処理を加えない本来的な（所与的な）感覚・感触を指す語句である。ニ以外は、「意識」の持つ〝本来的な感覚・感触〟という内容に合わない。

▼問八　傍線部5に続いて「確信が、対象の『意味』の直観的な到来だからである」とある。「ノエマ」すなわち「確信」が、「意味」とともに生じること、そして、それが「直観的」すなわち、「（私の）意識」として現れてくるもの（＝「主観的」）であることを述べたロが正解。

イ、「知覚像への作用と……対象との間にある、ノエマが意味を媒介するという内在的な働き」が不適切。これは、筆者が、フッサールを無理解のうちに解釈しているとする「フレーゲ的解釈」である。「ノエマ」は、私の直観によって現れる「確信」（もしくは「意味」）である。

ハ、「ノエマそれ自体に意味がある」が不適切。「ノエマ」は、「意識」に現れた知覚像（＝「ノエシス」）を「対象意味」として「確信」すること（傍線部5の「目隠しゲーム」の説明など）である。

ニ、「知覚像と体験の結合から生じるのではなく、……物自体がそのままノエマの意味を」が不適切。傍線部1以降の「対象確信の構造」を説明した部分では「知覚像は、意識に現われ出る体験流だ」とあり、「連続的変化の中」で「ノエマ」となる、とある。

ホ、「特定の文脈を指し示すことで……解釈の幅を限定し、理解を助ける」が不適切。「知覚像」に「直観的」に「意味」を与え、時間的な統一の中で「確信」に至ることを言っていない。

▼問九　ウィトゲンシュタインからの引用文に「私自身の痛みからのみ」とある。また、空欄d直後に「交換不可能性」とあり、「痛み」が〈私自身のみの痛み〉であり、〈他人の痛み〉と取り替えられないことを言っている。さらに、次

ロ、「語の素朴な使用」は、「フィンク」によるフッサール批判であり、不適切。

ハ、「操作的概念」も「フィンク」によるフッサール批判の一部であり、不適切。

ニ、「多くの現象学者が説明」が不適切。本文では、フッサールの考察を「多くの現象学者たちによっても理解されて」いない（空欄bの次の段落）としている。

▼問六　「現象学的還元の概念」も、これまで繰り返し述べられてきた、フッサールの①〈「意識与件」から対象の「存在確信（＝「認識」（確信の不可疑性））」に至る構成〉という構造、および、そこを出発点とした②〈「存在確信」の根拠を解明することが可能になる〉という考察（空欄aを含む段落など）である。多くの現象学者は、この考察の根本を理解した上で議論をしていない、と言っている。①を「構造」、②を「条件」としたハが正解。

イ、「実在性が原因になり、その結果として意識に対象の知覚像が現れている」が、知覚像が原因となり結果として現実存在の確信が生まれるというフッサールの考察（本文前半、『イデーン』の要約部分など）と反対になっている。

ロ、「多種多様な構成を指す」が不適切。本文では「おそろしく詳細な仕方で……多くの用語で示している」とあり、また「その根本構図はどこまでも明解である」としている（傍線部1の前の段落）。「構成」の内容は単純だが、論ずる用語は多種多様だ、ということになる。

ニ、「純粋意識の範囲が……明確に示されている」が不適切。フッサールは、「純粋意識」を「〝現にある自分の意識のありよう〟」（傍線部4の次の段落）、すなわち、個々人の内的な「意識」だと定義しており、筆者は、これ以上の定義は「スコラ議論」（＝煩瑣で無用な議論）だ（＝明確にしようがない）と述べている。

ホ、「誰であれ難なく取り出せること」について「考えが及ばない」としている点が不適切。「考えが及ばない」のは「純粋意識」について、これ以上の議論を重ねるのは〈スコラ的〉だということ。

▼問七　傍線部4の次の段落に「『純粋意識』（内在的意識）とは何か」とし、「〝現にある自分の意識のありよう〟」だとある。これを、傍線部4直前の段落の「目隠しゲーム」の内容に当てはめれば、〈自分にその（＝洋酒ボトルの）確

の「変化」と「確信」の関係を説明したロが正解。

イ、「意識として……ため、何らかの統一的な知覚像を得にくい」が不適切。「知覚像」を契機に継起的に「確信」に至る、という文脈に合わない。

ハ、「同様の仕組みで」が不適切。本文では、「しかしにもかかわらず」と逆接・同時進行の表現になっている。また、「想起や想像に対しても」は「知覚像（想起や想像ではなく）」（傍線部2の前の段落）に反する。

ニ、「想起や……続けなければ、対象を確信できない」が不適切。イやハと同様に「知覚像」と「確信」の関係を誤っている。また、「知覚像を論理的に操作する」は、ノエマの「直観的な到来」（傍線部5を含む文）などに当たらない。

ホ、「想起や想像という意識が現われ」が不適切。ハで確認したとおり、「知覚像（想起や想像ではなく）」とある。

▼問四　空欄bは、前の文「およそわれわれが……を確信する対象（＝「超越物」）は、必ず、……与えてくるものだけである」を否定表現で言い換えた、「そうした仕方で与えられない対象は、決して……確信をわれわれに与えることはない」という文脈の中にある。「そうした仕方で与えられ」る「対象」であって、確信がもたらされる「対象」とは、どういう「対象」なのか（＝何を「確信」するのか）は、前の文中で「われわれがその現実存在を確信する対象」と述べられている。よって、空欄を含む部分は「現実存在する対象」ということになる。すでに、第二段落で、机を例に「私の意識に……机が現実存在するという確信をもつ」と説明されていることもヒントとなる。

▼問五　空欄cを含む文は、フッサールの考察に疑念を呈する高弟たちへの反論部分。「構成」について、「しかし、すでに確認してきた根本構図から……以外を意味しないことは明らか」とあるから、これまで本文前半で繰り返し確認してきた、フッサールの「現象学的還元」における構成の構造に合ったものを選ぶ。〈意識与件→対象の存在確信の構成〉という構造を言っているホが正解。

イ、「理解不能」は、フッサールの「構成」に対する「フィンク」の疑念であり、不適切。

◆要　旨◆

フッサールの「現象学的還元」の概念の中心は、意識与件によって対象の現実存在を確信するに至るという構造である。ここから、どのような意識内の条件によって確信がもたらされるのか、その根拠を解明すること（＝認識論となること）が可能になる。しかし、多くの現象学者たちはフッサールの考えを理解しておらず、用語解釈は混乱している。「構成」についての疑念は、それが「内在的意識における確信の構成」であることを理解していない。また、「純粋意識」の概念に対する疑義も、「現象学的還元」への根本的無理解を示している。「ノエシス—ノエマ」という概念も混乱しており、「主観—客観」の構図から逃れられていない。さらには、「間主観性」への批判も当たらず、間主観的還元の根本的な構造を把握する必要がある。

◆解　説◆

▼問一　空欄a直後に「の変換」とある。これより前には、「ふつうのものの見方」（＝原因→結果の見方）を「『還元』の見方」（結果→原因）へと変換する（＝「逆転させる」）ことによって現実の「存在確信」が形成される、という記述があるので、空欄aには、変換する（＝「逆転させる」）「見方」を言い換えた語が入る。

▼問二　傍線部1は、フッサールの言う「『事物対象』の確信構成」の構造の第一段階を説明している箇所。「（所与される）」と注釈されている。「現象学的還元」の中心を要約した箇所（第二・三段落）から、「所与」に関連する語句を探す。「所与」は〝（もともとから）与えられること〟の意。〝もともとから、予め与えられていることがら〟の意を持つ「与件」とほぼ同意である。「所与性」（第三段落）は「意識」の語が入っておらず、また「『意識』に……こと」という傍線部1の言い換えとしても不適切。「意識与件」（第二段落）は〝（認知される前の）もともとの感覚刺激によって与えられたことがら〟という意味。

▼問三　傍線部2直前の内容をつかむ。「知覚像」が「変化していく」ことを「ノエシス」と呼び、それが「変化していく」中でも、持続的に「（対象が現実存在する）確信」を持ち続けることを「対象ノエマ」と呼んでいる。「知覚像」

国語

一

出典　竹田青嗣「ヨーロッパ認識論における『パラダイムの変更』」〈2　現象学還元の根本構図〉（竹田青嗣・西研編著『現象学とは何か――哲学と学問を刷新する』河出書房新社）

解答

問一　ホ
問二　意識与件
問三　ロ
問四　現実存在
問五　ホ
問六　ハ
問七　ニ
問八　ロ
問九　イ
問十　イ
問十一　確信の構成（三字以上五字以内）
別解　確信の形成／確信の成立
問十二　ニ
問十三　イ・ハ

小論文

解答例 二足走行のグラフは水平に近く，世界記録は1910年頃に10秒台後半，2010年頃に9秒台後半と，約100年で1秒程度の短縮であり，記録向上のペースは緩やかである。

一方，四足走行のグラフは垂直に近く，2000年代後半に18秒台，約10年後の2010年代半ばには15秒台と，急速に短縮している。

このことから，二足走行は競技として成熟しており，技術的な発展はほぼ飽和状態に達していると推測できる。一方，四足走行はグラフの起点が2000年代後半であることから，競技としての出発から日が浅く，いまだ発展途上にあると考えられる。

ここで，四足走行が二足走行のような飽和状態に達するのが30年後であると仮定する。それまでは両者ともに現行の直線的なグラフの傾きが継続するとすれば，両者が交差するのは2030年代である。つまり，近い将来に四足走行の世界記録が二足走行を上回る可能性がある。

これは仮定の可能性であり，実際の記録向上はもっと早く止まるかもしれない。しかし，ここでは四足走行の将来性について考えてみたい。

もし自分が四足走行競技の選手なら，まず走行フォームの改良を考える。二足走行だと両脚を交互に蹴り出すという枠組のなかでの改良になるが，四足走行の枠組はもっと広い。両脚を同時に蹴り出し，両手を同時につくのがよいか。あるいは時間差で蹴り出して時間差でつくのがよいか。その場合の前後左右の着地順はどうすべきか。また，脚の着地では，胴体をあまり曲げず着地するか，あるいは思い切り曲げて手のすぐ後ろに着地し，体のばねを使い次の蹴り出しに備えるか。跳び箱のように，肩関節を使いテコの原理で手よりも前に脚を着地することも考えられる。類人猿や他の動物の走り方も多種多様であり，参考にできるだろう。

首の角度も問題になる。ヒトは直立二足歩行に適応しているため，直立して視線が前を向く。つまり，四足で前を見ようとすれば，首を上に曲げなければならない。これでは空気抵抗が大きい上に首を傷める危険がある。かといって真下を見て走るとゴール位置や離れたレーンの選手の動向を把握できず適切なスピードを保てない。四足走行に適した角度を見つけなければならない。

四足走行に限らず，新しい方法論の確立には，試行錯誤と柔軟な発想が不可欠なのである。(601 字以上 1000 字以内)

◀解　説▶

≪ヒトの二足走行と四足走行の 100m 走の世界記録の推移≫

〈問題の検討〉

問題は,「ヒトの二足走行と四足走行の 100m 走の世界記録の推移」を示す図から「読み取れること」, それをもとに「あなたが考えること」を論述するものである。同時にヒントとして，ヒトに近い類人猿の四足走行の走速度が時速 40km を超えることが示されている。

グラフについては，(Kinugasa et al., 2016 を引用改変）と書かれており，これは学術論文からの引用であることを示している（et al. は論文の共同著者がいることを表す)。つまり，キヌガサ氏他の研究者が 2016 年に発表した論文中の図だということである。学術論文からの引用であることから，この図は著者のなんらかの仮説（論文のタイトルは書かれていないため，その仮説がどういうものであるかはわからない）の根拠となるものであって，単なる興味本位でつくられたものではないことがわかる。したがって，四足走行の 100m 走といういかにも突飛に見えるトピックであっても，先入観を排して，客観的にデータを分析しなければならない。後半の「あなたが考えること」については自由な発想で述べてよいが，前半のグラフの読み取りに関しては，厳密に客観的・科学的な視点をもって，読み取れることを論述すべきであり，逆にグラフからは読み取れないことを想像で補うことはすべきではない。

なお，引用元の論文は https://doi.org/10.3389/fbioe.2016.00056 で読める。

〈答案の構想〉

まず，グラフの読み取りに関しては，四足走行では急速に記録が短縮していることと，二足走行ではそれが緩やかであること，この 2 点の指摘が必須である。具体的な数字を論述できればさらによいだろう。鉛筆や問題用紙の端など，手元にある直線的なものをあててできるだけ正確に読み取りたい。それに加えて，四足走行の記録の始まりが 2000 年代以降であることも指摘できる。

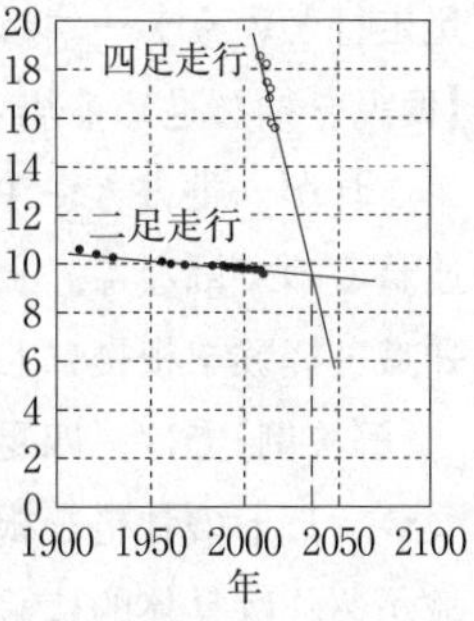

グラフでデータを扱う際には，データのばらつきをある程度ならし，平均的な直線，またはカーブを想定することが行われる。この手法を用いれば，二足走行と四足走行のグラフそれぞれにおいて，個々のデータを結ぶ直線を引くことができる。それらを延長すれば，近い将来に交差することを予測できる。これがこのグラフの最重要ポイントであり，見落とさずに指摘しておきたい。つまり，四足走行が将来的に二足走行を上回る，という仮説を立てることができるのだが，後半の「あなたが考えること」においては，必ずしもこの仮説を支持する必要はない。しかし，前述したように，データを分析する際には，客観的・科学的な姿勢を保ち，「そんなわけないだろう」という先入観は排して純粋にデータだけを分析するべきである。

ここに示した図では直線で予測しているが，実際の論文においては，四足走行の予測は緩やかなカーブを描いており，より厳密な考察と計算にもとづいていることがわかる。そこでは，交差するのは2030年代ではなく2048年と予想されている。

次に，「あなたが考えること」であるが，これは前述のとおり自由な発想でよい。むしろ独創性あふれる，自由な発想と考察が歓迎されるだろう。グラフの読み取りから導かれた仮説を押し進めるか，疑問視するか，あるいはこの仮説からヒントを得て独自の考察をするか，という大枠があるが，いずれにせよ，今回のようにデータをもととした設問においては，〈事実〉〈事実から推測できること〉〈事実をもとに想像したこと〉ははっきり区別しなければならない。早稲田大学発表の「出題の意図」においても，「データのもつ事実を解釈し，自身の主張を論理的に展開する力を評価する」と書かれている。

さて，具体的にどのような論点で書くかについてだが，小論文を書くためには，課題を深く論じるための「対比の枠」あるいは「分析枠」というものが必要である。同じ似たようなこと〈類比〉だけでは議論を深めることができないのである。何かと何かを〈対比＝比べること〉するか，課題を何かと何かに〈分析＝分けること〉することをしなければ，深い議論は，つまり小論文としての論述は展開できないのである。では，四足走行と二足走行というテーマはどういう枠組で論じるのが適切だろうか。

【仮説を押し進める場合】

これが一番書きやすいだろう。この場合，根拠なく楽観的な予想を書き連ねるのではなく，ヒトの骨格や運動の仕方，スポーツ経験など，自分の知識・経験を根拠にして論理的に考えを述べよう。

〔解答例〕では，四足走行で考えうる走行フォームを，二足走行と対比しつつ，ヒトの骨格を根拠として論じた。類人猿や他の動物との比較も，知識があれば具体的に論じられるだろう。

また，肩関節や腕にかかる衝撃が二足走行と比較してかなり大きいであろうと分析し，故障の可能性，ケアの方法，筋力増加のトレーニングなどについて論じることも考えられる。

マラソンにおいて厚底シューズの出現により記録が飛躍的に伸びたことを引き合いに出して，専用シューズや手に履くシューズ，肘や膝のサポーターといったギアの開発を論じることもできるだろう。

【仮説を疑問視する場合】

四足走行の記録向上のペースはやがて止まって二足走行の記録を超えることはない，なぜならば……，と考察する。この場合は，先入観や決めつけに満ちたものにならないよう，論理的に述べることが大切である。

競技人口が少ないことは容易に推測でき，このデータもごく限られた人数によるものであろうこと，今後も競技人口を増やすことは難しいであろうこと，人体にかかる負担が大きく，危険を伴う競技であること，などが理由として挙げられるだろう。

【独自の考察をする場合】

この場合は，とってつけたようにならないよう，グラフと自身の主張を結びつける根拠を明確に述べることが大切である。

ヒトに近い類人猿の四足走行速度との比較を念頭において，ヒトの四足走行の世界記録のグラフと，二足走行の世界記録のグラフの意味するものを分析・対比することにより，類人猿とヒトの進化や，文明の発展とスポーツの誕生といった，独自の考察を加えることができるだろう。

既存の100m走から別の競技である四足走行の100m走が派生した，と捉えて，たとえばサッカーとラグビー，マラソンと競歩，といった競技の歴史や発展について述べる，もしくは既存の競技から，発想を変えた新たな競技を想定して意義を論じることもできる。100 m 走ではなくマラソンの四足走行ならどうなるか，と想像して分析することもできる。

また，スポーツをデータ化して分析する手法そのものについて，意義や可能性を論じてもよい。

❖講　評

2022 年度は，「ヒトの二足走行と四足走行の 100 m 走の世界記録の推移」を示す図の読み取りと，それをもとに考えることを論述するというものであった。2021 年度もグラフにもとづく論述であったが，何を示しているのかわからないグラフを示すことにより「問題発見」する力を重視していたのに対し，2022 年度はまず客観的な分析が求められているという点が異なっている。2021 年度は〈30%／70%〉，2022 年度は〈ヒトの四足走行／ヒトの二足走行〉という論述の入り方＝「分析枠（≒対比の枠）」のはっきりした出題であり，論述の奥行きに重点をおいた，あるいは論述を深めやすい良問であったということができる。そして，早稲田大学スポーツ科学部の出題の姿勢として，スポーツにおける現象を「社会性」につなげていくという思想にも揺るぎがない。したがって，対策としては，過去問にあたるのは当然だとして，「読解力」「構想・構成力」「論理・表現力」「社会性」のオールラウンドの力の養成を目指すことだろう。

//////////////////// · memo · ////////////////////

2021年度

解答編

人間科学部

解答編

英語

I 解答　(i) 1 —(C)　2 —(B)　3 —(B)　4 —(D)

(ii) 5 —(B)　6 —(A)　7 —(D)

(iii) 8 —(D)　9 —(A)　10—(B)

(iv) 11—(D)　12—(C)　13—(A)

(v) 14—(B)　15—(D)　16—(D)

(vi) 17—(A)　18—(A)　19—(A)

(vii) 20—(C)　21—(B)　22—(A)

(viii) 23—(D)　24—(B)　25—(C)

◆全　訳◆

(i)　≪大学生にとってのオンライン授業≫

今日，ますます多くの大学生にとって，スクリーンを見ている時間は座っている時間と競合している。最近（2016～17 年）の統計によると，大学生の 33 パーセントが少なくとも 1 つのオンライン授業を受けている。すなわち，17.6 パーセントはオンラインと教室内の授業を交ぜていて，15.4 パーセントはもっぱらオンライン授業のみを受けている。それぞれの統計は前年より増えていることを表していて，これは 2011 年以来続いている傾向なのである。オンライン教育を推奨する人たちは即座にこの増加をほめたたえるが，高等教育でこのようにスクリーンを見ている時間が増えることにはいくつかの悪影響が潜んでいるかもしれない。

オンライン授業は明らかに利点がある。コストをカットし，スケジュールの融通を求める勤労学生に人気があるのだ。いくつかのキャンパスでは教育を利用する機会を増やすこともしてくれるのだ。たとえば，広範なオンライン授業の科目便覧を備えた中央フロリダ大学（UCF）は，実際のキャンパスで収容できる 4 万人に対して，その科目便覧ゆえに 6 万 6 千人の学生に授業を提供できるのだとオーランド・センチネル紙は報道している。中央フロリダ大学のデジタル学習担当副学長のトーマス＝キャヴァナーは，オンライン授業の需要は右肩上がりだと説明している。「明らかに学生たちは自らの行動によって賛意を示してくれているのだ」と彼は言う。

しかし，オンライン授業の教育上の利点はそれほど明らかではない。ブルッキングス研究所の報告により，オンライン授業を受けている学生は「伝統的な対面授業の学生よりかなり成績が悪く，こういったオンライン授業の経験は将来の授業の成績や大学を中退する可能性にも影響を与えている」ことがわかった。ニューヨーク・タイムズ紙は 2013 年に論説ページで，「オンライン革命」は「悲惨な」もので，このように「最も影響を受けやすい学生を不公平にする」恐れがあるとの社説を書いたのである。

(ii)　≪フェイスブックの二要素認証の問題点≫

フェイスブックにおける電話番号を使った二要素認証，つまり 2FA には，二要素問題がある。第一に，アカウントを潜在的なハッカーから守るためにフェイスブックに教える電話番号は，セキュリティのためだけに使われているわけではないということだ。絵文字ペディアの創設者であるジェレミー＝バージが金曜日にツイートしたスレッドによると，その同じ電話番号からあなたのプロフィールを見つけることができ，その設定を解除する選択はできないということだ。これは，フェイスブックが電話番号でプロフィールを検索できないようにしたと言ったほぼ 1 年後，そして，ギズモードが 2FA のために使われている電話番号はターゲティング投稿として広告主にも提供されていると突き止めたおよそ 5 カ月後のことであった。

第二に，二要素認証のために電話番号を使うことはハッキングを受けやすい。ここ数カ月の一連のセキュリティやらプライバシーやらの問題で，大規模なソーシャルネットワークは，それが提供する諸々の機能について懐疑的になる多くの理由を人々に与えてしまった。性格テストは最終的にイギリスの分析会社にあなたやあなたの友人の個人データを与えることになる。セキュリティの欠陥は最大 1,500 のアプリの開発業者が 680 万人の写真を見るのを可能にしている。そして今，セキュリティの機能は広告主や見知らぬ人があなたの電話番号を使ってあなたを見つける方法を提供しているのだ。

(iii)　≪2つのクレーターと思しき構造物≫

グリーンランドの氷床の下深くに巨大な衝突クレーターかもしれないものを発見したすぐあとに，科学者たちは近くに2つ目の関連性のないそのような構造物をおそらく発見したと考えている。新たにそれと疑われている衝突クレーターは幅がおよそ22マイル（36キロメートル）で，最初の構造物同様，まだ明らかに衝突クレーターだと特定されていない。地球上には，地球に激突した隕石によって作られた実際のクレーターよりもクレーターの外観を有した地形のほうがはるかに多い。

「『これはまた別の衝突クレーターなのか？　基礎データはこの考えを支持するだろうか？』と私は自問し始めた」とメリーランド州グリーンベルトにあるNASAのゴダード宇宙飛行センターの氷河学者で筆頭執筆者のジョー＝マグレガーは声明の中で言った。「氷の下にある1つの巨大な衝突クレーターを確認する手助けをするだけですでにとても刺激的だったが，今や2つある可能性があるように見えてきたのだ」　マグレガーはそれよりもわずかに小さい衝突クレーターらしき物体を確認することにも関与した。これはハイアワサと呼ばれ，11月に公表された。そのきわめて円に近い形と，科学者たちが衝突クレーターにならあるはずだと予期しているへりと中央丘の隆起という特徴に加えて，ハイアワサの発見物は，隕石の衝突のような劇的な事象によって急に衝撃を受けたように見える鉱物の存在も示している。

新たな候補は似たような鉱物の痕跡がなく，11の異なる遠隔探査計画により集められた立面図のデータのみに基づいて隕石から発生したものだと考えられている。そのデータは最初の構造物の地点からおよそ114マイル（183キロメートル）南東の地表に顕著なくぼみを示している。2つ目の構造物はハイアワサほど円形ではないが，科学者たちは同じ独特なへりと内側の山頂が見られると考えている。この2つの外観がきわめて近似しているにもかかわらず，科学者たちはたとえ両者が地球に衝突した隕石によって形成されたとしても，おそらく別々に作られたものだと考えている。

(iv)　≪携帯電話依存症≫

携帯電話依存症は非常に大変なことであり，心理学者たちはいくつかの驚くべき，そしていくつかのまったく驚くに値しない，長期にわたるメンタルヘルスの影響を発見した。携帯電話に完全に依存することは，両手または注意力の 10 パーセント以上を必要とする課題に関してはるかに遅くなるばかりか，ソーシャルメディア上で何も考えずにスクロールして費やす時間量と個人的な満足感や充足感の間におそらくかなり強い否定的な関連性があるのだ。理にかなっていると私たちは考える。多くの携帯電話依存症者は，たとえば絶え間なく続く広告や他人のインスタグラムの見栄えのよいコンテンツを絶えず見ていると，現実の生活の美しい瞬間を逃してしまうと感じている。

携帯電話依存症は神経症的習癖を超え，永遠の FOMO（「機会を逃すことの不安」）になりうる。とりわけこの FOMO の皮肉は，機会を逃す不安が文字通り機会を逃す原因となるということだ。では携帯電話依存症にどのように対処するのだろうか？　2 つ目のにせの携帯電話を持ち歩くことが携帯電話依存症に屈するのを防ぐのに役立つと気づいた人がいるようだ。このにせの携帯電話はこの習癖を断ち切るためにある。スリムなデザインは iPhone のように感じられ，「つながっている」と感じる必要があるならば，手やポケット，バッグにしっかりと納まるのだ。実際には，これはつながらないのだ……決して。しかし，ベッドの中でとなりに携帯電話があるのに慣れているなら，あるいはどういうわけか携帯電話がないと車のダッシュボードが空のように感じたり，会議やブランチでただいじっているものが必要なら，これが手に入れるべき「携帯電話」なのだ。プラスの面では，この携帯電話の電池は決してなくならないだろう（なぜなら電池がないからだ）。そしてトイレやシンクにこれを落としても，壊れることなく容易に引き上げることができるのだ。

(v)　≪LGBT についての教育≫

ニュージャージー州は，カリフォルニア州に続いて，公民権団体によって一体性や公平への一歩だと認められた行動の中で，LGBT（レズビアン，ゲイ，バイセクシャルそしてトランスジェンダー）の歴史について学校が教えるよう義務化する法律を採用した，アメリカ合衆国で 2 番目の州になった。フィル＝マーフィー知事は，選挙運動の間にゲイやトランスジェンダーの人々のために平等を推進すると公約した民主党員であるが，木曜日に法案に署名した。そのニュースを称賛している人々の中に，バーノンのジェイミー＝ブルーゼホフがいた。ブルーゼホフの子供で 12 歳のトランスジェンダーのレベッカは，12 月にトレントンでその法案を支持する演説をしたのだ。「この法案は若者たちにとって大変重要なのです」とブルーゼホフは言った。「教わっている歴史と毎日受けている授業の中で，若者は自分自身の手本となるものを見る必要があるのです。私たちは表明することが重要だとわかっています。自分たちの国に素晴らしい貢献をしてきた LGBT の人々について学ぶことで，若者は自分自身の可能性と未来に対する希望を見て取っているのです」と彼女は言った。

その法案の下で，公立学校はゲイやトランスジェンダーの人々の政治的，経済的そして社会的貢献についての授業を組み入れる義務が生じるが，これは翌学年から始まる。この法案は身体障がいの人々の貢献についても教えることを義務づけている。この法律は私立学校には適用されない。公民権擁護団体の指導者たちは，この法律は生徒たちにアメリカ合衆国のより詳細な歴史を教え，理解を推し進め，子供たちが学校に帰属していると感じる助けとなるだろうと言った。「若者たちは，アメリカの歴史が実はどれほど多様であるか，どうすればいつか自分たちもアメリカの歴史の一部となりうるのかを見るに値する存在なのだ」と擁護団体のガーデン・ステート・イークワリティの常任理事であるクリスチャン＝フスカリーノは言った。

(vi)　≪発音と食べ物の関係≫

驚くべき新しい研究によると，人間は必ずしも「f」や「v」の音を簡単に作り出すことができたわけではなかったのだ。私たちが「flavor」や「effervescent」のような語を今享受できる理由は，人間の先祖の食事に対する変更と柔らかい食べ物の導入――私たちの噛み方を変え，その結果，私たちの話し方を変えた発展――と関係があると研究者たちは言う。

人間の言語にはあらゆる種類の変わった音が含まれている。それはほぼすべての言語に見出される，どこにでもある「m」や「a」の音から，南アフリカのいくつかの方言で発される珍しい舌打ちの子音にまで至るものだ。人類学者や言語学者は，人間が使っている可能な限りのすべての言語音の一覧は人類がおよそ 30 万年前に出現して以来変わらないままだと伝統的に考えてきたが，今日『サイエンス』で発表された新たな研究はこの長い間保たれてきた想定に異議を唱えている。

チューリッヒ大学のダミアン＝ブラージが率いる学際的な研究チームは，「f」や「v」の音は農業革命の副作用として現れたのであって，最近になって初めて人間の語彙に取り入れられたと主張している。これらの音は，現在すべての人間言語の大半に存在しているのだが，言語学者が唇歯音――上の歯を下の唇に押し付けることにより作られる音――と呼ぶ子音なのである。

新たな研究によって示された物語は以下の通りである。およそ 8,000 年前に，人間が主に肉を食べる生活様式から農業へ移行するにつれて，先祖が食べた食べ物はより柔らかくなり，そのことにより人間の噛む行為に顕著な影響がもたらされたのだ。農耕民族は，固い肉を噛み切らなくてはならない狩猟採集民族が示す切端咬合ではなく，普通大人になるまでには消える幼いころの過蓋咬合を持ち続けていた。上の歯がわずかに下の歯の前に出た状態であると，唇歯音を作るのがはるかに容易だったのだ。徐々に，そしてまったく偶然に，これらの音は語彙に組み入れられ，最終的に時間や空間を超えて，特にこの 2,500 年以内に広がっていったのだ。

(vii)　≪電動スクーターによるけが≫

新しい研究によると，病院の緊急処置室を訪れる人が続出している背景に電動スクーターがある。ロサンゼルスのスクーターが多く通るウエスト・サイド沿いにある 2 つの病院の緊急処置室には，自転車に乗る人や歩行者よりも電動スクーターに乗る人のほうが多くけがでやって来る，と JAMA ネットワーク・オープンという医学雑誌に発表された研究が発見した。

249 のスクーターに関連した患者の中の 94 パーセントは入院することなく病院を出ることになったのだが，けがの状況は重大であった。およそ 40.2 パーセントは頭のけがで入院した。31.7 パーセントは骨折で，27.7 パーセントは捻挫や切り傷，打撲であった。「そこに高い危険要因がある」と研究の共著者であるロナルド＝レーガン UCLA メディカルセンターの内科医タラク＝トレヴィディは言った。

この研究は，範囲は限られているが，電動スクーターが社会にあふれると市民の健康に対する脅威となることを示しているので重要なものである。

ロサンゼルスでは，ライムやバードのようなスタートアップ企業が，一部の地域の通りを乗り捨て可能な電動スクーターでいっぱいにしている。執筆者たちは，この研究が電動スクーターに伴うけがのパターンや医療上の結果を観察した最初の研究だと言っている。

(viii)　≪未成年者にたばこ製品を売る小売業者を告発する当局≫

アメリカ食品医薬品局（FDA）は，ウォルグリーンズ，ウォルマートといくつかのガソリンスタンドのチェーン店を含めた 15 の国内の小売業者を，未成年者にたばこ製品を売ったという理由で告発している。伝えられるところによると，この 10 年に秘密裏に行われた 100 万以上の調査によって若者への高い販売率があるとわかったので，当局は月曜日に，当該の小売業者の「高い違反率に対処する強制手段」を考えていると明かした。

FDA はいくつかのたばこ製品や電子タバコを違法に販売している可能性のある 40 を超える企業にも書状を送ると述べた。連邦規制当局は未成年者の間でニコチンのベイピングが増えていることに懸念を示しているが，これはたばこを吸うことにつながりうるのだ。たばこを使うことはガンやその他の健康上の問題の主要な原因である。

たばこの使用に反対するキャンペーンの最新段階において，FDA は，未成年者への違法な販売の「憂慮すべき」記録を作ったとして最初にウォルグリーンズを標的としている。「この会社は健康と健全に熱心な企業だと自らを位置づけているからである」 FDA の調査では，6,350 を超えるウォルグリーンズの店舗のおよそ 22 パーセントが未成年者にたばこ製品を売っている，と当局は述べた。

◀解　説▶

◆(i)　▶ 1.「何らかのオンライン授業の経験がある大学生の合計の割合はいくつか？」

(C)「33 パーセント」が正解。

第 1 段第 2 文（According to the …）が該当箇所。「大学生の 33 パーセントが少なくとも 1 つのオンライン授業を受けている」とある。(A)「15.4 パーセント」と(B)「17.6 パーセント」は同じ文の中に出てくる数字だが，これは 33 パーセントの内訳を表している。後者は「17.6 パーセントはオンラインと教室内の授業が混在」とあり，前者は「15.4 パーセントはもっぱらオンライン授業のみ」とある。(D)「66パーセント」は本文に記述がない。

▶2.「オンライン教育への参加の傾向はどのように説明することができるか？」

(B)「増加している」が正解。

第1段第3文（Each statistic represents …）が該当箇所。「それぞれの統計は前年より増えていることを表しているが，これは2011年以来続いている傾向」とある。統計から年々オンライン授業が増えていることがわかると言っている。したがって，(A)「減っている」，(C)「着実な」，(D)「十分な情報は与えられていない」は不正解となる。

▶3.「オンライン教育を利用することで増やされていないのは何か？」

(B)「コスト」が正解。

第2段第1文（Online courses have …）が該当箇所。「オンライン授業は明らかに利点がある。コストをカットし」とあるので，オンライン教育を利用することでコストは増やされていない。(A)「利用する機会」は同段第2文（At a number …）が該当箇所。「教育を利用する機会を増やす」とある。(C)「登録」は同段第3文（The Orlando Sentinel …）で「広範なオンライン授業の科目便覧を備えた中央フロリダ大学（UCF）は，実際のキャンパスで収容できる4万人に対して，その科目便覧ゆえに6万6千人の学生に授業を提供できる」と述べられている。enrollmentという語自体はないのだが，オンライン授業のおかげで登録できる人数が増えると考えられる。(D)「融通」は同段第1文（Online courses …）が該当箇所。「スケジュールの融通を求める勤労学生に人気がある」とある。オンライン授業のおかげで特に勤労学生は何曜日の何限に授業を入れるかについて融通を利かせることができるということなので，flexibilityは増えると言えるであろう。

▶4.「オンライン授業の教育上の利点はどのように述べられているか？」

(D)「はっきりしない」が正解。

第3段第1文（But the educational …）に「しかし，オンライン授業の教育上の利点はそれほど明らかではない」とある。less clearと比較級を使っているが，本質的な意味はunclearと同意と言えるだろう。(A)「広範囲の」は第2段第3文（The Orlando Sentinel …）にextensiveという語はあるが，オンライン授業の教育上の利点について述べられているのではなく，科目便覧が extensive だと言っている。(B)「将来性のある」は該当箇所なし。(C)「かなりの」は第３段第２文（A Brookings Institution …）に substantially の語があるが，この副詞は worse を修飾しているにすぎないので，オンライン授業の教育上の利点について述べられている箇所ではない。

◆(ii)　▶５.「二要素認証の目的は何か？」

(B)「アカウントのセキュリティを改善する」が正解。

第１段第２文（First: The phone …）が該当箇所。「アカウントを潜在的なハッカーから守るためにフェイスブックに教える電話番号は，セキュリティのためだけに使われているわけではない」とある。この文はこれから二要素認証の問題点を述べようとしている箇所だが，前提として二要素認証の目的はアカウントをハッカーから守ることだということになる。(A)「フェイスブックの検索を容易にする」と(C)「ターゲット広告を改善する」はどちらも第１段第４文（This comes almost …）が該当箇所だが，この文は電話番号を使った二要素認証の問題点の部分で，特に問題が発覚してもなかなか改善されなかったという事実について述べた箇所。(B)が正解なので，(D)「上のすべて」は不可。

▶６.「どの語がフェイスブックの電話番号検索機能を最もうまく説明しているか？」

(A)「強制的な」が正解。

第１段第３文（A tweet thread …）が該当箇所。「その同じ電話番号からあなたのプロフィールを見つけることができ，その設定を解除する選択はできない」と述べられている。前半部分はフェイスブックの電話番号検索機能のことで，後半部分は設定を解除できないのだから，こちらに選択権はない，つまり「強制的」になってしまうのだ。(B)「選択的な」は(A)の反意語なので不可。(C)「好まれた」は該当する語が本文中にない。(D)「安全な」は本文中に security という名詞は何度か出てくるが，secure という形容詞は出てこない。また，フェイスブックの電話番号検索機能は安全なわけでもない。

▶７.「フェイスブックはどんな種類のセキュリティの問題を経験していないか？」

(D)「ユーザーは望んでいないにせのニュース記事を送られる」が正解。

(A)「開発者はユーザーの何枚かの写真にアクセスできる」は第2段第4文（A security flaw…）に「セキュリティの欠陥は最大1,500のアプリの開発業者が680万人の写真を見るのを可能にしている」とある。(B)「オンライン上の活動は個人情報を企業と共有する」は同段第3文（A personality quiz…）が該当箇所。「性格テストは最終的にイギリスの分析会社にあなたやあなたの友人の個人データを与えることになる」とある。こちらがオンライン上で何かをすれば，その情報が企業にもたらされるということだ。(C)「人々はユーザーの電話番号を使って検索できる」は同段最終文（And now, a…）に「セキュリティの機能は広告主や見知らぬ人があなたの電話番号を使ってあなたを見つける方法を提供している」と書かれているので，矛盾のない選択肢だと言える。

◆(iii)　▶8．「次のどれが“hard on the heels”という下線を引かれた成句とほぼ同じことを意味するか？」

(D)「～のあとすぐに」が正解。

hard on the heels of ～で「～のすぐあとに」の意味。難熟語と言ってよいだろう。したがって，(A)「～の前に」，(B)「難しい」，(C)「(場所) の前に」は不正解となる。

▶9．「科学者たちはグリーンランドで何を発見したか？」

(A)「クレーターの形をしたくぼみ」が正解。

第1段第1・2文（Hard on the… an impact crater.）に「グリーンランドの氷床の下深くに巨大な衝突クレーターかもしれないものを発見したすぐあとに，科学者たちは…考えている」とあるが，科学者たちが発見したものはいずれも「まだ明らかに衝突クレーターだと特定されていない」とある。よって，(B)の「衝突クレーター」は不可。クレーターかどうかは不明なのだ。また，第3段第2文（That data…）にdentという語がある。「くぼみ」という意味だが，これはグリーンランドで発見された2つ目の衝突クレーターらしきもののことを指している。(A)のdepressions「くぼみ」がdentと同意語になっている。depressionsの意味も難しいので，確信を持って正解を導くのはやや難しかったかもしれない。(C)「隕石」は第1段最終文（There are many…）と第2段最終文（In addition to…）および第3段最終文（Despite the close…）に，(D)

「鉱物の痕跡」は第３段第１文（The new candidate …）にそれぞれあるが，科学者たちが発見したものとは言えない。

▶10.「なぜ新たに発見された構造物が衝突クレーターかもしれないと科学者たちは考えるのか？」

(B)「形状」が正解。

第２段最終文（In addition to …）に「科学者たちが衝突クレーターにならあるはずだと予期しているへりと中央丘の隆起という特徴」とある。第３段第３文（The second structure …）の The second structure は新たに発見された構造物のことだが，それも「へりと内側の山頂」という同じ形状を持っていると述べられている。つまり，衝突クレーターにならあるはずの特徴があることから，科学者たちは新たに発見された構造物も衝突クレーターの可能性があると予測していると考えられる。(A)「鉱物の痕跡」は第３段第１文（The new candidate …）が該当箇所だが，「鉱物の痕跡がなく」とあり，これはハイアワサという構造物の特徴と異なる点であるので，衝突クレーターかもしれないと考える理由にならない。(C)「大きさ」は第２段第３・４文（"Helping identify one … in November.）に one large impact crater と a slightly smaller possible impact crater のように大きさを示す表現があるが，どちらも新たに発見された構造物のことではないので不可となる。(B)が正解なので，(D)「上のすべて」は不正解となる。

◆(iv)　▶11.「携帯電話依存症にかかわるマイナスの影響は何か？」

(D)「上のすべて」が正解。

(A)「両手を使う課題を行うことの難しさ」と(C)「課題に十分注意を払うことができないこと」は第１段第２文（Not only does …）に記述がある。「難しさ」や「できない」は「遅くなる」と言い換えてもそれほど意味は変わらないであろう。(B)「機会を逃すことの不安」は第２段第１文（Phone addiction can …）が該当箇所。「携帯電話依存症は神経症的習癖を超え，永遠の FOMO（「機会を逃すことの不安」）になりうる」とある。

▶12.「にせの携帯電話の利点でないのは何か？」

(C)「減額された電話料金」が正解。

(A)「『つながっている』と感じること」は第２段第６文（Its slim design …）が該当箇所。「スリムなデザインは iPhone のように感じられ，『つながっている』と感じる必要があるならば，手やポケット，バッグにしっかりと納まる」と述べられている。(B)「充電する必要がない」は同段第9文（On the plus …）が該当箇所。「この携帯電話の電池は決してなくならないだろう（なぜなら電池がないからだ）」とある。(D)「防水」は第2段最終文（And if you …）で「トイレやシンクにこれを落としても，壊れることなく容易に引き上げることができる」と述べられている。

▶13.「本文の最後の近くで，なぜ“phone”という下線を引かれた語は引用符がついているのか？」

(A)「本物ではないことを強調している」が正解。

ダブルクォーテーションマークは普通の意味とは違う意味を表すときに使われることがある。On the Moon, the “day” is two weeks long, and so is the “night.”「月面では，『昼間』が2週間で，『夜』も同じだ」のような例を考えるとわかりやすい。月面の昼間や夜は地球上のそれらとは違うと言っているのだ。問題文のphoneはにせの携帯電話で，実際は通話もメールもできないのでダブルクォーテーションマークがついている。したがって，(B)「対象を明らかにしている」，(C)「文法の規則に従っている」，(D)「上のどれでもない」は不正解となる。

◆(v)　▶14.「いくつの州が学校にLGBTの歴史を教えるよう義務化した法律を持っているか？」

(B)「2」が正解。

第1段第1文（New Jersey has …）が該当箇所。「ニュージャージー州は，カリフォルニア州に続いて…LGBT（レズビアン，ゲイ，バイセクシャルそしてトランスジェンダー）の歴史について学校が教えるよう義務化する法律を採用した，アメリカ合衆国で2番目の州になった」とある。3番目以降のことは書かれていないことに加えて，動詞がhas becomeと現在完了形になっているので，この2つの州しかないと判断してよいだろう。したがって，(A)「1」，(C)「ほとんどの州」，(D)「十分な情報はない」は不可となる。

▶15.「LGBTの歴史を教えることを通してどんな価値観が奨励されているか？」

(D)「上のすべて」が正解。

(A)「多様性」は第2段最終文（“Our youth …）にdiverse「多様な」と

いう語がある。「若者たちは，アメリカの歴史が実はどれほど多様であるか…を見るに値する存在なのだ」とある。「見るに値する」ということは，多様性は奨励されていると考えられる。(B)「公平」，(C)「一体性」は第1段第1文（New Jersey has …）にそのまま書かれている。LGBT の歴史を教えることが義務化されることにより，一体性や公平への一歩となると言っているので，これらの価値観は奨励されていると言えよう。

▶16.「なぜ LGBT の歴史を教えることは重要なのか？」

(D)「上のすべて」が正解。

(A)「アメリカのより詳細な歴史を教える」は第2段第4文（Leaders of civil …）が該当箇所で，「この法律は生徒たちにアメリカ合衆国のより詳細な歴史を教え」とある。この法律とは LGBT の歴史を教えることを義務化する法律である。(B)「表明を増やす」は第1段第6文（We know …）に representation matters「表明することが重要だ」という記述がある。representation とは，あるジェンダーや人種の人がその境遇の代表者としてメディアや政治などの場にいることを指す。(C)「手本となる人を例示する」は第1段第5文（“They need …）で「教わっている歴史と毎日受けている授業の中で，若者は自分自身の手本となるものを見る必要がある」と述べられている。

◆(vi) ▶17.「何が人間の発音に影響を与えたか？」

(A)「食習慣の変化」が正解。

第1段第2文（The reason …）が該当箇所。「私たちが『flavor』や『effervescent』のような語を今享受できる理由は，人間の先祖の食事に対する変更と柔らかい食べ物の導入と関係がある」とある。(B)「他の言語を話す人々に会うこと」は明確な該当箇所はなし。(C)「『f』と『v』の音が含まれた単語を使うこと」は第1段第2文（The reason …）が該当箇所。flavor や effervescent という語のことを言っているのだが，これらの語が人間の発音に影響を与えたわけではなく，影響を受けた結果これらの語が生じたのである。当然，(D)「上のすべて」も不正解となる。

▶18.「新たな研究は人間の言語音の歴史をどう特徴づけているか？」

(A)「進化している」が正解。

第1段第2文（The reason …）が該当箇所。食習慣の変化，つまり「私たちの噛み方を変え，その結果，私たちの話し方を変えた発展」が，人間が「f」や「v」の音を使えるようになった理由だと述べられている。言語音の歴史を development という語で表している。evolving が近い意味。(B)「革命的な」は第 3 段第 1 文（An interdisciplinary research …）に該当する語があるが，人間の言語音の歴史とは直接の関係はない「農業革命」という表現で出てきているので不可。(C)「伝統的な」と(D)「変わらない」は第 2 段第 2 文（Anthropologists and linguists …）にそれぞれ相当する語があるが，人間の言語音の歴史の従来の解釈を説明する文脈で出てきているので不可。

▶19.「どんな変化が新たな人間の言語音を引き起こしたか？」

(A)「農業の生活様式」が正解。

第 4 段全体（Here's the story, … 2,500 years.）が該当箇所と言えそうだ。人間が肉を食べる生活様式から農業に移り，食べ物が柔らかいものに変わっていき，人間の噛む行為が変化していったがゆえに音も変わっていったと書かれている。肉を食べる生活様式から農業の生活様式に変化したことが原因と言ってよいだろう。(B)「切端咬合」は第 4 段第 2 文（Instead of the …）が該当箇所だが，これは肉を食べる生活様式のころの噛み合わせで，変化の前のことを言っているので不可となる。(C)「氷河期の終わり」と(D)「増えたコミュニケーション」はそもそも ice age や communication という語自体が出てこないので不可。

◆(vii)　▶20.「電動スクーターによるけがはどのように述べられているか？」

(C)「重大な」が正解。

第 2 段第 1 文（While 94 percent …）が該当箇所。「249 のスクーターに関連した患者の中の 94 パーセントは入院することなく病院を出ることになったのだが，けがの状況は重大であった」とあり，significant が使われている。(A)「限られた」は第 3 段第 1 文（The study is …）で研究の範囲が限られていると言っているだけなので不可。(B)「危険性がある」は第 2 段最終文（"There is a …）に risk という語はあるが，これは「そこに高い危険要因がある」と電動スクーターの危険要因に関して言っているにすぎない。当然，(D)「上のすべて」も不可となる。

▶21.「電動スクーターはどのように述べられているか？」

(B)「危険性のある」が正解。

第２段最終文（“There is a…）に「そこに高い危険要因がある」とあり，これは電動スクーターに乗ると深刻な負傷をする危険があることを指していると考えられる。(A)「限られた」と(C)「重大な」は上記 20 で説明したが，どちらも電動スクーターを形容したものではない。したがって，(D)「上のすべて」も不可となる。

▶22.「この文章の最適な表題は何か？」

(A)「乗り捨て可能な電動スクーターによるけががロサンゼルスで出現する」が正解。

第１段第２文（More electric scooter…）より，ロサンゼルスで電動スクーターによる負傷が多いことがわかる。また，第３段第２文（In Los Angeles…）には，この電動スクーターが乗り捨て可能なものであると述べられている。本文の主題である「電動スクーター」「けが」「ロサンゼルス」というキーワードがすべて入っている(A)が最適の表題である。(B)「電動スクーターが人気の点で自転車に追いつく」は第１段第２文（More electric scooter…）が該当箇所だが，人気の点で比較しているわけではない。(C)「スクーターにかかわるけがで埋め尽くされる病院」は，「けがで埋め尽くされる病院」が第２段第１文（While 94 percent…）に「スクーターに関連した患者の中の 94 パーセントは入院することなく病院を出ることになった」とあるのと矛盾する。本文が主にロサンゼルスの状況について述べているにもかかわらず「ロサンゼルス」への言及もない。さらに，本文の主題である electric scooter はスタンド式のキックボードのような見た目をしていることが多く，座るためのシートを持つ単なる scooter とは別の形状の乗り物である。もちろん第２段第１文（While 94 percent…）に scooter-related という表現はあるが，本文を読む前に本文の主題をわかりやすく示すべき表題で electric scooter という語がないのは不自然である。したがって，(C)は全体の内容が誤っているわけではないものの最適の表題とは言えないため不可。(D)「ロサンゼルスはスクーターの使用を制限する法律を提案」は，本文中に記述がないため不可。

◆(viii)　▶23.「アメリカ合衆国ではたばこ製品を買うには何歳でなければいけないのか？」

(D)「十分な情報が与えられていない」が正解。

第１段第１文（The U.S. Food…）に minors「未成年者」という語は

あるが，具体的に何歳になるとたばこを吸えるか書かれていないし，たばこ製品を買える年齢に関しての言及もない。したがって，(A)「16」，(B)「18」，(C)「20」の各選択肢は不正解となる。

▶24.「政府はたばこ販売の違法に関してどのように知ったか？」

(B)「調査すること」が正解。

第１段第２文（The agency disclosed …）に「伝えられるところによると，この10年に秘密裏に行われた100万以上の調査によって若者への高い販売率があるとわかったので，当局は月曜日に…」とある。「当局」とは「アメリカ食品医薬品局（FDA）」のことで，この分野での政府の代表と言えよう。youth はここでは teenagers や teens と言い換えられ，未成年者のことなので，違法販売ということになりそうだ。(A)「主張すること」も第１段第２文（The agency disclosed …）が該当箇所であろう。ただ，allegedly という副詞は「伝えられるところによると」の意味で，allege「主張する」とかなり意味が違うし，たばこ販売の違法をどう知ったのかの手段にはなりえない。同じように，(C)「明らかにすること」は第１段第２文（The agency disclosed …），(D)「売りに出すこと」は第２段第１文（The FDA …）がそれぞれ該当箇所だが，どちらもどのように知ったかの手段にはなりえないので不可となる。

▶25.「なぜ政府は未成年者にたばこ製品を売ることに関して懸念しているか？」

(C)「たばこはガンや健康上の問題を引き起こしうる」が正解。

第２段第２文（Federal regulators are …）に，「連邦規制当局は未成年者の間でニコチンのベイピングが増えていることに懸念を示しているが，これはたばこを吸うことにつながりうる」とある。「連邦規制当局」は政府の一部なので，これを政府と考えることは可能だ。be concerned about ～「～について心配している」の表現もある。その理由は，同段最終文（Tobacco use is …）に「たばこを使うことはガンやその他の健康上の問題の主要な原因である」と述べられている。(A)「電子タバコを使うことはたばこの喫煙を引き起こしうる」は(C)と同じところが該当箇所。確かに電子タバコからいわゆる紙巻きたばこにつながりうるとは書いてあるが，上で説明したとおり，真の懸念材料とは言えないであろう。病気につながるのが懸念なのだ。(B)「未成年者へのたばこ製品の販売が増えている」は第2段第2文（Federal regulators …）が該当箇所であろう。increasedという語がある。ただ,「未成年者の間でニコチンのベイピングが増えている」のであって，販売が増えているとは書かれていない。(C)が正解なので，(D)「上のどれでもない」は不正解となる。

●語句・構文●

(i)（第1段） compete with～「～と競合する」 take「～（授業など）を受ける」 mix *A* and *B*「*A*と*B*を混ぜ合わせる，混在させる」 in-class「教室内の」 coursework「勉強，授業」 statistic「統計の数字」 harbor「～が暗に含まれている」 detrimental「有害な」
（第2段） be popular with～「～に人気がある」 workingとseeking scheduling flexibilityはどちらもstudentsを修飾している。flexibility「融通，柔軟性」 a number of～「いくつかの～」 a school with an extensive online catalogのwithはここでは「～を持った」の意味で，a schoolを修飾している。due to～「（理由を表して）～のために」 as opposed to～「～と対照的に，～と比べると」 vice provost「副学長」 online offeringsとはここではonline coursesのこと。ever-increasing「常に増えている」 with「～を使って，～で」
（第3段） foundは後ろの2つのthat節が目的語。substantially「かなり，相当」 drop out of～「～から脱落する，～を退学する」 as well「～もまた」 editorialize that～「～だと社説で論じる」 distressing「悲惨な」 threatening… は分詞構文「そして～」。threaten to *do*「～する恐れがある」 shortchange「～を不公平に扱う」

(ii)（第1段） two-factor authentication「二要素認証」 コンマ（,）+orで「つまり，すなわち」と訳す。with「～を使った」 thread「スレッド（ツイートをまとめて投稿できる機能）」 opt out of～「～を脱退する，解除する」 almost a year after～は「～したほぼ1年後に」の意味。allow *A* to *do*「*A*が～するのを許可する」 search for～「～を検索する」 for targeted posts「ターゲティング投稿として」
（第2段） be susceptible to～「～を受けやすい」 what with *A* and *B*「*A*やら*B*やらで，*A*や*B*の理由で」 string「一続き」 andはsecurityとprivacyをつないでいて，どちらもproblemsを修飾している。plenty

of ～「たくさんの～」 the features「機能」 it は the massive social network を指している。quiz「小テスト」 end up *doing*「最後には～する」 giving の目的語は an analytics firm が *A*, personal data が *B* で, give *A* *B* で「*A* に *B* を与える」となる。flaw「欠陥」 allow *A* to *do*「*A* が～するのを可能にする」 up to ～「最大～」 app「アプリ」 a way for *A* to *do*「*A* が～する方法」

(iii) (第1段) could「～かもしれない」 impact crater「衝突クレーター」 ice sheet「氷床」 may have *done*「～したかもしれない」 such structure「そのような構造物」は a massive impact crater のこと。The new suspected impact crater は a second, unrelated such structure nearby のこと。like「～同様」 definitively「明らかに」 identify *A* as *B*「*A* を *B* だと特定する, 確認する」 many more ～「はるかにより多くの～」 feature「外観」 meteorite「隕石」 slam into ～「～に激突する」 the planet はここでは「地球」のこと。

(第2段) underlying「根底にある, 基礎の」 that idea は Is this another impact crater? のこと。lead author「筆頭執筆者」 glaciologist「氷河学者」 look like ～「～のようである」 two of them の them は受ける名詞がないが,「大きな衝突クレーター」と考えるとよい。be involved in ～「～に関与している」 dubbed「～と呼ばれた」 in addition to ～「～に加えて」 strikingly「顕著に, 著しく」 circular「円形の」 the elevation … an impact crater の部分は the elevation … central mound が先行詞, that … crater が関係代名詞節。elevation「立面図」 rim「へり」 central mound「中央丘」 the Hiawatha 以下は the Hiawatha discovery が S で sports が V, minerals が O で先行詞, that … impact が関係代名詞節。sport はこの文脈では訳しにくいが「～を誇示する, 見せびらかす」の意味。event「事象」

(第3段) The new candidate は第1段第1文 (Hard on the …) の a second, unrelated such structure nearby のこと。similar は第2段最終文 (In addition …) の minerals に対して「似た」という意味。meteor「隕石」は meteorite とほぼ同意。based on ～「～に基づいて」 remote sensing programs「遠隔探査計画」 dent「くぼみ」 distinctive「独特

の」 proximity「近似」 even if～「たとえ～だとしても」 striking Earth は meteorites を修飾している。likely「おそらく」 separately「別々に」

(iv) (第1段) phone addiction「(携帯) 電話依存症」 a big deal「大変なこと，一大事」 so much so that～「とてもそうなので～」の後ろのsoはa big dealのこと。be addicted to～「～に中毒である，～の依存症である」 requiring…は現在分詞の形容詞的用法としてtasksを修飾している。apparently「～のようだ，どうやら～」 pretty「かなり」 correlation between *A* and *B*「*A* と *B* の間の関係」 the amount of time が先行詞，one…media が関係代名詞節。one「人」 spend *A* *doing*「～して *A* を費やす」 mindlessly「何も考えずに」 on social media「ソーシャルメディア上で」 make sense「理にかなっている，合理的である」 addict「依存症の人」 stream of～「絶え間なく続く～」 miss out on～「～を逃す」

(第2段) go beyond～「～を超える」 turn into～「～になる」 irony「皮肉」 this particular～「特にこの～」 literally「文字通り」 get a handle on～「～を管理する，～に対処する」 carryingは動名詞でcarrying around a second, fake phoneがS，helpsがVとなっている。carry around～「～を持ち歩く」 keep *A* from *doing*「*A* が～するのを妨げる」 succumb to～「～に屈する，負ける」 be here to *do*「～するためにここにある」 break the habit「その習慣をやめる」のthe habitは携帯電話依存の習慣のこと。fit in～「～にしっかり納まる」 the thing is～「実は～，本当は～」 everは否定語と結びついて「決して(～ない)」となる。be used to *doing*「～することに慣れている」 next to～「～の近くに，～のとなりに」 somehow「どういうわけか」 fidget with～「～をいじる」のwithの目的語が欠けているのでto fidget withはsomethingにかかる不定詞の形容詞的用法。to getはthe "phone"にかかる不定詞の形容詞的用法。die「(電池などが) 切れる」 oneはa batteryのこと。can just～「簡単に～できる」 fish～out「～を引き上げる，取り出す」

(v)（第 1 段）　to adopt は不定詞の形容詞的用法で the second state を修飾している。a law が先行詞，that … fairness が関係代名詞節。require *A* to *do*「*A* に～するよう義務づける」 a move は「行動」くらいの意味で hailed 以下に修飾されている。hail「～を認める」 civil rights groups「公民権団体」 inclusion「一体性，多様性の受け入れ」 campaign「選挙運動」 Among … the news が M，was が V，Jaime Bruesehoff 以下が S となっている。those は「人々」の意味で celebrating the news が those を修飾している。in support of ～「～を支持して」 They need to … の They は our young people のこと。examples「見本，模範」 being taught は the history を修飾している。make contributions to ～「～に貢献する」 they are seeing … の they も our young people のこと。possibilities for ～「～の可能性」 hope for ～「～に対する希望」
（第 2 段）　under the measure「その法案の下で」 starting … は分詞構文「そして～」で，include … と starting … を並列関係と見るのがよいだろう。disabled「身体障がいの」 apply to ～「～に当てはまる，適用される」 advocacy「擁護」 the law が S で give …，promote …，help … と 3 つの動詞句がある。Our youth は第 1 段第 4 文（“This bill is …）の our young people と同意。deserve to *do*「～するに値する，～するのにふさわしい」 diverse「多様な」 it＝American history　one day「いつか」 too は they を修飾している。

(vi)（第 1 段）　not always ～「いつも～なわけではない，必ずしも～とは限らない」 The reason が先行詞で S，直後に why の省略で，we … “effervescent,” が関係副詞節，has が V となる。has to do with ～「～と関係がある」 diet「（栄養面から見た）食事」 introduction「導入，取り入れること」 2 つの the way が先行詞で，それぞれ we bite と we talk が関係副詞節。by consequence「その結果」
（第 2 段）　speech「話し言葉，言語」 wacky「変わった，奇抜な」 from *A* to *B*「*A* から *B* まで」 ubiquitous「どこにでもある，遍在する」 virtually「ほとんど」 click「舌打ち」 consonant「子音」 anthropologist「（文化）人類学者」 linguist「言語学者」 assume that ～「～だと思い込む」の that 節は years ago まで。inventory「一覧表」 our species

「人間，人類」 some＋数字「およそ，約」 publish「～を発表する」の過去分詞は research を修飾している。challenge「～に異議を唱える，～の正当性を疑う」 this long-held assumption は assumed that の that 節の内容を指す。long-held「長い間保たれてきた」

（第 3 段） interdisciplinary「学際的な」 led は lead「～を率いる，先導する」の過去分詞で，An interdisciplinary research team を修飾している。claim that～「～だと主張する」 be introduced into～「～に導入される，取り入れられる」 only recently「最近になって初めて」 lexicon「語彙，辞書」 emerge as～「～として現れる」 side effect「副作用」 labiodental「唇歯音の」 upper teeth「上歯，上の歯」 lower lip「下唇，下の唇」

（第 4 段） Here's～は以下で～を述べると言っている表現。以下に the story が述べられるということ。around「およそ」 as「～するにつれて」 transition「移行する」 have a～effect on…「…に～な影響を及ぼす」 pronounced「目立った，顕著な」 hunter-gatherers「狩猟採集民族」 tear into～「～を引き裂く，噛み切る」 juvenile「幼いころの」 overbite「過蓋咬合」 With the upper teeth…lower teeth の部分は with O C「O が C の状態で」の形になっていて，the upper teeth が O，slightly in front of the lower teeth が C。by accident「偶然に」 these sounds は labiodental sounds のこと。integrate *A* into *B*「*A* を *B* に統合する，まとめる」 across time and space「時間や空間を超えて」 most notably「特に」

(vii)（第 1 段） behind「～の（隠れた）原因となって」 a rash of～「～の多発」 show up「現れる，来る」

（第 2 段） while「～だけれども」 case に「患者」の意味がある。「感染者」の意味でも使われる。discharge「～を退院させる」 admit「～を入院させる」 some＋数字「およそ，約」 fracture「骨折」 sprain「捻挫」 bruise「打撲」 co-author「～の共著者である」

（第 3 段） while の後ろに it is が省略されている。it は The study のこと。public health「公衆衛生，市民の健康」 flood「～にあふれる」 startups「スタートアップ企業，ベンチャー企業」 inundate *A* with *B*

「*A* に *B* で押し寄せる」 the city＝Los Angeles　dockless「乗り捨て可能な，波止場のない」 to look ～ は不定詞の形容詞的用法で the first study を修飾している。involving electric scooters は the injury patterns and clinical outcomes を修飾している。

(viii)（第１段） accuse *A* of *B*「*B* のことで *A* を告発する」 retailer「小売業者」 gas station「ガソリンスタンド」 minors「未成年者」 The agency は FDA のこと。disclose that ～「～であることを明らかにする」 enforcement「強制」 avenue to *do*「～するための手段」 address「～に取り組む，対処する」 violation「違反」 after は接続詞で more than 1 million undercover checks が S，found が V である。undercover「秘密裏に行われた」 checks「調査」 this decade「この 10 年」は副詞的に働く。allegedly「伝えられるところによると」 youth「（集合的に）若者」

（第２段） market「（客を説得して）～を売ろうとする」 federal regulators「連邦規制当局」 be concerned about ～「～について心配している」 vaping「ベイピング（電子タバコなどを使って気化したニコチンなどを吸引すること）」 which の先行詞は increased nicotine vaping among teens と考えるとよいだろう。can「（理論上の可能性を表して）～する可能性がある，～することがある」 lead to ～「～を引き起こす」

（第３段） campaign against ～「～に反対する運動」 initially「最初に」 describe O as C「O を C だと述べる，評する」 disturbing「憂慮する，不安を生じさせる」 business「会社，企業」 location「店舗」 probe「（違法などの）捜査，調査」

II　解答

26―(I)　27―(G)　28―(H)　29―(D)　30―(F)　31―(H)　32―(B)　33―(E)　34―(C)　35―(E)　36―(G)　37―(J)　38―(L)　39―(J)　40―(I)

◀解　説▶

▶26.「その教師はいつも生徒たちの最も良い面を引き出すということでよく知られていた」

正解は(I)。bring out ～ で「～（人の資質や食べ物の味など）を引き出す」の意味のやや難しい熟語。bring out the best〔worst〕in ～で「～(人)の最も良い［悪い］面を引き出す」の形で覚えてもよい。be known for ～「～で知られている」の for は理由を表す前置詞。

▶27.「思いがけない土砂降りで戸外のコンサートは中止せざるをえなかった」

正解は(G)。call off ～「～（計画された行事など）を中止する」(= cancel）は重要熟語。受動態で使われることも多い。

▶28.「この講義は教授が要点について詳しく述べるまで理解しがたかった」

正解は(H)。elaborate on ～で「～について詳しく述べる」の意味のやや難しい熟語。The lecture was hard to understand は tough 構文などと呼ばれる重要構文。It was hard to understand the lecture で書き換えられる。

▶29.「オーストラリアでは，旅行客はワニの他にさまざまな他の爬虫類も見ることができる」

正解は(D)。aside from ～ は①「～を除いて，～は別にして」，②「～の他に，～に加えて」の意味がある。ここは other を手がかりにして②の意味だと考えるのがよい。

▶30.「私の娘は成人式の準備に数時間を費やした」

正解は(F)。come of age「成人になる」は重要熟語だが，coming-of-age で「成人の」の意味の形容詞として使うことが可能。Coming-of-Age Day で「成人の日」の意味で使うこともある。

▶31.「山間の豪雨のために電車は 1 時間以上遅れて到着した」

正解は(H)。on account of ～「(理由，原因を表して) ～のために，～が原因で」は基本熟語。

▶32.「その教授は自身の新しい理論を詳細にゼミの学生に説明した」

正解は(B)。at length は①「(長い間の意味で) 詳細に，詳しく」，②「(長い間を経ての意味で) 結局」の意味の重要熟語。ここは①の意味。

▶33.「この歴史的に有名な劇場の解体は住民の反対に直面して停止された」

正解は(E)。in the face of ～「～（問題，困難など）に直面して」も重要熟語。

▶34.「私は職業は医師だが，夜になるとボランティアの消防団員だ」

正解は(C)。by は「～に関しては」の意味で，たとえば by night「夜は」の表現があるが，これは by day「昼は」と対比して使われるのが基本。by profession「職業は」も同じで，職業ではないがボランティアで消防団員をやっていることと対比して使われていることを押さえておこう。

▶35.「ほとんどの航空会社は出発の45分から60分前に搭乗手続きをするよう求めることを覚えておいてください」

正解は(E)。bear［keep］～ in mind で「～を覚えておく，心に留めておく」の意味の重要熟語があるが，～に that 節をとると bear［keep］in mind that ～「～であることを覚えておく，心に留めておく」のようになる。that 以下がどうしても長くなるので後ろに置くことになる。

▶36.「彼らのハードな訓練はついに結実し，早稲田大学野球部は優勝した」

正解は(G)。pay off で「(努力などが）利益をもたらす，実を結ぶ」の意味の熟語で，入試で意外とよく見かける。

▶37.「そのカントリークラブの新規会員はみな規約に従わなければならない」

正解は(J)。conform to ～ で「～（法律や規則など）に従う」の意味の重要熟語。

▶38.「ジェームズは日本で事業をする仕方を知っている人だという印象を私は持った」

正解は(L)。strike *A* as *B* で「*A*（人など）に *B*（ある特徴などがある）という印象を与える」の意味になる。regard *A* as *B*「*A* を *B* と見なす」のように，as があると *A*=*B* の関係が成り立つのだが，strike に関してはその例外。主語=*B* の関係が成り立つ。James＝someone who knows how to do business in Japan ということになる。前置詞は必要なし。

▶39.「数カ月の話し合いのあと，エイミーはやっと父に自らの結婚に同意してもらえた」

正解は(J)。consent to ～「～に同意する」は基本表現。get *A* to *do*「(説得などをして）*A*（人）に～させる，してもらう」は重要な語法。

▶40.「その政治家は恥ずべき言葉や行為のために，公職を解かれた」

正解は(I)。be kicked out of ～ で「～（仕事など）を解雇される，～

から追い出される」の意味のやや難しい表現。office は「(特に政治において重要な）公職，要職」の意味がある。

III 解答

41―B　42―A　43―E　44―D　45―A　46―E
47―B　48―D　49―B　50―A

◀解　説▶

▶41.「ミキは高校を卒業したらすぐに勉強のために海外へ行くつもりだ」

正解はB。abroad「海外へ」は副詞なので to は不必要。go abroad で「海外へ行く」となる。A はBの go を含めて plan to *do*「～するつもりだ」の形であり，進行形で使うこともよくある。C の to study は副詞的用法〈目的〉の不定詞で「勉強するために」。D は graduate from high school で「高校を卒業する」の意味。as soon as ～「～するとすぐに」の導く節は時や条件を表す副詞節で，未来を表す場合でも will は使わず現在形にするので，graduates と現在形にしないといけない。

▶42.「テニスの奨学金がなかったなら，私は大学へ行くことはできなかったであろう」

正解はA。If it had not been for ～「(仮定法過去完了形で）～がなかったならば」は倒置されて Had it not been for ～と言える。したがって，Has は Had にする。C と D の wouldn't have been は仮定法過去完了形の帰結節 would have *done* の形になっているので問題なし。be able to *do*「～できる」のつながりも問題なし。

▶43.「その役人は移住の適格基準が複雑すぎるので改定する必要性を強調した」

正解はE。A の the need to *do*「～する必要性」のつながりは重要。revise は「～を改定する」の意味。B の eligibility criteria は「適格基準」くらいの意味で，これは知らなくても仕方ない。criteria は criterion の複数形で，criterion for ～で「～の基準」となる。たとえば a criterion for action は「行動基準」の意味となる。C の as は理由を表す接続詞で「～なので」の意味。they は the eligibility criteria が複数形なのでこれを受けている。C から D に続く were too complicated「複雑すぎた」の部分も問題なし。

▶44.「私たちの計画に関してさらに質問があるのでしたら，どうぞ遠慮なく尋ねてください」

正解はD。Cのhesitateは動名詞ではなく不定詞を目的語にとる。hesitate to *do* で「～するのをためらう」となる。したがって，Dのaskingをto askとするのが正しい。AはIf S′ should *do* ～で「（未来における実現の可能性，現在における事実の可能性がやや低いことを表して）もし～ならば」の意味だが，この表現も倒置が可能で，Should S′ *do* ～とすることができる。本問はこの形である。If you should have ～で書き換え可能。If節は疑問文に近い働きをするので，Bのanyは「いくつかの，何らかの」の意味。moreは当然「もっと多くの」の意味。If S′ should *do* ～の帰結節は命令文であることが非常に多い。Cは否定の命令文で問題なし。

▶45.「スキャンダルのニュースがインターネット経由で広がったので，その会社はついに内部調査を始めた」

正解はA。Dのopenedが過去形になっているし，全体として現在の話と考えるのは無理があるので，Aのspreadsはspreadと過去形にするのが正しい。spread outはspreadとほとんど意味は変わらない。Bのacross the internetは「インターネット経由で」くらいのニュアンス。acrossは本問のように情報などが広まるといった意味のときに使われやすい前置詞である。Cのthe companyは問題なし。Dのopenはopen an investigationで「調査を始める」の使い方ができる。

▶46.「カレンはその会議に参加するとすぐに，集まった人たちにプレゼンをするよう求められた」

正解はE。AとBはno sooner ～ than …で「～するとすぐに…する」の重要な表現が含まれているが，この表現はほとんど過去のことでしか使われない。しかもno soonerは否定語句であり，否定語句が文頭に来ると倒置されるという非常に重要な文法事項があるので，No sooner had S *done* ～ than S′ *did* ….「Sが～するとすぐにS′は…した」となる。Bのenteredは，「会議に参加する」の意味ではjoinやattendを使うのが普通であまり見かけないが，文法的に誤りとは言えない。enter the meetingはオンライン上の「会議に入る」の意味でも使うようだ。Cは過去形になることと，ask *A* to *do*「*A*（人）に～するよう頼む」の受動態になっていることがポイント。また，CとDにわたるmake *one's* presentation to

～は「～にプレゼンをする」の意味で特に問題はない。

▶47.「デジタル音楽の人気は私たちからレコードを聴く喜びをかなり奪ってしまった」

正解はB。considerable「かなりの，相当の」は形容詞なので，この位置では文法的におかしい。considerably「かなり，相当」と副詞にすれば文法的に可能となる。Aは「デジタル音楽の人気」の意味で問題なし。BとCにわたる現在完了形の部分も問題なし。deprive *A* of *B*「*A* から *B*（必要なものなど）を奪う」は重要語法である。Dは前置詞 of の後ろにあるので listening の ing は動名詞。listen to ～は listen to music「音楽を聴く」のような使い方ができるので，listen to records「レコードを聴く」の表現も可能。

▶48.「君は昨年の秋に彼女が言ったことに対してそろそろ許してあげるときだよ。彼女に君を傷つけるつもりはなかったのだから」

正解はD。didn't の直後は動詞の原形なので meant は不可。mean と原形にする。mean to *do* は「～するつもりだ」の意味。Aは It's about time S′ V′（動詞は過去形）.で「S′はそろそろV′するときだ」の意味。Bの forgave が過去形になっているのは正しい。forgive *A* for *B*「*B*（過ちなど）に対して *A*（人）を許す」の語法は覚えておこう。Cの what は関係代名詞なので，said の目的語が欠けているのは文法的に問題なし。what she said で「彼女が言ったこと」の意味。

▶49.「インターネットは世界で起きている出来事を随時私たちに知らせてくれるとは限らない」

正解はB。inform *A* of *B*「*A*（人）に *B*（情報など）を知らせる」を受動態にすると *A* be informed of *B*「*A* は *B* を知らされている」となる。この受動態の過去分詞以下の informed of *B* を keep O C「OをCの状態にしておく」のCの位置に入れた形が選択肢Bの正しい形となる。keep *A* informed of *B* という表現があると考えてもよい。「*A* に *B* を知らされた状態にしておく→ *A* に *B* のことを随時知らせる」のような訳となる。Aは The internet が主語なので does not は問題なし。not always は部分否定になっていることを押さえよう。「いつも～とは限らない」の意味。Cの the events はD以下に修飾されているので the がついている。Dの take place は「起こる，行われる」の意味の重要熟語。taking は現在分詞で the events を修飾している。

▶50.「君のパソコンの修理の仕方を，時間はかかるかもしれないけど順を追って説明するよ」

正解はA。explain はいわゆる第4文型はとれず，explain *A* to *B*「*A* を *B*（人）に説明する」の形にしないといけない。*A* が長いかたまりとなる場合は explain to *B A* となるので，本問は explain to you how to fix your PC として you が *B*，how to fix your PC が *A* になる。Bの step by step は副詞的に働き，「一歩一歩，着実に，順を追って」の意味。Cの though は倒置で使うことが可能。though that may be time-consuming「それは時間を消費するかもしれないけれども」が本来の形だが，形容詞を though の前に出すことが可能。ちなみに，as を使って time-consuming as that may be としても同意表現となる。may は普通に「～かもしれない」の意味。time-consuming が補語になっているので，be 動詞が使われているのは問題なし。

❖講　評

2021年度も大問3題の出題で，設問形式も例年通りⅠは読解問題，Ⅱは前置詞などを入れる空所補充問題，Ⅲは誤り指摘問題となっていた。難易度としては，Ⅰは2020年度よりやや易化したと言えよう。Ⅱは2020年度が難熟語のオンパレードであったが，2021年度は一転して基本や標準に属する熟語が多かった。Ⅲは2020年度よりやや解きやすくなった印象だ。

早稲田大学の他学部の入試問題と比べると，この人間科学部の問題は難しい部類に入ると言える。Ⅰの読解問題は専門的で，難しい語彙がちりばめられており，内容を把握しにくいものが多々ある。また，内容説明問題の選択肢は短いが，紛らわしいものが多い。Ⅱの空所補充問題は基本的には易化傾向であったが，2020年度に突然難問となり，逆に2021年度は重要熟語ばかり出題される問題となった。2021年度の問題は受験生の勉強量がよく反映される問題となったとも言える。Ⅲの誤り指摘問題は語法や文法などをしっかり頭に入れていない受験生には正解が本当に見えにくい設問。誤っている部分を見つけるのは大変である。しかも，NO ERROR の選択肢があるのが受験生には本当に悩ましいと思われる。

Ⅰの読解問題は，８つの中程度の長さの英文を読んでそれぞれの設問に答えさせるもの。設問は，基本的に英問英答形式の内容説明，主題，同意表現などとなっている。レベルは 2020 年度よりやや易化，英文の分量は 2020 年度並みとなっている。英文のテーマは，2019 年度は自然科学系から社会科学系へ，2020 年度は社会科学系から自然科学系へ，2021 年度は自然科学系から社会科学系へ比重が移り，交互になっているのはおもしろい。ただ，この２つが大きなテーマであることに変わりはない。研究者の研究結果を述べたものが多いので，一部に難しい語彙が使われている。読みにくい部分も多々あるであろう。2021 年度は(iii)・(vi)あたりがかなり難単語や固有名詞などを含み読みにくかった。内容もかなり専門的だ。また，どの分野にしろ，時事的なテーマが多いのも人間科学部の特徴である。設問は各文章につき３，４問。シンプルな設問で選択肢の語数も短いが，それゆえに判断する材料が少ないので正解を出しにくいことが結構ある。また，「上の選択肢すべて」「いずれでもない」「十分な情報は与えられていない」という選択肢が設定されている場合があり，すべての選択肢を正確に吟味しないといけないので，あせらされるし多くの時間を取られてしまうと思っておくとよい。

Ⅱの空所補充問題は，前置詞などの空所補充で，「補う必要なし」の選択肢も設定されているのが特徴である。設問のタイプは大きく２つに分けられる。熟語の中の前置詞を問うものと，前置詞を単独で問うものである。2021 年度は最近の傾向と同じく，熟語の中の前置詞を問うものが圧倒的であった。語法も熟語と考えれば 15 問すべてが熟語であった。逆に言えば，前置詞を単独で問うものが非常に少ない，または皆無ということになる。2015 年度と 2016 年度はほとんど難熟語がポイントとなる，人間科学部入試の中で一番難しい大問とも言えるほどであったが，2017 年度以降少しずつ緩和されてきて，2019 年度は良問と言えるほどになった。しかし 2020 年度はまた 2015 年度や 2016 年度の難しさに戻り，2021 年度は再度易化するという難易度の推移となっている。2020 年度は９つ程度が難問であったが，2021 年度は 34, 40 が難問と言えそうだ。27, 29, 31, 32, 33, 35, 37, 39 あたりは基本に属する問題。26, 28, 30, 36, 38 あたりはやや難しいが無理のない問題。2021 年度のレベルなら，基礎や標準レベルの熟語や語法をしっかり覚えていればかなりの高得点が期待できるということだ。

Ⅲの誤り指摘問題は，NO ERRORの選択肢が用意されているのは2021年度も同じであった。この形式は受験生にとってはなかなか厄介で，悩んでしまったり誤りを見落としてしまったりといったことが起こりうる。間違っている箇所が必ずあれば気づきやすいが，すべて正しい可能性があるというのは，判断を鈍らせる厄介な要因となる。自信をもってそれぞれの正誤を判断できるだけの正確な知識が必要となる。ここでは2021年度の下線部の中で正解を出すのが悩ましいポイントを簡単に列挙しておこう。少し概観がわかるのではなかろうか。eligibility criteria forのeligibility criteriaの正誤とforが可能かどうか，any more questionsのany moreがどういう意味で可能かどうか，spreads outの三単現やoutの有無，across the internetの正誤，opened an internal investigationのopenedという動詞の意味と正誤，entered the meetingの正誤，make her presentation toの意味と正誤などが悩ましいポイントだ。動詞周辺の知識が比較的よく狙われるが，最終的に正しく判断するためには結局ほとんどあらゆる項目に関して正確な知識が必要ということになる。受験生にとってはなかなかハードな問題である。正解を目指してほしいのは41, 42, 44, 47, 48, 49, 50あたりで，逆に43, 45, 46あたりは判断が難しかったであろう。特にNO ERRORかどうかを見極めるのは困難と言えそうだ。この種の気づきにくい問題は必ずあり軽視はできないが，他の受験生も悩むところなので，まずは解きやすい問題でミスをしないことが大切となる。

■数学■

◀理系方式▶

1

◇発想◇ (1) 8人を4組の2人組に分ける典型的な問題である。一旦，A，B，C，Dの区別できる2人組4組に分けることを考えて，それから本来なかったA，B，C，Dの区別をなくすと考えるとわかりやすい。

(2) 具体的に考える方がわかりやすいと思われる。ある作業に取り組んだときの2人組4組の組み分けが，$(a_1,\ a_2)$，$(b_1,\ b_2)$，$(c_1,\ c_2)$，$(d_1,\ d_2)$ であるとしてみよう。8人全員がくじ引き前と異なるメンバーとペアになる場合を直接考えることは難しいので，余事象の確率を求めようと方針を立てる。くじ引き前と後で同じペアの組が何組あるのかで場合分けをして1組，2組，3組，4組の場合で1つ1つ組み分けが何通りあるかを求めてみよう。

解答 ア．1 イ．5 ウ．4 エ．7

◀解 説▶

≪8人を2人組4組にする確率≫

▶(1) 8人のメンバーで，2人組を4組作る方法は次の通りである。

一旦，A，B，C，Dのグループに分けると考えて

$${}_8C_2\cdot{}_6C_2\cdot{}_4C_2\cdot{}_2C_2=28\cdot15\cdot6\cdot1=2520 \text{ 通り}$$

A，B，C，Dの区別をなくしたときの重複を解消すると

$$\frac{2520}{4!}=105 \text{ 通り}$$

よって，8人のメンバーで，2人組を4組作る方法は105通りである。

105を100で割った商は1（→ア），余りは5（→イ）である。

▶(2)　ある作業に取り組んだときの組分けとくじ引き後の組分けを比べたときに

- 4 組とも同じペアである組分けは 1 通り。
- 3 組だけが同じペアになる組分けは 0 通り（1 組だけが異なるペアとなることはあり得ない）。
- 2 組だけが同じペアになる組分けは

　4 組のうちどの 2 組が同じペアになるかは ${}_4C_2=6$ 通りあり，残りの組のペア替えは 2 通りあるから

$$6\times2=12 \text{ 通り}$$

- 1 組だけが同じペアになる組分けは

　作業に取り組む前に $(a_1,\ a_2)$，$(b_1,\ b_2)$，$(c_1,\ c_2)$，$(d_1,\ d_2)$ がそれぞれペアだったとする。

　ここで，$(a_1,\ a_2)$ がくじ引き後も同じペアだとする。

　b_1 の新たなペアは c_1，c_2，d_1，d_2 の 4 通りある。b_1 と新たにペアになる人と以前ペアだった人が新たなペアを作る方法は 2 通りある。以前のペアではない 2 人が残っているので，この 2 人を新たなペアにすればよいから，$4\times2=8$ 通りとなる。

　これは $(a_1,\ a_2)$ 以外の組がくじ引き後も同じペアの場合も同様であるから，総数は

$$4\times8=32 \text{ 通り}$$

よって，8 人全員がくじ引き前と異なるメンバーとペアになる場合の数は，これらを組分けの総数から除いて

$$105-(1+12+32)=60 \text{ 通り}$$

となるので，求める確率は

$$\frac{60}{105}=\frac{4}{7}\quad(\to \text{ウ・エ})$$

2

◇発想◇　(1)　対数・指数関数に関する連立不等式の表す領域の面積を求める問題である。対数を含む不等式は整理するプロセスでは底の値を揃えて，真数の大小関係に持ち込もう。指数を含む不等式でも底を揃えて，指数の大小関係に持ち込もう。定積分の

計算は $\int_{\alpha}^{\beta}(x-\alpha)(x-\beta)dx=-\frac{1}{6}(\beta-\alpha)^3$ の公式を用いて，要領よくこなそう。

(2) 3辺の長さがわかっているときの三角形の面積を求める問題であり，余弦定理を用いて，どこかの角の cos の値を求めて，sin の値に変換し，三角形の面積を求める方法が考えられる。ヘロンの公式を利用できるのであれば，用いると要領よく解答できる。

(3) $2021_{(n)}$ を10進法で表そう。n 進法の表記が 0，1，2 で表されていることから，3進法以上であることがわかる。$n=3$，4，5，…と順に考察してみよう。

解答 オ．7 カ．21 キ．9 ク．20 ケ．3 コ．3 サ．5

◀解 説▶

≪小問3問≫

▶(1) $\begin{cases} \log_4 y+\log_{\frac{1}{4}}(x-2)+\log_4\dfrac{1}{8-x}\geqq -1 & \cdots\cdots ① \\ 2^{y+x^2+11}\leqq 1024^{x-1} & \cdots\cdots ② \end{cases}$

①について，真数条件より

$$y>0 \quad \text{かつ} \quad x-2>0 \quad \text{かつ} \quad \frac{1}{8-x}>0$$

つまり　$y>0$ かつ $2<x<8$ ……③

①について

$$\log_4 y-\log_4(x-2)-\log_4(8-x)\geqq -\log_4 4$$

$$\log_4 y+\log_4 4\geqq \log_4(x-2)+\log_4(8-x)$$

$$\log_4 4y\geqq \log_4(x-2)(8-x)$$

底の4は1より大きいので

$$4y\geqq (x-2)(8-x)$$

$$y\geqq -\frac{1}{4}(x-2)(x-8) \quad \cdots\cdots ④$$

②について

$$2^{y+x^2+11}\leqq 2^{10(x-1)}$$

底の 2 は 1 より大きいので

$$y+x^2+11\leqq 10(x-1)$$

$$y\leqq -x^2+10x-21$$

$$y\leqq -(x-5)^2+4 \quad \cdots\cdots⑤$$

以上より，③～⑤を満たす領域の面積を求めればよい。

$$\begin{cases} y=-\dfrac{1}{4}(x-2)(x-8) \\ y=-(x-5)^2+4 \end{cases}$$

より y を消去して

$$3x^2-30x+68=0$$

$$x=\frac{-(-15)\pm\sqrt{(-15)^2-3\cdot 68}}{3}=\frac{15\pm\sqrt{21}}{3}$$

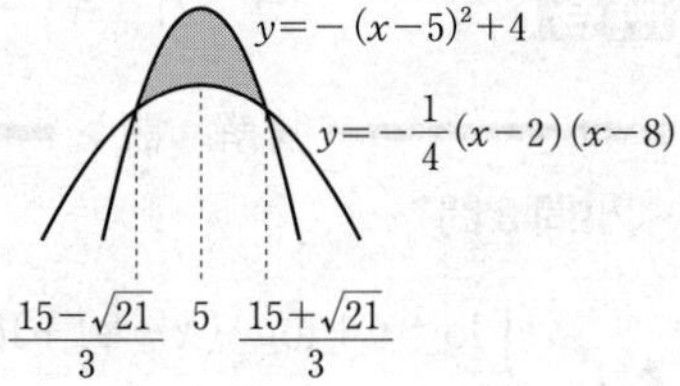

④と⑤を満たす右図の網かけ部分は③も満たす。

$\alpha=\dfrac{15-\sqrt{21}}{3}$，$\beta=\dfrac{15+\sqrt{21}}{3}$ とおいて，

求める網かけ部分の面積は

$$\int_\alpha^\beta \left[\{-(x-5)^2+4\}-\left\{-\frac{1}{4}(x-2)(x-8)\right\}\right]dx$$

$$=-\frac{1}{4}\int_\alpha^\beta (3x^2-30x+68)\,dx$$

$$=-\frac{1}{4}\cdot 3\int_\alpha^\beta (x-\alpha)(x-\beta)\,dx$$

$$=-\frac{3}{4}\cdot\frac{-1}{6}(\beta-\alpha)^3$$

$$=\frac{1}{8}\left\{\left(\frac{15+\sqrt{21}}{3}\right)-\left(\frac{15-\sqrt{21}}{3}\right)\right\}^3$$

$$=\frac{1}{8}\left(\frac{2\sqrt{21}}{3}\right)^3$$

$$=\frac{7\sqrt{21}}{9} \quad (\to オ～キ)$$

▶(2)　5 と 16 の長さの辺ではさまれている角の大きさを θ（$0<\theta<\pi$）とおくと，余弦定理より

$$\cos\theta=\frac{5^2+16^2-19^2}{2\cdot5\cdot16}=-\frac{1}{2}$$

$0<\theta<\pi$ の範囲では $\theta=\frac{2}{3}\pi$ であり　　$\sin\theta=\frac{\sqrt{3}}{2}$

したがって，求める三角形の面積は

$$\frac{1}{2}\cdot5\cdot16\cdot\frac{\sqrt{3}}{2}=20\sqrt{3}\quad(\to ク・ケ)$$

別解　$s=\frac{1}{2}(5+16+19)=20$ とおくと，ヘロンの公式より

$$\sqrt{20(20-5)(20-16)(20-19)}=\sqrt{20\cdot15\cdot4\cdot1}=20\sqrt{3}$$

▶(3)　$2021_{(n)}=2\times n^3+0\times n^2+2\times n+1\times1=2n^3+2n+1_{(10)}$

$2021_{(n)}$ のように 0，1，2 を用いて表記されることにより，$n\geqq3$ である。

$n=3$ のとき　　$2\cdot3^3+2\cdot3+1=61$（素数）

　となるので，素数であるような n の最小値は　　3　(→コ)

$n=4$ のとき　　$2\cdot4^3+2\cdot4+1=137$（素数）

$n=5$ のとき　　$2\cdot5^3+2\cdot5+1=261=3^2\cdot29$

　となるので，素数ではない。よって，合成数であるような n の最小値は　　5　(→サ)

3

◇発想◇　一般的な n に関して処理できるかどうかで解答の仕方が変わってくる。できなければ，具体的な $n=1$ に関して領域に含まれる整数の組の個数を求めることになるが，それほど難しくはないだろう。領域内で直線 $x=k$（$k=0$，1，2，3，4）上にある整数の組の個数を数えて，合計すればよい。一般的な n に関して処理できるようなら，先に n で整数の組の個数を表してから，$n=1$ の場合について求めれば要領よく解ける。領域内で $n=1$，2，3，…である n についての直線 $x=4k-3$，$x=4k-2$，$x=4k-1$，$x=4k$（$k=0$，1，2，…，n）上にある整数の組の個数をそれぞれ求めて合計することが，整数の組を求める基本的な考え方である。

解答　シ．27　ス．20　セ．6　ソ．1

◀解　説▶

≪不等式で表される領域内の整数の組の個数≫

$$|y|=\begin{cases} y & (y\geqq 0 \text{ のとき}) \\ -y & (y\leqq 0 \text{ のとき}) \end{cases}$$

$n=1$ のとき

$$\begin{cases} \dfrac{1}{4}x+\dfrac{1}{5}y\leqq 1 \quad \text{つまり} \quad y\leqq -\dfrac{5}{4}x+5 \quad (y\geqq 0 \text{ のとき}) \\ \dfrac{1}{4}x-\dfrac{1}{5}y\leqq 1 \quad \text{つまり} \quad y\geqq \dfrac{5}{4}x-5 \quad (y\leqq 0 \text{ のとき}) \end{cases}$$

これと $x\geqq 0$ の表す領域は右図の網かけ部分である（境界を含む）。

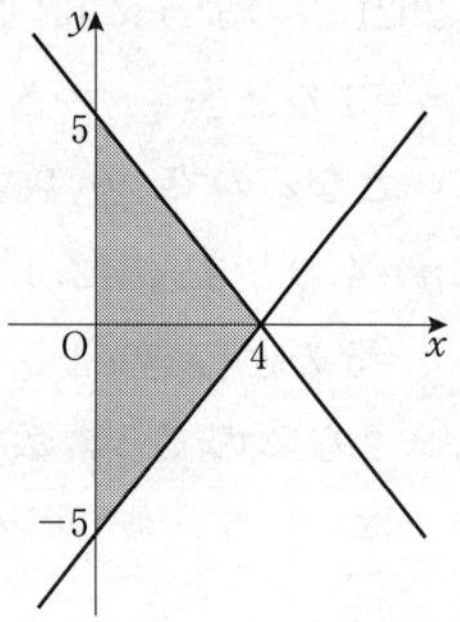

直線 $x=0$ 上には $(0,\ -5),\ \cdots,\ (0,\ 5)$ の 11 個の整数の組が存在する。

直線 $x=1$ 上には点 $\left(1,\ -\dfrac{15}{4}\right)$ と点 $\left(1,\ \dfrac{15}{4}\right)$ を両端とする線分上に，$(1,\ -3),\ \cdots,\ (1,\ 3)$ の 7 個の整数の組が存在する。

直線 $x=2$ 上には点 $\left(2,\ -\dfrac{5}{2}\right)$ と点 $\left(2,\ \dfrac{5}{2}\right)$ を両端とする線分上に，$(2,\ -2),\ \cdots,\ (2,\ 2)$ の 5 個の整数の組が存在する。

直線 $x=3$ 上には点 $\left(3,\ -\dfrac{5}{4}\right)$ と点 $\left(3,\ \dfrac{5}{4}\right)$ を両端とする線分上に，$(3,\ -1),\ (3,\ 0),\ (3,\ 1)$ の 3 個の整数の組が存在する。

直線 $x=4$ 上には $(4,\ 0)$ の 1 個の整数の組が存在する。

よって，求める整数の組の個数は

$11+7+5+3+1=27$ 個　（→シ）

次に，一般的な n について考える。

$$\begin{cases} \dfrac{1}{4}x+\dfrac{1}{5}y\leqq n \quad \text{つまり} \quad y\leqq -\dfrac{5}{4}x+5n \quad (y\geqq 0 \text{ のとき}) \\ \dfrac{1}{4}x-\dfrac{1}{5}y\leqq n \quad \text{つまり} \quad y\geqq \dfrac{5}{4}x-5n \quad (y\leqq 0 \text{ のとき}) \end{cases}$$

これと $x \geqq 0$ の表す領域は右図の網かけ部分である（境界を含む）。

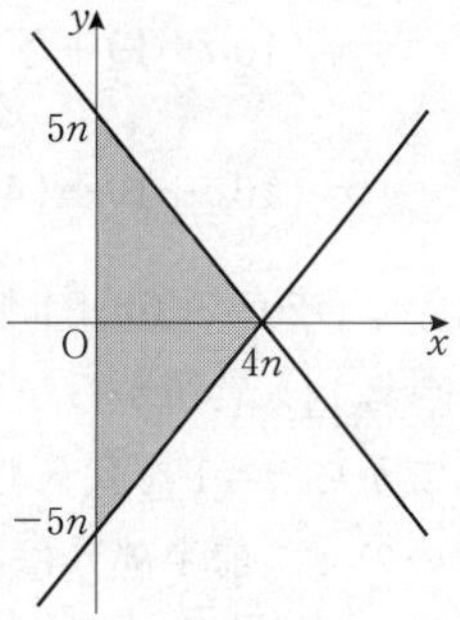

$n=1$ のときの考察を一般的な n に拡張して次のように場合分けする。

(ア)　直線 $x=4k$（$k=0,\ 1,\ 2,\ \cdots,\ n$）上の整数の組の個数

網かけ部分において，この直線上には

$$(4k,\ 5(k-n)),\ (4k,\ 5(k-n)+1),$$
$$(4k,\ 5(k-n)+2),\ \cdots,\ (4k,\ 5(n-k))$$

の $10(n-k)+1$ 個の整数の組が存在する。

(イ)　直線 $x=4k-3$（$k=1,\ 2,\ 3,\ \cdots,\ n$）上の整数の組の個数

網かけ部分において，この直線上には

$$(4k-3,\ 5(k-n)-3),\ (4k-3,\ 5(k-n)-2),$$
$$(4k-3,\ 5(k-n)-1),\ \cdots,\ (4k-3,\ 5(n-k)+3)$$

の $10(n-k)+7$ 個の整数の組が存在する。

(ウ)　直線 $x=4k-2$（$k=1,\ 2,\ 3,\ \cdots,\ n$）上の整数の組の個数

網かけ部分において，この直線上には

$$(4k-2,\ 5(k-n)-2),\ (4k-2,\ 5(k-n)-1),$$
$$(4k-2,\ 5(k-n)),\ \cdots,\ (4k-2,\ 5(n-k)+2)$$

の $10(n-k)+5$ 個の整数の組が存在する。

(エ)　直線 $x=4k-1$（$k=1,\ 2,\ 3,\ \cdots,\ n$）上の整数の組の個数

網かけ部分において，この直線上には

$$(4k-1,\ 5(k-n)-1),\ (4k-1,\ 5(k-n)),$$
$$(4k-1,\ 5(k-n)+1),\ \cdots,\ (4k-1,\ 5(n-k)+1)$$

の $10(n-k)+3$ 個の整数の組が存在する。

(ア)〜(エ)を合計して，求める整数の組の個数は

$$\sum_{k=0}^{n}\{10(n-k)+1\}+\sum_{k=1}^{n}\{10(n-k)+7\}$$
$$+\sum_{k=1}^{n}\{10(n-k)+5\}+\sum_{k=1}^{n}\{10(n-k)+3\}$$
$$=(10n+1)+\sum_{k=1}^{n}[\{10(n-k)+1\}+\{10(n-k)+7\}$$
$$+\{10(n-k)+5\}+\{10(n-k)+3\}]$$

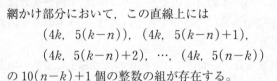

$$=(10n+1)+\sum_{k=1}^{n}\{40(n-k)+16\}$$

$$=(10n+1)+(40n+16)n-40\cdot\frac{1}{2}n(n+1)$$

$$=20n^2+6n+1$$ 個　（→ス～ソ）

参考 1　最初から一般的な n で結果を得られるならば，ここまで計算してから $n=1$ を代入して，$n=1$ のときの整数の組の個数 27 個を得ればよいので，前半部分は不要である。それができなければ，$n=1$ のときの計算を具体的にするしかない。

参考 2　整数の組の個数を数える問題では，領域の境界線上に整数の組があり，規則性が保たれる式を立てて，Σ 計算に持ち込む。その際に直線の傾きに注目し，y 軸に平行な直線 $x=k$ または x 軸に平行な直線 $y=k$ 上の整数の組の個数を数えるのが基本である。しかし，本問では，直線の傾きが $\pm\frac{5}{4}$ であり，どちらにしても境界線上に必ず整数の組があるわけではなく，いずれにしても場合分けが必要になる。できる限り要領よく計算しよう。

4

◇発想◇　前半では，一般的な θ については考えなくてもよいので，直接，$\theta=\frac{\pi}{4}$ の場合について，実際に点の移動を追っていけばよい。点 P_1 の座標を求めて，さらに点 P_2 の座標を求めよう。

後半の $\theta=\frac{\pi}{3}$ の場合は，一般的な $P_n(x_n,\ y_n)$ について考えることになるので，計算しやすいような工夫が必要である。ここでは，xy 平面上の点 $P_n(x_n,\ y_n)$ を複素数平面上での複素数 $p_n=x_n+y_ni$ が表す点に対応をつけて x_n，y_n の値の変化の様子を見ていこう。複素数平面上で考えることは，回転移動を含む点の移動には有効な方法であることを覚えておこう。移動には，点 M_1，M_2，…が絡んでくるが，図を描いて，点 P_1，P_2，…の移動を直接考えるとよい。点 $\alpha=\cos\frac{\pi}{3}+i\sin\frac{\pi}{3}$ とおいて，複素

数 $p_n=x_n+y_ni$ を α で表そう。$\lim_{n\to\infty}p_n$ を求めて，実部が $\lim_{n\to\infty}x_n$，虚部が $\lim_{n\to\infty}y_n$ である。

解答　タ．2　チ．4　ツ．2　テ．2　ト．4　ナ．0　ニ．3　ヌ．3

◀解　説▶

≪点を回転移動させていくときの点の座標の極限値≫

$\theta=\dfrac{\pi}{4}$ のとき，$P_1\left(\cos\dfrac{\pi}{4},\ \sin\dfrac{\pi}{4}\right)$ と表せる。よって，線分 M_1P_1 の中点 M_2 の座標は $\left(\dfrac{1}{2}\cos\dfrac{\pi}{4},\ \dfrac{1}{2}\sin\dfrac{\pi}{4}\right)$ つまり，$\left(\dfrac{\sqrt{2}}{4},\ \dfrac{\sqrt{2}}{4}\right)$ となる。

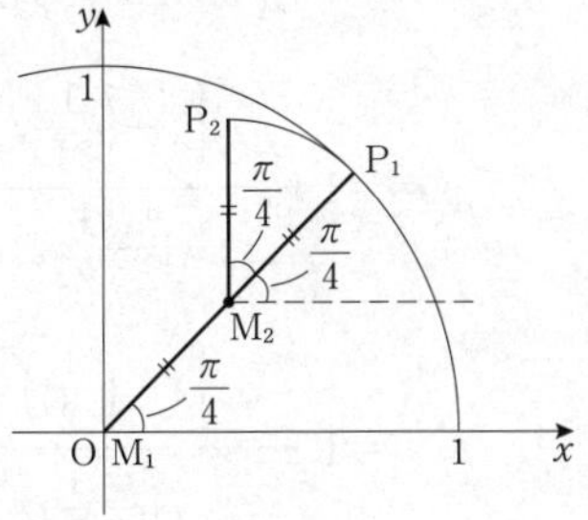

よって，P_2 の座標は

$\left(\dfrac{\sqrt{2}}{4}+\dfrac{1}{2}\cos\dfrac{\pi}{2},\ \dfrac{\sqrt{2}}{4}+\dfrac{1}{2}\sin\dfrac{\pi}{2}\right)$ より $\left(\dfrac{\sqrt{2}}{4},\ \dfrac{2+\sqrt{2}}{4}\right)$ となる。

したがって　　$x_2=\dfrac{\sqrt{2}}{4}$，$y_2=\dfrac{2+\sqrt{2}}{4}$　（→タ～ト）

次に，$\theta=\dfrac{\pi}{3}$ のとき，複素数平面上で，$\alpha=\cos\dfrac{\pi}{3}+i\sin\dfrac{\pi}{3}$，点 $P_n(x_n,\ y_n)$ について，$p_n=x_n+y_ni$ とおく。

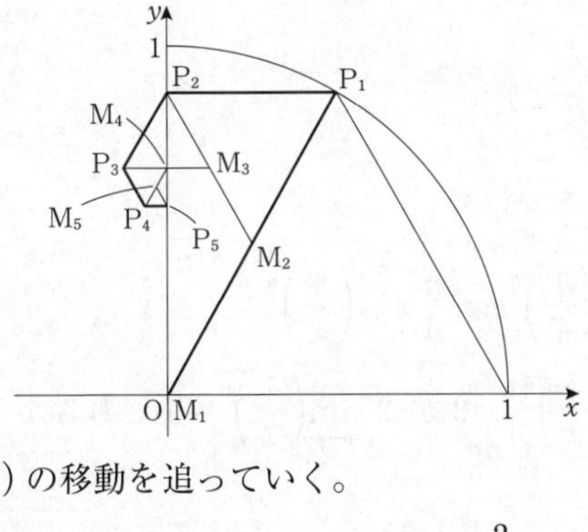

直接，$P_n(x_n,\ y_n)$ の移動を追っていく。

点 (1，0) からスタートする。x 軸の正の方向へ $\dfrac{2}{3}\pi$ の角度を 1 進むと点

P_1 に移動して，以降は進む方向が $\dfrac{\pi}{3}$ ずれて，進む距離が $\dfrac{1}{2}$ 倍になる。

つまり，$\dfrac{1}{2}\alpha$ になるので

$$p_n=1+\alpha^2+\frac{1}{2}\alpha^3+\left(\frac{1}{2}\right)^2\alpha^4+\left(\frac{1}{2}\right)^3\alpha^5+\cdots+\left(\frac{1}{2}\right)^{n-1}\alpha^{n+1}$$

と表せる。

$$p_n=1+\left(\text{初項 }\alpha^2\text{，公比 }\frac{1}{2}\alpha\text{ の等比数列の初項から第}n\text{項までの和}\right)$$

$$=1+\frac{\alpha^2\left\{1-\left(\frac{1}{2}\alpha\right)^n\right\}}{1-\frac{1}{2}\alpha}$$

$$=1+\frac{\alpha^2\left\{1-\left(\frac{1}{2}\right)^n\alpha^n\right\}}{1-\frac{1}{2}\alpha}$$

$$=1+\frac{(-2+2\sqrt{3}\,i)}{3-\sqrt{3}\,i}\left\{1-\left(\frac{1}{2}\right)^n\left(\cos\frac{\pi}{3}+i\sin\frac{\pi}{3}\right)^n\right\}$$

$$=1-\left(1-\frac{\sqrt{3}}{3}i\right)\left\{1-\left(\frac{1}{2}\right)^n\left(\cos\frac{n}{3}\pi+i\sin\frac{n}{3}\pi\right)\right\}$$

$$=\frac{\sqrt{3}}{3}i+\left(1-\frac{\sqrt{3}}{3}i\right)\left\{\left(\frac{1}{2}\right)^n\cos\frac{n}{3}\pi+i\left(\frac{1}{2}\right)^n\sin\frac{n}{3}\pi\right\}$$

$\displaystyle\lim_{n\to\infty}\left(\frac{1}{2}\right)^n\cos\frac{n}{3}\pi$ を求める。

$$-1\leqq\cos\frac{n}{3}\pi\leqq1$$

各辺に正の $\left(\dfrac{1}{2}\right)^n$ をかけて

$$-\left(\frac{1}{2}\right)^n\leqq\left(\frac{1}{2}\right)^n\cos\frac{n}{3}\pi\leqq\left(\frac{1}{2}\right)^n$$

ここで，$\displaystyle\lim_{n\to\infty}\left\{-\left(\frac{1}{2}\right)^n\right\}=0$ かつ $\displaystyle\lim_{n\to\infty}\left(\frac{1}{2}\right)^n=0$ であるから，はさみうちの原理より

$$\lim_{n\to\infty}\left(\frac{1}{2}\right)^n\cos\frac{n}{3}\pi=0$$

$\lim_{n\to\infty}\left(\frac{1}{2}\right)^n\sin\frac{n}{3}\pi=0$ も同様に証明できる。

したがって

$$\lim_{n\to\infty}p_n=\lim_{n\to\infty}\left[\frac{\sqrt{3}}{3}i+\left(1-\frac{\sqrt{3}}{3}i\right)\left\{\left(\frac{1}{2}\right)^n\cos\frac{n}{3}\pi+i\left(\frac{1}{2}\right)^n\sin\frac{n}{3}\pi\right\}\right]$$

$$=\frac{\sqrt{3}}{3}i$$

$\lim_{n\to\infty}p_n$ の実部の計算が $\lim_{n\to\infty}x_n$ であり，虚部の計算が $\lim_{n\to\infty}y_n$ であるから

$$\begin{cases}\lim_{n\to\infty}x_n=0\\ \lim_{n\to\infty}y_n=\dfrac{\sqrt{3}}{3}\end{cases}\quad (\to ナ〜ヌ)$$

5

◆発想◆　双曲線 H の方程式を $\frac{x^2}{a^2}-\frac{y^2}{b^2}=1$ と指示通りにおいてみよう。焦点，頂点の座標が条件として与えられているので，a，b についての関係式を求めてみよう。あとは，次々に点が定義されていくので，手順通りに間違わないように図を描きながら，1つ1つ丁寧に点をとっていこう。

解答　ネ．1　ノ．4　ハ．2　ヒ．2　フ．1　ヘ．4

◀解　説▶

≪双曲線とその接線に関わる図形の面積≫

双曲線 H：$\frac{x^2}{a^2}-\frac{y^2}{b^2}=1$ において，焦点の座標が $(-\sqrt{5},\ 0)$，$(\sqrt{5},\ 0)$ であることから

$$\sqrt{a^2+b^2}=\sqrt{5}$$

これより　　$a^2+b^2=5$　……①

また，2点 A$(1,\ 0)$，A$'(-1,\ 0)$ を頂点とするので

$a^2=1$　……②　$(\to ネ)$

②を①に代入して　　$b^2=4$　$(\to ノ)$

よって，双曲線 H の方程式は

$$x^2-\frac{y^2}{4}=1$$

$a>0$，$b>0$ である a，b は $a=1$，$b=2$ であるから，双曲線 H の漸近線は

$$y=-\frac{2}{1}x,\ \ y=\frac{2}{1}x$$

このうち，傾きが正であるものの方程式は

$$y=2x\quad(\to ハ)$$

点 $\mathrm{P}(p,\ q)$ は双曲線 H の第１象限の部分を動く点なので，$p^2-\dfrac{q^2}{4}=1$ かつ $p>1$ かつ $q>0$ を満たす。

$p^2-\dfrac{q^2}{4}=1$ より

$$q^2=4(p^2-1)\quad\cdots\cdots③$$

が成り立つ。

点 $\mathrm{P}(p,\ q)$ から x 軸に下ろした垂線の足を Q とするので，点 Q の座標は $(p,\ 0)$ であり，直線 PQ と双曲線 H の漸近線との交点のうち，第１象限にある点 R の座標は $(p,\ 2p)$ である。

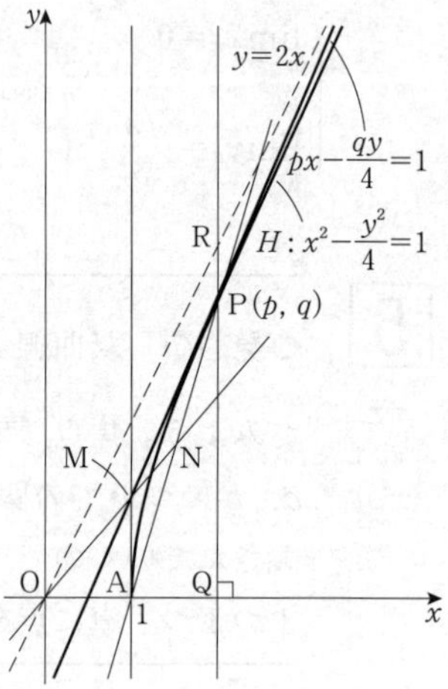

また，点 P における H の接線の方程式は

$$px-\frac{qy}{4}=1$$

であるから，$x=1$ を代入して y を求めると

$$y=\frac{4}{q}(p-1)$$

よって，この接線と直線 $x=1$ との交点 M の座標は $\left(1,\ \dfrac{4}{q}(p-1)\right)$ となる。

これにより，直線 OM の方程式は

$$y=\frac{4}{q}(p-1)x\quad\cdots\cdots④$$

直線 OM と直線 AP との交点が N である。直線 AP の傾きは

$\dfrac{q-0}{p-1}=\dfrac{q}{p-1}$ であるから，その方程式は

$$y-0=\frac{q}{p-1}(x-1)$$

$$y=\frac{q}{p-1}x-\frac{q}{p-1}\quad\cdots\cdots⑤$$

点 N の座標を求める。④，⑤より y を消去して

$$\frac{q}{p-1}x-\frac{q}{p-1}=\frac{4}{q}(p-1)x$$

$$\left\{\frac{q}{p-1}-\frac{4}{q}(p-1)\right\}x=\frac{q}{p-1}$$

$$\frac{q^2-4(p-1)^2}{q(p-1)}x=\frac{q}{p-1}$$

$$\{q^2-4(p-1)^2\}x=q^2$$

これに③を代入すると

$$\{4(p^2-1)-4(p-1)^2\}x=4(p^2-1)$$

$$8(p-1)x=4(p^2-1)$$

$$x=\frac{1}{2}(p+1)$$

これを④に代入すると

$$y=\frac{4}{q}(p-1)\cdot\frac{1}{2}(p+1)=\frac{4(p^2-1)}{2q}=\frac{q^2}{2q}=\frac{q}{2}\quad(\because\ ③)$$

よって，点 N の座標は　$\left(\dfrac{1}{2}(p+1),\ \dfrac{q}{2}\right)$

したがって

$$\frac{T}{S}=\frac{\triangle\mathrm{OAN}}{\triangle\mathrm{OQR}}$$

$$=\frac{\frac{1}{2}\cdot1\cdot\frac{q}{2}}{\frac{1}{2}\cdot p\cdot2p}$$

$$=\frac{q}{4p^2}$$

$$=\frac{\sqrt{4(p^2-1)}}{4p^2}\quad(\because\ ③,\ q>0)$$

$$=\frac{1}{2}\sqrt{\frac{p^2-1}{p^4}}$$

$$=\frac{1}{2}\sqrt{\frac{1}{p^2}-\frac{1}{p^4}}$$

$$=\frac{1}{2}\sqrt{-\left(\frac{1}{p^2}-\frac{1}{2}\right)^2+\frac{1}{4}}$$

よって，$\frac{T}{S}$ は，$\frac{1}{p^2}=\frac{1}{2}$ かつ $p>0$ より，$p=\sqrt{2}$ のとき最大値 $\frac{1}{4}$ をとる。（→ヒ～へ）

❖講　評

2021年度も，理系方式，文系方式ともに試験時間60分で大問5題，全問マークシート法の出題であった。1～3が理系方式，文系方式の共通問題であり，4 5がそれぞれの方式の個別の問題である。

1は年度によって小問集合だったり，大問としての出題だったりと出題の仕方が定まっていないが，どちらにしても問題を解くことに大差はないので，気にすることはない。2021年度は8人のメンバーを4組の2人組に分ける場合の数と確率の問題であった。(1)・(2)ともに典型的な基本問題である。

2が小問集合問題であった。(1)は不等式で表される領域の面積を求める問題で，指数・対数の扱いがきちんとできて，不等式から領域を求めることができなくてはならない。面積は定積分の計算から求める。要領よく計算すること。(2)は3辺の長さがわかっているので，どの角でもよいので，余弦定理から cos の値を求めて，sin の値を求めることで三角形の面積を求める。ヘロンの公式からも求めることができる。(3)は n 進法の問題である。(1)～(3)のいずれも基本的な問題である。

3は領域内の整数の組の個数を求める問題である。y 軸に平行な直線上にある整数の組，x 軸に平行な直線上にある整数の組，いずれを求めようとしても場合分けが生じるので，処理はやや難しい。

〈理系方式〉

4は点の移動に関する問題であり，回転移動が絡んでくるので，複素数平面上で考えるとよいことに気づくこと。やや難しめの問題である。

5 は2次曲線（双曲線）の問題である。点が次々と定義されていくのが面倒であるが，そこを間違わないように丁寧に確認しながら解答しさえすれば，方針を立てることに迷うことはないであろう。標準レベルの問題である。

い。やや易のレベル。問十九は人物把握の設問。全体が「友人」と「筆者」との問答からなっていることをつかむ。やや易のレベル。問二十は本文全体にわたる内容真偽の設問。選択肢の表現は本文の内容をわざと難解に言い換えたものもあるが、紛らわしいということはない。標準レベル。

三の漢文は、劉向（前漢）の『列仙伝』という紀伝が出典。民衆に薬を授けた「負局先生」の逸話である。一部に受験生があまり目にしない表現も見られるが、全体を理解するのに困難はない。設問も、それらに触れないように作られている。問二十一は書き下し文の問題。「得無」を疑問に読むことは難しいが、返り点の原則や「返読文字」を理解していれば対処できる。標準レベル。問二十二は「計」を〝数える〟意に解釈するのは難しい。ただ、「活者」がどんな人なのかや、「不取一銭」の主語は文脈からすぐわかり、これを手がかりに答える。標準レベル。問二十三は傍線部までの文脈と再読文字「将」の知識から解答できる。やや易。問二十四は本文全体にわたる内容真偽の設問。選択肢の見極めは易しい。選択肢の間違っている箇所にチェックを入れて、消去法で答えたい。やや易のレベル。

全体を通して見ると、分量的にもレベル的にも現代文の比重が非常に大きいことがわかる。問題を解きながら、形式段落ごとに内容を要約したり用語の定義を読み取ったりしていくといった、速読・速解の力が必要である。と同時に、即答しやすい古文・漢文から先に手をつける、あるいは、小問数に応じた時間配分をするなど、試験時間の割り振りに配慮したい。

補充問題。空欄の直前にヒントとなる語句がある。他に言い換えの部分もあり、やや易のレベル。問二・問四・問十一はそれぞれ哲学・情報にかかわる専門的なキーワードについて、本文での意味・内容を問うている。問二は傍線部を含む段落の中に、解答の具体的な内容を示す部分がある。標準レベル。また、問四は傍線部に続く段落に示されているが、指示語が多くてやや読み取りにくい表現であり、やや難。問十一は傍線部を含む段落と続く段落の内容を要約すればよい。標準レベル。問三は傍線部がそれまでの四つの段落にわたって説明された、AIに関する二つの種別のどれに相当するかを読み取る。専門用語が多出する部分である上に、途中で、「前者」「後者」で指示された内容が入れ替わっており紛らわしい。やや難のレベル。問六・問十二は適切な語句を文中から探させる記述式問題。いずれも正解は空欄や傍線部とは離れた箇所にあり、長い文章の中から見つけ出すのは手間がかかる。標準レベル。問七の空所補充問題も正解の根拠となる箇所が空所から離れている。また、言い換えも直接的ではなく、選択肢もやや紛らわしい。標準レベル。問五はフロリディの考えの根拠、問八～問十はいずれも傍線部に関して、フロリディ（あるいは著者）が否定的に捉える理由を説明する設問。傍線部前後の文脈を正しくたどることが求められる。いずれも標準レベル。問十三は本文全体にわたる内容真偽の設問。見極めにくい選択肢はなく消去法で対処すればよい。やや易のレベル。

二の古文は、鈴木牧之（江戸時代）による随筆『北越雪譜』が出典。用語や文法的な困難はない。ただ、構成がやや複雑である。「筆者の友人」が「筆者」に、「親しい人」から伝え聞いたエピソードに基づいて問い、それに対して「筆者」が教訓を語る、という形になっている。問十四・問十八はその構成に関して、会話の引用を表す格助詞「と」の受ける範囲を問う設問。「いはく」「いふ」などの語が出てきたら、会話の部分に「　」を付けながら読み進めるとよい。「如何」や「答へて」など会話のやりとりを示す語にも着目する。いずれもやや易のレベル。問十五は指示語の内容を問う設問。エピソードの内容および傍線部に続く表現から、解答は易しい。問十六は傍線部の意味内容を答える設問。紛らわしい選択肢がある。意訳ではなく、きちんとした現代語訳や文脈理解が求められる。やや難。問十七は慣用的な表現に基づいた空所補充問題。「あに……のみならんや……もまた」という構文やそれまでの文脈を理解しておけばよは同じだが、「去」の意味が忠実に訳されていない。

▼問二十四　イ、「代金を取ることはなかった」が誤り。本文には「鏡を磨くこと一銭なり」とあり、鏡を磨くのを一銭で商っていたのである。

ロ、本文の「鏡を磨くこと一銭なり」に加えて、「紫の丸薬を出して以て之（＝疾苦有る者）に与ふ。……此のごとく数十年」の部分に相当する。

ハ、「呉の人は奇妙な仙人だと思って」が誤り。本文には「呉人乃ち其れ真人なりと知る」とあり、呉の人は負局先生を修行を積んだ真の仙人だと思ったことがわかる。また「山に追いやって」も「呉山の絶崖の頭に主り」や「吾蓬莱山に還るに」からわかる、負局先生の意思に基づいた行動に反する。

ニ、本文の「呉山の絶崖の頭に主り、薬を懸け下して人に与ふ」の部分に合致する。

ホ、「白い水」と「薬」を別のものと捉えている点で誤り。本文には「白色の流れ石間より来り下る。之を服するもの多く疾を愈す」とあり、流れ下った「白い水」が病気を癒したとある。

ヘ、「金銭には厳しかった」が本文の「鏡を磨くこと一銭なり」や「一銭も取らず」といった多額の報酬を要求しない負局先生の無欲なふるまいに反する。

❖講　評

現代文、古文、漢文各一題、計三題の出題である。

一の現代文は、メディア研究者の北野圭介による評論。情報哲学者フロリディのＡＩのあり方に関する考察を解説している。難解な専門用語や引用を多く含む上にかなりの長文である。細部にわたり内容を理解することは難しい。ただ、設問は、文脈や趣旨に関わるものが多く、おおよその内容を時間内にどれだけ的確に把握して対処できるかが問われる。設問数は十三問と多いが選択肢に紛らわしいものは少ない。問一は文脈を読み取り、対比される語句を選択させる空所者万もて計《かぞ》ふるに、一銭も取らず。呉人《ごひと》乃ち其れ真人なりと知るなり。後呉山の絶崖の頭に主《やど》り、薬を懸け下して人に与ふ。将《まさ》に去らんと欲する時、下人に語りて曰はく、吾蓬萊山《ほうらいざん》に還るに、汝曹《なんぢら》のために神水を下さんと。崖頭一旦《いったん》に水有り、白色の流れ石間より来り下る。之を服するもの多く疾を愈す。祠《ほこら》を立つること十余処なり。

▲解　説▼

▼問二十一　まず、述語動詞を見つけ、下にある補足語（目的語、補語）から送り仮名「ヲ・ニ・ト」などを補い返って読む。ここでは「問」「得」が述語動詞、「主人」「無有疾苦者」が補足語であり、「主人に問ふ」、「……無きを得」と読むことになる。また、必ず返って読む返読文字に着目する。ここでは「無」「有」が返読文字であり、「疾苦有る」「者無し」と読む。その上で、「問」の語に引かれて文末を疑問文の形にしたハが正解。イ、返読文字がおさえられていない。また「むうをとふに」では「得」を飛ばして読むことになる。ロ、返読文字がおさえられていない。また「あるなしをうる」では「無有」の語順に反する。ニ、「しゆじんは……とふ」ならば「主人問」の語順になるはず。ホ、「しゆじんをうるに」ならば「得主人」の語順になるはず。

▼問二十二　傍線部2の前に「大疫病ありて、……薬を与ふる」とある。薬を与えたのは「負局先生」だから「不取一銭」の主語も負局先生。〝負局先生は一銭も受け取らなかった〟の意となる。「活者」は、薬を与えられて疫病から〝助かった者〟の意。「計」は、ここでは「かぞフ」と読んで〝数え上げる〟の意。以上からニが正解。イは、「元気な者」が傍線部2直前の「与薬」といった文脈に合わない。また、「一銭払う」では、本文の「不取一銭」に合わない。ロは、「一万銭をもらい」が「計」の意になっていない。ハは、「一万歩あるいた」が本文にはない内容。「一銭で済んだ」も、本文の「不取」に合わない。ホも、「変わらず一銭だった」が本文の「不取」に合わない。

▼問二十三　「将」は、単独で再読文字として「まさニ……（セ）ントす」と読む場合が多いが、ここは「欲」と組み合わさった「将欲」で「まさニ……（セ）ントほつス」と読んで〝これから……しようとする〟の意を表している。傍線部3の直前に「後呉山の絶崖の頭に主り」とあり、去ろうとするのは「呉山」からだとわかる。ロは意味する内容

三

出典　劉向『列仙伝』

解答　問二十一　ハ　問二十二　ニ
問二十三　イ
問二十四　ロ・ニ

◆全　訳◆

負局先生は、どこの出身か不明である。言葉のなまりは燕や代のあたりの人に似ている。いつも鏡を磨く（道具を入れた）箱を背負って呉の街中を巡り、鏡を磨くのを一銭で商っていた。そうして鏡を磨くと、そのたびごとに主人に尋ねるには「（お宅に）病気で苦しんでいる者はいないか」と。（病人がいると聞くと）そのたびに紫色の丸薬を取り出して与えた。飲んだ者は誰もがみな回復した。このようにして数十年たって、疫病が大流行したとき、（負局先生は）あちこちの家々を訪問して薬を与えて、助かった者は一万人以上を数えたが、（先生は）一銭も受け取らなかった。呉の国の人々はそこでやっと先生が（修行を積んだ）真の仙人だと悟ったのである。その後（先生は）呉山の断崖絶壁の頂上に住み、（上から）薬を釣り下ろし人々に与えた。いよいよ呉山から去ろうとするとき、（呉山の）麓に住む人々に語るには、「私は蓬莱山に帰るが、おまえたちのために神の水を授けよう」と。断崖の頂上は一朝のうちに水が生じ、白色の水が岩間から流れ下った。この水を飲んだ人々がたくさん病から回復した。（人々は負局先生をまつるために）十カ所あまりも祠《ほこら》を建てたのである。

読み　負局先生は、何許《いづこ》の人か知らざるなり。語は燕・代間の人に似たり。常に磨鏡の局を負《お》ひて、呉の市中を徇《めぐ》り、街《う》るに鏡を磨くこと一銭なり。因《よ》りて之を磨すに、輒《すなは》ち主人に問ふに疾苦《しつく》有る者の無きを得《え》んやと。輒ち紫の丸薬を出して以て之に与ふ。得る者愈《いや》さざる莫《な》し。此《かく》のごとく数十年、後に大疫病ありて、家に至り戸に到り薬を与ふるに、活《い》くるいていることから、ただ単に「狐」だけではなく、「人」もまた「邪智ある」存在だと言っているとわかる。

▼問十八　ここも引用の格助詞の「と」である。続いて「狐の話につけ大学のわなにかけて諷諫せし」とある。「友人」の「……（狐が）捕へらるるは如何」という問いかけに対して「余」が答えたことを「諷諫せし」と言っていることがわかる。「余答へていふ」に続く、筆者の「友人」への回答の始まり部分を示したイが正解。

▼問十九「……（狐が）捕へらるるは如何」と尋ねた人を答える。冒頭に「友人いはく」とあり、また問十四でも触れたように、この質問は「わが親しき者」から狐に関わるエピソードを伝え聞いた「友人」が発したもの。

▼問二十　イ、「友人が狐を捕えそこねた」が誤り。狐に遭遇したのは「友人」が語る「わが親しき者」。また狐が化けた茶釜がしゃべったので「肝を消し鐺を捨てて逃げ去り」とあり、「狐を捕え」ようとしていたわけでもない。さらには「銕炮で打てば簡単だが」も「論なし（＝〝言うまでもない〟）」の意味を誤っている。

ロ、「かかる妖魅の術はありながら人にあざむかれて捕へらるるは如何」という、「友人」が抱く疑問に合致する。

ハ、「邪智のふかい人が、それをたのんで」が誤り。本文に「欲を捨ててつつしむことあたはず」「欲はいづれも身をほろぼすのうまき餌なり」とあるように根本の原因は「欲」であり、「欲の深い人が、邪智をたのんで」となるべき。また、「自業自得」は、〝悪の報いを受ける〟のニュアンスがあり言い過ぎ。

ニ、「かかる人は胸に明らかなる鏡ありて、善悪を照らし視て、よきあしきを知りて、その独りをつつしむ。これを明徳の鏡といふ」や「ある経学者の教へに聞きし」という内容に合致する。なお、「かかる人」とは直前の文の「心みだりに動かざる」人を指す。

ホ、「明徳の鏡はすべての人が持っているというものではなく」が誤り。本文には、「この鏡は天道さまより誰にもたれにも与へおかるれども」とある。

ヘ、「その若者にとっては」が誤り。本文に「ここには無用の長舌なれど」とあり、「この作品にとっては」あるいは「この作品を読む読者にとっては」の意である。

て……ばや」は「わが親しき者」の心の内の言葉。ハの「鐺を手にさげて」は「わが親しき者」の行動。ニの「鐺の内に声ありて」は「わが親しき者」が「友人」に語る地の部分。

▼問十五　傍線部2の直前に「余答へていふ」とあり、ここは、問十四で説明したように、「友人」の「人にあざむかれて捕へらるるは如何」という問いに対する「余（＝筆者）」の回答の中にある。「人のあざむく」もの、人に「捕へらるる」ものは、ハの「狐」ということになる。続く傍線部3にも、「かれ」は「（よき餌を）喰らひて、かへつて人をあざむかんとして捕へらるる」ものだとある。

▼問十六　傍線部3の「それ」の指示する内容は「人のあざむく」。「知りながら」の主語は「かれ（＝狐）」。「それとは知りながら」の部分は〝（狐は）人間が（自分を）欺くことを知っていながら〟の意となる。また、「これ」の指示内容は「よき餌」。「喰らふ」のは「欲を捨ててつつしむことあたはず」だから。〝欲望にとらわれて我慢できず美味い餌を喰ってしまう〟のである。以上の内容を踏まえたハが正解。

イ、「それ」の指示内容を誤っている。「餌を喰らわず」「捕えられようとする」も「喰らひて」「捕へらるる」に合わない。

ロ、「狐もまた人を欺こうとして」が誤り。狐が餌を喰らう直接の原因は、欲にとらわれるからであり、「人を欺こうとして、人に捕えられることになってしまう」のは結果論であり、「かえって」の後に来るべき内容。

ニ、「知っていながら」の主語を「人は」としている点が誤り。「狐を捕えようとする」も、「捕へらるる」にある受身形を反映していない。

ホ、「それ」の指示内容を「みずからが……つつしむことのできない者であること」としている点が誤り。「人の欲望」も「みずからの欲望」の誤り。

▼問十七　「あにAのみならんや、Bもまた」は〝ただ単にAだけでなく、Bもまた〟の累加（添加）の意を表す句法。空欄bの後に「もまたこれに似たり」とあり、「邪智あるものは……人は知るまじと、おのれが邪智をたのみ」と続

るのは、やつ（＝狐）は人間が（自分を）だますのをわかっていながらも欲にとらわれて我慢できない（からである）。そう（＝人間が自分をだまそうとしている）とはわかっていながらこれを食べて、逆に人間をだまそうとして捕まえられるのであろうか。これは悪知恵が深いせいである。どうして狐だけだろうか、人間もまたこれに似ている。よこしまな知恵のある者は（それが）悪事だと承知の上で、こんなふうにしたなら他の人は気づくまいと、自分の悪知恵をあてにして、結局はわが身を滅ぼすこととなる。色欲も財欲も、欲望とはどれも身を滅ぼすに至る美味い餌である。立派な人間は道端で大金を見つけ（ようとも）、部屋で美人と向き合おうとも、心が勝手に動揺しないのは、（『大学』にあるように）ふみ止まるべきところ（＝最高の善の境地）があるのを知り、（そこに向かう志が）一定しているからである。このような（至善に向かう）人は胸の内に清明な鏡があって、（それによって）善悪を照らし出し、事柄の良し悪しを判断して、自ら身を慎むのである。これを明徳の鏡という。この鏡は天から誰にも平等に分け与えられているが、磨かないと（事柄の善悪を）照らし出すことがないと、私が若かったとき、ある経学者の教えとして聞いた」と、狐の話にことよせて『大学』に述べていることを引用して遠まわしに諫めたのは、尋ねた人が年少で、しかも身を持ち崩しかかった者だからであった。この作品（＝『北越雪譜』）には不必要な長話ではあるが、思い出したのにまかせて書き記した。

◀解　説▶

▼問十四　「と」は、会話の引用を表す格助詞。「連れ行くぞ」で終わる会話の、始まり部分を探す。後の問十五・問十八・問十九とも関連するが、まず、本文全体の構成を「……は如何」、「余答へていふ」をヒントに捉える。「友人」が語る「わが親しき者……は如何」という質問に対し、余が「銕炮をもつて……」と答える形になっている。次に、その「友人」の会話の中にある「……といへり」に着目すれば、『となり村へ……走り入りし』は「わが親しき者」が「友人」に語り伝えた、「狐」と遭遇したというエピソードの部分だとわかる。さらに、ここは、そのエピソードの中にあって、「わが親しき者」が「鐺を手にさげて」「歩みしに」、「鐺の内に声ありて」と語っていることから、この声の主は、連れていかれる「狐」ということになる。以上よりホが正解。イ・ロを含む「さるにても……持ち帰り

性が「何を生み出していくのかについて……慎重な腑分け作業こそが要請される」と述べているとしていることに合致する（＊＊＊＊以降の第六段落）。

二

出典 鈴木牧之『北越雪譜』〈初編巻の中 狐を捕る〉

解答

問十四 ホ

問十五 ハ

問十六 ハ

問十七 a—ホ b—ニ

問十八 イ

問十九 イ

問二十 ロ・ニ

◆全 訳◆

（私の）友人が語るには、「私の親しい者が、『隣村へ夜語りに出かけて帰るとき、道の傍らに茶釜があったが、ちょうど夏の時季だったから、農作業をする人が置き忘れたのだろう、それにしても（見つけた人が）意地の悪い者だったら拾い隠してしまうだろう、持ち帰って持ち主を探そうと、釜を手にぶら下げて二町ほど歩いたうちに、だんだん重くなり、釜の中から声がして《私をどこへ連れて行くのだ》と言うので、たいそう驚いて釜を捨てて逃げ去ったが、（そのとき）狐が（自分の）前を駆け抜けて草むらの中に逃げ込んだ』と語った。これは彼（＝狐）のほんの一時の悪戯《いたずら》であろう。（それにしても）このような人をたぶらかす変化《へんげ》の術を持っていながら人にだまされて捕えられるのはどうしてか」（ということである）。私は答えて言う。「鉄砲で捕えるのは論ずるまでもない（＝さておこう）。うまい餌で（だまして）捕え場とは異なるのだ」とある。

▼問十三　選択肢の記述内容を本文の当該箇所と照らし合わせて適否を判断する。

イ、「記号計算主義的なＡＩモデルの方を高く評価しており、後者を掘り下げて」が誤り。フロリディは、ＡＩについて、「再産出する」もの（＝学習型コンピューティングと呼ばれるＡＩモデル）と「産出しよう」とするもの（＝計算主義的なＡＩモデル）とに種別しており、「前者の方がより適合性が高いという評価があるようだ」と述べている（第五・六段落）。

ロ、「Ｃ-３ＰＯ型の皿洗いロボットにＡＩの発展の可能性を感じ」が誤り。フロリディが期待したのは、「人工的な知能体」を持つロボット型ＡＩ（＝Ｃ-３ＰＯのようなロボット）ではなく、人間の知能とは別の機能で皿洗いを「再産出」するマシンである。「Ｃ-３ＰＯ型ではなく、そうした食洗機開発の発想を採用すべきであろう」とあるのに反する（第八段落）。

ハ、「機械と人間の文脈は平行線を辿るしかない」が誤り。フロリディが唱えるのは、「人間と機械」の情報の「物的文脈」の違いを前提に、ＡＩが固有の知能を持つ可能性。「機械と人間の物的文脈の違いという前提のもとに、……ＡＩの今後のあり方について、その設計に関わって方向を示すことができるのかどうか、である」に反する（第十二段落）。

ニ、「二セットのマシンから成るＡＩ」の、「人間的な圏域からよりニュートラルな」行為の相互作用によって「記号と呼ぶにふさわしい何かが出来上がっていくのではないか」というフロリディのアイディアに合致する（＊＊＊＊以降の第四・五段落）。

ホ、「歴史的特異点を迎えてしまうと危惧した」が誤り。「歴史的特異点」はカーツワイルなどが唱える考え方であり（第一段落）、その計算処理速度だけに基づいた「素朴な一元論」に対して、フロリディが「自らの考える情報存在論は、……一元化した実在を唱える立場とは異なるのだ」と唱えていることに反する（＊＊＊＊以降の第六・七段落）。

ヘ、フロリディが「情報が関わる意味作用……実在も多様である」としていることを確認した上で、その実在の多様の論立て。「人間行動の理解が進む」も本文にはない内容。

▼問十一　傍線部8を含む段落の後半に「行為のなかにあるマシンのひとつの……いまひとつのコンピュータ・マシンが検知し、そのパターン認識をすすめる。……そうした繰り返しのなかで、次第に、記号と呼ぶにふさわしい何かが出来上がっていく」として具体的な内容が説明されている。「一セットのマシン」相互の「行為」の繰り返しによって、自動的に意味が形成されるとするハが正解。なお「行為」とは、マシンが、自らの情報処理の過程で「意味が出来上がる一歩手前」のデータ群を生み出そうとする（「属性」を持つ）こと。

イ、「人間がコンピュータに明確な指示を与えることによって」が誤り。ここは、コンピュータが「自動的に意味作用が形成してくる」ことについて述べた部分。

ロ、「人間の行為を検出」が誤り。本文には「マシンのひとつの全体から発されている信号を……検知し」とある。「マシン」相互の「行為」である。

ニ、「記号として処理された行為が発見され」が誤り。本文には「未だ記号ではないものの、記号化を誘発するようなデータ群」とある。意味（記号）が生み出される「一歩手前」のデータ群が自ずと「立ち現れ」るのである。また「記号の意味づけが強化」も不適。本文には「記号と呼ぶにふさわしい何かが出来上がっていく」とある。

ホ、「人間の力が必要不可欠であり」が誤り。イと同様、ここはコンピュータが「自動的に意味作用が形成してくる」ことについて述べた部分。

▼問十二　傍線部9の「カーツワイルの立論」は主部として、述部の「素朴な一元論であり」に係っている。「一元論」という語に着目して、これと対比される語句を含む部分を探す。「カーツワイル」の論が計算処理速度のみに基づく「一元論」であるという批判は、「フロリディ」の論との対比から述べられたもの。「一元論」に基づかない「フロリディ」の「多様」な捉え方を説明した部分にあることになる。傍線部9の前の段落に「フロリディの論立てにおいては、……情報が関わる実在も多様である」とし、「自らの考える情報存在論は、……一元化した実在を唱える立

チだとされている。あらかじめ人間の手によって基本的な認識の仕方が仕込まれているとするホが正解。

イ、「概念表象を除外して」が誤り。本文には「概念表象を外部から注入する」とある。

ロ、「その根幹よりも外側の」が誤り。「根幹」をなす文脈や概念表象を「外部から注入する」のである。また、「その」の指示する「人間の活動の模倣をコンピュータに命じる」もコンピュータ自体による情報認知をいう文脈に合わない。

ハ、「コンピュータは人間より知能的に劣るので、それを補う」が誤り。ここは、コンピュータの独自な情報認知の方法について述べる文脈であり、知能の優劣は無関係である。

ニ、「コンピュータと人間が協調して」が誤り。人間が一方的に「外部から注入する」のである。

▼問十　まず、ブルックスの論が「概念表象にはまったく依存しない設計を謳うもの」であることをおさえる。この論についてフロリディが「必ずしも評価していない」理由は、傍線部7に続く「そこには、……行動主義的心理学をモデルにしすぎているきらいがあり、畢竟、なんらかの（機械の）行動から（人間と同じように）自動的に意味作用が形成してくるとするのは過剰な期待だけが先行しているからである」と示されている。「自動的に意味作用が形成」の内容をおさえ、「過剰な期待だけが先行しているから」の部分を「保証はないから」と言い換えたロが正解。

イ、「自動化を促進することによって」と「自動化」が手段・方法になっている点が誤り。「自動的に意味作用が形成」されてくるのである。また「同等の能力を持っていく」も「自動的に意味作用が形成してくる」に当たらない。さらに、「時期尚早」も「過剰な期待」とは言えない。

ハ、「危険な考え方である」は「過剰な期待」に当たらない。

ニ、「ロボット型自動運転掃除機の行動」が誤り。フロリディが「必ずしも評価していない」のはブルックスの論立てである。また「人間の心理機能が含まれる」も、ブルックスの論立てには「行動主義的心理学」の捉え方が含まれる、とする文脈に合わない。

ホ、「行動主義的心理学に基礎をおく機械」が誤り。「行動主義的心理学」の理論を取り入れているのは、ブルックスじ水準にしようとするから（＝「人間知能をまるごと代替」しようとするから）である。「水準を混同」を「模倣」、「まるごと」を「全的に」と言い換えたイが正解。ロは「心的に」がコンピュータの情報処理のあり方をいう文脈（「構文的」など）に合わない。

▼問八　「ミスリーディング」とは〝誤った認識（を持つこと）〟の意。ここでは、「それ（＝コンピュータによる意味作用）が人間の知能とは異なる」という考え方をもって、「機械情報は、自然言語にはなりえない」という結論に結びつけることを言っている。傍線部5の次の段落では、これを「上のような、機械情報と人間情報は、その物的文脈が異なることから、その知能のあり方までも異なるであろう」と要約している。「ミスリーディング」だとする理由は、傍線部5の直前に「がゆえに」とあることから、「それ固有の仕方で意味作用をおこなっているだけであり、それ以上でもそれ以下でもない」から、ということになる。

イ、「共同し」「人間の期待通りの挙動をし、両者は同化していく」が誤り。機械情報は「それ固有の仕方で意味作用をおこな」う前提があるために、「自然言語にはなりえない」とは言えないとするのである。

ロ、「機械は人間の知能を超えた能力を発揮する」が誤り。本文は、機械の情報処理が人間の知能による情報処理とは異なる固有のものであるという前提に立っている。「非常に有望」も本文にはない内容。

ハ、「自然言語の方が優れているという考え」や「自然言語を凌駕する」が誤り。本文はＡＩが「自然言語にはなりえない」とすることに対する主張に過ぎず、「自然言語」との優劣を言ったものではない。

ホ、「機械情報が自然言語になり得ないことはたしかである」が誤り。「自然言語にはなりえない」とすることを「ミスリーディング」と言っている。「科学との応答可能性」も本文にはない内容。

▼問九　傍線部6の直前に「これもまた、概念表象を外部から注入するという点では変わりはなく、知能機能を外部から設定することになるもので」と理由が示されている。「概念表象を外部から注入する」とは、表象主義について批判した部分で、「人間（プログラマ）があらかじめ、そのアルゴリズムの中核を外部的に設計するに等し」いアプロー

タ」は、「その物質的組成、すなわちそれ特有の身体」において「データ処理」を行うことで、人間の知能活動の一部を代替できることがわかる。つまり、「フレーム問題」を回避できることになるから、その旨がまとめられているホが正解になる。

イ、選択肢の内容に誤りはないが、傍線部４の直接的な理由になっていないことに注意したい。「意味作用」と「人間がその身体において経験する文脈」を混同することは、「フレーム問題」が生じる理由である。設問では、「フレーム問題」を回避できる理由を聞かれているため不適。

ロ、「そもそもフレーム問題は存在しない」が誤り。先に挙げた部分に続く「そのかぎりにおいて、人間の知能活動の一部を代替して……こと（＝フレーム問題の回避）ができる」に反する。コンピュータが独自の認知機能を持つという本来の定義に立ち返れば、問題は回避できるというのが本文の内容。

ハ、「コンピュータが……実行し続ければ」が誤り。コンピュータそのものの機能によって回避されるのではなく、「（本質的にコンピュータの機能が）それだけなのであって、それ以上でも以下でもない」と定義することが回避の方向だと言っている。

ニ、「記号接地問題」を回避の手段としている点が誤り。そもそも、この部分で「記号接地問題」には触れていない。傍線部４の次の段落で「記号接地問題についても、同じく合理的なかたちで解決することができるだろう」と、フレーム問題と同様の本質的な捉え方により「記号接地問題」も解決可能だとしている。

▼問六　空欄前の「人間の知能活動の一部を代替」に相当する（あるいは同一の語を含む）箇所を探す。人間の知能の働きの一部を代わりに生み出すことを指す語句である。「…こと」と名詞句になっていることもヒントになる。ＡＩの二つの種別を示した第五段落に「人間知能による実践のその一部を『再産出する（reproduce）』もの」とある。

▼問七　空欄ｄの直前に「これもフレーム問題と同じように」とある。「フレーム問題」が生じるのは「……意味作用の水準と、……文脈の場の水準を混同している」から。つまりコンピュータによる情報処理を人間の知的活動と全く同

題」に合わない。

▼問四　「フレーム問題とは」から始まる第十段落の内容を読み取る。特に「つまり」で言い換えた文の内容を「その意味」「それ」といった指示語や「もし、……ならば」という構文に注意して捉えればよい。「もし記号の意味作用がその意味での解釈と同値であるならば」とは〈情報を意味のある記号として捉えることが、解釈（＝具体的な状況に依存する）という、人間知能だけが持つ能力であるとするならば〉という意。そのような仮定のもとでは、「そうした文脈から独立した」（＝文脈に依存した情報処理ができない→文脈が人間によって設定されるしかない）ＡＩは、「それを代替することは本質的にできない」（＝人間の認知能力・知能の代わりをすることはできない）という内容である。知能によって情報を記号処理する人間の代わりを、文脈を持ち得ないＡＩがすることはできないとしたイが正解。

ロ、「それを超越する能力はあっても」が誤り。本文では「それを代替することは本質的にできない」とあり、ＡＩが人間に及ぶことはないとしている。

ハ、「フレームとしての身体が存在しない」が誤り。本文では「コンピュータはその物質的組成、すなわちそれ特有の身体」として、コンピュータ独自の物理的な作りを指して「身体」としている。

ニ、「Ｃ-３ＰＯ型ロボット」と「人間による活動実践を再現」を結びつけている点が誤り。前者はＡＩの設計モデルのうちの「『産出しよう』とする」もの、後者は「『再産出する』もの」であり、「フレーム問題」とは無関係。

ホ、「アルゴリズムの発見」や「プログラム処理」といったＡＩの精度や機能について述べている点が誤り。ここは、ＡＩの本質である意味作用に触れた部分。また、「同質のものとして扱う」の部分も、本文の「そうした文脈から独立した」に合わない。

▼問五　「フレーム問題」とは、傍線部4直前にあるように「コンピュータの情報処理能力では、それ（＝人間の認知能力）を代替することは本質的にできないということ」である。傍線部4を含む第十段落末の「そのかぎりにおいて、人間の知能活動の一部を代替……ことができる」に着目して、指示語「その」の内容を捉えるとよい。「コンピュー

次元の話」であり、コンピュータそのものの働きではない。

ハ、「つながりは、一定程度留保しておける」が誤り。「つながり」はないとするのがフロリディの捉え方であり、「留保」は情報機械をめぐる議論についての記述である。

ホ、「論立ては、哲学的に十分に理解できる」が誤り。イ・ハと同様に、フロリディによる情報機械の捉え方の特性そのものを説明する形になっていない。「哲学的」もコンピュータ自体の構造に基づく働きをいう「構文論（シンタックス）的」とは言えない。

▼問三　まず第五段落の「二つの相異なる種別」を区別して読み取り、第六・七段落の内容と重ねて整理しておく。一つは「人間知能による実践のその一部を『再産出する（reproduce）』もの」（＝「学習型コンピューティングと呼ばれるＡＩモデル」）であり、もう一つは「人間知能による実践そのものを『産出しよう（produce）』とするもの」（＝「記号計算主義的なＡＩモデル」）である。傍線部2は、先に「人間活動の……個別具体的な課題に対して、……自ら学習しながらその課題の解決にあたっていくというモデル」という説明があり、これは前者を指しているとわかる。すでにある人間の知能活動の一部の肩代わりをする（＝「再産出する」）モデルとしたハが正解。なお、続く第八段落の具体例では、これは「食洗機というマシン」に相当し、後者は「Ｃ－３ＰＯのようなロボット」に相当することになる。

イ、「多角的に分析して」が誤り。本文の「自ら学習しながらその課題の解決にあたっていく」に合わない。

ロ、「人間が処理しきれない諸課題」が誤り。本文の「人間活動の実態のなかで実践されている個別具体的な課題」に合わない。

ニ、「人間がおこなっている情報処理方法に近づける」が誤り。「機械の仕組みに沿って処理する」（第三段落）のである。「アルゴリズムを精緻化しようとする」のも逆の「記号計算主義的なＡＩモデル」（第六段落）。

ホ、「人間が解決できない実社会の課題」が誤り。本文の「人間活動の実態のなかで実践されている個別具体的な課

◆要　旨◆

フロリディは、情報機械を人間の認知的記号処理の文脈とは独立した、機械の仕組みに沿って処理する構文論的なものだと捉えている。彼は、AIを「産出しよう」とするものと「再産出する」ものとの二つに種別した上で、人間の実践の一部を機械が肩代わりするモデルである後者を、設計理念として採用すべきだとする。この考察は、AIが人間知能に置き換わることはないとする「フレーム問題」や、AIが自然言語を持つことはないとする「記号接地問題」の解決を示唆する。彼は、マシン相互の「行為による意味形成」によって、AI独自の記号と呼ぶにふさわしい何かが出来上がっていく可能性を考えているのである。その考察は、情報の多様な意味作用に及んでおり、情報が関わる実在も多様である。

◆解　説◆

▼問一　AIをめぐる「人間の知能」と「機械」との関わりについて、対立する二つの捉え方を示す語がそれぞれに入る。aは、「上手に代替されていく」とする捉え方、bは「取って代わられてしまう」という捉え方である。本文冒頭には「多くの期待と不安が跋扈している」ともある。この「期待」に相当するのがaであり、「不安」に相当するのがbである。

▼問二　フロリディが情報機械をどう捉えているかを読み取る。傍線部1の前後には「機械が取り扱うことのできる情報を、その機械の仕組みに沿って処理するという以上のものでも以下のものでもない」や「人間が生きる世界と、そうした情報が何らかの結びつきを持つことは、経験上の解釈の次元の話である」とある。情報機械（コンピュータ）は、人間の意味づけとは無関係にそれ自体の仕組みによって情報処理するものに過ぎないとしたニが正解。なお、「構文論的」とは〝意味や他からの働きかけを無視して、それ自体の構造や規則性に基づいて捉えようとする態度〟の意。

イ、「見通しのよい議論を展開できる」が誤り。ここは、情報機械の情報処理の特性そのものを説明する部分であり、その特性が情報機械をめぐるさまざまな議論に影響を与えると言っているわけではない。

ロ、「相互に結びついている」が誤り。情報が人間世界と「結びつきを持つ」とするのは、人間の「経験上の解釈の

国語

一

出典　北野圭介「データ、情報、人間――情報哲学入門」（『思想』二〇一八年六月号　岩波書店）

解答

問一　ロ

問二　ニ

問三　ハ

問四　イ

問五　ホ

問六　再産出する

問七　イ

問八　ニ

問九　ホ

問十　ロ

問十一　ハ

問十二　一元化した実在を唱える立場

問十三　ニ・ヘ

小論文

解答例 この図は，近代オリンピックにこれまで参加した選手の総数の男女比を示したものである。男性がほぼ70%，女性がほぼ30%ということだ。男女差に驚きを感じざるをえない。日本選手団での割合もほぼこのようなものだという。テレビでオリンピックの競技を見て楽しんでいるぶんには気づかない事実をこの図は示している。オリンピックには，スポーツイベントという言葉では片付けられない側面があるのである。

そもそも，私たちが親しんでいる近代オリンピックは，本来，戦争の絶えない世界情勢のなかで平和と連帯を世界にもたらすためのスポーツの祭典である。開催当初は，ヨーロッパの限られた国しか参加していなかったが，今や，世界の200を超える国々が参加する巨大なイベントになった。だが，そのように規模が拡大するにつれて，平和を願うスポーツの祭典であるオリンピックは，国際的な政治情勢という現実が否応なくそこに反映され，対立を表出する場になっている。例えば，第11回ベルリン大会では，ナチス・ドイツがこの大会を政治的安定と経済復興のアピールの場として徹底的に利用したし，スペインやアメリカなどでは，ナチスによるユダヤ人迫害に対抗するボイコット運動が起こっている。

しかし，政治的な側面だけがオリンピックに現れるわけではない。図によれば，近代オリンピックにこれまで参加した選手は，男性が圧倒的に多い。最近では，確かに，女性のオリンピック競技への参加人数は増えてきているし，すべての競技への参加が開かれている。だが，この図は，蓄積された歴史において，スポーツが男女に公平に開かれているものではなかったことを告げている。すなわち，図から，スポーツにおける男女の不平等という問題を見てとることができる。女性の社会進出が議論され，男女共同参画が叫ばれているが，スポーツへの参加という目立たぬところでの男女差別の解消も果たされるべきである。私たちは，スポーツの力強さを男性に特有と思いこみ，男性がスポーツ選手としてふさわしいと考えがちである。しかし，それは，ジェンダーバイアスである。男性であれ女性であれ，スポーツで活躍したいと誰かが望むのであれば，公平に機会が与えられなければならない。この図は，スポーツにおける気づかれにくい男女の不平等の実態を明らかにし，それが是正されるべきことを我々に示してくれている，啓蒙的な図である。(601 字以上 1000 字以内)

◀解　説▶

≪スポーツに関するある円グラフについて論述する≫

〈問題の検討〉

出題の仕方は，「スポーツに関するある割合を示した」図――A が 69.8%，B が 30.2%という円グラフ――について，「この図が示しているものは何か」という極めて簡潔なものである。あまりの簡潔さに受験生は面食らってしまうかもしれない。だがこの簡潔さはさまざまな解釈の仕方を許し，論述の多様さを保障するものだろう。もちろん何のグラフかを当てることが求められているわけではない。全体が 7 割と 3 割に割れるような，スポーツに関わる問題を思い起こせ，という問題発見の設問である。ただし，その発見した問題を自分なりに論述，展開していかなければならない。言い換えれば，論述を展開できるような問題を発見，あるいは，設定することが求められている。

たとえば，スポーツを週 3 日ほど実践している，スポーツに熱心な日本人の割合はほぼ 30%ぐらいといわれている。とはいえ，この事実に気がついたとしても，そこから論述を展開することは容易ではない。また，日本人の健康という文脈，あるいは，条件からこのグラフを捉え直しても，健康という主題に対して，スポーツを週 3 日ほど実践するというデータが漠然としすぎているため，論述を展開するのは難しい。

〔解答例〕では，比較的論述しやすいテーマとして，これまでのオリンピックの競技参加者に関する男女比率を表すグラフだと解釈する方向をとった。ここから，オリンピックと男女差別という，スポーツと社会を結ぶ方向で論述を展開した。

〈解答例の構想〉

さて，小論文を書くためには，課題を深く論じるための「分析枠」あるいは「対比の枠」というものが必要である。同じ似たようなこと――〈類比〉――だけでは議論を深めることができないのである。課題を何かと何かに〈分析（分ける)〉すること，あるいは，何かと何かを〈対比（比べる)〉することで，内容を掘り下げた議論が可能になる。

　では，《オリンピック参加の男女比について論じる》というテーマは，どういう「枠組み」で論じるのが適切だろうか。素直にテーマを見れば，「(近代) オリンピック」と，「(競技) 参加の男女比」の2要素があることがわかる。これらを，〈オリンピックは政治・社会的な問題を映す鏡〉／〈オリンピック競技者の男女差をどう考えるべきか〉という「分析枠」で論じていくことにする。

　「(近代) オリンピック」はそもそも，戦乱の絶えなかったヨーロッパからはじまった，世界に平和をもたらすためのスポーツの祭典である。だが，オリンピックが国際的なイベントとして拡大すると，その理念がグローバルに受け入れられようになる反面，この祭典は世界で起こっているさまざまな問題を内包するようになったのだ。具体的には，第11回のベルリン大会は，開催国であるナチス・ドイツをめぐって，アメリカやスペインなどではナチスによるユダヤ人の迫害が問題となり，ボイコット運動が起こっている。

　しかし，オリンピックが表している問題は政治的なものだけではない。近代オリンピックでは当初，女性は競技に参加できず，女性が全競技に参加できるようになったのは夏季大会では2012年からである。このような事実から見て，これまでの競技参加者の割合は，男性が女性よりも多いという推測が成り立つ。〔解答例〕は，この推測を数値化したものとして図を捉えながら，「スポーツは男だけのものではない」という立場を採って，この図からスポーツにおける男女差別という社会問題を読み取った。

　以上のような視座から論述を展開し，その上で議論をまとめればよい。

〈解答例の構成〉

○序論：問題発見：図からテーマ《オリンピック参加の男女比について論じる》を引き出す

①図は，近代オリンピックにこれまで参加した男性と女性の総数の割合を示したもの――男性がほぼ70%，女性がほぼ30%――である。

②驚くべき男女差である。

③日本選手団での割合もほぼこのようなもの。

④テレビでオリンピックの競技を見て楽しんでいるぶんには気づかない事実。

⑤オリンピックには，スポーツイベントという言葉では片付けられない側面がある。

○本論その 1：〈分析枠〉の一方：〈オリンピックは政治・社会的な問題を映す鏡〉

①近代オリンピックは，戦争続きのヨーロッパにあって，世界に平和を呼びかけるスポーツの祭典だった。

②開催当初は，ヨーロッパの限られた国しか参加していなかったが，今や，世界の 200 を超える国々が参加する巨大なスポーツイベントに変貌した。

③そうなると，平和を祈念するスポーツの祭典であるオリンピックは，国際的な政治情勢という現実を映し出すものとなる。

④具体的には，第 11 回ベルリン大会での，開催国であるナチス・ドイツをめぐる問題。

○本論その 2：〈分析枠〉の他方の要素：〈オリンピック競技者の男女差をどう考えるべきか〉

①しかし，オリンピックは政治的な問題の表出の場にとどまらない。すでに述べたように，図は，これまでのオリンピック競技参加者の大半が男性であったことを示している。

②最近では，女性のオリンピック競技への参加人数は増えており，すべての競技への参加が開かれている。

③だが，この図は，蓄積された歴史において，スポーツが男女に公平に開かれてはいなかったことを告げている。

④女性の社会進出，男女共同参画が主張されている現在，スポーツへの参加という目立たぬところでの男女差別の解消も果たされるべきである。

⑤スポーツは男性のものと私たちは考えがちであるが，それは偏見である。男性であれ女性であれ，スポーツで活躍したいと願うすべての人に対して機会が公平に与えられなければならない。

○結論：まとめ

①この図は，気づかれにくいスポーツの場における男女の不平等の実態を明らかにし，それが是正されるべきことを我々に示してくれている，啓蒙的な図である。

❖講　評

2021 年度は，ほぼ 70％と 30％に分割された円グラフが示され，スポーツに関して，この図が示しているものは何かを述べるという問題であった。いわば，テーマ型と資料読解型（少ない資料だが）を合体させたような出題形式であった。2018～2020 年度ではテーマ型の出題が続いていたが，そこでは表現能力を重視するという方針が貫かれている一方で，論理的思考力が求められてもいた。2021 年度はこれらに加えて，「問題発見」の要素が際立っている。すなわち，受験生は，円グラフの資料から各自が論述できる問題を発見しなければならない。問題を発見する手がかりになるのは社会的な観点である。〔解答例〕では，〈男女差別〉という視点からスポーツを捉え直すことで論述を展開した。